हिन्दू राष्ट्र

हिन्दू राष्ट्र

क्या ? क्यों ? कैसे ?

प्रो. रामेश्वर मिश्र पंकज
प्रो. कुसुमलता केडिया
स्वामी निगमानन्द

Vitasta

वितस्ता पब्लिशिंग प्राइवेट लिमिटेड
4348/4C अंसारी रोड दरियागंज
नई दिल्ली–110002
info@vitastapublishing.com

आई एस बी एन: 978-81-19670-08-6

प्रथम संस्करण 2024
मूल्य ₹399

टाइपसेट एवं आवरण सज्जाः सोमेश कुमार मिश्रा
मुद्रणः चमन इंटरप्राइजेज, दिल्ली

विषय सूची

दो शब्द पुस्तक के बारे में

प्रस्तुत पुस्तक 'हिन्दू राष्ट्र क्या ? क्यों ? कैसे ?' वस्तुतः हिन्दू राष्ट्र की आवश्यकता और महत्व पर प्रकाश डालते हुये उसकी राह के रोड़ों और उसकी सिद्धि में सहायक शक्तियों को भी सामने लाती है और लक्ष्य प्राप्ति के लिये आवश्यक विधिक और राजनैतिक प्रक्रियाओं पर भी इसमें सरल रूप में प्रकाश डाला गया है।

'हिन्दू राष्ट्र' विषय गहन, गम्भीर और अत्यन्त व्यापक है। परन्तु नई पीढ़ी के लिये उपादेय एक सरल, सुगम पुस्तक के रूप में इसे तैयार करना उपयोगी लगा, ताकि युवाओं का मार्गदर्शन हो सके। इसमें भारत की नई पीढ़ी द्वारा राष्ट्र का भविष्य गढ़ने की प्रक्रिया और उसके महत्व का भी प्रतिपादन किया गया है। भारत के वर्तमान और भविष्य के विषय में हमारे प्रधानमंत्री श्री नरेन्द्र मोदी अतिशय गंभीर हैं और वे इस दिशा में प्रचंड पुरुषार्थ कर रहे हैं। समकालीन विश्व की परिस्थितियों और उनके मध्य भारत की अव. स्थिति का उन्हें सम्यक ज्ञान है। इसके साथ ही व्यापक ज्ञान की भी इसमें निर्णायक भूमिका स्वाभाविक है। इस पुस्तक में युवाओं के लिये विशेष मार्गदर्शन है।

पुस्तक को आद्योपांत पढ़कर इसमें आवश्यक सुझाव देने तथा संशोधन एवं संपादन करने का गुरुतर कार्य प्रसिद्ध विद्वान लेखक एवं प्रशासक डॉ. शैलेन्द्र कुमार जी के अनुग्रह से सम्पन्न हुआ है। इसके लिये उनके प्रति कृतज्ञता।

प्रो. रामेश्वर मिश्र पंकज
प्रो. कुसुमलता केडिया
निगमानन्द

देवोत्थानी एकादशी, 23 नवंबर 2023
विक्रम संवत् 2080

अध्याय 1

हिन्दू राष्ट्रः शोर और सच्चाई

भारत में हिन्दू राष्ट्र लाने की कोशिश हो रही है, इसका शोर आये दिन सुनने को मिलता है। किन्तु इस विषय में व्यापक अज्ञान फैला हुआ है और कुछ लोग इस अज्ञान का लाभ उठाने की दुर्भावना से दुष्टतापूर्ण प्रोपेगंडा करते रहते हैं। अतः इस विषय में तथ्य जानना बहुत आवश्यक है।

कल तक भारत का भाग रहे पाकिस्तान, बांग्लादेश और अफगानिस्तान आज मुस्लिम राष्ट्र हैं। कुछ समय पहले तक इंडोनेशिया और मलेशिया हिन्दू सभ्यता का क्षेत्र थे, आज मुस्लिम राष्ट्र हैं। म्यांमार और श्रीलंका कल तक हिन्दुओं और बौद्धों दोनों के क्षेत्र थे, आज वे केवल बौद्ध राष्ट्र हैं। नेपाल अभी कल तक हिन्दू राष्ट्र घोषित था। आज वह संघीय लोकतांत्रिक गणराज्य है। जबकि आज भी नेपाल में हिन्दुओं की जनसंख्या 82 प्रतिशत है। अतः इस प्रकार राजनैतिक परिवर्तन प्रकृति का नियम है और निरंतर होते रहते हैं।

पश्चिमी यूरोप के सभी देश 'रिलिजियस' हैं

पश्चिमी यूरोप के सभी नेशन स्टेट क्रिश्चियन नेशन हैं। इंग्लैंड प्रोटेस्टेंट क्रिश्चियन नेशन है। फ्रांस यूं तो गणराज्य घोषित है और

पहले की तरह घोषित रूप से क्रिश्चियन नहीं है, क्योंकि किसी एक चर्च को समर्पित शासन नहीं है, परंतु व्यवहार में पूरी तरह क्रिश्चियन नेशन है। मुस्लिम अलगाववाद के विरुद्ध वहाँ कड़े कानून हैं और लोकशांति तथा शालीनता बनाये रखने के लिये गौरवपूर्ण नियम हैं जिनसे बहुत से उत्पातियों को बिना किसी मजहब का नाम लिये नियंत्रित कर लिया जाता है।

जर्मनी प्रोटेस्टेंट क्रिश्चियन राज्य है। वहाँ का संविधान इतनी गहराई से क्रिश्चियन है कि वहाँ कोई भी नागरिक कुछ और होने की सोच ही नहीं सकता। इटली रोमन कैथोलिक क्रिश्चियन नेशन है। स्पेन भी रोमन कैथोलिक नेशन है। स्वीडन लूथेरियन क्रिश्चियन है। स्विटजरलैंड भी घोषित रूप से क्रिश्चियन नेशन है। ऑस्ट्रिया कैथोलिक क्रिश्चियन है। आइसलैंड लूथेरियन क्रिश्चियन है। हेलेनिक रिपब्लिक (ग्रीस) आर्थोडॉक्स क्रिश्चियन है। फिनलैंड लूथेरियन क्रिश्चियन है। बेल्जियम कैथोलिक क्रिश्चियन है।

इस प्रकार पश्चिमी यूरोप के ये सभी नेशन स्टेट क्रिश्चियन हैं। स्वयं संयुक्त राज्य अमेरिका घोषित रूप से क्रिश्चियन नेशन है। उनका 'मोटो' ही है – '(क्रिश्चियन) गॉड पर हमें ट्रस्ट है।'

स्वाभाविक ही हिन्दू राष्ट्र है भारत

ऐसी स्थिति में भारत का हिन्दू राष्ट्र होना इतना स्वाभाविक है कि उस पर प्रश्न उठाने वाले लोग खुद ही प्रश्नों के घेरे में आ जाते हैं। वे प्रश्न थो उठाते हैं परन्तु वे यह नहीं बताते कि भारत को घोषित रूप से हिन्दू राष्ट्र क्यों नहीं होना चाहिये। लेकिन उनकी बातों से निष्कर्ष निकाले जा सकते हैं।

निष्कर्ष बहुत स्पष्ट है। भारत के हिन्दू राष्ट्र होने का विरोध करने वाले वे ही लोग हैं जो 1946–47 में पाकिस्तान के निर्माण के लिये मारकाट कर रहे थे। जो कह रहे थे कि मुसलमान हिन्दुओं के साथ रह ही नहीं सकते। मुसलमानों को अपना एक मजहबी राज्य चाहिये। फिर कहने लगे कि हम एक अलग कौम हैं, एक अलग नेशन हैं। एक अलग राष्ट्र हैं। मुसलमानों के पचास राष्ट्र हैं और ईसाइयों के 40 से अधिक राष्ट्र हैं।

यह तो सत्य है कि राष्ट्र एक ही होता है और भारत एक अखंड राष्ट्र रहा है। परन्तु राष्ट्र एक ही होता है, यह भारत के विषय में केवल हिन्दुओं का विचार है। भारत अखंड राष्ट्र हजारों साल तक रहा तो केवल इसलिये रहा कि वह हिन्दू राष्ट्र था और यहाँ हिन्दुओं का ही शासन था। मुसलमान यहाँ केवल राजनीति में एक उपद्रवी तत्व के रूप में ही अलग से पहचान बनाने का आग्रह करते रहे हैं, क्योंकि राज्य के स्तर पर भारत के प्रत्येक मुसलमान राजा ने हिन्दू सेनापतियों और हिन्दू मंत्रियों तथा हिन्दू सेनाओं का भरपूर साथ लिया है और यह साथ उनके हिन्दू रहते हुये ही लिया है। 'हमारा साथ देना है तो हिन्दू धर्म त्याग दो' – यह कहने की हिम्मत कभी किसी भी मुस्लिम राजा की भारत में नहीं रही है।

यहाँ तक कि मुइउद्दीन (औरंगजेब) की भी जोधपुर मारवाड़ के महाराज जसवंत सिंह और न ही जयपुर महाराज जयसिंह से उसे यह कहने की हिम्मत हुई कि उन्हे हिन्दू धर्म त्याग देना चाहिए। अपनी कमीनगी के चलते मारवाड़ नरेश के उत्तराधिकारी राजकुमार पृथ्वीराज सिंह को उसने विषबुझे वस्त्र उपहार में देकर उन्हें छल से मार डाला। पर सामने लड़ने की शक्ति उस कायर में कभी नहीं रही।

हिन्दू राष्ट्र रहने पर ही भारत एक और अखंड है

हिन्दू राष्ट्र रहने पर ही भारत एक और अखंड है। यह प्रमाणित है। जैसे ही भारत का कोई प्रभावशाली राजनैतिक वर्ग हिन्दू नहीं रह जाता, वैसे ही वह भारत को खंडित करने का प्रयास करने लगता है।

भारत का 14 अगस्त 1947 को विभाजन करने के बाद जो हिस्सा बचा, वह स्वाभाविक रूप से हिन्दुओं का हिस्सा है, हिन्दुओं का राज्य है। अब जिन लोगों के हाथ में 'पावर' का 'ट्रांसफर' हुआ, वे इसे स्वाभाविक हिन्दू राष्ट्र नहीं घोषित कर, किनकी नजर में स्वयं को ऊँचा दिखा रहे थे ? श्रेष्ठ दिखा रहे थे ? या किसी गुप्त शर्त का पालन कर रहे थे। परन्तु गुप्त शर्त का पालन करने की सत्यनिष्ठा तो इन वामपंथी कांग्रेसियों में थी नहीं। आखिर

संविधान पारित होने के दिन ही उन्होंने 'इंडिया इंडिपेंडेन्स एक्ट' को रद्द घोषित कर अंग्रेजों से पीछा छुड़ा ही लिया था। अतः लगता है कि सनातन धर्मावलंबियों से डरकर ही हिन्दुओं को दबाने के लिये इन्होंने उग्रवादी अलगाववादी मुसलमानों को खण्डित भारत में भी पूर्ण नागरिक अधिकार देकर रहने दिया, जबकि भारत के मुसलमानों के लिये ही अलग से एक मजहबी राष्ट्र पाकिस्तान स्वयं इनकी सहमति से बना था।

या फिर, वे अंग्रेजों के सामने स्वयं को दिखा रहे थे कि हम उदार हैं, भले ही शताब्दियों तक हमारे साथ रहे लोगों ने हमसे उदारता नहीं सीखी, उल्टे हमारी उदारता के लिये हमारी हत्यायें कीं, हमको सब तरह से अत्याचारों का शिकार बनाया, फिर भी हम इतने महान हैं कि हम अभी भी उदार लोकतांत्रिक गणराज्य हैं।

उदारता का दिखावा क्यों ?

प्रश्न यह है कि यह उदारता आप किसे दिखा रहे थे ? उनको ही जो कल तक भारत का हिस्सा रहे एक बड़े समूह के कट्टर मजहबी और सामान्य मानवता का विरोधी हो जाने पर बिल्कुल भी परेशान नहीं थे, अपितु उनसे वैसा ही व्यवहार कर रहे थे जैसा हमसे? अर्थात जिनके लिये उदारता या संकीर्णता कोई अर्थ ही नहीं रखती। अपना संबंध और अपने समीकरण अपने आर्थिक हित और अपने व्यापारिक हित तथा अपने रणनीतिक हित ही सारा महत्व रखते हैं, सारा अर्थ रखते हैं ? उनको दिखा रहे थे कि हम उदार हैं ? जितना ही विश्लेषण करो, उतना ही माथा पीट लेने का मन होता है। ये किसे दिखा रहे हैं अपनी उदारता ? जो क्रूर और हृदयहीन हो चुके लोग हैं ? जिनको कोई अंतर ही नहीं पड़ता कि आप कट्टर मजहबी हैं या उदार हृदय हिन्दू हैं। उन्हें यह उदारता दिखाने की कौन सी विवशता थी। यह अनुसंधान का विषय है।

क्योंकि यह उदारता नेहरू जी आदि के स्वभाव में ही हो, इसका कोई प्रमाण नहीं है। अपने से भिन्न विचार वाले हिन्दुओं को उन्होंने अपनी पार्टी से निकाल बाहर किया। पार्टी छोड़ने को मजबूर किया। इस मंडली के जो मुखिया थे और इन लोगों में जो सचमुच

और सबसे अधिक उदार थे, उन गांधीजी ने भी नेताजी सुभाषचन्द्र बोस को बर्दाश्त नहीं किया। उन्हें कांग्रेस पार्टी से बाहर जाने को विवश कर दिया। नेहरू जी ने तो राजर्षि टंडन को पार्टी छोड़ने को विवश किया। पंडित मदनमोहन मालवीय के विरुद्ध इतनी तीखी टिप्पणियाँ लिखीं कि महामना ने उदास होकर या उदासीन होकर स्वयं को शिक्षा और संस्कृति के क्षेत्र तक सीमित कर लिया। यहाँ तक कि अपने परम मित्र राममनोहर लोहिया को भी बर्दाश्त नहीं किया। यह बात अलग है कि इन लोगों को व्यवहार की शिष्टता आती थी और नेहरू जी ने वह बनाये रखी। परंतु विचार की भिन्नता पार्टी के भीतर बर्दाश्त तो नहीं की। तब ऐसी स्थिति में मजहब की भिन्नता और वह भी मजहब के नाम पर आदर्श की भिन्नता बर्दाश्त करने का क्या कारण था ? यह विचार योग्य विषय है।

नेहरू की भ्रमित आत्मछवि

भारत के मुख्य समाज अर्थात हिन्दू समाज से भय और उसके प्रति एक विचित्र सी कुंठा और एक नितांत अस्वाभाविक आत्मछवि ही इसके मूल में दिखती है। क्योंकि यह मानना संभव नहीं है कि श्री जवाहरलाल नेहरू जानबूझकर हिन्दू समाज को नष्ट करने के लिये ऐसा काम कर रहे थे। ऐसी कोई क्रूरता और अपने समाज से कोई घृणा उनके व्यवहार में नहीं दिखती थी। राजनैतिक लक्ष्य के लिये कठोरता और क्रूरता तो वे कर सकते थे, यह दिखता है। परंतु अपने समाज से ही वे माओ जे दुंग की तरह घृणा करते हों, ऐसा बिल्कुल नहीं दिखता।

अतः यह कल्पना अमान्य है कि वे हिन्दू समाज से शत्रुता रखते थे, इसलिये उन्होंने ऐसा किया। इसके स्थान पर यही अनुमान होता है कि धर्मनिष्ठ हिन्दू समाज से एक प्रकार का भय और उनके प्रति अजनबीपन का भाव तो नेहरू में था ही, पर साथ ही वे अपने मित्र अंग्रेजों को यह दिखाने के लिये कि हम तुमसे भी अधिक उदार और उन्नत हैं, ऐसी विचित्र नीतियाँ बना रहे थे और उन पर चल रहे थे। अपनी धुन में वे यह भी नहीं देख पा रहे थे कि जिसे यह सब दिखा रहे हैं वह उन्हें श्रेष्ठ मान भी रहा है या नहीं ? या केवल

लल्लू मानकर उसका फायदा उठा रहा है।

कारण जो भी हो परन्तु बचे हुये भारत में हिन्दुओं को, हिन्दू समाज को और हिन्दू धर्म को विशेष संरक्षण देना कांग्रेस का नैतिक कर्तव्य था। वह इस नैतिक कर्तव्य का पालन नहीं कर पाई, यह एक दुखद तथ्य है। परन्तु यह तो दुख का आरंभिक बिन्दु है। नेहरू जी के रहने तक दुख का यही स्वरूप बना रहा। परन्तु इंदिरा जी को सोवियत संघ द्वारा अपने प्रभाव में लेने के बाद से स्थिति पूरी तरह बदलने लगी।

इंदिरा की नीतियों पर सोवियत संघ का प्रभाव

इंदिरा गांधी ने सोवियत संघ के संकेत पर हिन्दू समाज को नितांत जड़ समाज मानकर उसे बलपूर्वक बदलने की रणनीति अपनाई। इसके लिये उन्होंने अल्पसंख्यकों का एक महासंघ बनाने की कोशिश की जो मुख्य हिन्दू समाज से मुकाबला कर सके। दूसरी ओर, स्वयं उनका साथ तो भारत के और विशेषकर उत्तर भारत के बहुसंख्यक समुदाय के प्रतिनिधि ही दे रहे थे। इससे एक वैचारिक अराजकता की दशा आ गई। एक ओर इंदिरा गांधी स्वयं को भारतीय अर्थात् हिन्दू मूल्यों का प्रतिनिधि बताने में लग गईं। काशी विश्वनाथ, महाकाल और बालाजी सहित प्रमुख हिन्दू तीर्थों में जाने लगीं और दूसरी ओर शासन में महत्वपूर्ण विभाग कम्युनिस्टों को सौंप कर शिक्षा और संस्कृति के क्षेत्र में हिन्दू धर्म की जड़ों पर मट्ठा डालने के कम्युनिस्टों के लक्ष्य को भी अनुमति दिये रहीं। इस प्रकार एक सांस्कृतिक और वैचारिक अराजकता की स्थिति बन गई।

इस दुविधा की स्थिति का लाभ सोवियत संघ से संचालित कम्युनिस्टों ने पूरी कठोर सौदेबाजी के साथ उठाया। सरकार द्वारा पोषित शिक्षा और संचार के सभी संस्थानों एवं केन्द्रों में तो वे छा ही गये, सोवियत संघ और उसकी मित्र बनी भारत सरकार, दोनों से जमकर फायदा लेकर कम्युनिस्टों ने देशभर में बहुत बड़े मीडिया संस्थान और शोध संस्थान खड़े कर लिये तथा इस प्रकार सरकार के भीतर और बाहर, दोनों ही स्तरों पर कम्युनिस्ट मतवाद से प्रेरित

अकेडमिया और मीडिया ने हिन्दुओं के भीतर आत्महीनता, ग्लानि, दब्बूपन और कुंठा फैलाने की जीतोड़ कोशिशें कीं। हिन्दुओं को वर्ग के आधार पर लड़ाने में असफल रहने पर उन्होंने जाति के आधार पर आपस में वैर विरोध और विद्वेष भड़काने के लिये विपुल प्रोपेगंडा मेटेरियल का प्रचंड उत्पादन, वितरण और प्रसारण शुरू कर दिया तथा भारत के राजनैतिक आकाश में जातिगत वैमनस्य, वैर, विरोध और विद्वेष को भड़काने वाली निराधार कहानियां, किस्से, चुटकुले, अफवाहें और प्रोपेगंडा भर दिया। इस कार्य में उन्होंने भारत के ईसाई मिशनरियों से सांठगांठ की और दोनों मिलकर हिन्दू समाज को तोड़फोड़ डालने के लिये रातदिन काम करने लगे।

उपद्रवी समूहों को विशेष संरक्षण क्यों ?

इसी क्रम में उन्हें मुसलमानों में से जो कुछ ताकतवर और उत्पाती लोग और समूह मिले, उन्हें भी इंदिरा गांधी ने अपने इस कार्य के लिये नियोजित किया। इस उत्पाती समूह के द्वारा समय–समय पर हिन्दू बस्तियों को आग लगाना, उजाड़ना, हत्यायें, अपहरण, फिरौती, बलात्कार, व्यभिचार आदि का क्रम तो चलाया ही, बड़े पैमाने पर हिन्दुओं में भय पैदा करने के लिये भी उनका उपयोग किया। धीरे–धीरे मुसलमानों में प्रभावशाली समूह उनके वैचारिक अनुगत बन गये और इतिहास में अलीगढ़ स्कूल पूरी तरह कम्युनिस्ट योजना से काम करने लगा। अन्य कम्युनिस्ट अध्यापक भी उनके साथ साझा रणनीति पर काम करने लगे।

शिक्षा संस्थानों और शैक्षणिक सामग्री में हिन्दू समाज के प्रति तिरस्कार और घृणा का भाव जगाने वाले पाठ घनीभूत रूप में फैलाये जाने लगे। इसके साथ ही कम्युनिस्टों ने 'इप्टा' नामक संगठन बनाकर नाटकों, फिल्मों, चित्रकला तथा अन्य कलाओं में भी कम्युनिज्म मतवाद का प्रचार करने के साथ ही हिन्दू समाज के विरुद्ध एक प्रकार से अघोषित युद्ध छेड़ दिया। आधुनिक राज्य की शक्तिशाली संस्थायें उन्हें अपनी ये भयावह योजनायें क्रियान्वित करने के लिये कांग्रेस ने सौंप दीं। नेहरू जी अपने समय में कम्युनिस्टों पर पूरा अंकुश रखते थे। गुप्तचर विभाग का उपयोग

कम्युनिस्टों पर नियंत्रण के लिये नेहरू जी ने खूब किया। परंतु इंदिरा गांधी और सोवियत संघ के गठजोड़ के बाद स्वयं गुप्तचर विभाग में कम्युनिस्टों ने घुसपैठ बना ली। पुलिस सेवाओं में कम्युनिस्ट यूनियन बनाने की कोशिश हुई और सेना में भी अधिकारी स्तर पर कम्युनिस्ट विचार फैलाने की भरपूर कोशिशें तेज कर दी गईं। इस प्रकार यह हिन्दुत्व को नष्ट कर डालने की सघन योजना थी। जो केवल ईश्वरीय अनुग्रह से ही विफल हुई है।

ईश्वरीय अनुग्रह

निश्चय ही उस ईश्वरीय अनुग्रह का माध्यम जहाँ हमारे धार्मिक और आध्यात्मिक केन्द्र बने, वहीं राष्ट्रीय स्वयंसेवक संघ जैसा मातृभूमि का उपासक एक अद्वितीय सांस्कृतिक संगठन भी ईश्वरीय अनुग्रह और ईश्वरीय इच्छा का माध्यम और वाहक बना। अन्यथा कम्युनिस्टों, उग्रवादी समूहों और विस्तारवादी मिशनरियों की संयुक्त फौज ने हिन्दू समाज को चारों तरफ से घेराबंदी कर दबाव में ले लिया था और विद्या साधना के केन्द्रों की पर्याप्त संख्या नहीं होने से प्रज्ञा के स्तर पर उनका सामना नहीं हो पा रहा था। अपने शील और संस्कार से ही हिन्दुओं ने सनातन धर्म की चेतना के आधारभूत तत्वों को जीवित और प्रवाहित रखा। यह एक प्रकार से आध्यात्मिक और बौद्धिक तप ही माना जायेगा।

ईश्वरीय अनुग्रह से संचित पुण्यकर्मों के फलस्वरूप 2014 में भारतीय राजनीति के आकाश में श्री नरेन्द्र मोदी का उदय हुआ और ठीक उस समय, जब साम्प्रदायिकता रोकने के नाम पर हिन्दुओं के भयंकर दमन के लिये एक विधेयक श्रीमती सोनिया गांधी ने तैयार कर लिया था और उसे कानून का रूप देने ही वाली थीं, उसी समय ईश्वरीय अनुग्रह से मोदी जी का राजनीति में उन्मेष हुआ और परिवेश बदल गया। अब हिन्दुत्व की शक्तियों के लिये रचनात्मक क्रियाशीलता और आत्माभिव्यक्ति के द्वार खुल गये हैं तथा हिन्दुओं में इस विषय पर सजगता भी आ रही है कि झूठ और छल के आधार पर हिन्दू समाज के विरुद्ध कैसा भयंकर परिवेश रचा गया।

विरोधियों की रणनीतिक चालबाजियां

अभी भी जो शोर मचाया जाता है कि ये लोग भारत को हिन्दू राष्ट्र बनाना चाहते हैं, वह शोर केवल रणनीतिक चालबाजियाँ हैं। वस्तुतः हिन्दू राष्ट्र की स्थापना की दिशा में निर्णायक कोई कदम नहीं उठें, इस चालाकी के भाव से साधारण से साधारण कार्य के लिये हिन्दुत्व का शोर मचाया जाता है, ताकि बात वहीं उलझ कर रह जाये और नीतिगत स्तर पर जो परिवर्तन होने हैं, उनके लिये समय ही नहीं मिले और लोगों का ध्यान भी उस ओर नहीं जाये।

यदि भारतीय जनता पार्टी इतने में ही संतोष करने वाली पार्टी होती तो उसके लिये यह सबसे सुखद स्थिति है कि इन विवादों में ही लोकमानस उलझा रहे। परन्तु मोदी जी और उनकी सरकार सदा लक्ष्य को सामने रखती है। इसलिये इन विवादों में उलझना नहीं है। अपितु मूलभूत बातों की ओर ध्यान देना है।

मूल कर्तव्य याद रखाना आवश्यक

मूलभूत बातें ये हैं कि स्वयं इंदिरा गांधी जी ने आपातकाल में संविधान में भाग 4 (क) में मूल कर्तव्य जोड़े हैं, जो अनुच्छेद 51 (क) के रूप में हैं। इनके अनुसार भारत के प्रत्येक नागरिक का यह कर्तव्य है कि वह भारत की प्रभुता, एकता और अखंडता की रक्षा करे और वह देश की रक्षा करे और आह्वान किये जाने पर राष्ट्र की सेवा करे। साथ ही, भारत के सभी लोगों में समरसता और समान भ्रातृत्व (कॉमन ब्रदरहुड) का निर्माण करे जो धर्म, भाषा, प्रदेश या वर्ग पर आधारित सभी भेदभाव से परे हो।

कॉमन ब्रदरहुड का खंडन दंडनीय

स्पष्ट रूप से जो लोग हिन्दू राष्ट्र का हौआ खड़ा करते हैं और लोगों को बिना उसके बारे में किसी गंभीर विमर्श में शामिल किये उसे एक डराने वाली चीज की तरह प्रस्तुत करते हैं, वे संविधान के इस मौलिक कर्तव्य का पूरी तरह उल्लंघन करते हैं। वे समरसता और समान भ्रातृत्व की भावना को खंडित करते हैं और कुछ ऐसा प्रचारित करते हैं, जैसे कि हिन्दू धर्म की उपासना और साधना

करना तथा धर्मानुसार जीवन जीना कोई भयावह चीज है, जबकि मजहब और रिलिजन के अनुसार जीवन जीना कोई बहुत ही ऊँची और शानदार चीज है। इस प्रकार ये धर्म के आधार पर खुलेआम भेदभाव करते हैं और समान भ्रातृत्व की भावना को उभरने में हर प्रकार की बाधा उत्पन्न करने का प्रयास करते रहते हैं।

स्पष्ट रूप से यह राष्ट्रभावना को अवरुद्ध और खंडित करने वाला अपराध है। हिन्दुत्व को लेकर बिना किसी गंभीर और सत्य तथा तथ्यात्मक विमर्श के उसके विरुद्ध निंदा और घृणा का परिवेश रच देना एक गंभीर अपराध है। केवल आपराधिक मस्तिष्क ही इतना जाल–फरेब रच सकता है। अन्यथा सीधा सा उपाय है, यदि वे सचमुच हिन्दुत्व को लेकर आशंकित हैं तो वे हिन्दू धर्म के ज्ञाता विद्वानों की शरण में जाकर उनसे विनयपूर्वक अपनी जिज्ञासा प्रस्तुत कर सकते हैं, जिसका वे निश्चय ही सम्यक उत्तर देंगे। क्योंकि सनातन धर्मशास्त्र में यही निर्देश दिया गया है कि जो विनयपूर्वक और श्रद्धापूर्वक जिज्ञासु होकर आये, उसे सम्यक उत्तर दिया जाये।

प्रोपेगंडा के पीछे की मंशा

दरअसल सम्यक उत्तर की इन हिन्दुत्व विरोधियों को कोई लालसा ही नहीं है। वे चाहते ही नहीं हैं कि समाज में सत्य सामने आये। क्योंकि सत्य सामने आने पर उनके द्वारा किये जा रहे अपराध और संविधान विरोधी दुष्कृत्य सबके सामने स्पष्ट हो जायेंगे। सब समझ जायेंगे कि इन दुष्टों की नीयत क्या है और मंशा क्या है। इसलिये वे केवल प्रोपेगंडा के द्वारा हवा में धुंध और भय फैलाना चाहते हैं। इसलिये यह आवश्यक है कि हिन्दू राष्ट्र की सच्चाई पर चर्चा हो और गंभीरता से उस पर विमर्श हो।

अध्याय 2

हिन्दू राष्ट्र: क्या ?

यह जानना आवश्यक है कि हिन्दू राष्ट्र क्या है ? इसमें यह जानना भी सन्निहित है कि हिन्दू राष्ट्र क्या नहीं है। क्योंकि अभी तक हिन्दू राष्ट्र को लेकर नकारात्मक और झूठा प्रोपेगंडा कांग्रेस एवं कम्युनिस्ट समूहों ने किया है। इसलिये हिन्दू राष्ट्र क्या है और क्या नहीं है, दोनों ही पक्ष जानना आवश्यक है।

मूल संदर्भ एवं पृष्ठभूमि

वस्तुतः हिन्दू राष्ट्र का अर्थ है भारत में लोकतंत्र की स्वाभाविक प्रतिष्ठा। यह इतना स्वाभाविक है कि संविधान निर्माताओं ने इसका अलग से उल्लेख आवश्यक नहीं समझा। परंतु उन्होंने मूल संविधान के आवरण में और अंतर्वर्ती पृष्ठों के चित्रों में भगवान राम, भगवान श्रीकृष्ण, गीता के उपदेश आदि के तथा भगवान बुद्ध के चित्र देकर सहज ही इस ओर संकेत कर दिया। इतना ही नहीं संविधान सभा द्वारा 22 जनवरी 1947 को अंगीकृत संविधान के उद्देश्यों संबंधी प्रस्ताव (ऑब्जेक्टिव्स रिजाल्यूशन) को प्रस्तुत करते हुये श्री जवाहरलाल नेहरू ने स्वयं ये उद्देश्य निरूपित किये हैं जिसमें 8वाँ उद्देश्य है – ''इस प्राचीन भारत भूमि को विश्व में उसका सही और गौरवशाली स्थान प्राप्त कराना और मानवजाति

के कल्याण तथा विश्व शांति के प्रोत्साहन में उसका स्वेच्छापूर्ण योगदान सुनिश्चित करना।''

अतः स्पष्ट है कि प्राचीन भारत भूमि हिन्दू राष्ट्र ही है और मानवजाति का कल्याण भी हिन्दू धर्म तथा हिन्दू जाति की अत्यन्त प्रचीनकाल से कामना और विशेषता रही है। इसलिये हिन्दू राष्ट्र अव्यक्त रूप में, अ–मुखर रूप में स्वयं संविधान के प्रस्ताव में उद्घोषित है। परंतु भारत विरोधी और संविधान विरोधी लोगों ने धमाचौकड़ी मचा कर और झूठे प्रोपेगंडा के द्वारा इस विषय में भ्रांतियाँ उत्पन्न कर दी हैं। इसलिये फिर से इस विषय पर चर्चा कर उसे स्पष्ट करने की आवश्यकता हो गई है।

सर्वप्रथम तो समस्त स्मृतियों के अवगाहन से यह भलीभांति दृढ़ हो जाता है कि सनातन धर्म का अर्थ है मानवधर्म। यह पृथ्वी के समस्त मानवों के लिये है। केवल हिन्दू समाज के लिये नहीं है। किसी भी धर्मशास्त्र में यह कहीं भी नहीं कहा गया है कि धर्म अर्थात मानवधर्म किसी समाज विशेष के लिये है और अन्य के लिये नहीं है।

मानवता को और मानव समाज को सभी धर्मशास्त्र एक एकीकृत इकाई मानते हैं। देश और काल का विचार वे विशेष धर्म के संबंध में करते हैं। परन्तु सामान्य धर्म मानवमात्र के लिये है। कोई भी मानव समुदाय धर्मशास्त्रीय विवेचना के केन्द्र से बाहर नहीं रखा गया है। **हिन्दू मानव बनाम अहिन्दू मानव** – जैसा कोई वर्गीकरण एवं विभेद धर्मशास्त्र नहीं करते हैं।

मानवधर्म सार्वभौम है

इसी प्रकार धर्मशास्त्र यह भी स्पष्ट कर देते हैं कि मानवधर्म सार्वभौम हैं। स्मृतियों ने मानवधर्म को ही मनुष्यों का सामान्य धर्म, साधारण धर्म, सामासिक धर्म और सार्वभौम मानव धर्म कहा है। इस विषय में मनुस्मृति की स्पष्ट घोषणा है कि वेद, स्मृति, सदाचार और आंतरिक आनंद–ये चार धर्म के साक्षात लक्षण हैं। धर्म से सदा आनंद की प्राप्ति और वृद्धि होती है। यह धर्मशास्त्रों का प्रतिपादन है।

स्पष्ट है कि आनंद की प्राप्ति और वृद्धि ही धर्म का और धर्मशास्त्रों का प्रयोजन और परिणाम है। अतः धर्मशास्त्र किसी राजा या शासक द्वारा रचित राज्यानुशासन नहीं है। न ही वे किसी एक महान व्यक्ति या दिव्य व्यक्ति (पैगम्बर या मसीहा) के अनुशासन हैं। वे सृष्टि और जीवन चक्र के नियमों और प्रक्रियाओं के ज्ञान का प्रतिपादन हैं। इसीलिये धर्मशास्त्र प्राकृतिक या नैसर्गिक अनुशासन एवं उपदेश हैं और विवेचनाशास्त्र भी हैं। वे यह बताते हैं कि क्या करने से आनंद मिलेगा और क्या करने से कष्ट की वृद्धि होगी। इस अर्थ में वे केवल ज्ञान प्रदाता शास्त्र हैं।

सर्वसाधारण को क्या करना चाहिए, ताकि उसके जीवन की सार्थकता हो, कल्याण हो और आनन्द की प्राप्ति हो, शासक को क्या करना चाहिए, विद्वान को, वीर को, योद्धा को, शिल्पी को, उद्यमी को, व्यवसायी को, सेवा कार्य में लगे लोगों को, ब्रह्मचारी को, गृहस्थ को, वानप्रस्थ को, संन्यासी को क्या–क्या करना चाहिए, क्या नहीं करना चाहिए, ये सब बातें इसीलिए धर्मशास्त्र के विषय हैं।

भारतीय राष्ट्रजीवन अर्थात हिन्दू धर्म

इन आधारों पर भारत में अत्यन्त प्राचीनकाल से जो समाज व्यवस्था गतिशील रही है, वही हिन्दू धर्म है। जिस क्षेत्र में इस धर्म का पालन होता हो, वह हिन्दू राष्ट्र है। यह व्यवस्था ज्ञात इतिहास में भी कई हजार वर्ष पुरानी है।

इस प्रकार मानवधर्म सार्वभौम है और यह सभी के द्वारा पालनीय है। मानवधर्म का पालन करने से सभी को सुख और आनंद की प्राप्ति होगी और मानवधर्म की उपेक्षा से सदा सभी को दुख और विषाद ही प्राप्त होता है। महाभारत और मनुस्मृति से लेकर वर्तमान काल की टीकाओं में तक यही बात कही गई है।

20वीं शताब्दी के पूर्वार्ध तक ये टीकाएं होती रही हैं। वस्तुतः धर्मसूत्रों और धर्मशास्त्रों की रचना का कालखंड कई हजार वर्षों तक फैला हुआ है और मात्रा की दृष्टि से विशाल है। परंतु आश्चर्य की बात है कि उन सबमें निरंतरता है, समरूपता है, अद्‌भुत समानता है।

धर्मशास्त्र और मनुष्यों के परस्पर संबंध

धर्मशास्त्र और मनुष्यों के परस्पर संबंध ज्ञानमूलक हैं, शासनमूलक या आदेशमूलक नहीं ऋग्वेद के तीसरे मंडल में 'प्रथम धर्माः' और 'सनता धर्माणि' शब्दों का भी प्रयोग है, जो सृष्टि के प्रथम धर्म और सनातन धर्म कहे गये हैं। वैदिक साहित्य से स्पष्ट होता है कि ये हैं – सत्य, धर्म, ऋत और यज्ञ। ये प्रथम धर्म हैं और देवताओं ने इनसे ही यजन किया। ऋत का अर्थ है ब्रह्मांडीय व्यवस्था एवं नियम। अंग्रेजी में इसका निकटवर्ती शब्द है – 'कॉस्मिक आर्डर'। यज्ञ का अर्थ है सृष्टि–चक्र की निरंतर गतिशीलता।

मानव जीवन के धर्मों की धर्मशास्त्रों में अलग से और विस्तार से विवेचना है। मीमांसा सूत्र के पहले दो सूत्र हैं – "अब हम धर्म मीमांसा करते हैं। श्रुतियाँ जिन आनन्दमूलक कार्यों की प्रेरणा देती हैं, वे धर्म हैं।"

दूसरी ओर, वैशेषिक सूत्र है कि 'जिससे लौकिक अभ्युदय और आध्यात्मिक परम–उत्कर्ष की प्राप्ति हो, वह धर्म है।'

मानव धर्मशास्त्र

इस विषय में 'मनुस्मृति' का सर्वाधिक महत्व है। मनुस्मृति की पुष्पिका में सर्वत्र उसे "मानव धर्मशास्त्र" कहा गया है। स्पष्ट है कि 'मनुस्मृति' का मूल नाम "मानव धर्मशास्त्र" है और उसका प्रारंभ ही धर्मजिज्ञासा से होता है।

मनुस्मृति में धर्मों की विस्तार से विवेचना है। साथ ही सामान्य धर्म और मानव धर्म के मूल आधार स्पष्ट कर दिये गए हैं। मनुस्मृति के दसवें अध्याय में विश्व के सभी मनुष्यों के द्वारा अनिवार्य रूप से पालनीय धर्मो की विवेचना है जो 63 वें श्लोक में वर्णित हैं। वे हैं – "अहिंसा अर्थात् अन्य को किसी भी प्रकार से कष्ट न पहुँचाना, सत्य, अस्तेय अर्थात् बिना पूछे किसी की कोई वस्तु न लेना, आंतरिक और बाहरी पवित्रता, इंद्रिय संयम, अपनी ही पत्नियों से संतान की उत्पत्ति, दूसरों के सुख में द्वेष भाव नहीं होना, धर्मसम्मत दान करना, ऋजु यानी निश्छल भाव से जीवन जीना और श्राद्ध कर्म आदि करना।"

मनु महाराज कहते हैं कि यह विश्व के सभी मनुष्यों के द्व ारा करणीय कर्म है। मनुस्मृति में यह भी कहा गया है कि समस्त संसार में केवल चार वर्ण ही हैं। पाचवां कोई वर्ण नहीं होता। परंतु वर्णों के बीच प्रतिलोम विवाह आदि से समाज कतिपय कुलों को अपेक्षाकृत निचली स्थिति में रख देता है। फिर भी उन्हें चार वर्णों के ही अंतर्वर्ती माना जाता है। इस प्रकार पंचम वर्ण मानवधर्मशास्त्र में कोई नहीं है।

इसी प्रकार महाभारत में तथा याज्ञवल्क्य स्मृति में भी सामान्य धर्म या साधारण धर्म के यही लक्षण बताए गए हैं। विष्णु धर्मसूत्र के अनुसार सामान्य धर्म हैं – "सत्य, अहिंसा, पवित्रता, इद्रिय संयम, दान, क्षमा, गुरुसेवा, प्राणियों के प्रति दया भाव, लोभशून्यता, ऋजुता तथा तीर्थयात्रा एवं देवताओं तथा ब्राह्मणों का पूजन करना।"

महाभारत एवं विष्णु धर्मसूत्र

महाभारत में आश्रमवासिक पर्व में सत्य एवं अक्रोध तथा निर्भयता को सर्वश्रेष्ठ गुण कहा है। वामन पुराण ने अहिंसा, सत्य, अस्तेय, दान आदि को सामान्य धर्म कहा है। इस प्रकार सामान्य धर्म, साधारण धर्म, सामासिक धर्म और मानव धर्म पर्याय हैं। महाभारत के शांति पर्व में नौ गुणों को सभी वर्णों के लिए आवश्यक बताया है, जो हैं: सत्य वचन, क्षमा, अद्रोह, ऋजुता, अक्रोध, पवित्रता, सम्पत्ति का उचित संविभाग करना, संतति उत्पादन और अधीनस्थ लोगों का भरण पोषण करना।

उल्लेखनीय है कि धर्मशास्त्रों में यह कहीं भी नहीं कहा गया है कि ये धर्म हिन्दुओं के हैं अथवा भारतवर्ष के मनुष्यों के लिए हैं। इसके स्थान पर इन्हें विश्व भर में सभी मनुष्यों के द्वारा अवश्य पालनीय कहा गया है। इसके उपरांत देश धर्म, कुल धर्म, वर्ण धर्म, आश्रम धर्म, राज धर्म, यति धर्म आदि आदि की विस्तार से विवेचना है। परंतु सामान्य धर्म तो सबके द्वारा अनिवार्य रूप से पालनीय धर्म हैं।

अतः हिन्दू धर्म मानव धर्म है। इस अर्थ में नहीं कि सबको हिन्दू घोषित कर देना चाहिए, अपितु इस अर्थ में कि समस्त मनुष्यों के द्वारा पालन करने योग्य ब्रह्मांडीय एवं वैश्विक नियम ही धर्म हैं।

इस प्रकार यह मानव–जीवन को आनंदपूर्वक गतिशील रखने वाले नियमों की वैज्ञानिक प्रस्तुति है। ये मनुष्यमात्र के जीवन के लिये आधारभूत नियम हैं। ये सबके लिए समान रूप से सुखदायक हैं, सबके लिये सहायक हैं और सबके कल्याण का समान भाव इनमें निहित है।

सभी मनुष्यों के लिये 'कॉमन कोड' ही हिन्दू धर्म है

इसीलिए हिन्दू धर्म सार्वभौमिक है। पृथ्वी लोक के सभी मनुष्यों के लिये यह 'कॉमन कोड' है। मान लीजिये, कोई सरकार हिन्दू धर्म का नाम नहीं लेती और 'कॉमन कोड' बना देती है, जिसमें सभी मनुष्यों के द्वारा अर्थात देश के या नेशन स्टेट के सभी नागरिकों के द्वारा सत्य, अहिंसा अर्थात किसी भी प्रकार से अन्य को कष्ट नहीं पहुँचाना, बिना अनुमति किसी की कोई वस्तु न लेना, अपनी ही पत्नियों से संतति की उत्पत्ति, आंतरिक और बाहरी पवित्रता और दूसरों के सुख में द्वेष भाव नहीं रखना और सरल निश्छल व्यवहार करना, यह नागरिकता की अनिवार्य शर्त हो, तो इससे हिन्दू समाज प्रसन्न हो जायेगा। क्योंकि वह हिन्दू धर्म का ही 'कोड' होगा। नाम का कोई आग्रह नहीं है। आग्रह है नीति, सदाचार और स्वस्थ समरस जीवन तथा समान भ्रातृत्व का। वस्तुतः तो संविधान के भाग 4 (क) में अनुच्छेद 51 (क) इन सब बातों को समाहित किये हुये है। यदि संविधान में प्रतिपादित नागरिकों के मौलिक कर्तव्य का पालन राज्य सुनिश्चित कर ले, तो वह बड़ी सीमा तक हिन्दू राष्ट्र ही कहलायेगा। परंतु इस विषय में धुंध फैला दी गई है, इसलिये यदि औपचारिक रूप से 'हिन्दू राष्ट्र' घोषित कर दिया जाये तो धुंध छंट जायेगी। परन्तु यदि किन्हीं कारणों से ऐसा नहीं किया जाये तो भी एक सुदृढ़ शासन अपने व्यवहार द्वारा संपूर्ण नागरिकों के लिये 'कॉमन कोड' सुनिश्चित कर सकता है और यह व्यवस्था पहले से ही वर्तमान संविधान में सन्निहित है।

परंतु अल्पसंख्यकों के संदर्भ में कांग्रेस शासन ने संविधान की मूल भावना की उपेक्षा करते हुये और उसे उलट कर कतिपय प्रावधान कर दिये हैं। संविधान के अनुच्छेद 28 में धार्मिक शिक्षा या

धार्मिक उपासना के विषय में यह प्रावधान कर दिया है कि यदि किसी न्यास या विन्यास के अधीन कोई शिक्षण संस्था स्थापित हो जिसमें धार्मिक शिक्षा देना आवश्यक है तो शासकीय वित्त से पोषित होकर भी वह संस्था धार्मिक शिक्षा दे सकती है और इसके साथ ही अनुच्छेद 29 और 30 में जो प्रावधान हैं, उन्हें कांग्रेस शासन ने और उनके सहायकों ने कुछ इस तरह प्रचारित किया कि मानो इनके अंतर्गत केवल अल्पसंख्यकों को संरक्षण देना तो राज्य का कर्तव्य है, परंतु बहुसंख्यकों के धर्म की कोई शिक्षा दी जाए यह उसका दायित्व नहीं है।

अब या तो शासन की ओर से इन अनुच्छेदों के अर्थों और भाष्यों के विषय में कोई स्पष्ट निर्देश जारी किया जाये या संविधान के भाग 4 अनुच्छेद 38 में जहाँ राज्य द्वारा भारत के नागरिकों को राजनैतिक, आर्थिक और सामाजिक न्याय दिलाने के प्रयास का आश्वासन दिया गया है, वहीं एक उपबंध द्वारा 'आध्यात्मिक न्याय' शब्द भी जोड़ दिया गया अथवा अलग से एक उपबंध जोड़ दिया जाये कि 'भारत का राज्य भारत के बहुसंख्यकों के धर्म को भी वैसा ही संरक्षण देगा, जैसा मजहब और रिलिजन को प्राप्त है' अथवा यह जोड़ा जा सकता है कि 'भारत का राज्य भारतीय संस्कृति की रक्षा करेगा।

वस्तुतः समस्या केवल संवैधानिक प्रावधान नहीं है। समस्या अभी के प्रावधानों के दुरुपयोग की है जो कांग्रेस शासन ने बहुत ही ढिठाई और निर्लज्जता के साथ किया है तथा हिन्दुओं के विरुद्ध और अन्य मजहबों के अनुचित पक्ष में किया है। यह संविधान की मूल भावना का निरादर है। अतः इसे बंद कर संविधान की मूल भावना के अनुरूप राज्य को काम करना चाहिये।

हिन्दू धर्म क्या नहीं है

हिन्दू धर्म किसी एक पैगम्बर या मसीहा या देवदूत के किसी पुस्तक विशेष में संग्रहीत वचनों को ही एकमात्र पालनीय कर्तव्य नहीं बताता। वह सार्वभौम नियमों और मूल्यों की बात करता है। वह किसी पुस्तक में प्रतिपादित उपदेशों और निर्देशों का विरोध नहीं

करता और उन्हें अधर्म या पाप या झूठ भी नहीं घोषित करता। परन्तु क्योंकि ऐसी भिन्न–भिन्न किताबें हैं और उनमें प्रतिपादित उपदेश या निर्देश भिन्न – भिन्न हैं। उदाहरण के लिये कुरान और न्यू बाइबिल में मनुष्यों के लिये अलग–अलग निर्देश दिये हैं। इसलिये हिन्दू धर्म या मानवधर्म उन सार्वभौम नियमों का ही आग्रह रखता है, जो सबके द्वारा मान्य हों और जिनका पालन सहज हो। जिनके पालन से दो समुदायों में रक्तरंजित युद्ध नहीं हो और जिनका पालन सभी के लिये समान रूप से आनंददायी हो।

व्यवहार की निरंतर परंपरा

यह तो सैद्धांतिक पृष्ठभूमि का संक्षिप्त स्मरण हुआ। परंतु मुख्य बात यह है कि ये कोई किताबी चीज नहीं है। किताबी चीज उसे कहा जाता है जो व्यवहार में अमल में न लाई गई हो। जैसे कुरानशरीफ के अनुसार कोई भी अपने को मुस्लिम कहने वाला देश शासन करता नहीं दिखता। अपितु उनमें से प्रत्येक प्रायः अपने ढंग से छूट लेता है, जो मुनाफिकीन के काम कहे गये हैं। इसी प्रकार ईसाइयत के बारे में तो स्वयं ईसाई लेखकों ने लिखा है कि ईसाइयत के नियमों के अनुसार संसार में आज तक कोई भी शासन नहीं चला और यदि चलता तो ईसाई सभ्यता का कोई विकास ही नहीं होता। गांधीजी ने भी मिशनरी पादरियों से बारम्बार कहा था कि आप लोग 'सरमन ऑन दि माउंट' के उपदेशों पर तो तनिक भी विश्वास नहीं रखते।

सनातन धर्म की स्थिति बिल्कुल अलग है। यहाँ सामान्य धर्म के विषय में निरन्तरता है और देश काल के अनुरूप विभिन्न कुलों, वर्णों और श्रेणियों तथा अधिकारियों के धर्म कर्तव्यों का विवेचन व्यावहारिक दृष्टि से किया जाता रहा है।

भारतीय राजनीतिशास्त्रीय ग्रंथों में राजधर्म

सबसे महत्वपूर्ण बात यह है कि भारतीय राजनीतिशास्त्र के अत्यंत प्रसिद्ध ग्रंथ तो बड़ी संख्या में उपलब्ध हैं। इनके समकक्ष प्राचीन विश्व में अभी तक ज्ञात किसी भी सभ्यता में वैसे ग्रंथ

नहीं हैं। प्लेटो आदि के कुछ पन्ने मिले हैं और उसके ही आधार पर वहाँ पहली बार विगत 150 वर्षों में क्रमशः 'पॉलिटिकल साइंस' का विकास हुआ है। जबकि भारत वर्ष में महाभारत, कौटिल्य के अर्थशास्त्र तथा शुक्रनीति, बृहस्पति स्मृति के साथ ही मत्स्य पुराण, मार्कण्डेय पुराण, विष्णु पुराण, शुक्रनीतिसार एवं मनुस्मृति में राजशास्त्र एवं दण्डनीतिशास्त्र पर विस्तार से विचार हुआ है।

महान सम्राटों ने सदा राजधर्म का पालन किया

मुख्य बात यह है कि इन शास्त्रों में प्रतिपादित राजधर्म को आदर्श मानने वाले प्रतापी सम्राट एवं नरेश भारत के सम्पूर्ण इतिहास में हजारों वर्ष पूर्व से 15 अगस्त 1947 तक निरंतर होते रहे हैं। मेवाड़ के सिसोदिया वंश एवं जयपुर–आमेर, जोधपुर, बीकानेर, जैसलमेर, सिरोही आदि राजाओं के राजकीय अभिलेख आज भी सुरक्षित हैं और उनमें राजशास्त्र के विधिविधान विस्तार से पढ़े जा सकते हैं। सर्वाधिक विस्तृत अभिलेख तो स्वयं उस मराठा साम्राज्य का है जो इंग्लैंड से 20 गुने से अधिक बड़ा था।

महान सूर्यवंशी सम्राट महाराणा प्रताप एवं छत्रपति शिवाजी महाराज एवं आधुनिक विश्व के महानतम सेनापति ब्राह्मण शिरोमणि बाजीराव पेशवा सहित सभी पेशवाओं के शासनकाल का विस्तृत विधिविधान सुलभ है। छत्रपति शिवाजी महाराज ने जिस 'हिन्दवी स्वराज' की स्थापना की थी, उसके सभी अभिलेख सुलभ हैं, यद्यपि पुर्तगालियों ने उन्हें नष्ट करने का बहुत प्रयास किया। उनके खजाने और राजस्व का भी विवरण सुलभ है। मराठी अभिलेखों के अतिरिक्त अंग्रेजी, फारसी, पुर्तगाली और राजस्थानी भाषाओं में भी ये विवरण सुलभ हैं। सभासड बखर और कलमी बखर में तत्कालीन व्यवस्थाओं का विवरण है।

शकावलियाँ : राज्य व्यवस्था के अभिलेख

शकावलियाँ भी प्रामाणिक हैं, क्योंकि वे 'शक' अर्थात शक्तिशाली सम्राट की राज्य व्यवस्था के अभिलेख हैं।

यूरोपीय लोगों ने 'शक' शब्द को केवल जातिसूचक समझ

कर बहुत अनर्थ किया है। जबकि हमारे यहाँ शक्तिशाली सम्राट या राजा के नाम से भी 'शक' संवत्सर चलाने की परम्परा है। शकावलियों में शिवाजी के शासन का विस्तृत अभिलेख उपलब्ध है।

निश्चल पुरी लिखित संस्कृत ग्रंथ 'शिवराज राज्याभिषेक कल्पतरु' भी एक ऐतिहासिक ग्रंथ है। शिवाजी के राज कवि परमानंद ने 'शिव–भारत' काव्य की रचना की थी, जिसको मराठी में भी अनूदित किया गया है। सेना, राजस्व व्यवस्था, कोष संग्रह एवं कोष रक्षण, अधीनस्थ राजाओं से व्यवहार, प्रशासन और धर्मव्यवस्था संबंधी सभी प्रावधान इतने विस्तार से उपलब्ध हैं कि वे अभिलेख हिन्दू राष्ट्र के व्यावहारिक स्वरूप को उपस्थित करते हैं।

इसी प्रकार मैसूर, त्रावणकोर, कोचीन, ग्वालियर, बड़ौदा, इन्दौर आदि राज्यों के राज्य संचालन संबंधी विवरण सुलभ हैं। शताब्दियों तक चलने वाले भारतीय राजवंशों की शासन व्यवस्था एक सुदृढ़ हिन्दू राष्ट्र के लिये आवश्यक विधान एवं प्रबंध का आधार सहज ही बन सकती है। स्वयं अंग्रेजों के आने के पहले तक विशाल मराठा साम्राज्य जिन संरचनाओं और व्यवस्थाओं से चल रहा था, उसका अध्ययन इस विषय में सर्वाधिक सहायक होगा।

इस संबंध में यह तर्क निहायत खोखला है कि मराठा साम्राज्य इतना व्यवस्थित और सुंदर था, तो फिर वह अंग्रेजों के सामने बिखर क्यों गया ? कालप्रवाह ही इसका एकमात्र उत्तर है, क्योंकि यदि इसके अतिरिक्त कोई अन्य तर्क लिया जाये तो केवल आधे भारत के लिये पहली बार बनाया गया ब्रिटिश भारतीय ढांचा कुल 90 वर्षों तक ही क्यों टिका और उस ढांचे के होते हुये अंग्रेजों को यहाँ से हड़बड़ी में क्यों भागना पड़ा ? यह प्रश्न भी सहज ही उठता है। अतः इस तरह के प्रश्नों का कोई भी महत्व नहीं है। मूल बात यह है कि हिन्दू राष्ट्र का सम्पूर्ण स्वरूप भारतीय इतिहास का एक सर्वज्ञात सत्य है।

अध्याय 3

हिन्दू राष्ट्रः क्यों ?

अनेक लोग प्रश्न उठायेंगे कि ठीक है, यदि हिन्दू राष्ट्र मानव धर्म का पर्याय है, तो फिर भारत को हिन्दू राष्ट्र घोषित करने की क्या आवश्यकता है ? लेकिन इसका तत्काल उत्तर यह आता है कि जब हिन्दू राष्ट्र मानव धर्म पर आधारित ही है, तो फिर हिन्दू राष्ट्र क्यों नहीं ?

वस्तुतः सच्चाई यह है कि भांति–भांति के प्रश्न पूछने वालों का मूल प्रयोजन हिन्दू राष्ट्र की संभावना को साकार नहीं होने देना है। इस संभावना को साकार नहीं होने देने का कारण क्या है ? कारण स्पष्ट है कि हिन्दुओं के साथ सामान्य मानवीय व्यवहार भी इन लोगों को सहन नहीं है। यदि हम हिन्दू राष्ट्र के सभी विरोधियों को ध्यान से देखें और उनके बड़बोलेपन पर ध्यान न देकर उनके अब तक के आचरण पर ध्यान दें, तो स्पष्ट हो जाता है कि ये सब वे लोग हैं, जिन्हें हिन्दुओं से मनुष्य के रूप में ही द्वेष है।

उन्हें मुसलमानों द्वारा इस्लाम मजहब की पढ़ाई करने और उसके द्वारा पक्के इस्लामी बनने का प्रबंध करने के लिये सरकारी खजाने से धन सुलभ कराने में कोई आपत्ति नहीं है, अपितु उनका आग्रह है कि ऐसा ही किया जाये।

उन्हें भारत सरकार के खजाने से ईसाई शिक्षण संस्थानों को धन दिये जाने और फिर वहाँ यह पढ़ाये जाने से कोई आपत्ति नहीं है, कि संसार में सच्चे देवता (ट्रू गॉड) एक ही हैं जो एक में तीन हैं, वे हैं (1) होली फादर अर्थात अपने इकलौते बेटे जोशुआ मसीह के पिता, (2) होली सन अर्थात जोशुआ मसीह और (3) होली स्पिरिट अर्थात पवित्र प्रेतात्मा जिसने कुँआरी मरियम को गर्भधारण कराया था। ये तीन ही सच्चे आराध्य देवता हैं, शेष सब 'फॉल्स गॉड' हैं। इसका अर्थ है कि ब्रह्मा, विष्णु और महेश तथा लक्ष्मीजी, पार्वतीजी और सरस्वतीजी झूठे देवता हैं, भगवान श्रीराम और भगवान श्रीकृष्ण झूठे देवता हैं। कालिका माता या जगदम्बा या दुर्गामाता की उपासना झूठे देवता की उपासना है। हनुमानजी की उपासना घोर अंधविश्वास है, इत्यादि।

हिन्दुओं के साथ न्याय पर आपत्ति क्यों ?

परंतु उन्हें सरकारी अनुदान से पोषित शिक्षा संस्थानों में या भारत की मुख्य धारा के शिक्षा संस्थानों में यह पढ़ाये जाने से घोर आपत्ति है कि एक ही चिन्मय सत्ता सर्वव्यापी है, कण–कण में भगवान है, सबकी आत्मा के भीतर विराजमान परमात्मा ही है। कर्मफल होता है, इसलिये नैतिक जीवन आवश्यक है और पुनर्जन्म सत्य है। यह सब पढ़ाये जाने से उन्हें घोर आपत्ति है। वेदों और उपनिषदों का ज्ञान कक्षा में दिया जाये, गीता और रामायण तथा महाभारत विद्यार्थियों को पढ़ाये जाये, इसमें उन्हें घोर आपत्ति है। इसी से यह प्रमाणित है कि उन्हें हिन्दुओं से द्वेष और घृणा है। वे हिन्दू धर्म का अस्तित्व समाप्त देखना चाहते हैं। उसके पीछे उनके पास कोई तर्क नहीं है, सिवाय हवाई किस्म की गालियों के अर्थात यह शोर मचाने के कि हिन्दू धर्म दुनिया में सबसे अधिक अन्याय और शोषण पर आधारित धर्म है और इसे नष्ट हो जाना चाहिये। इसकी जगह इस्लाम या ईसाइयत या कम्युनिज्म को ही फैलना चाहिये। स्पष्ट है कि ऐसा दुर्भाव और विद्वेष रखने वाले लोग हिन्दुओं से घृणा करने वाले लोग हैं। अतः मानवता की हवाई बातें तो वे करते हैं, परन्तु यदि सभी मानवों द्वारा सार्वभौम मूल्यों – सत्य, अहिंसा,

पवित्रता, संतोष, स्वाध्याय, अन्य को पीड़ा नहीं देना तथा अन्य के प्रति द्रोह का भाव नहीं रखना, प्राणी मात्र के प्रति दया और अनुकम्पा तथा सर्वत्र शुभ एवं सुन्दर देखना और पर्यावरण की रक्षा करना – यह भारतीय नागरिकता की अनिवार्य शर्त बना दी जाये, तो इसमें भी उन्हें घोर आपत्ति है। इससे स्पष्ट है कि वे मूलतः मानवद्रोही हैं और विशेषतः हिन्दूद्रोही हैं।

इतना ही नहीं, उन्हें यह भी सहन नहीं कि हिन्दू लोग यह कहें कि अल्ला, जीसस पिता गॉड और परमात्मा एक ही हैं। वे सर्वव्यापी हैं। उन्हें यह भी सहन नहीं कि यह कहा जाये कि अल्ला और गॉड कण–कण में व्याप्त हैं। उन्हें यह भी सहन नहीं कि यह कहा जाये कि प्रत्येक मनुष्य और प्रत्येक जीवात्मा के भीतर उनका ही प्रकाश है, चाहे उसे गॉड कहो या अल्ला कहो या भगवान कहो। इससे स्पष्ट है कि वे लोग मूलतः मानवद्रोही हैं।

उन्हें यह भी सहन नहीं कि यह पढ़ाया जाये कि नैतिक जीवन का अर्थ है पवित्र जीवन। इसके स्थान पर वे चाहते हैं कि यह पढ़ाया जाये कि नैतिक जीवन का अर्थ है – केवल इस पर ईमान लाना कि मुहम्मद अल्ला के आखिरी रसूल और आखिरी पैगम्बर हैं और उनके आने के बाद किसी अन्य पर ईमान लाना अपराध है और यह अपराध दण्डनीय है। मोमिन को हक है कि वह काफिर को मोमिन का ईमान अपनाने को बाध्य करे। नहीं तो काफिर का कत्ल कर दो।

हिन्दू देवताओं और देवियों का अपमान कब तक

इसी प्रकार वे चाहते हैं कि यह पढ़ाया जाये कि जो 'गॉड' है, वह ईसाइयत का और चर्च का 'पर्सनल गॉड' है। 'पर्सनल गॉड' ही सच्चा गॉड है। शेष सब झूठे देवता हैं। अतः नैतिकता का अर्थ है यह 'फेथ' लाना और यह विश्वास करना कि वास्तविक 'गॉड' तो 'पर्सनल गॉड' ही है। वह ईसाइयत और चर्च के द्वारा ही जाना जा सकता है या ईसाइयत और चर्च के द्वारा ही उसकी आराधना हो सकती है। यह विश्वास करना ही नैतिक होना है। इस विश्वास के पक्ष में शेष समस्त प्रकार के विश्वासियों को अविश्वासी मानना

चाहिये और अनैतिक मानना चाहिये। जो विश्वासी है और चर्च के 'पर्सनल गॉड' पर 'फेथ' रखता है, वही नैतिक है। वह यदि दूसरों को छल से, वंचना से, भय से, प्रलोभन से, दबाव से, दुर्भाव से, कपट से, कुचाल से अपने पंथ में लाता है और बपतिस्मा करा देता है तो वह 'लास्ट डे ऑफ जजमेंट' के दिन गॉड के पक्ष में 'आत्माओं की फसल' काट रहा है और शैतान के पक्ष को कमजोर कर रहा है। इसलिये वह न केवल नैतिक है अपितु वह बहुत उदार है और मनुष्यों पर 'पिटी' कर रहा है। वे सभी मनुष्य तरस के योग्य हैं जिन्होंने ऐसा बपतिस्मा नहीं किया है, भले ही वे सत्यनिष्ठ, सदाचारी, धर्मात्मा और प्राणीमात्र से प्रेम करने वाले दिव्य आत्मा हों। पर वे पापी हैं और उनका उद्धार करना है। ऐसा उद्धार करना ही सबसे बड़ी नैतिकता है।

ऐसी शिक्षा देने के लिये सरकारी खजाने से धन सुलभ कराने को वे लोग नैतिक मानते हैं, परंन्तु वही लोग सरकारी अनुदान पाने वाली शिक्षण संस्थाओं में सनातन धर्म की शिक्षा दिये जाने के विरोधी हैं। इसीलिये यह प्रमाणित है कि वे लोग मानवता विरोधी हैं और उन्हें हिन्दू मनुष्यों से विशेष घृणा है।

यूरोप में जिस मानवतावाद का उदय विगत 100 वर्षों में हुआ है, उसे भी भारत के वे लोग भारतीय शिक्षण संस्थानों में नहीं पढ़ाये जाने देना चाहते, जो इस्लाम और ईसाइयत की सरकारी खजाने के दम पर शिक्षा दिये जाने के प्रबल समर्थक हैं। इससे भी प्रमाणित है कि वे लोग मानवता के विरोधी हैं और हिन्दुओं के प्रति द्वेष–दुर्भाव रखते हैं।

मानवतावाद की पृष्ठभूमि

विदित हो कि यूरोपीय मध्ययुग में विकसित ईसाइयत में मनुष्यता की कोई धारणा नहीं थी। सर्वप्रथम तो उन लोगों ने अर्थात मध्ययुगीन प्रमुख पादरियों ने यह व्याख्या की कि आत्मा केवल नर में है, नारी में आत्मा नहीं होती तथा अन्य प्राणियों में तो आत्मा होने का प्रश्न ही नहीं। इसके बाद उन्होंने यह स्थापना की कि जिस नर को जीसस का प्रकाश मिल गया है, वह विकसित और

सुसंस्कृत है। शेष सब नर भी अंधकार में डूबे हुये हैं। स्त्रियां तो आत्मा रहित हैं ही।

वैज्ञानिक प्रगति के बाद 19वीं शताब्दी में पहली बार यह बात उठी कि सभी मनुष्यों में कुछ सामान्यता है। इस पर से ही मानवतावाद की बात कुछ लोग इस अर्थ में करने लगे कि क्रिश्चिनिटी तथा इस्लाम अपने–अपने रिलीजन और मजहब के अनुयायियों को श्रेष्ठतर और अन्य को कमतर मानते हैं जो गलत है और सभी मनुष्यों में कुछ समान तत्व मानना चाहिये। विशेषकर फ्रेंच क्रांति के बाद तथा जर्मनी में हीगल के अनुयायियों के उभार के बाद यह बात उठी। उसमें कहा यह गया कि जीसस के पिता गॉड की अलौकिक सत्ता को मानने या न मानने के आधार पर मनुष्यों के बीच विभेद करना अथवा मुहम्मद को आखिरी रसूल मानने या न मानने के आधार पर मनुष्यों के बीच विभेद करना अनुचित है।

परन्तु वस्तुतः व्यवस्थित रूप से मानवतावाद का एक घोषणापत्र उन लोगों ने पहली बार संयुक्त राज्य अमेरिका के शिकागो विश्वविद्यालय में 1933 में जारी किया, जिसमें जॉन डेवी तथा कतिपय अन्य पादरी थे। इसमें तर्कशक्ति और सामाजिक तथा आर्थिक न्याय को मुख्य माना गया और ईसाई मतवादों के स्थान पर विज्ञान को महत्व देने पर बल दिया गया। कहा गया कि वैज्ञानिक विवेचना के आधार पर नैतिकता का तथा सही–गलत का निर्णय किया जाना चाहिये। रूसो और एडमंड बर्क ने भी मानवतावाद की बात कही। इन्हीं लोगों ने प्रत्येक व्यस्क व्यक्ति को वोट देने के अधिकार की भी बात की।

इस बात पर बल दिया जाने लगा कि अच्छी तरह बात को कहना चाहिये और लिखना चाहिये। मुख्यतः लेखकों और बौद्धिकों के बीच ही यह मानवतावाद प्रचलित हुआ। 20वीं शताब्दी में इन लोगों ने यूरोप में ईसाइयत के पहले के बहुदेववादी विचारों को मानवतावाद का आधार बनाया। इनका मुख्य जोर विज्ञान पर था। लियोनार्दो दा विंची ने और माइकेल एन्जेलो ने मानव शरीर के अध्ययन पर बल दिया और मानव शरीर को दर्शाती अनेक मूर्तियां भी बनाईं जो बहुत प्रसिद्ध हुईं। धीरे–धीरे ईसाई पंथनिष्ठा

के विरुद्ध मानवतावाद का विचार उभरा और फैलता चला गया तथा यूरोपीय मानवतावादियों ने विश्व की विभिन्न उपनिवेशों की स्वतंत्रता का प्रबल समर्थन किया। अमरीकी लेखक थामस पेन ने मानवतावाद का भरपूर पक्ष लिया। जार्ज इलियट नामक लेखिका ने (जिनका मूल नाम मेरी एन इवांस था) मानवतावाद का जमकर प्रचार किया। जूलियन हक्सले, ब्राक चिशोम और जॉन ब्याड ऑर – ये तीन प्रसिद्ध मानवतावादी हुये।

वर्तमान में यूरोप में मानवतावाद का समर्थक एक बड़ा बौद्धिक वर्ग है। इसका मानना है कि सामाजिक, आर्थिक, राजनैतिक और बौद्धिक सभी क्षेत्रों में प्रस्थान बिंदु है मानव। मानव को केंद्र में रखकर ही समस्त चिंतन किया जाना चाहिये। मानव की स्वाधीनता और प्रगति सबसे बड़े आदर्श हैं। समस्त मनुष्यों में एक अंतर्निहित गरिमा एवं उनकी परस्पर आंतरिक समता में विश्वास इस मानववाद के मुख्य लक्षण हैं। संसार में सबसे अधिक चिन्ता इस मनुष्य की ही करनी चाहिये, ऐसा इनका मानना है। इसीलिये ये लोग ईसाइयत, इस्लाम तथा अन्य सभी ऐसे पंथों से अपने को दूर रखते हैं, जो किसी एक पैंगम्बर या मसीहा के ही विचारों के अनुसार सारी दुनिया को नियंत्रित रखने की इच्छा रखते हैं। इसमें कम्युनिज्म का विरोध तो अंतर्निहित ही है, क्योंकि 75 वर्षों में करोड़ों निर्दोष लोगों की स्वयं को कम्युनिस्ट कहने वाले शासक या सत्तास्पर्धी समूहों द्वारा घिनौनी हत्या किये जाने के बाद से सम्पूर्ण प्रबुद्ध विश्व कम्युनिज्म से गहरी घृणा करता है। किसी भी मजहब या रिलीजन या राजनैतिक पंथ से नहीं बंधने के अर्थ में ये मानवतावादी लोग स्वयं को 'सेक्युलर' कहते हैं। ऐसा इसलिये है क्योंकि औसतन हर ईसाई यूरोपीय स्वयं को 'रिलिजियस' ही मानता है।

परंतु यहां एक बहुत ही विचित्र स्थिति भारत के संबंध में बनती है। भारत में कम्युनिस्ट तथा ऐसे सभी समूह जो अत्यन्त संकीर्ण मतवादी हैं तथा केवल अपने पंथ का ही प्रभुत्व संसार में चाहते हैं, वे सब लोग हिन्दुओं के विरुद्ध हैं और केवल इसलिये स्वयं को सेक्युलर बताते हैं, क्योंकि वे हिन्दू धर्म का नाश चाहते हैं। इस प्रकार इनके द्वारा स्वयं को सेक्युलर कहना एक रणनीतिक

और छलपूर्ण विचार है। विदेशों में ये अपने को सेक्युलर दिखाकर कई प्रकार का लाभ लेते हैं और समर्थन जुटाते हैं। जबकि यूरोप का कोई भी मानवतावादी व्यक्ति हिंदू धर्म का विरोधी कदापि नहीं होता। इस प्रकार भारत के तथाकथित 'सेक्युलर' केवल छल के सहारे अपना अस्तित्व बचाये हुये हैं।

रेनेसां के बाद का कालखंड

रेनेसां के बाद ईसाइयत का तिरस्कार करने वाले लोगों ने यवन दार्शनिकों – अरस्तू, सुकरात, प्लेटो आदि की बातें शुरू कीं। रोम और यवन इतिहास की खोज शुरू की और ईसाइयत के विरुद्ध स्वयं को ग्रीस और रोम से जोड़ना शुरू कर दिया।

माइकल एंजेलो और लियोनार्दो दा विंची ने मानव देह और मानव मस्तिष्क के चित्रण शुरू किये। इससे ईसाई चर्च में तहलका मच गया। शिक्षा में तर्क और बुद्धि की प्रधानता करने वालों से आस्था पर टिका हुआ चर्च घबराने लगा। इसके साथ ही वहां स्पिनोजा जैसे दार्शनिक उभरे, जिन्होंने भारतीय दर्शन से प्रेरणा ग्रहण की और समस्त प्रकृति में परमात्मा को व्याप्त बताया, जो चर्च की मूल स्थापनाओं की धज्जियां उड़ाने वाला तर्क है।

डार्विन ने विकासवाद के नाम से सृष्टि के विकास का एक नया वैज्ञानिक प्रतिमान प्रस्तुत किया, जो पूरी तरह चर्च का विरोधी विचार है। क्योंकि चर्च की जहां मूलभूत मान्यता है कि 'गॉड' ने यह सम्पूर्ण सृष्टि बनाने के बाद अपनी 'इमेज' में 'मैन' को बनाया और उसे यह सम्पूर्ण सृष्टि उपभोग के लिये दे दी, वहीं डार्विन ने यह प्रतिपादित किया कि मनुष्य इस ब्रह्माण्ड की, विशेषकर इस पृथ्वी की अनंत प्रजातियों में से एक प्रजाति विशेष है। इस प्रकार उसने मानव जाति के अन्य 'स्पेसीज' से सर्वथा विलक्षण एवं अलग तथा उनका भोक्ता एवं उपभोक्ता होने की ईसाई आस्था की जड़ें खोद दीं। इससे चर्च बुरी तरह बौखला गया। लुडविग फायर बॉख, फ्रेडरिक नीश्चे (नीत्से) तथा कार्ल मार्क्स ने ईसाइयत की सभी अवधारणाओं की धज्जियां उड़ा दीं और ईसाइयत को ध्वस्त कर दिया। यहां तक की डेविड स्ट्रॉस तथा अन्य पादरियों ने

भी बाइबिल की 'ॲथारिटी' पर प्रश्न उठाने शुरू कर दिये। ब्रिटेन में जेरेमी बैंथम और जॉन स्टुअर्ट मिल ने उपयोगितावाद का एक नैतिक दर्शन प्रस्तुत किया, जिसमें मानव सुख और मानवीय आनंद को ही केंद्रीय मूल्य बताया तथा मनुष्यों और प्राणियों के दुख को कम करना उच्चतम कोटि की नैतिकता बताया। इसके कारण यूरोप और संयुक्त राज्य अमेरिका में समाज का बहुत बड़ा हिस्सा स्वयं को ईसाइयत से अलग रखने लगा या दूरी बनाकर चलने लगा। नैतिक सभाओं या नीति की समर्थक सभाओं का गठन बड़े पैमाने पर हुआ और वे सब मानवतावाद पर बल देने लगे।

बर्ट्रेंड रसल ने ईसाइयत को अस्वीकार किया

विशेषकर मानव व्यक्ति और मानव समुदायों के सुखों को सुनिश्चित करना और पीड़ा का कम किया जाना सबसे बड़े मूल्य बताये जाने लगे। यही मानवतावाद का यूरो अमेरिकी आधार है। सबसे पहले 'मानवता का रिलीजन' की अवधारणा अमेरिकी विचारक थॉमस पेन ने प्रस्तुत की। बर्ट्रेंड रसल ने प्रसिद्ध पुस्तक लिखी – 'मैं क्रिश्चियन क्यों नहीं हूँ ?' (Why I am not a Christian?)।

रसेल ने ईसाई पंथ को अपने तर्कों द्वारा खोखला सिद्ध कर दिया और स्वयं को थियोलॉजी ना मानने वाला कहा, जिसका मूर्खतापूर्ण अुनवाद भारत में 'नास्तिक' होना किया गया है। जबकि 'एथीस्ट' का अर्थ है ईसाइयत या किसी भी एक पंथवादी मत का अस्वीकार और तिरस्कार। सच तो यह है कि इन लोगों ने नागरिक स्वतंत्रता के पक्ष में अभियान चलाया।

इस विषय में दिया गया बट्रेंड रसेल का वह भाषण प्रसिद्ध है, जो उन्होंने 6 मार्च 1927 को दक्षिणी लंदन में नेशनल सेक्युलर सोसायटी द्वारा आयोजित कार्यक्रम में दिया था। उसके प्रासंगिक अंश यहाँ विषय को स्पष्ट करने के लिये उपादेय हैं।

रसेल ने कहा कि सर्वप्रथम इस पर विचार करना आवश्यक है कि 'क्रिश्चियन' (ईसाई या खिस्तपंथी) शब्द का अर्थ क्या है ? इंग्लैंड में सामान्यतः लोग जब अपने लिये यह कहते हैं कि मैं क्रिश्चियन हूँ, तो इससे उनका कुल आशय यह होता है कि मैं एक

अच्छा जीवन जीने का प्रयास करता हूँ। पर यदि यही अर्थ लिया जाये, तब तो संसार के हर समाज में बहुत से लोग क्रिश्चियन सिद्ध होंगे। परंतु यह सही नहीं है। क्रिश्चियन शब्द का अर्थ इससे बहुत भिन्न होता है। क्योंकि यदि केवल यह अर्थ लिया जाये तब तो हिन्दू, बौद्ध, मुहम्मडन आदि अच्छा जीवन जीने का प्रयास नहीं करते। कोई भी व्यक्ति जो अपने बौद्धिक एवं आंतरिक प्रकाश के अनुरूप जीवन जीने का प्रयास करे, उस सबको तो क्रिश्चियन नहीं कहा जा सकता। अतः स्पष्ट है कि कतिपय विश्वास हैं जिन्हें मानने या अपनाने वाला ही क्रिश्चियन कहा जाता है। सर्वप्रथम तो एक 'डॉग्मा' या हठधर्मिता विशेष पर आस्था लाना ही क्रिश्चियन होना है, जिसका अर्थ है कि आप 'गॉड' पर अर्थात् 'गॉड' की ईसाई धारणा पर विश्वास करें। परन्तु ऐसे बहुत से समाज हैं जो परमसत्ता के अविनाशी होने पर पूरी श्रद्धा रखते हैं।

उदाहरण के लिये मुसलमान भी यही मानते हैं कि अल्ला सारे संसार के नियामक हैं और वे शाश्वत हैं, पर वे स्वयं को कभी भी क्रिश्चियन नहीं कहेंगे। क्रिश्चियन होने के लिये आवश्यक है कि आप यह विश्वास करें कि क्राइस्ट हुये थे और वे सर्वोत्तम तथा परमबुद्धिमान व्यक्ति थे, यदि आप उन्हें कोई दिव्य व्यक्तित्व नहीं भी मानें तो भी। हमें भूगोल में तो पढ़ा दिया जाता है कि हम इंग्लैंड के लोग ईसाई हैं और अमुक अन्य देश के लोग मुहम्मडन हैं, बौद्ध हैं इत्यादि। वह केवल भूगोल की बात है। परंतु मैं यह नहीं मानता कि क्राइस्ट ही सर्वोत्तम और सर्वाधिक बुद्धिमान मनुष्य थे, यद्यपि मैं उन्हें एक उच्च नैतिकता वाला व्यक्ति मानता हूँ।

ईसाइयत के पक्ष में दिये जाने वाले अन्य सभी तर्क अमान्य हैं। यह कहना कि संसार में जो कुछ भी है, वह सब 'गॉड' ने ही रचा है, यह यही कहने जैसा है कि संसार की सारी बुराई और कुटिलता भी 'गॉड' ने ही रची है। अगर 'गॉड' लाखों वर्षों में भी अपने रचे संसार को बेहतर नहीं बना पाये तो वे कैसे 'गॉड' हैं ? इसलिए यह कहना कि 'गॉड' न्यायशील हैं, बहुत ही अटपटा है, क्योंकि संसार में दुष्ट और नीच लोग बहुत अधिक सम्पन्न और सुखी होते तथा श्रेष्ठ और सज्जन लोग दुखी पाये जाते हैं। यह कैसा न्याय है ?

इसी प्रकार ईसाई लोगों की बाइबिल के इस कथन में आस्था है कि 'जज नॉट लेस्ट ये बी जज्ड' (दूसरों के न्यायाधीश मत बनो क्योंकि तब दूसरा तुम्हारा भी न्यायाधीश बनेगा)। परंतु यदि सचमुच ईसाई लोग बाइबिल के इस कथन पर विश्वास रखें, तो फिर तमाम ईसाई देशों में जो कोर्ट हैं, उनका क्या होगा ? वे सब तो भंग कर देनी पड़ेगी।

यों तो, तथ्य यह है कि ईसा मसीह (क्राइस्ट) कभी हुये ही नहीं हैं। पर यदि मान लें कि वे कभी हुये थे तो यह तो निर्विवाद है कि हम लोग उस विषय में कुछ भी नहीं जानते। उनके होने का किसी के पास कोई प्रमाण नहीं है।

दूसरी बात यह है कि क्रिश्चियनिटी में अनन्त नरक की जो धारणा है, वह पूरी तरह अनैतिक है। कोई व्यक्ति यदि जीसस में आस्था नहीं लाता, तो वह अनन्त काल तक नरक भोगेगा, यह पूरी तरह अनैतिक धारणा है। कोई भी नैतिक व्यक्ति इस बात या इस तर्क को नहीं मान सकता। इसी प्रकार पवित्र प्रेतात्मा पर जो श्रद्धा नहीं रखे, उसे अनन्त नरक मिलेगा, यह बात मुझे स्वयं में अनैतिक लगती है।

एक अन्य महत्वपूर्ण तथ्य यह है कि चर्चों ने आज तक मानव जीवन और इस संसार की प्रत्येक उन्नति और प्रगति का विरोध किया है। उन्होंने 'इनक्विजिशन' के द्वारा लाखों लोगों को भयंकर यातनायें दी हैं, जो स्वयं में भयंकर अनैतिक कार्य है। इसी प्रकार चर्च के अधिकारियों ने करोड़ों स्त्रियों को डायन कहकर जिंदा जलाया है या असहय यातना दी है तथा स्त्रियों पर भी और सम्पूर्ण समाज पर भी 'रिलीजन' के नाम पर अनगिनत अत्याचार किये हैं। मानव जाति के हित में बनने वाले कानूनों का, युद्ध की समाप्ति या उसमें कमी के लिये किये जाने वाले प्रयासों का तथा गैर–यूरोपीय लोगों के साथ मानवीय व्यवहार का चर्च ने सदा विरोध किया है। इस प्रकार मानव इतिहास में होने वाले सभी अच्छे कामों का चर्च विरोध करते रहे हैं। इसीलिये मैं क्रिश्चियन नहीं हूँ।

लेखिका जार्ज इलियट ने डेविड फ्रेडरिक स्ट्रॉस की पुस्तक 'दि लाइफ ऑफ जीसस' (जीसस का जीवन, द लेबेन जेसु) पुस्तक

का जर्मन भाषा से अंग्रेजी में अनुवाद किया। साथ ही लुडविज (फायरबारव) की पुस्तक 'द वेसे क्रिश्चियनिस्मस' 'दि एसेन्स ऑफ क्रिश्चियनिटी' का भी अनुवाद किया तथा ईसाई 'गॉड की अवधारणा' को अस्वीकार कर दिया। जार्ज हेनरी लेविस तथा हेरियट मार्टिनो ने भी इसी विचार का विस्तार किया। ऑगस्टीन कोम्ते के दर्शन से ये लोग प्रभावित हुये और मानवता के रिलीजन की बात करने लगे।

मानवतावाद का जनक

थॉमस पेन को मानवतावादियों का पिता कहा जाता है। उन्होंने 'मानवता का रिलीजन' मुहावरा चलाया, जिसे मूर्ख लोग हिंदी में मानवताधर्म कहते हैं। क्योंकि ये लोग यूरोपीय ईसाइयत के दर्शन और इतिहास से पूर्णतः अनभिज्ञ हैं। पेन ने ईसाइयत के सभी चमत्कारों को अमान्य किया और नैतिकता तथा मानवता की प्रचारक सभाओं और समितियों की स्थापना की प्रेरणा दी। बाइबिल के 'सुपर नैचुरल' दावों को उन्होंने तिरस्कृत किया। वाल्टेयर ने भी इन्हीं विचारों को आगे बढ़ाया। प्रसिद्ध अमेरिकी लेखक टोनी डेवीज ने अपनी पुस्तक 'ह्यूमेनिज्म' में यह व्याख्या की है कि तुर्की से लेकर सीरिया तक फैले पश्चिमी एशिया क्षेत्र में जो लोककथायें फैली हैं, वे इस्लाम के ऐसे ही 'सुपर नैचुरल' दावों का मजाक उड़ाती हैं और वे कथायें मानवतावाद का आधार हैं। वस्तुतः अरबी भाषा में उस इलाके को 'अल मशरिक' कहा जाता है, जिसका अर्थ है पूर्व दिशा जहां सूर्य उदित होता है। इसी को इतालवी भाषा में 'लेवान्ते' कहा गया है। वेनिस से पूर्व के इलाके के लिये लेवान्ते संबोधन का प्रयोग हुआ। इसी आधार पर 16वीं शताब्दी के अंत में इंग्लैंड में लेवान्ते कंपनी बनी, जो उस्मान के राज्य से व्यापार के लिये बनी थी, जैसे भारत से व्यापार के लिये कुछ अंग्रेजों ने ईस्ट इंडिया कंपनी बनाई थी।

दिव्य जीसस को विदाई

डेविड फ्रेडरिक स्ट्रॉस ने 'ऐतिहासिक जीसस' की चर्चा शुरू की

और कहा कि हमें किसी दिव्य जीसस की बात बंद कर देनी चाहिये। ज्यां फ्रेंको ल्योतार नामक फ्रेंच दार्शनिक ने साहित्य कला और समालोचना में मानवतावाद की प्रस्तुति की।

जर्मन दार्शनिक लुडविग एन्द्रियाज फायरबारव ने ईसाइयत की प्रभावपूर्ण समालोचना प्रस्तुत की। जार्ज हेनरी लेविस ने गोथे (गोट)नामक प्रसिद्ध दार्शनिक के बारे में लिखा और मानवतावाद को गोयथे का दर्शन बताया। महान ब्रिटिश लेखक एवं कवि मैथ्यू आर्नाल्ड ने भी मानवतावाद का प्रबलता से पक्ष लिया।

प्रसिद्ध जीव विज्ञानी जूलियन सोरेल हक्सले ने जूलॉजी के आधार पर मानवतावाद की भी मीमांसा की और उन्होंने ही स्त्रियों के अधिकारों की पैरवी की तथा गर्भनिरोध के उपायों को और विवाह–विच्छेद के कानूनों को लागू करने को आवश्यक बताया। उन्होंने ही मृत्युदंड समाप्त करने के पक्ष में भी लगातार तर्क दिये। जूलियन हक्सले ही द्वितीय महायुद्ध के बाद यूनेस्को के प्रथम निदेशक हुये। दूसरे मानवतावादी ब्रॉक चिशोम विश्व स्वास्थ्य संगठन के निदेशक हुये तथा तीसरे मानवतावादी जॉन ब्याड ऑर अन्तर्राष्ट्रीय खाद्य एवं कृषि संगठन के निदेशक हुये।

अमेरिकन मानवतावादी एसोशिएसन का गठन 1941 में किया गया, जिसका घोषवाक्य था – 'गुड विदाउट ए गॉड' (अर्थात् गॉड की क्रिश्चियन धारणा के बिना भी मानव हित संभव है और नैतिक जीवन संभव है)। यह एसोशिएसन किसी भी प्रकार के रिलिजियस या मजहबी पंथ की एकमात्र सही होने की दावेदारी को दृढ़ता से अस्वीकार करता था।

2004 में इस एसोशिएसन तथा अन्य संस्थाओं ने मिलकर 'सेक्युलर कोलिशन फॉर अमेरिका' बनाया और यह संगठन चर्च तथा राज्य एवं राष्ट्रीयता तीनों की अलग–अलग स्वायत्तता तथा स्वतंत्रता मानने पर बल देने का कार्य कर रहा है। इस संगठन के कार्यकारी निदेशक लेरी टी डेकर हैं।

भारत में वैचारिक धूर्तताएं

इस प्रकार यूरोपीय एवं अमेरिकी मानवतावाद अपने वैचारिक एवं

राजनैतिक संदर्भों में ईसाइयत और इस्लाम के मजहबी तथा रिलिजियस दावों और कम्युनिज्म जैसे एकपंथवादी राजनैतिक विचारों का पूर्ण विरोधी है। परंतु भारत में इन संगठनों का लाभ उठाने के लिये इस्लाम और ईसाइयत तथा कम्युनिज्म के समर्थक आधुनिक शिक्षित लोग स्वयं को सेक्युलर कहकर हिन्दू धर्म से स्वयं को उत्पीड़ित दिखाते हैं, जो कि स्पष्ट रूप से छल और वंचना पर आधारित झूठ है। स्वयं को हिन्दुत्व का समर्थक कहने और बताने वाले लोग और समूह की आवश्यक जानकारी के अभाव में इस झूठ, छल और वंचना का सही स्वरूप अन्तर्राष्ट्रीय मंचों पर नहीं रख पाते।

भारत के ये लोग नहीं चाहते कि भारत में यूरोपीय मानवतावाद की पढ़ाई शिक्षण संस्थानों में हो। इसलिये इनका हिन्दू राष्ट्र के विरुद्ध सारा ही शोर और सारी ही आपत्ति दुष्टतापूर्ण और दुर्भावनापूर्ण है।

यूँ तो, यदि भारत शासन सार्वभौम मानवीय मूल्यों को भारतीय नागरिकता के लिये अनिवार्य घोषित कर दे, जो कि संविधान की मूल अवधारणा में अन्तर्निहित ही है, तो भारत को अलग से हिन्दू राष्ट्र घोषित करने की आवश्यकता नहीं रहेगी। सत्य, अहिंसा, समान बंधुता या भ्रातृत्व और दूसरों के प्रति द्वेष और द्रोह का अभाव तथा राष्ट्र की एकता और अखंडता के प्रति निष्ठा, ये भारतीय नागरिकता के अनिवार्य तत्व हैं और संविधान में भी यही भाव है। परंतु समस्या यह है कि इस्लाम और ईसाइयत के वर्तमान अलगाववादी रूपों के प्रति हिन्दू राष्ट्र के विरोधियों का आग्रह इतना अधिक है कि वे ऐसा नहीं होने देंगे। इतना ही नहीं, वे यह शोर मचा देंगे कि जब विश्व में और किसी राष्ट्र में यह नहीं है, तो भारत में ही ऐसा क्यों किया जाये ?

इसलिये सबसे सरल मार्ग यही है कि भारत को हिन्दू राष्ट्र घोषित कर दिया जाये, क्योंकि संसार में अन्य राष्ट्र घोषित रूप से ईसाई हैं या मुसलमान हैं या बौद्ध हैं या कम्युनिस्ट हैं। अतः भारत के इन हिन्दू राष्ट्र विरोधियों को यह तर्क समझ में आयेगा कि जब संसार में सभी नेशन स्टेट बहुसंख्यकों के मजहब या रिलीजन या

मतवाद को ही अपने नेशन स्टेट का आदर्श घोषित किये हुये हैं, तो भारत में भी ऐसा क्यों न हो ?

हिंदू राष्ट्र का तर्कहीन विरोध

इस प्रकार तर्क के स्तर पर भारत को हिन्दू राष्ट्र घोषित किये जाने का विरोध करने का कोई भी 'स्पेस' बचता नहीं है। इसलिये भी भारत को हिन्दू राष्ट्र घोषित किया जाना उचित और सुसंगत होगा। ऐसा घोषित नहीं किये जाने के पक्ष में कोई तर्क नहीं है।

महत्व की बात तो यह है कि ये लोग अपने पक्ष में संविधान की दुहाई देते हैं और संविधान की दुहाई देते हुये सरासर झूठ बोलते हैं। वे यह तक भूल जाते हैं कि सेक्युलर राष्ट्र–राज्य विश्व के बड़े राज्यों में केवल भारत को ही घोषित किया गया है, संसार का कोई भी बड़ा राष्ट्र–राज्य घोषित रूप से सेक्युलर नहीं है। साथ ही, वे यह भी भूल जाते हैं कि 'सेक्युलर' शब्द का विश्व में सर्वमान्य अर्थ है 'अपंथवाद' अर्थात राज्य के द्वारा किसी पंथ को विशेष राजकीय संरक्षण नहीं देना।

परंतु वे मजहब और रिलीजन के नाम पर ईसाइयत और इस्लाम को विशेष राजकीय संरक्षण दिये जाने के प्रबल पक्षधर हैं। संसार की किसी भी परिभाषा के अनुसार ऐसे लोगों को या ऐसे समूहों को सेक्युलर नहीं कहा जा सकता। इसीलिये लालकृष्ण आडवाणी जी ने इन्हें 'स्यूडो–सेक्युलर' (छद्म सेक्युलर) कहा था।

इतना ही नहीं, सोशलिज्म स्वयं में एक पंथ है। किसी भी पंथ को विशेष राजकीय संरक्षण देने वाला कोई भी नेशन स्टेट सेक्युलर नहीं हो सकता। विश्व के किसी भी कम्युनिस्ट या सोशलिस्ट नेशन स्टेट ने स्वयं को सेक्युलर नहीं घोषित कर रखा है। परंतु इन लोगों को सोशलिस्ट नेशन स्टेट भी चाहिये और सेक्युलर भी। भारत विशेष रूप में ऐसा हो सकता है। परंतु फिर इसके लिये माननीय संसद द्वारा इन दोनों शब्दों की कोई नई परिभाषा दे देना उचित होगा। क्योंकि अभी की प्रचलित परिभाषाओं की सीमा में सोशलिज्म एक पंथविशेष है और सोशलिस्ट होने का अर्थ है लोकतंत्र को अमान्य करना या नियंत्रित करना। अतः सोशलिस्ट तो सेक्युलर हो

ही नहीं सकता, क्योंकि सेक्युलर वही राज्य है जो किसी भी पंथ को विशेष राजकीय संरक्षण नहीं दे।

क्योंकि प्रोपेगंडा के स्तर पर भारी धुंध पैदा कर दी गई है और स्पष्ट शब्दों का प्रयोग ही इस धुंध को मिटा सकेगा। इसलिये भारत को हिन्दू राष्ट्र घोषित करना सभी के लिये सहायक होगा।

अध्याय 4

हिन्दू राष्ट्र: कैसे ?

यों तो यदि जवाहरलाल नेहरू की जगह डॉ. राजेन्द्र प्रसाद या डॉ. सम्पूर्णानंद या सरदार पटेल भारत के प्रधानमंत्री हुये होते, तो इसी मूल संविधान से भारत एक स्वाभाविक हिन्दू राष्ट्र के रूप में प्रतिष्ठित होता और भलीभांति कार्य कर रहा होता। नेहरू जी ने लोकतांत्रिक शील के चलते स्तालिन और लेनिन की तरह या माओ की तरह अपने राष्ट्र की संस्कृति का समूल नाश नहीं किया, अपितु उसे भी पर्याप्त स्थान देते रहे। इसका श्रेय उन्हें जाता है। परन्तु समाजवादी झुकावों के कारण उन्होंने बहुत तेजी से केवल औद्योगीकरण और शासकीय नियंत्रण की ओर ध्यान दिया।

इसके कारण नेहरू जी ने अपने प्रिय धनियों के पक्ष में और अपने प्रिय विदेशी संस्थानों और निगमों के पक्ष में राष्ट्रीय संसाधनों का इकतरफा हस्तांतरण किया। इसके साथ ही कोटा–परमिट–लाइसेंस का जो राज फैला, उसने सर्वसाधारण को सामान्य दैनंदिन प्रयोग की वस्तुओं के लिये भी सरकारी दुकानों और दफ्तरों पर आश्रित रहने को विवश कर दिया। सर्वविदित है कि समाजवाद सदा गरीबी बढ़ाता है और गरीबी पैदा करता है। नेहरू जी के समाजवाद ने भी वही किया। इस गलत नीति और उसके परिणामों को ढंकने के लिये गरीबी खत्म करने के बेतहाशा सरकारी दावे किये गये,

जिससे कि उस शोर में सच्चाई दब जाये। तब भी नेहरू जी के मध्यमार्ग ने बहुत कुछ बचा रखा।

शास्त्रीजी की मृत्यु के बाद बढ़ा कम्युनिष्ट प्रभाव

परंतु शिक्षा संस्थानों में भारतीय ज्ञान परंपरा को हाशिये में डाल दिया गया और समाजवाद आदि की नारेबाजी के पोषक पाठ्यक्रम मानविकी विद्या के सभी अनुशासनों में सरकारी योजना से दाखिल किये गये। परिणामतः सोवियत एजेंटों का भारत में जाल बिछने लगा। परंतु एक चतुर कूटनीतिज्ञ की तरह नेहरू जी ने उन सबको नियंत्रण में रखा।

नेहरू जी के नहीं रहने पर लालबहादुर शास्त्री जी प्रधानमंत्री बने और देश पुनः अपने स्वाभाविक मार्ग की ओर चल पड़ा। वीरता और विवेक तथा विद्या और शिल्प – सभी क्षेत्रों में भारतीय परंपरा को प्रोत्साहन मिलने लगा। परंतु यह सोवियत संघ को सहन नहीं हुआ।

ताशकंद में शास्त्री जी की मृत्यु या हत्या हो गई और इंदिरा गांधी सोवियत संघ के सहयोग से प्रधानमंत्री बनीं। उसके बाद उनकी राजनैतिक अपरिपक्वता का लाभ उठाकर कम्युनिस्ट देश में छा गये। उनके सिर पर सोवियत संघ की छाया थी और इंदिरा जी उन्हें प्रश्रय देने को विवश थीं। जब तक इंदिराजी संभलतीं, तब तक लोकनायक जयप्रकाश नारायण के नेतृत्व में राष्ट्रव्यापी आंदोलन चल पड़ा और इंदिरा जी का संतुलन लड़खड़ा गया। कम्युनिस्टों ने मौके का फायदा उठाया और उन्हें तानाशाही की ओर झुकने को लगातार प्रेरित किया।

जब आपातकाल के बाद लोकतांत्रिक शक्तियों की जीत हुई तो सोवियत संघ को यह सहन नहीं हुआ और मधु लिमये को सोवियत संघ बुलाकर उन्हें जनता पार्टी तोड़ने का काम दिया गया। चालाक लोगों ने चौधरी चरण सिंह की भी महत्वाकांक्षा को हवा दी और एक नाटकीय घटनाक्रम में इंदिरा गांधी की वापसी हो गई। बौखलाई हुई इंदिरा गांधी ने कम्युनिस्टों को खुली छूट दी और तब से विश्वविद्यालयों के प्रशासन और पाठ्यक्रमों में कम्युनिज्म की भरमार कर दी गई। उसके बाद शिक्षा और संचार

माध्यमों में भारत विरोधी विचार फैलाये गये और ऐसे संस्थानों का जाल ही बिछा दिया गया।

नरसिंहराव और राजीव गांधी की व्यावहारिक बुद्धि

सोवियत संघ का विघटन होने पर राजीव गांधी और नरसिंहराव जी ने व्यावहारिक बुद्धि से काम लिया और संयुक्त राज्य अमेरिका की ओर झुके। उसके बाद से भारतीय राजनीति में संतुलन का युग शुरू हुआ है। परन्तु शीघ्र ही विदेशी शक्तियों के इशारे पर अनेक राजनैतिक समूह भारत में सक्रिय हो गये और सोनिया गांधी जी ने उनका नेतृत्व संभाला। तब से कांग्रेस भारतीयता और हिन्दुत्व के प्रति अत्यधिक आक्रामक हो गई और संचार माध्यमों द्वारा हिन्दुत्व के विरुद्ध आक्रामक विचार प्रसारित किये जाने लगे।

स्पष्टता आवश्यक

इस बीच मजहबी उग्रवाद और आतंकवाद भी पश्चिमी यूरोप और संयुक्त राज्य अमेरिका की एक लॉबी का उपकरण बन गया और स्थितियाँ जटिल होती गई हैं।

ऐसी स्थिति में परिदृश्य में स्पष्टता लाना आवश्यक हो गया है। इसलिये संविधान की मूल भावना का सम्मान करते हुये भाग 4 में राज्य की नीति के निदेशक तत्व में कतिपय छोटे–छोटे संशोधनों के द्वारा स्थिति को स्पष्ट कर दिया जाना आवश्यक है।

अनुच्छेद 38 में प्रावधान है कि राज्य लोककल्याण की अभिवृद्धि के लिये सामाजिक व्यवस्था बनायेगा। इसे अंग्रेजी में इस प्रकार कहा गया है कि – ''लोगों के कल्याण के प्रोत्साहन (प्रमोशन) के लिये राज्य एक 'सोशल आर्डर' सुनिश्चित (सेक्योर) करेगा। इसमें उपबंध 1 में प्रावधान है कि राज्य राष्ट्रीय जीवन की सभी संस्थाओं को सामाजिक, आर्थिक और राजनैतिक न्याय से अनुप्राणित करेगा। जिससे कि ऐसी सामाजिक व्यवस्था प्रभावी रूप में स्थापित हो और उसका संरक्षण हो ताकि लोककल्याण की अभिवृद्धि हो।''

इस अनुच्छेद में सभी कुछ समाहित है। इसके अनुसार लोककल्याण की अभिवृद्धि राज्य का कर्तव्य है। लोककल्याण का

ऐसा कोई अर्थ संभव नहीं है, जिससे हिन्दू समाज का अकल्याण हो या उसे हानि पहुँचे। परन्तु कम्युनिस्टों तथा अन्य भारत द्रोहियों के विचार में हिन्दू समाज को अपमानित करने और लांछित करने को ही लोककल्याण की शक्ल में पेश किया गया है। इसलिये यह आवश्यक है कि इस अनुच्छेद को और स्पष्ट करके इसका पालन सुनिश्चित किया जाये।

इसके दो उपाय हैं। एक तो अनुच्छेद 38(1) में सामाजिक के साथ आध्यात्मिक या धार्मिक न्याय जोड़ दिया जाये। दूसरा उपाय यह है कि अनुच्छेद 38 में एक और उपबंध क्रमांक 3 जोड़ा जाये, जिसमें यह लिखा जाये कि भारत का राज्य भारत के बहुसंख्यकों के धर्म को भी वैसा ही संरक्षण देगा, जैसा अल्पसंख्यकों के मजहब और रिलीजन को देता है।

इसके साथ ही भाग 4(क) अनुच्छेद 51 में जो नागरिकों के मूल कर्तव्य बताये गये हैं, उन पर शासन दृढ़ता का प्रदर्शन करे और यह सुनिश्चित करे कि भारत के नागरिकों के मध्य समान भ्रातृत्व को खंडित करने वाले व्यक्तियों और समूहों की नागरिकता समाप्त हो जायेगी। यह काम प्रशासन के स्तर का है। जो भी व्यक्ति या समूह विशेषकर भारत के बहुसंख्यकों के विरुद्ध बिना समुचित प्रमाण के लांछन लगायें या उनका तिरस्कार करें या उनके प्रति निराधार निंदासूचक एवं अपमानसूचक शब्दों का प्रयोग करें, वे स्पष्ट रूप से समान भ्रातृत्व को खंडित करने वाला काम कर रहे होते हैं और राष्ट्र की एकता और अखंडता को बाधित कर रहे होते हैं। ये दोनों ही काम भारत में 1980 के बाद अचानक तेजी से किये जाने लगे हैं। ऐसे सभी व्यक्तियों और समूहों की नागरिकता स्वतः समाप्त हो जायेगी, यह स्पष्ट कर दिया जाये।

इसके साथ ही इसी अनुच्छेद में एक और उपबंध जोड़कर यह और अधिक स्पष्ट कर दिया जाये कि सत्य, अहिंसा, भारत के अन्य बंधुओं के प्रति किसी भी व्यक्ति द्वारा द्रोह की अभिव्यक्ति का संपूर्ण अभाव और प्राणिमात्र के प्रति अनुकम्पा – ये सार्वभौम मूल्य हैं और भारत के प्रत्येक नागरिक का अनिवार्य कर्तव्य है कि वह इनका पालन करे।

राज्य के कर्तव्य भी निर्धारित और परिभाषित हों

संविधान बनाते समय स्वयं श्री जवाहरलाल नेहरू ने कहा था कि यह हड़बड़ी में रचित एक दस्तावेज है, जिसे आवश्यकतानुसार परिष्कृत और संशोधित किया जाता रहेगा। अतः यह आवश्यक है कि जिन चीजों में अस्पष्टता है, परंतु जो बातें स्पष्ट रूप से संविधान में अन्तर्निहित दिखती हैं, उन्हें स्पष्ट कर दिया जाये।

लोकतंत्र में शासन में कई बार ऐसे लोग आ सकते हैं, जिन्हें अधिक स्पष्टता की आवश्यकता हो। कई बार संविधान के अन्तर्निहित अर्थों के भाष्य में समस्या हो सकती है। इसलिये भाग 4 में 'राज्य के नीतिनिदेशक तत्व में अनुच्छेद 39 में स्पष्ट कर दिया जाये कि राज्य के नीतिनिदेशक तत्वों का पालन राज्य का कर्तव्य है।' या फिर अनुच्छेद 37 में जहाँ पहले से ही स्पष्ट है कि नीतिनिदेशक तत्वों को लागू करना राज्य का कर्तव्य है, उसे शीर्षक में भी राज्य का कर्तव्य घोषित कर दिया जाये। अथवा अनुच्छेद 37 में उपबंध 3 जोड़कर यह घोषित किया जाये कि सार्वभौम मानवमूल्यों की रक्षा भारत शासन का कर्तव्य है।

क्योंकि बहुत से शासक लोग यह स्मरण भी नहीं रख पाते कि राज्य का भी राष्ट्र के प्रति और राष्ट्र के नागरिकों के प्रति कुछ सुनिश्चित कर्तव्य हैं। इस तथ्य की विस्मृति के कारण ही कांग्रेस पार्टी तथा उससे टूट कर बने अन्य घटकों ने और कम्युनिस्टों ने यह भाव अपना लिया है कि एक बार राज्य में आने के बाद वे राष्ट्र के सर्वाधिकारी हैं। यह स्थिति श्री राजीव गांधी के समय तक नहीं थी। परन्तु अब श्रीमती सोनिया गांधी और श्री राहुल गांधी यह मानते दिखते हैं कि राष्ट्र के प्रति उनका कोई कर्तव्य नहीं है और समस्त राष्ट्र के उनके प्रति अनेक कर्तव्य हैं, क्योंकि अंग्रेजों के विरुद्ध किये गये पुरुषार्थ में अनेक लोगों में से एक उनके अपने पूर्वज भी थे। इसलिये अब राष्ट्र को उनके प्रति कर्तव्य ही कर्तव्य है और उनका राष्ट्र के प्रति कोई कर्तव्य नहीं है। वे जिसे चाहें जो बोल दें और जो चाहें वह करें, इस भ्रांति को दूर करने के लिये संविधान में अन्तर्निहित राज्य के कर्तव्य स्पष्ट रूप से रेखांकित करने की आवश्यकता है।

संविधानेतर कार्य बंद किये जाएं

इसके साथ ही भारत की माननीय संसद को कृपापूर्वक यह सुनिश्चित करना उचित होगा कि किसी भी राजनैतिक दल को संविधानेतर अधिकारों का प्रदर्शन करने अथवा संविधानेतर कार्य करने का कोई अधिकार नहीं है।

इसे थोड़ा और स्पष्टता से समझने की आवश्यकता है। प्रत्येक माननीय सांसद या विधायक विधानतः जनप्रतिनिधि हैं। जनप्रतिनिधित्व कानून के अनुसार ही चुन कर जनप्रतिनिधि बनते हैं। अतः प्रत्येक चुने गये जनप्रतिनिधि को अपने क्षेत्र के लोगों की भावनाओं और आकांक्षाओं तथा आवश्यकताओं के प्रतिनिधित्व का कर्तव्य निभाना है।

संविधान में कहीं भी ऐसे चुने गये प्रतिनिधियों को जनउद्धारक नहीं कहा गया है, जबकि बहुत से जनप्रतिनिधि सम्पूर्ण समाज को अज्ञान के गर्त में पड़ा हुआ बताते देखे जाते हैं और स्वयं को उसका उद्धारक प्रस्तुत करते हैं।

अतः जनउद्धारक बनना या स्वयं को जनउद्धारक प्रदर्शित करना संविधानेतर कार्य है। इस पर दृढ़ता से रोक लगानी चाहिये। अन्यथा इससे पूरी तरह अराजकता फैल जाती है। सैंकड़ों लोग सैंकड़ों तरह से विशेषकर जनता का या हिन्दू समाज का उद्धार करने की जुगत में भिड़े दिखते हैं। यह अराजकता की स्थिति है। विधायिका में प्रतिनिधि के रूप में जाने पर ही उनकी वैधता है। उद्धारक के रूप मे जाने का कोई प्रावधान नहीं है।

अतः उद्धारक बनने के रोग को राष्ट्रहित में नियंत्रित करना आवश्यक है। इसके अभाव में समस्त हिन्दू समाज एक व्यापक अराजकता की चपेट में डाला जाता है जिसे रोकना शासन का कर्तव्य है। अंग्रेजों की उपस्थिति में और अंग्रेजों के विशेषकर मिशनरी प्रोपेगंडा के दबाव में स्वयं को सही सिद्ध करने के लिये पहले भी बहुत से मनमाने नियम हिन्दू समाज को लेकर बना दिये गये हैं। वे 1947 तक भारत में हिन्दू राज्यों में सर्वमान्य धर्मशास्त्रों के नियमों से सर्वथा विपरीत हैं। वस्तुतः धर्मशास्त्रों के अधिकार को छीनने और स्वयं धर्म के विषयों में अधिकारी बनने के दुष्ट प्रयोजन

से कामचलाऊ संस्कृत सीखकर अनेक अंग्रेजों एवं यूरोपीय लोगों ने हिन्दू धर्म के ज्ञाता होने के दावे पेश करते हुये मनमाने कथन किये हैं। इस प्रकार हिन्दू प्रथाओं और रीतिरिवाजों को मनमाने तौर से 'कोडिफाई' किया गया है।

समाज-सुधार की भ्रामक अवधारणा

इसके साथ ही समाज को सुधारने के उत्साह में बिना सम्यक विचार किये बहुत से प्रावधान ला दिये गये हैं। उदाहरण के लिये संयुक्त परिवारों को एक इकाई न मानकर उन्हें तोड़ने के लिये,बहुत से शासकीय कदम उठाये गये। इसी प्रकार व्यक्ति को ही स्वतंत्र इकाई मानना ईसाई आस्था का अनुसरण है। व्यक्ति को स्वतंत्र इकाई मानकर फिर उसे राज्य द्वारा पूर्णतः नियंत्रित किये जाने को वैध माना गया है, परन्तु परिवार का नियंत्रण विधान के स्तर पर अवैध मान लिया गया है। यह हिन्दू समाज की मूल संरचना को नष्ट करने वाले शासकीय कदम हैं।

अनुचित हस्तक्षेप पर रोक की आवश्यकता

अब लोकतांत्रिक राष्ट्र में हिन्दू समाज के सामाजिक जीवन में इस प्रकार बलपूर्वक हस्तक्षेप का विचार त्याग देने की आवश्यकता है। हिन्दू समाज की सामाजिक संस्थाओं में राजनैतिक दलों को कोई भी हस्तक्षेप नहीं करना चाहिये। संविधान में जाति, जन्मस्थान, वर्ग, लिंग आदि के आधार पर किसी प्रकार का भेदभाव वर्जित है। ऐसा किया जाना अत्यन्त आवश्यक था। परंतु इसके बाद सामान्य सामाजिक व्यवहार में मनमाना हस्तक्षेप शासन के द्वारा उचित नहीं है।

धर्मज्ञ आचार्यों की महापरिषद बने

हिन्दू समाज के विषय में कोई भी कानून बनाने के पहले धर्मज्ञ आचार्यों की एक महापरिषद शासन के स्तर पर अनुसूचित होनी चाहिये और उस महापरिषद में संबंधित विषय पर धर्मशास्त्रीय आधार पर सांगोपांग विचार होना चाहिये, ऐसी परिषद में सभी वर्णों, सभी आश्रमों और सभी क्षेत्रों के प्रतिनिधि मुखिया अवश्य बुलाये

जाने चाहिये। साथ ही, माननीय सांसद एवं शासन के प्रतिनिधि भी परिषद की समस्त कार्यवाही को ध्यान से देखें और सुनें तथा उसे रिकार्ड किया जाये। सर्वसम्मत कानून ही बनने चाहिये। जब तक कोई स्पष्ट अनर्थ न हो रहा हो, तब तक शासन को हिन्दू समाज के सामाजिक जीवन में कोई हस्तक्षेप नहीं करना चाहिये। यदि ऐसा होगा तो हिन्दू समाज स्वाभाविक ही हिन्दू राष्ट्र की दिशा में आगे बढ़ेगा।

सर्वसम्मति से नीति बने

वर्ण, आश्रम, श्रेणियाँ, संघ, निगम और विविध स्तरीय पंचायतें ये हिन्दू समाज के आधार स्तंभ रहे हैं। अतः इनके विषय में सर्वसम्मिति से स्पष्ट नीति बनाने की आवश्यकता है। हिन्दू राष्ट्र के लिये यह अत्यंत आवश्यक है।

'कस्टम' या प्रथाओं और रीतिरिवाजों को विश्व में सर्वत्र विधि का मूल स्रोत माना जाता है। भारत में भी ऐसा ही माना गया है। परंतु भारतीय राजनेताओं का एक बड़ा वर्ग इस तथ्य से अपरिचित प्रतीत होता है। अतः 'लॉ' के मूल आधार के रूप में 'कस्टम' का महत्व राजनैतिक क्षेत्रों में भी भलीभांति स्पष्ट करने की आवश्यकता है।

नये–नये सम्प्रदाय बनने की हिन्दू धर्म में अन्तहीन गुंजाइश है। सदा ही नये सम्प्रदाय बनते रहे हैं और बनते रहेंगे। परन्तु प्रत्येक सम्प्रदाय को सामाजिक मर्यादा में रहना होगा और वह बलपूर्वक शेष सम्पूर्ण समाज को अपने सम्प्रदाय में लाने का प्रयास नहीं कर सकता। सार्वजनिक जीवन में यह तथ्य बारम्बार स्पष्ट होना आवश्यक है।

स्वधर्म से विचलन

भारत के जनप्रतिनिधि कानूनों के विषय में जानकारी रखने का स्वधर्म निभाने के स्थान पर भारतीय विशेषकर हिन्दू रीतियों और प्रथाओं की आलोचना–प्रत्यालोचना में बहुत समय और शक्ति लगाते हैं। यह स्वधर्म से विचलन है। बिना किसी भी प्रथा और रीति के वास्तविक शास्त्रीय स्वरूप को जाने, उस पर टिप्पणी करना

मूर्खता है। ऐसी मूर्खता को ही समाज सुधार बताने का चलन है। परन्तु यह बौद्धिक रूप से अनाथ होने की दशा है। बिना किसी भी विषय पर प्रामाणिक ज्ञान अर्जित किये, उस विषय पर जोश से भरकर सुझाव देना या ज्ञान बांटना हास्यास्पद तो है ही, समाज में अराजकता का जनक भी है।

सुविभक्त सुसंगठित सामाजिक व्यवस्था

हिन्दू समाज जातियों और सम्प्रदायों में सुविभक्त समाज है। यहाँ सभी को अपनी मर्यादा में रहने और बसने का अभ्यास है। समाज की इकाइयों को बिना विचारे भंग करने या नष्ट करने की कोशिश घातक है।

इसी के साथ ही न्याय की संस्थाओं के विषय में भी पुनर्विचार की आवश्यकता है। परंपरा से न्याय सामाजिक स्तर पर विविध स्तर की इकाइयों मे निष्पादित होता था। जब से यह अधिकार उन इकाइयों से छीन लिये गये हैं, तब से लंबित वादों के ढेर हर स्तर पर जमा हो रहे हैं। इसलिये न्याय की बहुस्तरीय परंपराओं को पुनः जीवन्त करना होगा।

सामान्यतः जो वाद ग्राम पंचायत या खाप पंचायत आदि के स्तर पर निपट जायें, उन्हें एंग्लों–सैक्शन लॉ से संचालित न्यायालयों के समक्ष ले जाने की विवशता नहीं होनी चाहिये। इसके लिये आवश्यक विधिक प्रावधान करने होंगे।

कन्वर्जन या मतांतरण पर पूर्ण प्रतिबंध लगे

मुख्य बात यह है कि किसी भी स्तर पर भारत के किसी भी समूह को भारत की मुख्य धारा अर्थात बहुसंख्यक समाज के जीवन में हस्तक्षेप का कोई अधिकार नहीं होना चाहिये। अधिक अच्छा तो यही होगा कि 'कन्वर्जन' पर पूर्ण प्रतिबंध लगा दिया जाये और उसे अवैध घोषित कर दिया जाये।

शिक्षा में भारतीय ज्ञान का समावेश हो

शिक्षा में भारत की ज्ञान परंपरा मानविकी विद्याओं के पाठ्यक्रम का

मुख्य अंग होना चाहिये। समाज के विषय में सर्वाधिक प्राचीन चिंतन भारत वर्ष के धर्मशास्त्रों में ही उपलब्ध है। अतः समाजशास्त्र या समाजविज्ञान के क्षेत्र में संस्कृत भाषा का ज्ञाता व्यक्ति ही प्राध्यापक और समाजशास्त्री हो सकता है। धर्मशास्त्रों का ज्ञान समाजशास्त्र के विद्यार्थी के लिये अनिवार्य होना चाहिये, क्योंकि उसमें एक सम्पूर्ण और श्रेष्ठ मानव समाज के विषय में व्यवहार सूत्र दिये हुये हैं।

इसी प्रकार राजनीतिशास्त्र की शिक्षा में रामायण, महाभारत, कौटिल्य के अर्थशास्त्र एवं मानवधर्मशास्त्र सहित विभिन्न स्मृतियों एवं पुराणों की शिक्षा दी जानी आवश्यक है। हिन्दू राष्ट्र में विद्या का मुख्य आधार हिन्दू विद्या ही होगी। यह स्वाभाविक है। यदि भारतद्रोही तत्व इसमें कुटिल व्याख्याओं द्वारा केवल अवरोध ही उपस्थित करते हैं, तो फिर एक ही उपाय बचेगा– विधिक स्तर पर भारत को हिन्दू राष्ट्र घोषित कर देना। इसमें प्रारंभ में ही यह घोषित किया जा सकता है कि– 'हम भारत के लोग एक सुदृढ़ राष्ट्र के निर्माण के लिये तथा राष्ट्र के सभी अंगों में शांति, सामंजस्य, समरसता और आध्यात्मिकता के स्थायित्व के लिये तथा राष्ट्र की सुरक्षा एवं सर्वागींण कल्याण के लिये कण–कण में व्याप्त तथा समस्त प्राणियों की अन्तरात्मा के रूप में प्रकाशित परमात्मा के आशीर्वाद से और अपने महान पूर्वजों के आशीर्वाद से उनकी वीरता, प्रज्ञा, पराक्रम, पुरुषार्थ और धर्मनिष्ठा की निरन्तरता में हिन्दू राष्ट्र भारत को वैभवशाली बनाने के लिये अपने इस संविधान को एतद् द्वारा अंगीकृत, अधिनियमित और आत्मार्पित करते हैं।'

इस प्रकार आवश्यकता पड़ने पर औपचारिक तौर पर भी भारत को हिन्दू राष्ट्र घोषित किया जा सकता है। सभी जानते हैं कि इस हिन्दू राष्ट्र में किसी भी समुदाय या पंथ को सार्वभौम मूल्यों के अनुशासन में पूर्ण स्वतंत्रता होगी। केवल उन्हें अभी की तरह अकारण और निरर्थक उत्पात करने और भारतवर्ष के विरुद्ध तथा भारत के मुख्य समाज के विरुद्ध झूठा प्रोपेगंडा करने की अनुमति नहीं होगी। इससे स्वयं भारतीय मुस्लिम और ईसाई समाज को गहरी शांति और सुरक्षा मिलेगी। अभी उत्पातियों ने विदेशों के संकेत पर लोकमानस में विक्षोभ जगाकर अशांति और उन्माद

फैलाते हुये एक विचित्र प्रकार की उत्तेजना परिवेश में फैला रखी है। इससे स्वयं मुस्लिम और ईसाई बहुसंख्यकों के जीवन में अनावश्यक तनाव और उत्तेजना भर दी जाती है और उन्हें सामान्य जीवन जीने में जानबूझकर बेचैनी पैदा की जाती है। उत्तेजना तथा क्षोभ से उनके चित्त को अशांत, उद्विग्न और विकल तथा आशंकित रखा जाता है। इस प्रकार भारत के हिन्दू राष्ट्र घोषित होने से मुसलमानों और ईसाइयों के भी सभी लोगों को शांति और सुख की प्राप्ति होगी, कुछ आपराधिक तत्वों को छोड़कर। हिन्दू राष्ट्र सभी के लिये सुख, शांति और वैभव का मार्ग है।

अध्याय 5

कौन लाएगा हिन्दू राष्ट्र ?

स्पष्ट है कि हिन्दू राष्ट्र वे ही लायेंगे जिन्हें सनातन धर्म में अर्थात मानवधर्म में श्रद्धा है। जो मनुष्य और मनुष्य में किसी प्रकार का भेदभाव नहीं करते। जो उपासना के रूपों के आधार पर किसी की निंदा नहीं करते और साथ ही उपासना–रूप के आधार पर किसी को विशेष मनुष्य भी नहीं मानते। केवल उपासना रूप या आस्था या ईमान के आधार पर कोई भगवान का चुना हुआ समुदाय (चोजेन पीपल) नहीं होता। अपनी प्रतिभा, सदाचार, शील और राष्ट्र जीवन तथा लोकजीवन में अपने योगदान के आधार पर ही कोई विशेष सम्मान का अधिकारी बनता है। ऐसी श्रद्धा रखने वाले लोग ही हिन्दू राष्ट्र लायेंगे।

क्या ऐसे लोगों का कोई नया समाज बनना है ? या नया निर्माण होना है? कोई 'जेनेटिक इंजीनियरिंग' होनी है ? कोई सोशल इंजीनियरिंग होनी है ?

कदापि नहीं। यह तो वे लोग सोचते हैं जो (मार्क्स आदि की तरह) आत्मा को ईटों और भौतिक रचनाओं की तरह मानते हैं और उनकी पुनर्रचना में विश्वास करते हैं या जो लोग (यूरो अमेरिकी समूहों की तरह) स्वयं को उन्नत और विकसित मानते हैं और अन्य को अपना अनुयायी बनाना चाहते हैं, ताकि वे उनकी

सेवा में रत रहें। 'आत्माओं की फसल' काटने की लालसा वाले लोग (क्रिश्चियन फेथ वाले) भी ऐसा चाहते हैं। हिन्दू दृष्टि ऐसी कदापि नहीं है।

नया समाज नहीं सदाचारी समाज आवश्यक

कोई नया मनुष्य नहीं बनाना है। कोई नया समाज नहीं बनाना है। क्योंकि ये सारे शब्द और अवधारणायें 19वीं शताब्दी के भौतिक शास्त्र और रसायन शास्त्र की संसार की यांत्रिकता से जुड़ी अवधारणाओं का राजनीतिकरण है। विज्ञान अब बहुत आगे बढ़ चुका है और मनुष्य और जीवात्मायें तो छोड़िये, प्रकृति में भी चैतन्य का प्रमाण मिल चुका है। अन्याय और अनाचार करने पर प्रकृति भी चेतनसत्ता की तरह आपको दंडित करती है, यह सर्वमान्य हो चुका है। इसलिये कोई नया मनुष्य नहीं बनाना है। कोई नया समाज नहीं बनाना है। लोगों का बलपूर्वक रूपांतरण नहीं करना है। किसी का मतान्तरण नहीं करना है। सब अपनी महिमा में, अपने 'स्व' में प्रतिष्ठित रहें और सभी सनातन धर्म की सार्वभौम मर्यादा और अनुशासन में स्वभाव के अनुरूप स्वधर्म का पालन करें। यही हिन्दू राष्ट्र का सुनिश्चित परिवेश होगा और यही हिन्दू राष्ट्र की सहज गतिशील समाज व्यवस्था होगी।

इसलिये सर्वप्रथम तो वे ही लोग हिन्दू राष्ट्र के वाहक बनेंगे और माध्यम बनेंगे, जिनमें सनातन धर्म के संस्कार परंपरा से भरपूर हैं। हमारे श्रेष्ठ ज्ञानीजन और संतजन, धर्मवेत्ता, विद्वान और पंडित, मनीषी और आचार्य, वीतराग संन्यासी और साधु इस महान पुरुषार्थ परम्परा को आशीर्वाद एवं मार्गदर्शन देने वाले पूज्यजन होंगे और उन सबके आशीर्वाद से सनातन धर्म के संस्कारों वाले समाज का हर अंग और हर समूह स्वधर्म पालन करते हुये हिन्दू राष्ट्र को सुदृढ़ और समृद्ध बनायेगा।

हिन्दू धर्म किसी को अपने से बाहर नहीं मानता

परंतु अन्य लोग हिन्दू राष्ट्र से बाहर नहीं हैं। क्योंकि हिन्दू धर्म किसी को बाहर नहीं मानता। यह 'एक्सक्लूसिव' नहीं है। यह

समरस और एकात्म है। यह जीवमात्र में चैतन्य देखता है और प्रत्येक मनुष्य के भीतर विराजमान चिन्मयसत्ता का अतिशय सम्मान करता है।

अतः मनुष्य अपनी किसी आस्था या ईमान या फेथ या मान्यता का दास नहीं है। अपने आत्मिक उत्कर्ष के लिये उसने स्वयं इनमें से किसी का वरण किया है और चिन्मयसत्ता के प्रकाश में देखकर वह अपनी मर्यादा में रहते हुये भी सबके लिये कल्याणकारी सार्वभौम मूल्यों अर्थात सनातन धर्म का पोषण कर सकता है। वह यह देख सकता है कि इसमें अन्य के साथ–साथ हमारा स्वयं का भी कल्याण है, आन्तरिक शांति है और स्थायी आनंद है। अतः यह सभी के लिये कर्तव्य है।

सामंजस्य और समरसता

भिन्न–भिन्न आस्थाओं या उपासना पद्धतियों के अनुयायियों के मध्य व्यवहार की मर्यादा ही सामाजिक सामंजस्य और समरसता का आधार है। संयुक्त राष्ट्र संघ की मानवाधिकार संबंधी और शिक्षा तथा संस्कृति संबंधी घोषणायें भी इसी के अनुरूप हैं। अतः उन सब घोषणाओं के अनुरूप सामाजिक व्यवहार में मर्यादा का पालन करने के इच्छुक और उसी में सबका कल्याण देखने वाले सभी लोग हिन्दू राष्ट्र के पक्ष में होंगे क्योंकि इसमें हानि किसी की नहीं है और लाभ सभी का है। इसके द्वारा भारत के लोग अपने श्रेष्ठ पूर्वजों के द्वारा अपनाये गये शील और आदर्शों, मूल्यों और प्रतिमानों को अपना सकेंगे। उसे घरवापसी कहना आवश्यक नहीं है। वे जिस घर में हैं, जिस आस्था में हैं, उसे ही व्यापक मानवीय आस्था का एक अंग मान लेने पर यह सहज होगा।

जिस घर में हैं, वहाँ रहकर भी यह हो सकता है। किसी मजहब या रिलीजन को त्यागने की आवश्यकता नहीं है। अपितु विश्व की सच्चाइयों के संदर्भ में उसका सही स्थान जानने की आवश्यकता है। क्योंकि सही स्थान न जानने पर ऐसी लालसायें जग जाती हैं, जो कलह और अशांति तथा टकराव और युद्ध तक का कारण बनती हैं।

अतः सभी विवेकवान भारतीय भारत को हिन्दू राष्ट्र बनाना चाहेंगे, क्योंकि इसी में सबको सुख है और 'स्पेस' है। अतः शांति है और गतिशीलता है। शेष सभी उपाय अशांति और टकराव की ओर ले जाते हैं और गति को बाधित करते हैं।

हिन्दू राष्ट्र की स्थापना का विरोध केवल वे लोग ही करेंगे, जो भारत में रहकर भी ऐसी कल्पना की दुनिया में जीते हैं कि वे सम्पूर्ण राष्ट्र पर केवल अपने समूह का कब्जा कर लेंगे। ऐसे समूह पहली ही नजर में हास्यास्पद दिखने वाली मांगे करते हैं और उत्पात के द्वारा उसे पा लेने की कल्पना करते हैं।

उदाहरण के लिये, ऐसे लोग हैं जो चाहते हैं कि उन्हें अल्पसंख्यक के नाते विशेष संरक्षण मिले और फिर यह भी चाहते हैं कि अनुसूचित जाति या जनजाति का होने के नाते मिलने वाला आरक्षण भी उन्हें मिले। पहली ही दृष्टि में यह सरासर भेदभाव और राष्ट्रीय संसाधनों का अनुचित और इकतरफा अपहरण करने की कुचाल नजर आती है। इसे शेष समाज कैसे सहन कर सकता है?

सच तो यह है कि एक स्वस्थ लोकतांत्रिक समाज में कोई समूह इस प्रकार के विचित्र और विकृत इरादे पालने की स्थिति में आ गया और सार्वजनिक रूप से उसके लिये दबाव भी बनाने लगा, यह स्वयं में एक आश्चर्य है। यह इस बात का द्योतक है कि कांग्रेस ने भारत के अलग–अलग समूहों में किस प्रकार अस्वस्थ और विकृत लालसायें जगाई हैं।

इतिहास के नाम पर झूठे प्रोपेगंडा को पढ़ाये और फैलाये जाने का यह परिणाम है। पहले तो बिना किसी प्रमाण और आधार के ईसाई मिशनरियों द्वारा अपने समाज की भीषण विषमता और पोल ढकने के लिये हिन्दू समाज के विषय में यह प्रचार किया गया कि जाति के नाम पर जन्म के आधार पर भेदभाव केवल हिन्दू धर्म में होता है और इसलिये समता तथा न्याय के इच्छुक लोगों को हिन्दू धर्म त्याग देना चाहिये। यह भी कहा जाता है कि भारत में जो भी ईसाई या मुसलमान बने हैं, वे समता और न्याय की लालसा के कारण ही बने हैं।

परस्पर विरोधी तर्क

अब कहा यह जा रहा है कि समता और न्याय की लालसा से जो लोग मुसलमान या ईसाई बन गये, उन्हें भी वह आरक्षण चाहिये, जो इस तर्क के आधार पर दिया गया था कि केवल हिन्दू धर्म में समता और न्याय का अभाव है तथा जाति प्रथा इसी का पर्याय है। स्पष्ट रूप से मुसलमानों और ईसाइयों द्वारा स्वयं के लिये आरक्षण माँगना मूल तर्क का खुद ही खंडन करना है। अब यह तर्क देना कि भारत का परिवेश ही ऐसा है कि मुसलमान और ईसाई बनकर भी वे वहाँ जातिगत ऊँच–नीच के भेदभाव का सामना करने को विवश हैं। दूसरी ओर, मुसलमानों और ईसाइयों को जाति के आधार पर आरक्षण दिये जाने की मांग करना, जबकि आरक्षण जिस प्रयोजन से लागू किया गया प्रचारित किया जाता है, वह प्रयोजन सिद्ध नहीं हुआ है, यह कहकर ही मुसलमानों, ईसाइयों आदि के लिये जाति के आधार पर आरक्षण मांगा जाता है। इस प्रकार यह इतनी हास्यास्पद दृष्टि है। कि केवल प्रोपेगंडा और जबरपेली के द्वारा ही इसे बोलने की हिम्मत कोई कर सकता है, जो कि प्रथम दृष्टि में ही गलत और आपत्तिजनक दिख जाता है। इस स्तर की मानसिकता वाले लोग निश्चय ही हिन्दू राष्ट्र का विरोध करेंगे। परंतु मानवता से और अपने देश से प्रेम करने वाला तथा शांति, सद्भाव और समरसता चाहने वाला हर व्यक्ति हिन्दू राष्ट्र का समर्थन करेगा।

वे लोग अवश्य किसी भी रूप में हिन्दू राष्ट्र का बनना पसंद नहीं करेंगे और सहन भी नहीं करेंगे, जिनका उल्लेख नियोगी कमीशन की रिपोर्ट से लेकर हाल ही में भारत सरकार के संयुक्त सचिव के रूप में कार्यरत लेखक डॉक्टर शैलेन्द्र कुमार ने अपनी पुस्तकों 'ईसावाद और पूर्वोत्तर भारत का सांस्कृतिक संहार' तथा 'ईसावाद और औपनिवेशिक कानूनों के चक्रव्यूह में झारखंड' में किया है। इसके साथ ही मजहबी अलगाववाद और आतंकवाद के समर्थक भी यह नहीं चाहेंगे। वे लोग भी यह नहीं चाहेंगे जो 2013 में साम्प्रदायिक दंगा रोकने के नाम पर एक ऐसा विधेयक रच रहे थे, जिसमें किसी भी प्रकार का साम्प्रदायिक दंगा होने पर हिन्दुओं

को ही उसके लिये दोषी मानकर पकड़कर जेल में डाल दिया जाता। हिन्दू बहुसंख्यक वाले देश में इस प्रकार के कानून बनाने और ऐसी–ऐसी आपराधिक क्रियायें करने वाले लोगों का प्रभावी होना स्वयं में एक आश्चर्यजनक अपवाद है। विश्व के अन्य किसी भी लोकतंत्र में यह संभव नहीं है।

हिंदू राष्ट्र में राजनीति की भूमिका

अंततः तो हिन्दू राष्ट्र की स्थापना राजनैतिक समूहों द्वारा ही होगी। परन्तु वह व्यापक हिन्दू समाज की इच्छा और आग्रह पर ही हो सकेगी। इसलिये सर्वप्रथम तो हिन्दू राष्ट्र लाने वाले लोग वे ही होंगे जो हिन्दू समाज में सार्वभौम मानवीय मूल्यों और आदर्शों के लिये तथा संयुक्त राष्ट्र संघ द्वारा घोषित मानवाधिकारों एवं सांस्कृतिक तथा शैक्षणिक अधिकारों के लिये समाज में काम कर रहे होंगे। जो समाज में सनातन धर्म के संस्कारों का पोषण कर रहे होंगे और उसकी शिक्षा दे रहे होंगे। जो नित्य महान पूर्वजों का स्मरण कर रहे होंगे और करा रहे होंगे। जिनमें भारत के महान ज्ञानी और संत, ऋषि और मुनि, महाराजा और महारानियाँ, महाजन और शिल्पी तथा संस्कारी सद्पुरुष सम्मिलित हों।

ऐसे श्रेष्ठ संस्कार समाज में व्यापक बना रहे लोग ही हिन्दू समाज में हिन्दू राष्ट्र की प्रसुप्त अभीप्सा को प्रदीप्त करेंगे और उसकी संभावना का परिवेश रचेंगे। क्योंकि विशेषकर विगत 77 वर्षों में भांति–भांति के प्रोपेगंडा के द्वारा हिन्दू समाज के भीतर इतनी हीनता और ग्लानि तथा कुंठा और विस्मृति भर दी गई है कि वे स्वयं को अल्पसंख्यकों और उद्दंड किस्म के राजनैतिक 'एक्टिविस्टों' से दबा हुआ ही पाते हैं। उन्हें यह कल्पना ही नहीं होती कि अपने देश में उन्हें विशेष अधिकार तो दूर, अल्पसंख्यकों तथा स्वयं को एक्टिविस्ट कहने वाले असामाजिक लोगों के बराबर अधिकार भी प्राप्त होंगे। अतः समाज में सत्व का उन्मेष करने के लिये कार्यरत संगठनों की इस विषय में महत्वपूर्ण भूमिका है।

इस एक लक्ष्य के लिये कार्यरत विभिन्न संगठनों को लक्ष्य की एकता का स्मरण रखते हुये परस्पर तालमेल और समन्वय की भी

अत्यधिक आवश्यकता है।

अनुकूल परिवेश तो है ही, परंतु उसकी सार्वजनिक अभिव्यक्ति बहुत कम होती है। सार्वजनिक अभिव्यक्तियों से ही उत्साह जगता है। अतः हिन्दू राष्ट्र के पक्ष में भव्य सार्वजनिक अभिव्यक्तियाँ अत्यन्त आवश्यक हैं। उससे ही परिवेश जीवंत हो उठेगा और आशा बलवती होगी।

इसके बाद मुख्य भूमिका तो प्रबुद्ध राजनैतिक समूहों की ही होगी। विधायिका में कुशल और प्रशिक्षित लोग ही यह कार्य कर सकेंगे। निश्चय ही नेतृत्व की भूमिका निर्णायक है, परंतु अन्य सांसदों को भी विषय का भरपूर ज्ञान होना आवश्यक है और उसके महत्व को लेकर चित्त में स्पष्टता होनी चाहिये। क्योंकि बात संसद में आवश्यक विधेयक प्रस्तुत होने तक की ही नहीं है। व्यापक समाज में विरोधियों द्वारा भांति–भांति के भ्रम खड़े किये जायेंगे और उदार लोकतांत्रिक हिन्दू समाज की उदारता का दुरुपयोग करने का प्रयास किया जायेगा।

वैसे भी अभी तक हिन्दुओं की उदारता का आश्चर्यजनक दुरुपयोग और शोषण हुआ है। स्वयं हिन्दुओं के विनाश के लिये क्रियान्वित हो रही योजनाओं को उनका सहायक और कल्याणकारी बताया गया है। हिन्दू समाज में विघटन और भेदभाव पैदा करने की सोची समझी कार्यनीति को सामाजिक न्याय का नाम दिया गया है।

परिवारों के विघटन के लिये उठाये गये कदमों को परिवार कल्याण का नाम दिया गया है और उग्रवाद तथा आतंकवाद के प्रति उदासीनता का भाव फैलाने को शांति समितियाँ और शांति प्रयास बताया गया है। ऐसे में माननीय सांसदों तथा अन्य जनप्रतिनिधियों को भी भारत को हिन्दू राष्ट्र बनाने का अर्थ और उसका महत्व भलीभांति ज्ञात होना चाहिये। निषेधात्मक और नकारात्मक प्रोपेगंडा को रोकने वाले तर्कों की काट का उन्हें ज्ञान होना चाहिये।

इस प्रकार के सजग और जानकारी से भरपूर जनप्रतिनिधि ही इस श्रेष्ठ कार्य को सिद्ध करने में सहायक होंगे। वे ही हिन्दू राष्ट्र लाने वाले सेनानी बनेंगे। ऐसा करते हुये वे वस्तुतः व्यापक और गहरे अर्थ में हिन्दू बहुलता वाले भारतीय समाज का

प्रतिनिधित्व कर रहे होंगे। ये ही हिन्दू राष्ट्र को लाने वाले माध्यम और निमित्त बनेंगे।

सहायक विश्व-शक्तियाँ

इसके साथ ही हिन्दू राष्ट्र को लाने में सहायक अन्तर्राष्ट्रीय शक्तियाँ भी पर्याप्त प्रभावी हैं। संयुक्त राज्य अमेरिका 1945 से ही भारत के पक्ष में है। अमेरिकी राष्ट्रपति रूजवेल्ट ने द्वितीय महायुद्ध में अपनी सहभागिता इसी शर्त पर रखी थी कि युद्ध के बाद भारत तथा अन्य राष्ट्रों से किये गये वादे निभाने होंगे और इंग्लैंड तथा अन्य यूरोपीय राज्यों को जिन्होंने दूसरे–दूसरे देशों पर छल–बल से कब्जा कर रखा है, हटना होगा। इंग्लैंड के शासक वचन तो हर बार देते थे, परंतु फिर मुकर जाते थे। रूजवेल्ट ने बल देकर कहा था कि इस बार आप पलट नहीं सकते। इंग्लैंड में लेबर पार्टी के आने से और उधर नेताजी सुभाष चन्द्र बोस के प्रभाव से भारतीय सेनाओं में देशभक्ति का विशेष भाव जग जाने से वह करना ही पड़ा।

वर्तमान दौर में राष्ट्रपति बराक ओबामा ने शपथ ग्रहण समारोह में ही यह घोषणा की थी कि संयुक्त राज्य अमेरिका को दो मित्रों की विशेष आवश्यकता है – हिन्दू भारत की तथा इजरायल की। डोनाल्ड ट्रम्प भी भारत के प्रति अनुकूलता दिखा चुके हैं तथा जो बाइडन भी उतने ही अनुकूल हैं। इस प्रकार विश्व की एक महाशक्ति भारत को हिन्दू राष्ट्र बनाये जाने के पक्ष में है, यद्यपि हिन्दू राष्ट्र विरोधी भी सबसे अधिक अमेरिका में ही सक्रिय हैं।

स्वपक्ष की प्रभावी प्रस्तुति हो

भारत की हिन्दुत्वनिष्ठ शक्तियों ने विश्व में हिन्दुत्व का पक्ष अन्तर्राष्ट्रीय प्रबुद्धजनों की पदावली में नहीं रखा है। ऐसां होते ही यूरोप और अमेरिका के समस्त मानवतावादी तथा साथ ही समस्त 'अपंथवादी' (एथीस्ट) हिन्दू राष्ट्र के पक्ष में हो जायेंगे क्योंकि मानवतावादियों का एकपंथवादी मतों और आग्रहों से विरोध है। वे इस प्रकार के पांथिक आग्रहों को मानवताविरोधी ही मानते हैं। वे

ईसाइयों की 'पर्सनल गॉड' की अवधारणा के पूर्ण विरोधी हैं। 'गॉड' की सभी 'मोनोथीस्ट' अवधारणा के मानवतावादी लोग विरोधी होते हैं। ईसाइयों का यह तर्क कि "इस प्रकार के 'पर्सनल गॉड' की अवधारणा के बिना नैतिक जीवन संभव नहीं है", मानवतावादियों को स्वीकार नहीं है।

उनका कहना है कि सभी प्रकार के एकपंथवाद (मोनोथीज्म) मानवता को विभाजित करते हैं और पंथ पर आस्था के आधार पर लोगों को अच्छा और बुरा बताते हैं, न कि वास्तविक नैतिक आचरण के आधार पर। अतः ईसाइयों का 'पर्सनल गॉड' और 'मोनोथीज्म' की अनिवार्यता का तर्क सत्य के विपरीत है और वस्तुतः नैतिक जीवन में एक बहुत बड़ी बाधा इस प्रकार का 'पर्सनल गॉड' और 'मोनोथीज्म' है।

सार्वभौम नैतिक नियम

पुनर्जन्म और कर्मफल का सिद्धांत ही नैतिक जीवन का वास्तविक आधार है। जैसा कि लोकनायक जयप्रकाश नारायण ने 1956 में सार्वजनिक रूप से समाजवाद के परित्याग की घोषणा के साथ कहा था। यूरो–अमेरिकी 'अपंथवादी' मानवतावादी लोग कर्मफल और पुनर्जन्म को ना तो मानते और ना ही अस्वीकार करते हैं, परंतु यह अवश्य है कि वे सार्वभौम नैतिक नियमों का आग्रह रखते हैं और इस रूप में वे सनातन धर्म के निकट हैं।

जिन्हें वे सार्वभौम नैतिक नियम (यूनिवर्सल मॉरल वैल्यूज) कहते हैं, उसे ही भारत में सनातन धर्म कहा जाता है। अंतर इतना है कि यहाँ सर्वव्यापी परमसत्ता का बोध रहा है और सृष्टि की विविधता और विराटता का ज्ञान रहा है। इसीलिये विचारों और सम्प्रदायों की भी विविधता को सार्वभौम नैतिक नियमों की मर्यादा में उचित और स्वाभाविक माना गया है। पुनर्जन्म और कर्मफल का आध्यात्मिक दर्शन उसके मूल में है और उस दर्शन के द्रष्टा लोगों ने विश्व के इन आध्यात्मिक तथ्यों को जाना है।

मानवतावादी उस अध्यात्म चेतना से रहित होकर भी बुद्धि के

द्वारा अंत में सार्वभौम नैतिक नियमों के आग्रह तक पहुँचे हैं। इस प्रकार आध्यात्मिकता से रहित होकर भी बौद्धिकता और नैतिकता के आग्रह से वे सनातन धर्म के बहुत निकट आ गये हैं और हिन्दू राष्ट्र की स्थापना उन्हें प्रसन्नता देगी।

अध्याय 6

हिन्दू राष्ट्र की राह में रोड़े ?

हिन्दू राष्ट्र की राह में सबसे बड़ा रोड़ा प्रारंभ में वे मुट्ठी भर लोग थे, जो स्वयं को धर्म के परिवेश में असहज अनुभव करते थे। उनमें कुछ तो अपनी मानसिक कमजोरियों या खानपान और रहनसहन की मनमानी तथा कामसंबंधी विकृतियों के कारण हिन्दू धर्म के अनुशासन से घबराते थे तथा कुछ अन्य नये–नये ब्रिटिश ईसाई प्रभाव में आकर हिन्दू धर्म को पिछड़ी चीज मानते थे। यद्यपि उन्हें पता नहीं था कि स्वयं ब्रिटिश ईसाइयत कितनी पिछड़ी हुई है और कितने अधिक अंधविश्वासों से संचालित है। उन्हें मिशनरियों के प्रोपेगंडा के प्रति अंध आस्था थी। ऐसे ही प्रोपेगंडा से बंगाल में ब्रह्मसमाज तथा महाराष्ट्र में प्रार्थना समाज एवं तमिलनाडु में द्रविड़ आंदोलन आरंभ हुये थे। उनका इतना अधिक संरक्षण कांग्रेस के नास्तिक नेतृत्व में किया गया कि अब वे स्वयं को हिन्दू धर्म का अधिकृत प्रतिनिधि तक बताने पर उतर आये हैं और सनातन धर्म के श्रेष्ठ आचार्यों, वेदज्ञ विद्वानों, धर्मशास्त्रों और इतिहास पुराण के ज्ञाता पंडितों तथा उपनिषद के मर्मज्ञ मनीषियों को भी हिन्दू धर्म की सही समझ नहीं रखने वाला और गलत जानकारियाँ फैलाने वाला बताने का दुस्साहस करने लगे हैं।

ज्ञानशून्य शिक्षित बड़ी चुनौती

इतना ही नहीं भारतीय संस्कृति और भारतीय चेतना के वाहक 'बीज शब्द' (की वर्डस) क्या हैं और कौन–कौन से हैं तथा भारतीय संस्कृति का सही स्वरूप क्या है और विकृति क्या है, इस पर ऑक्सफोर्ड और कैम्ब्रिज से पुस्तकें प्रकाशित हो रही हैं और भारत के विश्वविद्यालयों और महाविद्यालयों में दर्शनशास्त्र, समाजशास्त्र, राजनीतिशास्त्र और वित्त प्रबंधन के विभागों में वे ही पढ़ाई जा रही हैं। हिन्दी में तथा अन्य भारतीय भाषाओं में उन्हीं का अनुवाद पढ़ाया जा रहा है। कांग्रेस ने सबसे बड़ा पाप यही किया है कि भारतीय शिक्षा और भारतीय ज्ञान परंपरा का सर्वनाश करने के लिये जितना अधिक कर पाना संभव था, वह सब किया है।

इसके कारण उच्च उपाधिधारी और उच्च पदवीधारी अनेक हिन्दू कुलोत्पन्न नर–नारी उत्पन्न हो गये हैं और फल–फूल रहे हैं। जो हिन्दू राष्ट्र की स्थापना में सबसे बड़ी बाधा बनेंगे जो हमारे श्रेष्ठतम आदर्शों का अत्यन्त विकृत और घिनौना भाष्य उद्दंडता पूर्वक प्रस्तुत करते हैं।

विकृत और विचित्र व्याख्याएँ

उदाहरण के लिये, वे 'वसुधैव कुटुंबकम' का यह अर्थ बतायेंगे कि भारतवर्ष से हिन्दुत्व का विलोप करने और यहाँ अपने पैशाचिक पंथ का एकाधिपत्य स्थापित करने के इच्छुक समूहों का विरोध हिन्दुओं को बिल्कुल नहीं करना चाहिये, क्योंकि हिन्दू 'वसुधैव कुटुंबकम' पर श्रद्धा रखता है। अन्य देश और समाज अपने यहाँ हिन्दुत्व को प्रतिबंधित करें या उसका दमन करें, तो उन्हें इसका अधिकार है, क्योंकि वे तो वसुधैव कुटुंबकम में श्रद्धा नहीं रखते। आप रखते हैं इसलिये आपको पिशाचों और राक्षसों तथा मानवीय संवेदना से रहित क्रूर और बर्बर सभी लोगों को अपने कुटुंब का ही अंग मानकर उनसे आत्मीयता बरतनी चाहिये। यह भाष्य यहाँ तक पहुँच जाता है कि यदि भारत में उन पिशाचों को हिन्दुत्व सहन नहीं है, यहाँ तक कि हिन्दुत्व की बात भी सहन नहीं है, तो आपको हिन्दू धर्म का पालन नहीं करना चाहिये और हिन्दुत्व की कोई बात भी नहीं करनी चाहिये।

यह कुतर्क इस सीमा तक जा पहुँचा है कि एक प्रसिद्ध संपादक ने अपने द्वारा संपादित लेखों के संग्रह में खुलकर यह लिखा कि सच्चा हिन्दू वह है जो हिन्दुत्व का परित्याग कर दे। इसके लिये बहुत ही घृणित रूप में महाकवि निराला की इस पंक्ति को सदंर्भ से काट कर प्रस्तुत किया गया :– 'मरण को जिसने वरा है, उसी से जीवन भरा है। धरा भी उसकी, उसी के अंक सत्य यशोधरा है।' आज से कुछ वर्षों पूर्व यह बकवास असंभव थी, परंतु अब खुलकर की जा रही है कि हिन्दू धर्म की मृत्यु में ही सच्चा हिन्दुत्व है और इतने उद्दंड वाक्य कहने वाले पागलखाने भी नहीं भेजे जाते। विश्व के किसी भी अन्य समाज या राष्ट्र में यदि इन्हें मार नहीं डाला जाता, तो पागलखाने तो निश्चित ही भेज दिया जाता। ऐसे दुष्ट लोग हिन्दू राष्ट्र की स्थापना में सबसे बड़ा रोड़ा हैं।

आततायी को भी पूज्य कहने वाले

इन कुतर्कों का ही एक अन्य बीभत्स और दुष्ट रूप है, यह तर्क कि वेदों का कथन है कि 'एकं सद् विप्रा, बहुधा वदन्ति'। अतः संसार के सभी मतों और पंथों के प्रवर्तक विप्र हैं और हिन्दुओं को उन सबका सम्मान करना चाहिये। इस प्रकार अगर इस्लाम की मनमानी व्याख्या (या हो सकता है कि अधिकृत व्याख्या यही हो) करते हुये कोई कहता है कि हम इस्लाम पर ईमान न लाने वाले को काफिर मानते हैं और इसलिये उसका कत्ल करना अपना अधिकार मानते हैं, तो वह ऐसा कहने वाला भी विप्र ही है और उसे धर्म की अपनी व्याख्या के अन्तर्गत काफिरों की हत्या का अधिकार है। विचित्र बात है कि इस तरह का तर्क स्वामी श्रद्धानंद जी के हत्यारे के पक्ष में तथा मोपला में दंगा करने वाले जिहादियों के पक्ष में दिया जा चुका है। स्पष्ट है कि आततायी को भी पूज्य कहने वाले ऐसे ही लोग हिन्दू राष्ट्र की स्थापना में सबसे बड़ा रोड़ा हैं।

झूठ का भीषण प्रचार

इसके बाद दूसरे स्थान पर वे लोग रोड़ा हैं जो हिन्दुओं की उदारता का इतना गौरवपूर्ण बखान करते हैं, मानो दूसरों से पिटना और

अपना सबकुछ लुटते देखना ही उदारता है और यही हिन्दुत्व है। स्वयं को गांधीवादी आदि कहते हुये ऐसे कुतर्क देने वाले लोग कांग्रेस के शासन में अनेक बड़ी–बड़ी संस्थाओं में प्रभुता एवं प्रभाव प्राप्त हैं। वे सदा हिन्दुओं को उदार होने की सलाह देते रहते हैं। जब इसमें वे तर्क से घिर जाते हैं, तब अचानक शुरू हो जाते हैं कि देखिये, हम हिन्दुओं ने अमुक–अमुक जातियों के साथ शताब्दियों से कितना अधिक अन्याय किया है। इसलिये हमें अब सिर झुका कर रहना चाहिये और लोगों से बहुत अधिक अपनी प्रशंसा नहीं करनी चाहिये।

इसके पक्ष में एक भी तर्क नहीं दे पाने पर भी वे मिशनरी पादरियों द्वारा प्रचारित इसी प्रोपेगंडा को दोहराते रहते हैं। जब उन्हें यह तथ्य बताया जाता है कि 19वीं शताब्दी के आरंभ में भारत में हर गाँव में पाठशालायें थीं और कस्बों तथा शहरों में या बड़े गांव में एक से अधिक पाठशालायें थीं, जिनमें सभी जातियों के बच्चे पढ़ते थे और सभी जातियों के अध्यापक पढ़ाते थे तो वे इसका उत्तर देने के स्थान पर पादरियों के प्रचार से प्रभावित होकर लिखे गये साहित्य का हवाला देने लगते हैं। मानो कि स्वयं अंग्रेज अधिकारियों द्वारा एकत्र आंकड़े और तथ्य प्रामाणित नहीं हैं। केवल पादरियों का प्रोपेगंडा ही सत्य है।

न्याय में निष्ठा नहीं

जब उन्हें यह बताया जाता है कि यूरोपीय ईसाई देशों में कितनी अधिक ऊँच–नीच थी, स्त्रियों को आत्माविहीन मानकर उनके साथ कितनी क्रूरता की जाती थी, नस्लवाद और पादरियों तथा लेइटी के बीच कितनी अधिक विषमता और ऊँच नीच थी तथा अपने ही समाजों के साथ उन लोगों ने कितना घृणापूर्ण और बर्बर व्यवहार किया, पुअरलॉज बनाकर किस प्रकार गरीबों को कोड़ों से मारा गया और तपते लोहे से दागा गया, इस प्रकार हट्ठे कट्ठे लोगों को पकड़कर उनसे मजदूरी कराई जाती थी और किस प्रकार 20वीं शताब्दी के आरंभ तक बच्चों किशोरों और किशोरियों से 14 से 16 घंटे काम लिये जाते थे, जिसका वर्णन स्वयं मार्क्स ने किया है,

तब वे कहते हैं कि हम दूसरों को क्यों देखें, हमें तो अपने दोष सुधारने हैं।

इस प्रकार स्पष्ट है कि ऐसे लोग तर्कबुद्धि अथवा संतुलन या न्याय की किसी भावना से परिचालित नहीं हैं, अपितु उनका स्पष्ट एजेंडा है। वह एजेंडा हिन्दू धर्म को जड़मूल से समाप्त करना और उसके लिये आवश्यक झूठ, छल, बल, वंचना, जालसाजी, फरेब और धोखाधड़ी तथा उद्दंडता – सभी का प्रयोग करना है। इसलिये इनको इस दुष्टता से रोकने का एकमात्र उपाय विधिक एवं दंडात्मक प्रावधान ही है।

हिन्दुओं की बहुसंख्यक स्थिति समाप्त करने की रणनीतियाँ

इस विषय में विधिपालिका और न्यायिक संस्थाओं के आधार का पुनर्परीक्षण आवश्यक होगा। क्योंकि समस्त विश्व में विधि का मूल स्रोत संबंधित नेशन स्टेट के बहुसंख्यक लोगों की प्रथायें और रीतियाँ हैं। 'कस्टम' ही 'लॉ' का 'प्राइमरी सोर्स' है। यह हिन्दूद्रोही लोग सबसे अधिक जानते हैं। अतः सर्वप्रथम तो उनका प्रयास है कि हिन्दुओं को भारत में बहुसंख्यक रहने ही नहीं दिया जाये। इसके लिये अनेक युक्तियाँ अपनाई जाती हैं।

सर्वप्रथम तो प्रयास है कि अनुसूचित जाति एवं जनजाति के आधुनिक शिक्षा प्राप्त महत्वाकांक्षी लोगों में से जो ईसाई बन सकें, उन्हें ईसाई बना लिया जाये और जो ईसाई न बनना चाहें, उनमें राजनैतिक महत्वाकांक्षा जगाकर जातिगत आधार पर अपना जनाधार बनाने को प्रोत्साहित किया जाये। जबसे यह कार्यनीति बनी है, तब से हिन्दू समाज में विवेकवान लोगों द्वारा इसका विरोध होने की संभावना का आकलन भी कर लिया गया है। अतः जानबूझकर आगे से बढ़कर प्रहार करने की कार्यनीति के अंतर्गत यह प्रचारित किया जाने लगा कि शताब्दियों से ब्राह्मण नामक जाति को विशेषाधिकार प्राप्त था। इसलिये अब अन्य जातियों को उसी प्रकार का विशेषाधिकार प्राप्त करना होगा।

यहाँ महत्वपूर्ण यह है कि ब्राह्मण जाति के राजनैतिक विशेषाधिकार का कोई भी प्रमाण भारतीय इतिहास में उपलब्ध नहीं

है। शिक्षा संबंधी विशेषाधिकार के विरुद्ध तो स्वयं अंग्रेजों द्वारा 19वीं शताब्दी में तैयार भारतीय शिक्षा संबंधी विविध प्रतिवेदन हैं, जिन सबका समवेत प्रकाशन इतिहासकार धर्मपाल जी ने अपनी पुस्तक 'रमणीय विद्या वृक्ष' (दि ब्यूटीफुल ट्री) में कर दिया है। यह अकाट्य रूप से प्रमाणित है कि 18वीं शताब्दी के अंत तक भारत के हर गाँव में एक पाठशाला थी। बड़े गाँवों, कस्बों तथा शहरों में उसी अनुपात से एक से अधिक पाठशालायें थीं, जिनमें सभी जातियों के विद्यार्थी पढ़ते थे और सभी जातियों के अध्यापक पढ़ाते थे। अंग्रेजों ने विद्यार्थियों और अध्यापकों दोनों की ही जातिवार संख्यायें दी हैं, जिनसे शोषण का सारा प्रोपेगंडा ध्वस्त हो जाता है। इस प्रकार शिक्षा के क्षेत्र में विशेषाधिकार सब प्रकार से असत्य प्रोपेगंडा सिद्ध होता है।

धर्म के क्षेत्र में तो निरंतर वैदिककाल से आज तक सभी वर्णों और लगभग सभी जातियों के लोग साधु एवं संत के रूप में हिन्दू समाज में पूज्य रहे हैं। जनश्रुति रैक्व से लेकर संत रविदास, संत तुकाराम, संत कबीर, संत नामदेव, संत पीपा, संत दादू, संत सेन, सहजोबाई, संत गरीबदास, संत मलूकदास आदि विविध जातियों के साधु–संत उतने ही पूज्य हैं, जितने गुरुनानक, गुरु श्रीचन्द्र, गुरु गोविंदसिंह, संत तुलसीदास, संत सूरदास, संत ज्ञानेश्वर आदि हैं। इस प्रकार धर्म के क्षेत्र में तो जातिगत भेदभाव खोज पाना केवल दुष्टता द्वारा ही संभव है, अन्यथा असंभव है।

इस तरह ब्राह्मण जाति के पास धार्मिक, शैक्षणिक, राजनैतिक आदि किसी भी प्रकार का विशेषाधिकार प्रमाणित कर पाना असंभव है। हाँ, विशेष कर्तव्य अवश्य उनसे बहुत अधिक अपेक्षित रहे हैं, जो वर्तमान में हट गये हैं। इसलिये हिन्दू एकता में ब्राह्मण तो सब प्रकार से सहायक ही होंगे। हिन्दू राष्ट्र की स्थापना में ब्राह्मणों के द्वारा किसी प्रकार का व्यवधान उपस्थित होने की कोई संभावना नहीं है।

परंतु हिन्दू समाज को नष्ट करने के लिये बेचैन समुदायों द्वारा प्रारंभ से ही सर्वाधिक प्रहार ब्राह्मणों पर किया जाता रहा है और वर्तमान में भी किया जा रहा है। क्योंकि ब्राह्मणों को तपस्या

और कष्ट सहन के द्वारा विद्या परंपरा की रक्षा का विशेष दायित्व दिया गया था। अतः यह करने में कोई समस्या नहीं है कि हिन्दू राष्ट्र में हिन्दू विद्या परंपरा की रक्षा सभी जातियों और सभी कुलों के लोग करें। किसी भी एक जाति पर इसका अतिरिक्त बोझ न डाला जाये।

ब्राह्मणों की निंदा के साथ ही हिन्दू राष्ट्र को बाधित करने के लिये एक नया धंधा इतिहास में पहली बार शुरू हुआ हैं, जो जाति व्यवस्था के व्यवस्थित रहते असंभव था। इसीलिये पहले जातिव्यवस्था को अव्यवस्थित किया गया और उसके बारे में अनेक प्रकार के झूठ प्रचारित किये गये और फिर धुंधलके की वर्तमान स्थिति में अचानक अहिन्दू परिवारों के लोग उद्दंडतापूर्वक स्वयं को ब्राह्मण कहने लगे हैं।

वैसे तो यह आह्वान आदरणीय स्वर्गीय जगजीवनराम जी ने क्षोभ के साथ किया था कि अनुसूचित जाति के लोग भी संस्कृत पढ़ें और अपने नाम के साथ चतुर्वेदी, त्रिवेदी, द्विवेदी, उपाध्याय, पाण्डेय, मिश्रा आदि लगाने लगें। परन्तु हिन्दू समाज के सामान्य अंग के रूप में गतिशील समुदायों ने यह नहीं किया, क्योंकि वे एक मर्यादा में रह रहे थे।

यह काम किया सर्वप्रथम पारसी पिता और ईसाई माता से उत्पन्न एक सज्जन ने। जो कि हिन्दू धर्म और हिन्दू समाज की सभी मर्यादाओं से मुक्त थे। अतः उन्हें अभी स्वयं को जीसस और जीसस पिता के प्रति आस्थावान बताने में और अभी दत्तात्रेय जनेऊधारी ब्राह्मण बताने में न कोई झिझक हुई, न लज्जा का अनुभव हुआ। उनके नेतृत्व में भारत से हिन्दू समाज को पहचानविहीन और अस्मिताविहीन बनाने का बहुत बड़ा अन्तर्राष्ट्रीय अभियान विगत कुछ वर्षों से चल रहा है और हिन्दू राष्ट्र की स्थापना में सबसे बड़ा रोड़ा यही समूह है। इसके लिये बहुत सरल विधिक उपाय हैं। राष्ट्र के हित में झिझक छोड़कर ऐसे विधिक उपायों को अपनाना होगा।

अन्य प्रकार के रोड़े तो सर्वविदित हैं। भारतवर्ष को मुस्लिम बनाने की घोषणा दिन में पांच बार करने वाले लोग निश्चित ही भारत को हिन्दू राष्ट्र बनाने की राह में हर संभव रोड़ा अटकायेंगे।

इसके साथ ही भारत को उत्तर पूर्व की तरह ईसाई नेशन स्टेट बनाने का भी व्यापक कार्य हो रहा है। सभी ईसावादी लोग हिन्दू धर्म और हिन्दू संस्कृति को अपना बहुत बड़ा शत्रु मानते हैं। अतः वे तो हिन्दू राष्ट्र की राह में रोड़े अटकाने ही वाले हैं। उनसे यह अपेक्षा करना कि वे सामंजस्य से रहने वाला भारतीय समाज सहज गतिशील रहने दें, एक असंभव अपेक्षा है। उन्होंने तो यूरोप को ही खून–खराबे और जातिसंहार का अड्डा शताब्दियों तक बना रखा था। तब भारत को वे क्यों शांतिक्षेत्र रहने देंगे। अपने उसी मूल प्रयोजन–व्यापक राष्ट्रीय विक्षोभ और उपद्रव की रणनीति को छिपाने के लिये सबसे अधिक शांति–शांति रटते हैं।

कम्युनिज्म का वैचारिक आधार क्वांटम भौतिकी के आते ही समाप्त हो गया था। इसीलिये जयप्रकाश नारायण ने 1956 में ही सार्वजनिक रूप से उसे त्यागने की घोषणा की थी। विश्व के शीर्ष कम्युनिस्ट बौद्धिकों द्वारा 75 वर्षों में कम्युनिस्टों द्वारा की गई करोड़ों लोगों की हत्या का प्रामाणिक दस्तावेज 'द ब्लैक बुक ऑफ कम्युनिज्म' छापने के बाद से तो विश्व में कम्युनिज्म पूर्णतः निंदित हो गया है। सारा संसार उसका तिरस्कार करता है। परंतु ईसाई समूहों और अलगाववादी उग्रवादियों द्वारा भारत में उनको पाला–पोसा जाता है और इस समय भारत के कम्युनिस्ट अपने समाजद्रोही स्वभाव के सबसे निकृष्ट रूप में सामने आकर मुस्लिम अलगाववाद और ईसाई आधिपत्यवाद का खिलौना बने हुये हैं। परंतु कांग्रेस के शासन में बौद्धिक और शैक्षणिक संस्थानों में, शिक्षा और संचार के माध्यमों में एकाधिपत्य की स्थिति में ला दिये जाने के कारण भारत में कम्युनिस्ट आज भी हिन्दू राष्ट्र की राह में बहुत बड़ा रोड़ा बने हुये हैं।

इसके अतिरिक्त विभिन्न यूरो–अमेरिकी समूह हिन्दू राष्ट्र के विषय में विचित्र भ्रांतियों का शिकार बनाये जाने के कारण हिन्दू राष्ट्र का विरोध कर रहे हैं, यद्यपि सही जानकारी मिलने पर प्रबुद्ध यूरो–अमेरिकी समूह हिन्दू राष्ट्र का सर्वाधिक स्वागत करेंगे।

इन स्थितियों में वस्तुतः भारत शासन का मार्ग बहुत सरल है। उसे खुलकर भारत के लोकतांत्रिक स्वभाव के अनुरूप, विश्व के

लोकतंत्रों का अनुसरण करते हुये भारत में बहुसंख्यकों के धर्म को वैसा ही संरक्षण देना चाहिये, जैसा संपूर्ण विश्व के लोकतंत्रों में बहुसंख्यकों की आस्था को मिलता है। परंतु किसी कारण भारत के नये शासक समुदायों में अभी इस विषय में दुविधा या हिचक है।

वस्तुतः भारत के शासन को राष्ट्र के प्रति अपने कर्तव्यों का स्मरण सामान्यतः तो रहता ही होगा, परंतु इसे विधिक रूप देने की आवश्यकता है। जिस पर हम आगे विस्तार से बात करेंगे। विदेशी एजेंसियों के सेवकों के रूप में कार्यरत अथवा धन आदि के लोभ में अपने मौलिक कर्तव्यों से विमुख रहकर राष्ट्र की एकता, अखंडता और भारतीयों के बीच भ्रातृत्व की समान भावना विकसित करने के स्थान पर इसके विरुद्ध कार्यरत बहुत से समूह भी अपने क्षुद्र स्वार्थों के दबाव में हिन्दू राष्ट्र की राह में रोड़ा बनने में झिझकते नहीं। अतः उस स्तर पर शासन को ही दृढ़ता दिखानी होगी और यह सुनिश्चित करना होगा कि नागरिकों के लिये संविधान में निर्देशित मौलिक कर्तव्यों का पालन किये बिना किसी भी संस्था को विदेशी मुद्रा प्राप्त करने और विकास कार्य के नाम पर भारत की एकता और अखंडता को बाधित करने वाला कोई भी काम करना संभव न हो। इस दिशा में कुछ कदम तो मोदी जी की सरकार ने उठाये हैं, परंतु और अधिक दृढ़ता और दक्षता की आवश्यकता है।

इसके अतिरिक्त अब तक गिनाये गये राह के सभी रोड़ों द्वारा शिक्षा और संचार माध्यमों के द्वारा बहुत से भारत विरोधी और सत्य विरोधी कुविचार गढ़े जाते रहते हैं। अभिव्यक्ति की स्वतंत्रता का लाभ उठाते हुये वे यह कार्य आगे भी करते ही रहेंगे। अतः उस स्तर पर प्रबुद्ध और सुशिक्षित राष्ट्रभक्त नागरिकों के एक बड़े समूह को अपने–अपने स्तर पर बौद्धिक दृष्टि से सक्रिय रहकर सत्य का प्रसार करने वाले और राष्ट्र के सच्चे पक्ष को सामने रखने वाले विचार सामने लाने होंगे। कांग्रेस शासन ने शिक्षा के माध्यम से नई पीढ़ी में भारत विरोधी कुविचार के लिये भरपूर 'स्पेस' बनाने में सहायता की है और इसीलिये यह कार्य सरल नहीं है। क्योंकि राष्ट्रीय भावना से ओतप्रोत और अपने राष्ट्र को उन्नत देखने के अभिलाषी अनेक युवक–युवतियाँ राष्ट्रद्रोही कुविचारों के प्रभाव में हैं।

अतः यह काम अकेले मीडिया के स्तर पर असंभव जैसा है। इससे पहले राष्ट्रभक्त सरकार को शिक्षा में मानविकी विद्या में भारत के सत्य पक्ष को प्रस्तुत किया जाना सुनिश्चित करना होगा। अभी इतिहास के नाम पर भारत विरोधी झूठ फैलाया जाता रहा है और हिन्दुओं में ग्लानि, कुंठा और आत्महीनता भरने का नियोजित प्रयास किया जाता रहा है। उसके स्थान पर सच्चे इतिहास को सम्यक रूप में प्रस्तुत करना होगा। इसी प्रकार समाजशास्त्र और राजनीतिशास्त्र के क्षेत्र में भी भारतीय ज्ञान परंपरा को शिक्षा का अनिवार्य अंग और मुख्य अंग बनाना होगा। बाहर का ज्ञान संसार भर में बाद में ही ग्रहण किया जाता है, सबसे पहले हर राष्ट्र स्वयं अपनी ज्ञान परंपरा को और अपने सच्चे इतिहास को नई पीढ़ी को बताता है। अभी तक भारत में यह कार्य नहीं किया गया है। इस कार्य को प्राथमिक महत्व दिया जाना आवश्यक है, क्योंकि शिक्षा के नाम पर जो झूठ और विकृतियाँ फैलाई जाती हैं, वे शासन के संरक्षण के कारण अधिकृत सत्य मान ली जाती हैं। अतः इस विषय में पहल भी शासन को ही करनी होगी। शिक्षा में झूठ को रोकना और सत्य को फैलाना शासकीय दायित्व भी है। जब हमारे शिक्षा संस्थान सत्य को प्रस्तुत करेंगे, तो मीडिया में सत्य का पक्ष सहज ही प्रतिष्ठित हो सकेगा और लोग मिथ्या से विमुख होंगे।

अध्याय 7

हिन्दू राष्ट्र की सिद्धि में सहायक शक्तियाँ

हिन्दू राष्ट्र की सिद्धि में सहायक शक्तियाँ कौन सी हैं, इस पर विचार के क्रम में सर्वप्रथम यह स्मरण करना होगा कि हिन्दू राष्ट्र चाहिये किसे ? वस्तुतः हिन्दू राष्ट्र को ही हिन्दू राष्ट्र चाहिये और किसी को नहीं। राष्ट्र क्या है ? वैदिक वचन हैं – 'राष्ट्राणि वै विशः'। जनगण ही राष्ट्र है। अतः हिन्दू जन ही हिन्दू राष्ट्र है। हिन्दू समाज ही हिन्दू राष्ट्र है। हिन्दू राष्ट्र का अपना राज्य नहीं बना तो क्रमशः हिन्दू समाज नष्ट हो जायेगा।

हिन्दू जन, हिन्दू नहीं रह जायेंगे। अतः जिन हिन्दुओं को अपनी अस्मिता से प्रेम है और आत्मगौरव है, वे हिन्दू राष्ट्र की स्थापना के लिये व्यग्र हैं। क्योंकि उन्हें अपने राष्ट्र पर सर्वाधिक आघात विगत 77 वर्षों में राज्य बल के द्वारा ही पहुँचाया गया है। अतः वे राज्य के स्तर पर भी हिन्दू राष्ट्र की वैसी ही विधिक पहचान सुनिश्चित करना चाहते हैं, जैसे इंग्लैंड की पहचान प्रोटेस्टेंट क्रिश्चियन राष्ट्र के रूप में है और जैसे संयुक्त राज्य अमेरिका की है तथा जैसे यूरोप के समस्त नेशन स्टेट की कैथोलिक क्रिश्चियन या प्रोटेस्टेंट क्रिश्चियन या लूथेरियन क्रिश्चियन या ऑर्थोडॉक्स क्रिश्चियन राष्ट्र के रूप में है।

अर्थात विश्व समाज के स्वाभाविक और समान हैसियत वाले राष्ट्र के रूप में भारत की स्थिति हो, इसके लिये भारत का घोषित रूप में हिन्दू राष्ट्र होना आवश्यक है।

प्रत्येक हिन्दू चाहता है हिन्दू राष्ट्र

अस्मिता और आत्मगौरव के रूप में प्रत्येक हिन्दू भारत को हिन्दू राष्ट्र के रूप में ही देखता है और देखना चाहता है। हिन्दू कुलों में उत्पन्न जो लोग भारत को हिन्दू राष्ट्र नहीं देखना चाहते, ध्यान से देंखे, तो पता चलेगा कि वे वस्तुतः हिन्दू धर्म को ही नहीं देखना चाहते और भारत में हिन्दू समाज की श्रीवृद्धि और प्रतिष्ठा भी नहीं चाहते। अतः उस अर्थ में वे वस्तुतः हिन्दू हैं ही नहीं या कह सकते हैं कि वे हिन्दुत्व के सत्व से रहित हिन्दू हैं। विनोद में कह सकते हैं कि वे 'अहिन्दू हिन्दू' हैं।

इस प्रकार प्रत्येक हिन्दू को हिन्दू राष्ट्र चाहिये। परंतु राजनैतिक आकांक्षा स्मृति और शिक्षा पर निर्भर करती है। संस्कार रूप में तो वह प्रत्येक हिन्दू के भीतर है ही। प्रत्येक संस्कार अपने अनुरूप आकांक्षा को जन्म देता है और साथ ही, वह अनुकूल स्मृति को जगाता है। दूसरी ओर, प्रत्येक आकांक्षा संबंधित स्मृति को जगाती है। इस प्रकार स्मृति और आकांक्षा एक दूसरे के पोषक हैं। यदि स्मृति को नष्ट कर दिया जाये तो उससे जुड़ी आकांक्षा भी नष्ट हो जायेगी। यदि स्मृति को मंद कर दिया जाये तो उससे जुड़ी आकांक्षा भी मंद अर्थात धूमिल हो जायेगी। यह बात सबसे अधिक हिन्दू राष्ट्र के शत्रु जानते हैं। यह बात ईसाई नेशन स्टेट के भारतीय मित्र जानते हैं और यह बात मुस्लिम नेशन स्टेट के भारतीय मित्र जानते हैं। इसीलिये जवाहरलाल नेहरू ने प्रारंभ में ही 11 वर्षों तक लगातार मौलाना अबुल कलाम आजाद को शिक्षा मंत्री बनाये रखा और उसके बाद एक घोर इस्लामपरस्त तथा हिन्दुत्व विरोधी कालूलाल श्रीमाली को बनाया गया और पुनः मुस्लिम शिक्षामंत्रियों की ही नियुक्ति की गई। इस प्रकार 1947 से 1977 के 30 वर्षों में केवल 4 वर्ष स्वतंत्र विचार वाले व्यक्तियों को कांग्रेस ने शिक्षा मंत्री बनाया – डॉ. त्रिगुण सेन एवं डॉ. वी. के. आर. वी

राव को। शेष 26 वर्षों में 21 वर्ष सीधे मुस्लिम शिक्षा मंत्री रहे और 5 वर्ष इस्लामपरस्त शिक्षा मंत्री रहे।

शिक्षा विभाग की भूमिका

इसी कारण लोकतांत्रिक भारत के शिक्षा मंत्रालय द्वारा व्यवस्थित रूप में हिन्दुओं की स्मृति से हिन्दुत्व का विचार विलुप्त करने का प्रयास किया गया। हिन्दू इतिहास को लज्जास्पद और गौरवविहीन बताने का कार्य किया गया जिससे कि हिन्दू स्मृति लुप्त हो और जहाँ कुछ बची भी रहे, वहाँ मंद और कुंठित रूप में ही रहे। उसका परिणाम भारत में यह हुआ है कि शिक्षा और मीडिया दोनों ही माध्यमों में हिन्दू विरोधी और सत्य विरोधी कुविचार ही छा गये हैं और हिन्दुओं की नई पीढ़ी में हिन्दू धर्म के प्रति संकोच और वितृष्णा अथवा जहाँ यह संभव न हो, वहाँ भ्रांति पैदा करने का प्रबल प्रयास किया गया। अतः हिन्दुओं की स्मृति सत्यनिष्ठ हो और अपने धर्म के प्रति अभिमुख हो, इसके लिये सर्वाधिक कार्य तो शिक्षा प्रणाली में ही करना होगा। इस प्रकार हिन्दू राष्ट्र की स्थापना में सर्वाधिक सहायक शक्ति तो सत्यनिष्ठ शिक्षा व्यवस्था ही होगी।

धर्मनिष्ठ हिन्दू ही हैं मुख्य बल

इसके साथ ही हिन्दू राष्ट्र की स्थापना में दूसरी सबसे बड़ी सहायक शक्ति है वह वृहत समाज, जो शासन द्वारा संरक्षित और पोषित मुख्य प्रवाह से बाहर परंपरागत धार्मिक शिक्षा को अब तक अपनाये हुये है। धर्मक्षेत्र में कार्यरत सभी लोग ऐसी सहायक शक्तियाँ हैं। सनातन धर्म के सभी प्रमुख आचार्य और धर्मशास्त्रों का स्वाध्याय तथा उसके अनुसार जीवन जीने वाले सभी सम्मानित साधु–संन्यासी हिन्दू राष्ट्र के लिये सबसे बड़ी सहायक शक्तियाँ हैं। इनमें आर्यसमाज के द्वारा संचालित वैदिक विद्यालय और गुरुकुल तथा सनातन धर्म की विविध शाखाओं द्वारा चलाये जा रहे परंपरागत गुरुकुल सम्मिलित हैं। वहाँ तो धर्म और शास्त्र की ही शिक्षा दी जाती है। अतः ऐसे संस्थान स्वाभाविक ही हिन्दू राष्ट्र की स्थापना में केन्द्रीय शक्ति सिद्ध होंगे।

शिक्षा कैसी हो?

इसके लिये आवश्यक है कि जैसा विश्व के सभी लोकतांत्रिक राष्ट्रों में होता है, उसी प्रकार भारत में भी शिक्षा का स्वरूप धर्मक्षेत्र के शीर्ष आचार्यों के परामर्श से निर्धारित हो। संसार भर में शिक्षा और संस्कृति मंत्रालय बहुसंख्यकों के रिलीजन के प्रमुख पदाधिकारियों से परामर्शपूर्वक ही कार्य करते हैं। ईसाई नेशन स्टेट्स में पोप अथवा बिशप और पादरीगणों से परामर्श लिया जाता है। मुस्लिम नेशन स्टेट में मौलवी लोगों से तथा बौद्ध नेशन स्टेट में बौद्ध भिक्षुओं से परामर्श लिया जाता है। अतः भारत में भी शिक्षा नीति और संस्कृति नीति के निर्धारण में सनातन धर्म के आचार्यों की एक महापरिषद का परामर्श लेना आवश्यक होना चाहिये। इससे हिन्दू राष्ट्र की स्थापना सहज सुगम हो सकेगी।

इसके साथ ही परंपरागत शिल्प–रूपों, परम्परागत चिकित्सा पद्धतियों और परंपरागत आहार पद्धतियों के विशेषज्ञ और सक्रिय लोग हिन्दू राष्ट्र की स्थापना में सहायक शक्ति होंगे। इनमें मातृशक्ति का बहुत बड़ा स्थान है, क्योंकि उन्होंने जीवन में हिन्दू धर्म और हिन्दू संस्कारों को निरंतर संरक्षित और पोषित किया है। अतः हमारी माताऐं–बहनें हिन्दू राष्ट्र की बहुत बड़ी सहायक शक्ति हैं।

अकादमिक जगत में सक्रिय सत्यनिष्ठ एवं धर्मनिष्ठ लोग भी हिन्दू राष्ट्र की सिद्धि में बहुत बड़ी सहायक शक्ति होंगे। विशेषकर सत्यनिष्ठ इतिहास की प्रस्तुति राष्ट्रीय जीवन में फैलाये गये झूठ और गलत विचारों को सही और सत्यनिष्ठ बनाने में बहुत महत्वपूर्ण भूमिका निभायेगी। इसके साथ ही धर्मशास्त्रों के ज्ञान को भारतीय समाजशास्त्र के रूप में समस्त महाविद्यालयों, विश्वविद्यालयों में जब समाजशास्त्र की मुख्य धारा के रूप में पढ़ाया जायेगा और उसके अनुसार समाजशास्त्रीय चिंतन किया जायेगा तथा सामाजिक विज्ञान के क्षेत्र में कार्यरत संस्थाओं को जब भारतीय दृष्टि से ही शोध कार्य करने का निर्देश होगा, तो स्वमेव ही हिन्दू राष्ट्र के पक्ष में व्यापक परिवेश बन सकेगा।

राज्य के कर्तव्य

वस्तुतः भारत राष्ट्र राज्य का यह सर्वोपरि कर्तव्य है कि वह शिक्षा, इतिहास, दर्शन, राजनीतिशास्त्र और समाजशास्त्र में भारतीय ज्ञान परंपरा को ही केन्द्रीय स्थान तथा महत्व दे, जैसा विश्व के सभी नेशन स्टेट में होता है। लोकतंत्र में वयस्क मताधिकार का कर्मकांड निभाने के अतिरिक्त कांग्रेस ने अपने शासन में कोई भी लोकतांत्रिक कार्य नहीं किया। क्योंकि अपने ही राष्ट्र की ज्ञानपरंपरा को विद्या के सभी अनुशासनों मे आगे बढ़ाने में ही किसी भी नेशन स्टेट के राज्यतंत्र की सार्थकता है। परंतु कांग्रेस ने ऐसा नहीं किया।

यूरो-ईसाई ज्ञान की भारतीय शाखाएँ

नेहरू जी के नेतृत्व में कांग्रेस सरकार ने राज्यतंत्र के रूप में भारत में यूरो–ईसाई राज्यों की ही एक शाखा खोलने की कोशिश की। यह लोकतंत्र के आधारभूत सिद्धांतों के विपरीत है और ऐसा संसार में कहीं नहीं होता। परंतु भारत में यह किया गया। वस्तुतः ऐसा करना किसी भी लोकतांत्रिक शासन में स्वयं शासन की वैधता पर प्रश्न खड़े कर देता है। लोकतांत्रिक शासन को सदा ही अपने ही नेशन स्टेट की विद्या परम्पराओं, न्याय और विधि की परम्पराओं तथा कस्टम्स एवं रीतियों–रिवाजों को विधि का एवं शासन का आधार बनाना ही पड़ता है।

भारत में ऐसा नहीं किया जा रहा था, केवल इसीलिये कांग्रेस ने शासन की मुख्य भाषा अंग्रेजी को बनाये रखा, जिससे उसके द्वारा संचालित अपरिचित पदावलियों को भारत के लोग ठीक से समझ ही न सकें।

यह काम भारत में यूरोपीय ज्ञान प्रवाह के अनुयायियों ने काफी पहले से शुरू कर दिया था। धर्म को 'रिलीजन' बोलना तथा समाजवाद जैसी अलोकतांत्रिक और विदेशी विचारधारा को भारतीय समाज के पोषण वाला ही विचार प्रचारित करना इसके दृष्टांत हैं। यह कभी भी नहीं बताया गया कि हम भारत की अपनी परंपराओं को नष्ट करके यूरोप की अलग–अलग परंपरायें राज्यबल से यहाँ थोपने जा रहे हैं। उसके स्थान पर हर यूरो–ईसाई प्रत्यय को किसी

सुन्दर भारतीय पदावली में प्रस्तुत किया जाता रहा है। इस प्रकार हिन्दू जीवन पद्धति और हिन्दू सामाजिक व्यवहार को राज्य बल से रूपांतरित करने का व्यवस्थित प्रयास किया गया। इस विषय में प्रोपेगंडा द्वारा भीषण झूठ फैलाया गया और उसे युग की आवश्यकता बताया गया। जबकि उसी समय विश्व में ईसाई और मुस्लिम नेशन स्टेट पूरी आस्था से ईसाइयत और इस्लाम के लिये समर्पित होकर कार्य कर रहे थे और शिक्षा तथा संस्कृति के क्षेत्रों में अपने–अपने मजहब और रिलीजन का ही पोषण कर रहे थे। परंतु भारत में यह बताया गया कि अब सारा संसार रिलीजन या मजहब से स्वयं को मुक्त कर रहा है और समाजवादी बन रहा है। इस प्रकार विश्व के विषय में झूठ और धोखाधड़ी के द्वारा भारत में विदेशी विचार थोपे गये और हिन्दू विचारों का रूपांतरण किया गया।

अपनी ज्ञान परम्पराएँ महत्वपूर्ण

हिन्दू राष्ट्र की सिद्धि के लिये शिक्षा और संस्कृति के क्षेत्रों में अपनी ही ज्ञान परंपराओं को केन्द्रीय स्थान और महत्व देना होगा। जैसा कि विदित है विगत 77 वर्षों में पूरे देश के हिन्दू समाज के मानस को बड़ी सीमा तक बदल दिया गया है। परंतु हमारे संस्कार इतने गहरे और प्राचीन हैं कि इसके बाद भी आधारभूत स्मृति का लोप नहीं हुआ और इसीलिये जब सोनिया गांधी के नेतृत्व में हिन्दू समाज पर अंतिम सांघातिक प्रहार के लिये कथित साम्प्रदायिकता विरोधी विधेयक तैयार हुआ और स्वदेशी के लिये व्यापक अभियान चला रहे योगगुरु स्वामी रामदेव और उनके अनुयायियों पर रात के अंधेरें में लाठियाँ बरसाईं गईं और आंसू गैस के गोले छोड़े गये तथा भय और आतंक के द्वारा रामलीला मैदान से सबको भगा दिया गया, तो राष्ट्रचेतना जगी और हिन्दुओं ने श्री नरेन्द्र मोदी को प्रधानमंत्री के रूप में चुन लिया।

यह जनादेश बहुत स्पष्ट था और इसीलिये हिन्दू राष्ट्र की प्रतिष्ठा की दिशा में कदम बढ़ाना मोदी शासन का स्वाभाविक और अनिवार्य कर्तव्य है। अतः सभी राष्ट्रभक्त शक्तियाँ इस कार्य की सिद्धि मे सहायक होंगी।

मीडिया में भी यद्यपि 77 वर्षों में लगातार हिन्दू विरोधी वातावरण बनाने की कोशिश की गई और झूठे तथा भारत विरोधी विचार फैलाकर मजहबी उग्रवाद तथा आतंकवाद एवं मिशनरी विस्तारवाद को गौरवमंडित करने के भांति–भांति के लटके–खटके अपनाये गये, तब भी कहीं न कहीं भारतीय संस्कार बचे रहे और अनुकूल परिवेश आते ही मीडिया में संतुलित रिपोर्टिंग का वातावरण बन रहा है। अब सरासर हिन्दू विरोधी तथा आतंकवाद एवं विस्तारवाद समर्थक बातें कम ही जगह प्रसारित होती हैं।

सत्यनिष्ठ मीडिया की भूमिका

सत्यनिष्ठ और संतुलित मीडिया हिन्दू राष्ट्र की सिद्धि में सहायक बड़ी शक्ति हो सकता है। मीडिया को अलग से इस विषय में कुछ नहीं करना है, केवल हिन्दू जनमत और हिन्दू मानस की अभिव्यक्तियों को दबाना नहीं है। इसी प्रकार आतंकवादियों की घिनौनी करतूतों को ढकने या उजागर होने से रोकने की कोशिश नहीं करनी है। साथ ही, मिशनरी विस्तारवादियों द्वारा दूरस्थ अंचलों में किये जा रहे छल, फरेब और टोना–टोटके को उजागर करते रहना है। क्योंकि हिन्दू पक्ष इतना सशक्त और गौरवशाली है कि उसके विषय में झूठ न फैलाया जाये, यही उसकी बड़ी सेवा है। उसका अपना वास्तविक रूप स्वयं में भव्य और गौरवशाली है। इस्लाम और ईसाइयत के नाम पर किये जाने वाले गर्हित कार्यों को छिपाने के लिये जो प्रयास मीडिया करता है वह यदि त्याग दे, तो शेष काम स्वतः हो जायेगा। हमारे दूरस्थ अंचलों में अभी भी स्वदेशी संस्कार भरपूर हैं। आहार–विहार और जीवनशैली में शासन द्वारा बलपूर्वक हस्तक्षेप किये जाने पर भी अभी भारतीय जीवन रूपों, आहाररूपों और जीवनशैली का लोप नहीं हुआ है। अभी भी भारतीयों का बड़ा भाग भारतीय भोजन को ही सर्वाधिक पसंद करता है और उत्सवों तथा समारोहों में भारतीयता अर्थात हिन्दुत्व ही केन्द्रीय स्वर है। इसलिये अगर मीडिया में इनकी सही रिपोर्टिंग हो और गलत तथा झूठे रूप में प्रस्तुत कर छवि मलिन करने का प्रयास नहीं हो, तो हिन्दू राष्ट्र की सिद्धि में यह स्वयं में एक शुभ कार्य होगा।

मोदी शासन के आने के बाद योग को अन्तर्राष्ट्रीय मान्यता मिली है। यह स्वयं में हिन्दू राष्ट्र की सिद्धि में सहायक एक बहुत बड़ी घटना है। करोड़ों युवक–युवतियाँ अब पहले जैसा देर तक दिन चढ़े सोकर फिर किसी तरह बिस्तर पर चाय पीकर अपनी सुबह नहीं आरंभ करतीं, अपितु ब्राह्ममुहूर्त में उठकर और तैयार होकर घरों में या पार्क आदि सार्वजनिक स्थानों में पहुँचकर योगासन करते और सात्विक जीवन जीने का प्रयास करती हैं। यह स्वयं में ही हिन्दू राष्ट्र का परिवेश बनाता है।

योग का महत्व

इसके अतिरिक्त योग का अभ्यास करने से चित्त में जो निर्मलता आती है उससे दूषित और विकृत वस्तुओं को भोजन रूप में ग्रहण करने से स्वाभाविक ही विरक्ति होती है। प्रसन्न और स्वस्थ चित्त संयम और सात्विक जीवन की ओर सहज ही प्रवृत्त होता है। उससे भारतीय जीवनशैली और भारतीय आहार–विहार से सहज प्रेम विकसित होता है। यह स्वयं में हिन्दू राष्ट्र की सिद्धि की दिशा में महत्वपूर्ण प्रगति है।

अध्याय 8

ज्ञान-बल, प्रभु-बल, विक्रम-बल

भारत वर्ष सनातन काल से हिन्दू राष्ट्र है। परंतु कालप्रवाह वश इसका बहुत बड़ा अंश पापपरायण शासकों और उनके संरक्षण में पापमूलक विचारों और पैशाचिक कर्मों का अड्डा बन गया है। 15 अगस्त 1947 के बाद इसका जो अंश भारत के रूप में है, वह इसका मर्मभाग और सत्व है। इसमें अभी भी सनातन धर्म के संस्कार भरपूर हैं। कमी केवल ऐसे राज्य की है जो सनातन धर्म को उचित संरक्षण दे, क्योंकि इस क्षेत्र में सनातन धर्म को खतरा केवल दस्युदलों से है। ये दस्युदल भिन्न–भिन्न आवरण लेकर कहीं किसी मजहब की आड़ में, कहीं किसी रिलीजन की आड़ में और कहीं किसी ऑइडियोलॉजी की आड़ में दुराचरण और लूट–खसोट तथा नृशंसता का अपना धंधा करते हैं। इन्हें राजदंड के द्वारा ही नियंत्रित किया जा सकता है। भारत में राजनीति का पर्याय है दंडनीति। वस्तुतः विश्व में भी राज्य का मुख्य बल उसक दंडबल ही है। अंतर इतना है कि भारत में दंड को सदा धर्ममय रखने पर बल दिया गया है।

धर्ममय राजदंड का महत्व

रामायण, महाभारत, मानव धर्मशास्त्र, कौटिल्य अर्थशास्त्र, शुक्रनीति आदि में राजनीति और दंडनीति का विस्तार से विवेचन है। महाभारत

में भीष्म पितामह शांतिपर्व में युधिष्ठिर से कहते हैं कि 'सभी विद्यायें राजधर्म से ही पोषित होती हैं और समस्त लोक अर्थात दृश्यमान जीवजगत का परिपालन राजधर्म का अंग है।' अतः हिन्दू राष्ट्र की स्थापना धर्ममय राजदंड के द्वारा ही संभव है।

सौभाग्यवश संसद के नये भवन में प्रधानमंत्री श्री नरेन्द्र मोदी जी ने धर्ममय राजदंड (सेंगोल) की प्रतिष्ठा विधि विधान से की है। अतः यदि शासन धर्ममय राजदंड का सम्यक प्रयोग करेगा तो हिन्दू राष्ट्र निश्चित ही सशक्त होगा और विश्व के लिये भी कल्याणकारी सिद्ध होगा। क्योंकि भारत में राजधर्म का अर्थ है सनातन धर्म का रक्षण और पोषण। जो कि सार्वभौम मानवीय मूल्यों का ही रक्षण और पोषण है। इसलिये उसमें विश्व का कल्याण समाहित है।

राजधर्म की विवेचना हमारे समस्त धर्मशास्त्रों में है। शुक्राचार्य का कहना है कि धर्म का रक्षण और प्रशिक्षण राजधर्म है और इसीलिये राजा ही युग का प्रवर्तक होता है। यदि किसी राष्ट्र में अधर्म है तो उसके लिये न तो प्रजा दोषी है, न ही युग या काल। राजा ही उसके लिये दोषी है। अतः दंडनीति के द्वारा ही धर्म की स्थापना होती है।

महाभारत में शांतिपर्व का कथन है कि 'दंड के द्वारा ही राष्ट्र को सन्मार्ग पर चलाया जाता है, इसीलिये यह विद्या दंडनीति के नाम से विख्यात है। दंडनीति ही संधि, विग्रह, यान आदि छहों राजनैतिक गुणों का सार है। दंड के द्वारा ही धर्म की प्रतिष्ठा राजा करता है।'

चक्रवर्ती सम्राट मान्धाता को इंद्र ने स्वयं कहा था कि 'हे निष्पाप नरेश, किसी राज्य में दंडनीति का विलोप तभी होता है, जब राजा स्वयं दुष्ट हो। ऐसी स्थिति में राजधर्म की उपेक्षा होती है और सभी प्राणी कर्तव्य और अकर्तव्य का विवेक खोकर अपने–अपने मोह के अनुसार बरतने लगते हैं और काम और क्रोध से प्रेरित होकर कुमार्ग पर चलने लगते हैं।' इस प्रकार दंडनीति का अत्यधिक महत्व है। वस्तुतः राज्य की मुख्य शक्ति दंडबल ही है। दंडबल से कंटक शोधन होता है और हिन्दू राष्ट्र के मार्ग के सारे कंटक सम्यक दंडनीति से ही दूर होंगे।

राजधर्म के पालन के लिये शास्त्रों में तीन बलों का महत्व प्रतिपादित है। ये हैं – ज्ञान बल, प्रभु बल एवं विक्रम बल। महाभारत के आश्रमवासिक पर्व के 7वें अध्याय में महाराज धृतराष्ट्र महाराज युधिष्ठिर को राजधर्म का उपदेश देते हुये इन्हें मंत्रशक्ति, प्रभुशक्ति और उत्साहशक्ति कहते हैं। इसके साथ ही वे सैन्यबल, धनबल, मित्रबल, भृत्यबल और श्रेणीबल तथा चारबल (दूतों और गुप्तचरों का बल) का भी संग्रह आवश्यक बताते हैं। विशेषकर मित्रबल और धनबल को सर्वाधिक महत्वपूर्ण बताते हैं। कौटिल्य ने अपने अर्थशास्त्र में छठे अधिकरण के दूसरे अध्याय में कहा है कि 'शक्ति से ही सिद्धि होती है। बल का नाम ही शक्ति है और उससे जो आनंदप्रद फल प्राप्त होते हैं, उसे ही सिद्धि कहा जाता है। शक्ति तीन प्रकार की है – ज्ञानबल, प्रभुबल और विक्रमबल।'

"ज्ञानबल"

कौटिल्य ने स्पष्ट किया है कि ज्ञानबल का अर्थ है मंत्रशक्ति। प्रभुबल का अर्थ है कोषबल और दंडबल तथा विक्रम बल का अर्थ है उत्साहशक्ति या उत्साहबल। इनमें भी विक्रम बल या उत्साहबल को सर्वाधिक महत्व दिया गया है। शासक को सदा महोत्साह से सम्पन्न रहना चाहिये। संधि, विग्रह, यान, आसन, संश्रय एवं द्वैध ीभाव – इन छहः प्रकार के गुणों या उपायों का यथोचित निर्धारण करना ही मंत्रबल या मंत्रशक्ति और ज्ञान बल कहा जाता है।

"प्रभु-बल"

शक्तिशाली सेना और भरा पूरा राजकोष – इन दोनों को मिलाकर प्रभुबल होता है। उत्साहशक्ति ही विक्रमबल है। कौटिल्य के अनुसार इनमें से मंत्रशक्ति या ज्ञानबल सर्वोपरि हैं। प्रभुशक्ति अर्थात सेना और कोष उसके बाद आते हैं तथा शासक का उत्साह सबसे अंत में कौटिल्य ने गिनाया है।

"विक्रमबल"

उत्साह की सर्वाधिक प्रशंसा धर्मशास्त्रों में की गई है, क्योंकि

उत्साहशक्ति के अभाव में प्रभुबल और ज्ञानबल का भी सम्यक उपयोग नहीं होता। इसीलिये उत्साहशक्ति को ही विक्रम बल कहा गया है। शासक का उत्साह ही उनके विक्रमबल का सूचक भी है और आधार भी। इस विषय में प्रधानमंत्री श्री नरेन्द्र मोदी जी का विक्रम बल अद्वितीय है, क्योंकि वे सदा महोत्साह से भरे रहते हैं और सेना तथा राज्यतंत्र का भी उत्साहवर्धन करते रहते हैं। यह विक्रमबल ही अनेक पुरुषार्थों की सिद्धि का मूल आधार है। हिन्दू राष्ट्र की सिद्धि में विक्रम बल ही निर्धायक होगा और सौभाग्यवश वह प्रधानमंत्री जी में भरपूर है।

कंटक शोधन प्रमुख रामधर्म

कौटिल्य ने अर्थशास्त्र के चौथे और पांचवे अधिकरण में कंटक शोधन के उपाय विस्तार से बताये हैं। इनमें से पंचम अधिकरण का नाम योगवृत्त है। उसके प्रथम अध्याय में राज्य कर्मचारियों के बीच के कंटकों के शोधन के उपाय बताये गये हैं। उस प्रथम अध्याय का नाम है 'दाण्डकर्मिकम्'।

चौथे अधिकरण का तो नाम ही है कंटकशोधन। यह पूरा अधिकरण तेरह अध्यायों का है और इसमें तेरहों अध्यायों में कंटकशोधन के विषय में विस्तार से निर्देश दिये गये हैं। वर्तमान में जो भारतीय दंडसंहिता लागू है, उसमें भी यही उपाय थोड़े परिवर्तन के साथ निरूपित हैं। अतः कंटकशोधन में वर्तमान भारतीय दंड संहिता भी सहायक है, बाधक नहीं है। आवश्यकता विक्रम बल या उत्साहशक्ति के उचित प्रयोग की है।

शासन पर सदा ही आपराधिक या विद्रोही तत्व आपत्तियाँ लाते रहते हैं। ये आपत्तियाँ अनेक प्रकार की होती हैं। महाभारत में भी आश्रमवासिक पर्व के सातवें अध्याय में धृतराष्ट्र ने युधिष्ठिर को उन आपत्तियों के विविध प्रकार बताये हैं और साथ ही, उनसे निपटने के भी उपाय बताये हैं। उसमें भी सब जगह राजा या शासक के अभ्युदयशील और उत्साहपूर्ण होने पर ही सर्वाधिक बल दिया गया है। ऐसा कोई राज्य नहीं है, जिस पर उसके विरोधी या दस्यु लोग भांति–भांति की आपत्तियाँ न लाते हों। इसलिये भारत

में इस समय जो–जो आपत्तियाँ दस्यु दलों के द्वारा उपस्थित की जाती हैं, वे अप्रत्याशित नहीं हैं और उनका आवरण लेकर शासन की शिथिलता का स्पष्टीकरण नहीं हो सकता। इन्हीं आपत्तियों के निवारण और कंटकशोधन के लिये ही राज्य है। विक्रमबल और महोत्साह से सम्पन्न राजा सदा सभी आपत्तियों का शमन करने में समर्थ होता है। राजा कोई सामान्य व्यक्ति नहीं है। उसके पास राज्य का बल होता है। वह बल इसीलिये समाज द्वारा दिया जाता है कि राजा सदा कंटकशोधन करता रहे। अतः महोत्साह के साथ निरंतर कंटकशोधन प्रमुख राजधर्म है।

मंत्रशक्ति या ज्ञानबल के लिये वर्तमान में न केवल अपने देश के विषय में ज्ञान रखना आवश्यक है, अपितु अन्तर्राष्ट्रीय शक्तियों और घटनाक्रमों पर भी उतनी ही पैनी दृष्टि आवश्यक है। क्योंकि वर्तमान में विश्व का हर सशक्त राज्य संसार में जहाँ भी संभव है, वहाँ अपना प्रभाव बढ़ाने और अपने पक्ष में हस्तक्षेप करने के लिये सक्रिय है। इसीलिये राजधर्म को कंटकों से भरा हुआ कहा गया है। यह केवल दक्षता और स्फूर्ति के साथ विकास कार्यों को करने की सामर्थ्य नहीं है, अपितु सब प्रकार से कंटकों का शोधन करने की सामर्थ्य ही सर्वोपरि है। इस समय समस्त विश्व की प्रमुख शक्तियों का ज्ञान रखना और उनसे समीकरण स्थापित करना तथा राष्ट्रहित के अनुकूल आवश्यक हस्तक्षेप एवं समायोजन करना अत्यधिक महत्वपूर्ण है। सौभाग्यवश वर्तमान प्रधानमंत्री श्री नरेन्द्र मोदी जी और उनकी टीम इस कार्य हेतु सर्वाधिक समर्थ है।

समकालीन प्रमुख समस्यायें

इस समय भारतवर्ष में दस्युदलों तथा विपक्षियों दोनों के द्वारा भारतीय लोकमानस की शांति और स्थिर विकास पर प्रहार के अनेक रूप हैं, जिनका संक्षेप सार ये है –

1 अपने छोटे से समूह के सिवाय शेष सम्पूर्ण समाज की सत्ता का निषेध। कांग्रेस के समाजवादी धड़े ने इसके लिये क्रांतिकारियों और नेताजी सुभाषचन्द्र बोस तथा भारत के देशी राजाओं के अस्तित्व को ही लोकस्मृति से मिटा देने की कोशिश की और

शिक्षा तथा संचार माध्यमों का इसके लिये भरपूर दुरुपयोग किया। इसके कारण लोकस्मृति में कांग्रेस की शासक धारा के सिवाय अन्य पुरुषार्थी समूहों के महान कार्यों को छिपाने का काम सरकारी प्रचारतंत्र ने किया है।

2 अंग्रेजों के पापों को ढकने के लिये और उन पापों को भारतीय भुला दें, इसके लिये अंग्रेजी शिक्षा, अंग्रेजी कानून, अंग्रेजी विधिविधान और अंग्रेजी रीतिरिवाजों को अत्यधिक गरिमामंडित करके उन्हें ही विश्व के सर्वोत्तम सभ्य आचरण का पर्याय बना दिया गया है। इससे विशेषकर हिन्दुओं में हीनता, हताशा, कुंठा और ग्लानि को निरंतर बढ़ावा दिया जा रहा है और ऐसा लगता है कि जैसे भारत में जो कुछ भी शुभ और श्रेयस्कर हुआ वह केवल गांधीजी और जवाहरलाल नेहरू तथा उनके समूह ने ही किया है। यह एक प्रकार से मतवादी साम्प्रदायिकता की पराकाष्ठा है। श्री राहुल गांधी इन दिनों इसी अभियान में लगे हुये हैं।

3 लगभग आधे भारत में ब्रिटिश शासन भारतीयों के सहयोग से था। परम पराक्रमी ब्रिटिश भारतीय सेना भी मुख्यतः भारतीयों और विशेषतः हिन्दुओं की सेना थी जिसके शीर्ष अधिकारी उस समय अंग्रेज हो गये थे। इसके साथ ही 100 से अधिक शक्तिशाली भारतीय राजाओं की अपनी सेनायें थीं जिनके अधिकारी भी हिन्दू ही थे। यह समस्त सत्य छिपाकर ब्रिटिश भारत को ही सम्पूर्ण भारत बताना और अंग्रेजों का सम्पूर्ण भारत पर आधिपत्य बताना तथा इस प्रकार अंग्रेजों का महिमामंडन करना सनातन धर्म को दबाने का एक षडयंत्र मात्र है।

4 मुस्लिम लीग की यह मांग मान लेने के बाद कि मुसलमानों के लिये एक अलग नेशन स्टेट बनना आवश्यक है, शेष बचे हिस्से में हिन्दू धर्म के अनुसार ही शासन होना आवश्यक था। वह क्यों नहीं किया गया, इसका कोई स्पष्टीकरण कांग्रेस के पास नहीं है। जनसंख्या की अदला–बदली क्यों नहीं की गई जबकि डॉ. भीमराव अंबेडकर ने तथा वीर सावरकर ने इसकी प्रचंड मांग की थी।

5 यदि मजहब के आधार पर भारत का एक हिस्सा इस्लाम के लिये दे दिया गया है, तो जनसंख्या की अदला–बदली अनिवार्य थी और वह नहीं होने की स्थिति में पूर्वी और पश्चिमी पाकिस्तान के प्रत्येक हिन्दू के जानमाल की रक्षा की जिम्मेदारी भारत शासन की थी। परंतु यह कर्तव्य नहीं निभाया गया जो अक्षम्य अपराध है। लाखों हिन्दू मार डाले गये और भगा दिये गये। इसकी पूरी जिम्मेदारी भारत के शासकों की है। भारत में या विश्व में कहीं भी किसी यूरोपीय या अमेरिकी नागरिक की जानमाल के विषय में संकट उपस्थित होते ही संबंधित देश और समस्त ईसाई जगत प्रचंड प्रतिक्रिया करता है। ऐसे में विश्व में कहीं भी हिन्दुओं के जानमाल का संकट होने पर भारत सरकार का कर्तव्य है कि वह सक्रिय हो और इस प्रकार का संकट उपस्थित करने वाले समुदाय या राज्य को भारत का शत्रु या भारत से युद्धरत समूह या राज्य घोषित किया जाये। यह विश्व में सर्वमान्य प्रक्रिया है। परंतु भारत में इसका पालन नहीं किया गया। यह राजधर्म की उपेक्षा है और अक्षम्य अपराध है। मजहब के आधार पर एक अलग नेशन स्टेट बनाने के बाद भारत के मुख्य समाज अर्थात हिन्दू समाज की रक्षा भारत शासन का और विभाजन को स्वीकार करने वाले शासकों का सर्वोपरि कर्तव्य था, जिसकी उपेक्षा की गई जो पूर्णतः अनुचित कर्म है।

6 भारत विश्व का प्राचीनतम राष्ट्र है जो अपने मूल स्वरूप में बना हुआ है। इसे 'नेशन इन मेकिंग' बताना दस्युदलों का अक्षम्य अपराध है।

7 एक ओर जवाहरलाल नेहरू आदि द्वारा स्वयं को ब्रिटिश साम्राज्य का विरोधी बताया गया, दूसरी ओर ब्रिटिश सभ्यता को ही सर्वश्रेष्ठ सभ्यता कहा गया और स्वयं को उसका ही प्रशंसक और अनुयायी प्रचारित किया गया और महान देशभक्त नेताजी सुभाषचन्द्र बोस के विरुद्ध युद्ध में ब्रिटेन के पक्ष में लड़ने के लिये मोर्चे पर जाने की स्वयं जवाहरलाल नेहरू ने घोषणा की और साथ ही, गुप्त रूप से युवकों की एक लंबी

सूची भारत के वायसराय को दी, जिन्हें सैन्य प्रशिक्षण देकर नेताजी सुभाषचन्द्र बोस के विरुद्ध युद्ध में भेजा गया। यह ब्रिटिश भारतीय नागरिक का आचरण है न कि ब्रिटिश साम्राज्य के विरोधी का। अतः इस विषय पर बौद्धिक विभ्रम फैलाना दस्यु कर्म है।

8 शिक्षातंत्र से भारतीय विद्या परंपरा और ज्ञानपरंपरा का विलोप करना दस्यु कर्म है। इन परंपराओं की शिक्षा में पुनः प्रतिष्ठा राजधर्म है। विक्रमबल से सम्पन्न शासक यह कार्य सहज ही कर सकते हैं।

9 सरकारी अनुदान लेकर शिक्षण संस्थाओं तथा फिल्मों आदि के द्वारा भारत के मुख्य समाज के विरुद्ध गंदा और झूठा प्रचार करना दस्युकर्म है, जिसका शमन करना और कंटकशोधन करना राजधर्म है।

इस प्रकार मंत्रशक्ति, प्रभुशक्ति और उत्साहशक्ति के सम्मिलित प्रयोग के द्वारा भारत की शक्ति को पुनः बाधाओं से मुक्त कर ऊर्जावान बनाया जा सकता है और बनाना चाहिये। प्रधानमंत्री श्री नरेन्द्र मोदी जी इस दिशा में अनेक निर्णायक कदम उठा चुके हैं और आशा है कि आगे भी उठायेंगे।

इस प्रकार राष्ट्र के कंटकों का शोधन होने के बाद हिन्दू राष्ट्र की सिद्धि सहज ही हो जायेगी। अब प्रश्न यह उठता है कि हिन्दू राष्ट्र की सिद्धि की इस प्रक्रिया को प्रधानमंत्री श्री नरेन्द्र मोदी के नेतृत्व में सम्पन्न करने वाली शक्ति कौन सी है ? निश्चित ही वह मुख्यतः युवाशक्ति ही है। साथ ही, अनुभवी एवं ज्ञानसम्पन्न और पुरुषार्थी प्रौढ़ एवं वृद्धजन स्वधर्म का पालन करते हुये नई पीढ़ी के इस पराक्रम – यज्ञ को सुकर बनाने में महत्वपूर्ण सहायक सिद्ध होंगे। क्योंकि वर्तमान ही भविष्य को गढ़ता है।

अध्याय 9

वर्तमान ही गढ़ता है भविष्य को

शानदार है भूत, भविष्यत भी महान है।
उसका जो सम्हाल पाया निज वर्तमान है।।

अतीत से वर्तमान के सूत्र निकलते हैं और वर्तमान की सृजनशीलता एवं पुरुषार्थ–रूप भविष्य की संरचना का प्रारूप रचते हैं। इसलिये वर्तमान का सर्वाधिक महत्व है, परन्तु वर्तमान के सूत्र जो अतीत से आते हैं, उनका विवेचन और उनमें नीर–क्षीर विवेक करके ही सृजनशीलता और पुरुषार्थ का स्वरूप निश्चित होता है। अन्यथा अराजकता की स्थिति बनती है।

सौभाग्यवश 2014 के बाद अर्थात प्रधानमंत्री श्री नरेन्द्र मोदी के राष्ट्रीय पटल पर निर्णायक भूमिका में आने के बाद वर्तमान बहुत आशाजनक और आश्वस्तिकर हो गया है। परन्तु जहाँ अतीत के अच्छे कामों का स्पष्ट असर वर्तमान में है, वहीं अतीत की भीषण गलतियाँ अपनी पूरी काली छाया के साथ फैली हुई हैं। इतना ही नहीं, विरोध के नाम पर विपक्ष की बहुत सी शक्तियाँ उनको फैलाने में सारा जोर लगा रही हैं। इसलिये अतीत का भी विवेचन आवश्यक है और भविष्य संबंधी संतुलित अनुमान भी आवश्यक है।

अंग्रेजों में भारतीय सेनाओं का भय

पहले और दूसरे अर्थात दोनों महायुद्धों में ब्रिटिश भारतीय सेना और भारतीय राजाओं की मित्र सेना, दोनों के बल पर ही इंग्लैंड और फ्रांस को जर्मनी से टक्कर देने और अंत में विजय पाने में भी सफलता मिली, यह तथ्य अब सर्वविदित है। इसके कारण ब्रिटिश शासक वर्ग ने जहाँ औपचारिक रूप से भारतीय सेनाओं की प्रशंसा की, वहीं चर्चिल सहित सभी ब्रिटिश शासक इस बात से आशंकित हो उठे कि यदि यह सेना देशभक्ति के स्वरूप को इस रूप में जान लेती है कि अंग्रेजों का भारत में रहना देश के लिये सम्मानजनक नहीं है, तो हमें भारत छोड़कर भागना पड़ेगा। यद्यपि उन्होंने बहुत प्रयास किया था कि अपने राजाओं के प्रति निष्ठा की भारतीय परंपरा का लाभ अंग्रेजों को भी मिले और वे स्वयं को भारत का राजा या सम्राट प्रचारित करने का प्रयास कर भी रहे थे। परंतु नेताजी सुभाषचन्द्र बोस द्वारा जब 'इंडियन नेशनल आर्मी' गठित कर ली गई और भारत की स्वतंत्र सरकार की घोषणा जुलाई 1943 में कर दी गई, तब से उन्हें घबराहट होने लगी। कई देशों ने उस स्वतंत्र भारत सरकार को मान्यता भी दे दी। इससे उनकी घबराहट और बढ़ गई।

नेताजी के एकमात्र खुले विरोधी

युद्ध में कांग्रेस की नरम धारा के नेताओं का सहयोग पाने में अंग्रेजों को सफलता मिली थी, परंतु नेताजी सुभाषचन्द्र बोस के विरुद्ध कांग्रेस की नरम धारा के नेताओं में से केवल जवाहरलाल नेहरू ने खुलकर सार्वजनिक रूप से अंग्रेजों का साथ देने की घोषणा की, शेष सब लोग साफ मुकर गये। गांधीजी ने तो कहा कि नेताजी सुभाष बोस को आज सारा देश पूजता है। इसलिये उनके विरुद्ध खड़े होने वाले को राष्ट्रविरोधी माना जायेगा। परंतु नेहरू इसके बाद भी सुभाषचन्द्र बोस से लड़ने की घोषणा करते रहे। उधर जर्मनी और जापान को प्रारंभिक चरणों में लगातार सफलतायें मिल रहीं थीं।

यह भी स्पष्ट था कि यदि अंग्रेजों के पक्ष ने, जिन्हें वे मित्र

शक्तियाँ कहते थे, जर्मनी और जापान को हरा भी दिया, तो भी युद्ध से पहले दिये गये वचन के अनुसार भारत से हमें जाना पड़ेगा अन्यथा प्रचंड जनरोष उभरेगा। इस जनरोष में यदि भारतीय सेना भी साथ हो गई तो शारीरिक रूप से भी हमारा सुरक्षित निकल पाना कठिन है। इसलिये अंग्रेजों ने 'पॉवर' के 'ट्रांसफर' का निश्चय कर लिया और 'पॉवर' का यह 'ट्रांसफर' जवाहरलाल नेहरू के नेतृत्व वाले समूह को ही करना हमारे हित में है, यह भी निश्चय कर लिया। गांधीजी पर अंग्रेजों द्वारा अपनी पुरानी मैत्री का दबाव डालकर कांग्रेस कार्यकारिणी के सर्वसम्मत निर्णयों को इस विषय में उलटवा दिया गया और जवाहरलाल नेहरू को ही भावी प्रधानमंत्री के रूप में कांग्रेस अध्यक्ष चुन लिया गया। इस प्रकार सत्ता अंग्रेजों के प्रशंसकों के हाथ में बनी रही।

प्रस्ताव की भाषा दर्शाती है मंशा

यहाँ यह प्रसंग भी स्मरणीय है कि 9 अगस्त 1942 को जो 'भारत छोड़ो' आंदोलन घोषित किया गया, उसकी भाषा बहुत से सवाल उठाती है। यह तो स्पष्ट है कि वह प्रस्ताव जवाहरलाल नेहरू ने ही तैयार किया था, क्योंकि उसकी भाषा पूरी तरह नेहरू की भाषा है, गांधीजी की नहीं। उसमें कम्युनिस्ट रूस और कम्युनिस्ट चीन का खुलकर समर्थन किया गया था और चूंकि जर्मनी से रूस की टकराहट हो गई थी, इसलिये इस प्रस्ताव में अन्तर्निहित अर्थ स्पष्ट था कि कांग्रेस की यह धारा जर्मनी और जापान के विरुद्ध है तथा इंग्लैंड, फ्रांस आदि के साथ है। इस प्रकार नेताजी सुभाषचन्द्र बोस के विरुद्ध यह एक प्रस्ताव था। जिससे पूरा संदेह होता है कि भारतीय मन को नेताजी सुभाषचन्द्र बोस से हटाकर गांधी और नेहरू पर केन्द्रित करने के प्रयास में भारत छोड़ो आंदोलन की घोषणा की गई थी, ताकि जब अंग्रेज भारत छोड़कर जायें, जिसके बारे में ब्रिटिश शासक निजी तौर पर गांधीजी और नेहरूजी को बता चुके थे, तो स्वाभाविक रूप से स्वाधीनता सेनानी के रूप में सत्ता का उत्तराधिकारी गांधीजी और नेहरूजी का ही समूह हो। इतनी तकनीकी और जटिल भाषा उस प्रस्ताव की है कि स्पष्ट रूप

से कोई कूटनैतिक चाल दिखती है, क्योंकि वास्तविक संघर्ष वाले प्रस्ताव सदा स्पष्ट और संक्षिप्त होते हैं।

साझा इतिहास की पढ़ाई का वायदा

परिणाम यह हुआ कि सत्ता के हस्तांतरण के समय बहुत ही आपत्तिजनक शर्तें नेहरू जी की धारा ने स्वीकार कर लीं। वे आपत्तिजनक शर्तें कूटनैतिक पदावली में और परिष्कृत शब्दों में रची गईं, जैसी कि तब तक अंग्रेजों को दक्षता प्राप्त हो चुकी थी। इनमें मुख्य दो शर्तें अत्यधिक आपत्तिजनक थीं। एक तो यह कि दोनों देशों का साझा इतिहास पढ़ाया जायेगा और साझी संस्कृति बरकरार रखी जायेगी। इसका अर्थ था कि भारत में ब्रिटिश हस्तक्षेप को अन्तर्राष्ट्रीय कानूनों के अनुसार अवांछित और आपराधिक न मानकर स्वाभाविक मान लिया जायेगा और उनके बारे में इस तरह पढ़ाया जायेगा मानो कि वे भारत के स्वाभाविक राजा थे। दूसरा अर्थ यह है कि ईसाई ब्रिटिश संस्कृति को भारत में भरपूर संरक्षण और संसाधन दिया जायेगा। अंग्रेजी को पूर्ण संरक्षण तो इसमें निहित है ही। दूसरी शर्त यह थी कि ब्रिटिश प्रशासनतंत्र की निरंतरता जारी रहेगी।

सजग रहे हैं कांग्रेसी

इसका यह अर्थ बिल्कुल नहीं है कि कांग्रेस या भारत इन शर्तों से बंधा हुआ है। एक तो अन्तर्राष्ट्रीय राजनय में ऐसी शर्तें आये दिन बदली और त्यागी जाती रहती हैं और दूसरे, विधिक स्तर पर भी स्वयं भारत के संविधान के अनुच्छेद 395 द्वारा इंडिया इंडिपेन्डेंस एक्ट को कार्य सम्पन्न हुआ मानकर रद्द कर दिया गया था। 6 वर्ष बाद इस विषय में भारत का ही अनुसरण पाकिस्तान के संविधान में किया गया और पाकिस्तान के संविधान के अनुच्छेद 221 के द्वारा भी 1956 में उक्त एक्ट रद्द कर दिया गया। अतः स्पष्ट है कि इस विषय में अंग्रेजों और कांग्रेस के नेताओं तथा पाकिस्तान के नेताओं में परस्पर सहमति थी कि एक्ट की शब्दावली कामचलाऊ तौर पर ब्रिटिश हित का संरक्षण करते हुये रची जा रही है, परंतु दोनों ही

हिस्से सम्प्रभु होंगे। इसलिये अपने–अपने संविधान के द्वारा वे इस एक्ट को 'रिडनडेंट' बताते हुये 'रिपील' कर सकेंगे। इसलिये शर्तों का स्वयं में कोई महत्व नहीं है। वे केवल विशेषकर नेहरूजी की भविष्य की राजनैतिक तैयारी दर्शाती है कि उन्हें ऐसा ही भारत बनाना था। इस भारत में इंग्लैंड के साथ साझा इतिहास और साझा संस्कृति विकसित हो, कम्युनिस्ट रूस और कम्युनिस्ट चीन से गहरी आत्मीयता रखी जाये और भारत में ईसाइयत के प्रसार को तथा अंग्रेजीयत को शासन द्वारा भरपूर संरक्षण दिया जाये। इसी अर्थ में अतीत की छाया वर्तमान में आई और 15 अगस्त 1947 के बाद भारतीय शासन की नीतियाँ इसी दिशा में सक्रिय रहीं। यह तथ्य सदा स्मरणीय है।

प्रशासनतंत्र की निरन्तरता की बात

इसी प्रकार 'ट्रांसफर ऑफ़ पॉवर' के खण्ड 12 में क्रमांक 116 एवं 117 में स्पष्ट प्रावधान है कि भारत की स्वाधीनता के विधेयक को इंग्लैंड के सम्राट की स्वीकृति 18 जुलाई 1947 तक मिल जायेगी, यह अनुमान है। इसलिये उक्त विधेयक के अनुच्छेद 9 के उपखंड 1 के क्लाज ई में जो प्रावधान हैं उनके अनुसार भावी प्रशासन का स्वरूप बना रहेगा और भारत के लिये अंग्रेजों के द्वारा बनाया गया गवर्नमेंट ऑफ इंडिया एक्ट 1935 को संविधान में अपनाया जायेगा। इस प्रकार 15 अगस्त 1947 से वह एक्ट ही भारत और पाकिस्तान दोनों का संविधान बन जायेगा, जिसे बाद में दोनों देशों की संविधान सभायें अपने ढंग से संशोधित एवं परिपुष्ट करेंगी। क्रमांक 116 के संलग्नक 2 में प्रशासनतंत्र की निरंतरता बनाये रखने की बात है।

तदनुसार संलग्नक 3 में आदेश का जो प्रारूप दिया गया है उसके अनुसार सभी सरकारी विभाग उसी प्रकार बने रहेंगे, जैसे वे अब तक थे। नये विभाग भी जो बनेंगे वे उसकी निरंतरता में ही बनेंगे। इस प्रकार शासन का प्रारूप श्री जवाहरलाल नेहरू की अध्यक्षता वाली कांग्रेस की धारा ने वही बनाये रखने का निश्चय किया था। इसी अर्थ में अतीत की छाया वर्तमान में रही।

परन्तु बात इतनी ही नहीं है। 15 अगस्त 1947 के बाद भी अर्थात वर्तमान में भी ऐसी अनेक नीतियाँ अपनाई गईं जिनसे भारत के वर्तमान और भविष्य पर अशुभ और अनिष्टकारी प्रभाव पड़े हैं। अतः अतीत की छाया ही सबकुछ नहीं है। अपने समय के पुरुषार्थ का भी बहुत महत्व है।

उदाहरण के लिये, जहाँ अपने शासन के स्वरूप के विषय में अंग्रेजों के उत्तराधिकारी बने कांग्रेसी इतने सजग थे कि संविधान के अनुच्छेद 395 के द्वारा 'इंडिया इंडिपेन्डेंस एक्ट' को 'रिपील' करना वे नहीं भूले, वहीं प्रशासन का स्वरूप अपनी ब्रिटिश शिक्षा के अनुसार ही बनाये रखने के लिये वे इतने सजग थे कि संसद की आरंभिक बैठकों में ही ब्रिटिश भारत में लागू ऐंग्लो–सैक्सन कानून सारे भारत के लिये लागू कर दिये गये।

भारत की विराटता की अनदेखी

राजाओं के राज्य का विलय राष्ट्रीय एकता के तर्क से भारत संघ में करना बहुत महत्वपूर्ण था। परंतु अनेक भारतीय राजवंश कई हजार वर्ष चले थे। उदाहरण के लिये, मेवाड़ का सिसोदिया वंश (600 वर्ष), मराठा साम्राज्य (200 वर्ष), त्रावणकोर कोचीन (200 वर्ष), उसके पूर्व चेरों का राज्य (200 वर्ष), चोल राज्य (2700 वर्ष), पल्लव राज्य (900 वर्ष), चालुक्य राज्य (750 वर्ष), कल्चुरि राज्य (600 वर्ष), यादव (चन्द्रवंशी क्षत्रिय) राज्य (250 वर्ष), वाडियार राज्य (500 वर्ष), विजय नगर साम्राज्य (700 वर्ष), राष्ट्रकूट (250 वर्ष), पाण्ड्य राज्य (2000 वर्ष), गुप्त साम्राज्य (1200 वर्ष), सम्राट विक्रमादित्य का वंश (250 वर्ष), सातवाहन राज्य (460 वर्ष), शुंग वंश (120 वर्ष), कण्व वंश (100 वर्ष), मौर्य वंश (300 वर्ष), नंद वंश (100 वर्ष), शिशुनाग वंश (250 वर्ष), प्रद्योत वंश (200 वर्ष), बृहद्रथ वंश (1000 वर्ष) आदि। उसके पूर्व सूर्यवंशी और चन्द्रवंशी क्षत्रियों के अनेक राजवंश हजारों वर्षों तक शासन करते रहे। इन सबकी तुलना में आधे भारत में अंग्रेजों का शासन कुल 90 वर्ष ही रहा। अतः यदि सम्पूर्ण भारत के विषय में ही संविधान बनाना था या राज्य

संबंधी विधान बनाना था, तो स्वयं भारत के इतने महान राजवंशों के टिकाऊ विधान सामने थे। यदि उनका आधार लिया जाता, यहाँ तक कि यदि संविधान बनाने में उनका उल्लेख मात्र भी किया जाता, तो भारत की प्राचीनता और विराटता का स्मरण भारत के प्रत्येक नागरिक को होता रहता। छत्रपति शिवाजी महाराज के शासनतंत्र के विषय में और पेशवाओं के शासन संबंधी विधान और नियमों के विषय में विस्तार से अभिलेख सुलभ थे और हैं। उनका भी कोई संज्ञान तक नहीं लिया गया। यहाँ तक कि सिख साम्राज्य भी 150 वर्षों तक विस्तृत क्षेत्र में था। उससे भी कुछ नहीं सीखा गया। वस्तुतः नेहरू जी के नेतृत्व वाली धारा को यह दिखाना था कि यह एक नया राष्ट्र है, सर्वथा नवीन राष्ट्र, जिसे हमने बनाया है। यदि इतना भी तर्क होता तो केवल अहंकार का विषय मान लिया जाता। इसे दासता अथवा किसी दुर्बलता का विषय इसलिये माना गया कि ब्रिटिश ढांचे का आस्थापूर्वक अनुसरण किया गया। यदि यह केवल तात्कालिक सुविधा की बात होती तो कोई बात नहीं थी। परंतु फिर इसे ही स्थाई स्वरूप देने का प्रयास और इसका ही महिमामंडन करते जाना एक विशेष राजनैतिक दृष्टि का सूचक है। वह दृष्टि भारत की प्राचीनता, विराटता और महिमा तीनों के निषेध पर टिकी है।

इंग्लैंड के गुणों की नकल क्यों नहीं ?

प्रशासनतंत्र और विधि, दोनों के विषय में ब्रिटिश भारतीय ढांचे का यथावत अनुसरण कई कारणों से उचित नहीं था। एक तो यह स्वयं ब्रिटेन का अनुसरण नहीं है। यह भारत को विशेष रूप से अपने अफसरों के अधीन और पूर्ण नियंत्रण में रखने के लिये बनाया गया विशेष ढांचा है, जबकि स्वयं इंग्लैंड में 'सर्विसेज' का यह स्वरूप नहीं है। साथ ही, इंग्लैंड का शासन वहाँ के बहुसंख्यकों के 'रिलीजन' से चलता है और बहुसंख्यकों के रिलीजन 'प्रोटेस्टेंट खीस्तपंथ' को वहाँ राजधर्म का स्तर प्राप्त है। इंग्लैंड का क्राउन प्रोटेस्टेंट खीस्तपंथ का विधिक और अधिकृत संरक्षक है तथा वहाँ की शिक्षा व्यवस्था और न्याय व्यवस्था प्रोटेस्टेंट आस्थाओं से प्रेरित और संचालित है। अतः स्पष्ट है कि भारत में इसका पालन नहीं

किया गया। अन्यथा यहाँ भी भारत के बहुसंख्यकों के धर्म को विधिक और अधिकृत संरक्षण देना ही स्वाभाविक होता और इस प्रकार हिन्दू धर्म राजधर्म का स्तर प्राप्त कर लेता। भले ही आधुनिक परिवेश में इस शब्द के प्रतिरोध की आशंका यदि दिखती तो इस शब्द का प्रयोग आवश्यक नहीं था, परन्तु व्यवहार में केवल इंग्लैंड का ही पूरा अनुसरण कर लेने पर सनातन धर्म स्वभावतः भारत का राजधर्म ही हो जाता, बिना किसी औपचारिक घोषणा के। परन्तु यह भी नहीं किया गया।

विफल ढांचे का अनुकरण क्यों?

अतः स्पष्ट है कि भारत में इंग्लैंड के शासन और प्रशासन का पूर्ण अनुसरण नहीं किया गया। केवल उसका सहारा लेकर शासक दल के अपने विचारों के अनुसार भारत में शासन का स्वरूप गढ़ा गया, जिसका न इंग्लैंड की परंपराओं से कोई संबंध है और न ही भारत की परंपराओं से। दूसरी बात यह है कि ब्रिटिश भारतीय ढांचा केवल आधे भारत में और केवल 90 वर्ष रहा और पूरी तरह विफल रहा। वह ब्रिटिश शासन के हितों का संरक्षण नहीं कर सका और ब्रिटिश आस्थाओं के प्रसार में भी उसे संतोषजनक सफलता नहीं मिली।

अतः उस ढांचे को यथावत स्वीकार करना विवेक का सूचक नहीं माना जा सकता। यह तो ठीक है कि अंग्रेजों के द्वारा भारत के लिये विशेषकर जो ढांचे बनाये गये थे, उनमें सेवारत पदाधिकारी पर्याप्त शक्ति सम्पन्न बनाये जा चुके थे और ढांचे की निरंतरता से वे प्रसन्न हुये, परन्तु इतना सा कारण भारत जैसे विशाल राष्ट्र के शासन के लिये पर्याप्त नहीं हो सकता। दूसरी बात यह है कि प्रारंभ में ही यदि आवश्यक निर्णय ले लिये जाते तो उक्त पदाधिकारीगण भी सहज ही समायोजन कर लेते, क्योंकि अंग्रेजों के जाने से उन्हें पूरी आशंका थी कि हमारी स्थिति बदलेगी। परंतु विशेष बात यह है कि हजारों वर्षों से शासन करते चले आये भारतीय राजवंशों की स्थिति जब आपने पलक झपकते बदल दी, तो फिर प्रशासन आदि में परिवर्तन से भला क्या समस्या आ सकती थी। अतः निरंतरता के पक्ष में दिया जा रहा तर्क अपने मन की योजना

को छिपाने का तर्क है। परिवर्तन बहुत सहज संभव था। इतना ही नहीं तो श्रीमती इंदिरा गांधी ने प्रशासनतंत्र को कम्युनिस्ट सरकारों की तरह प्रतिबद्ध बनाने का अर्थात पार्टी के प्रति समर्पित बनाने का जो अभियान चलाया, उसमें उन्हें एक सीमा तक सफलता तो मिली ही। स्पष्ट है कि यह तो प्रशासन के ब्रिटिशकालीन स्वरूप को भी बदल देने वाला कदम था।

अनिवार्य सैनिक भर्ती का सवाल

सर्वविदित है कि पश्चिमी यूरोप के लगभग सभी राज्यों में सेना में अनिवार्य भर्ती का नियम है। यह भी सर्वविदित है कि दोनों महायुद्ध मूलतः यूरोपीय देशों के मध्य ही हुये और नये राजनैतिक परिर्वतन इन युद्धों का ही परिणाम थे। अतः स्पष्ट तथ्य सामने था कि युद्ध ही राजनैतिक संरचना को निर्धारित और परिवर्तित करते हैं। स्वयं भारत से अंग्रेजों के जाने में भी दोनों महायुद्धों का और उनमें भारतीय सेनाओं की गौरवशाली भूमिका का निर्णायक स्थान है। स्वयं नेहरू जी द्वितीय महायुद्ध में अपने मित्रों इंग्लैंड–फ्रांस आदि के पक्ष में सैनिक भर्ती का अभियान चला चुके थे और ऐन मौके पर तो नेताजी सुभाषचन्द्र बोस के विरुद्ध युद्ध में स्वयं जाने की मनोरंजक घोषणा भी कर चुके थे। साथ ही, इंग्लैंड के प्रशासकों को अनेक युवकों की सूची दे चुके थे, जिन्हें गुरिल्ला प्रशिक्षण देकर अंग्रेजों द्वारा नेताजी सुभाषचन्द्र बोस से लड़ने के लिये भेजना था। अतः युद्ध का महत्व गांधीजी, नेहरूजी सहित सभी लोग जानते ही थे और उसकी निर्णायक भूमिका से भी परिचित थे। इसके बाद भी स्वाधीन भारत में बड़े पैमाने पर सैनिक भर्ती का कोई अभियान नहीं चलाया गया, जबकि भारतीय सैनिकों की वीरता विश्वभर में मान्य है। यदि अनिवार्य सैनिक भर्ती नहीं भी करते तो भी इच्छुक सभी युवकों को सैन्य प्रशिक्षण सुलभ कराने और उनसे मातृभूमि की सेवा का शपथपत्र भरवाने के नियम तो बनाये ही जा सकते थे। उस दिशा में एक चरण मोदी जी ने अग्निवीर योजना के रूप में प्रस्तुत किया है, जिसका देशभर में अभूतपूर्व स्वागत हो रहा है। परंतु नेहरू जी ने तो सोवियत संघ के संकेत पर कम्युनिस्ट कार्यकर्ताओं को

आगे रखकर शांतिसेना का अभियान चलाया और प्रयास किया कि इन कम्युनिस्ट कार्यकर्ताओं को गांधीवादी भेष में विभिन्न संस्थानों में महत्वपूर्ण जिम्मेदारियाँ सौंपी जायें। इसका प्रयोजन भारत के लोगों में आवश्यक वीरता और युद्ध के प्रति अरुचि जगाना था। यद्यपि वीरता और युद्ध के अत्यंत प्राचीन संस्कारों के कारण वह योजना सफल नहीं हुई। भारत के युवक और युवतियाँ आज भी राष्ट्रभक्ति और वीरता के भाव से भरपूर हैं और सैन्य प्रशिक्षण के लिये भी उत्सुक रहती हैं।

वीरता की परम्परा का स्मरण क्यों नहीं?

इतनी बड़ी वीरता की परंपरा के विषय में कोई विचार नहीं करना नेहरू शासन की अपने राष्ट्र के प्रति बहुत गहरी उपेक्षा का लक्षण है। इसके कारण एक समय तो सेना के अफसरों के वर्ग में भी कम्युनिस्ट पहुँच गये और उन्होंने सेना के भीतर युद्धविरोधी चर्चा करने का फैशन चलाने का प्रयास किया, जिसमें वे सफल नहीं हुये। परन्तु यह स्वयं में उस गलत दिशा का संकेतक तो है ही कि युद्ध के लिये ही उच्च पद पाने वाले सैन्य अधिकारियों में से कुछ शांति के पक्ष में इस तरह बहस करते दिखें, मानो कि सेना का लक्ष्य ही शांति के लिये सेवाकार्य है। यह बहुत ही विचित्र स्थिति है और दुनिया में कहीं भी देखी नहीं जाती।

विश्व में युद्ध की तैयारियों की होड़

विशेष बात यह है कि पश्चिमी यूरोप और पूर्वी यूरोप, दोनों ही खेमों में युद्ध की अधिकाधिक तैयारियाँ निरंतर चल रही हैं। द्वितीय महायुद्ध के समाप्त होने के बाद से आज तक अर्थात लगभग 77–78 वर्षों से सैन्य तैयारियां कभी भी रुकी नहीं हैं। परन्तु कांग्रेस के नेहरूवादी धड़े ने भारत में सर्वसाधारण में वीरता के प्रति उदासीनता जगाने का व्यवस्थित प्रयास किया और इसे महान लक्ष्य की तरह प्रस्तुत किया, जो विश्व के विषय में अपने राष्ट्र को प्रमादग्रस्त बनाने वाला काम है। भारत के सौभाग्य से और यहाँ की महान शौर्य परंपरा के संस्कारों के कारण कांग्रेस इस विषय में

कभी भी सफल नहीं हुई, यह संतोष की बात है। परन्तु शासन के स्तर पर इस तरह समाज की सर्वश्रेष्ठ परंपराओं के विरुद्ध कार्य करना लज्जाजनक और चिन्ताजनक है।

अग्निवीर योजना का महत्व

प्रधानमंत्री श्री नरेन्द्र मोदी ने अग्निवीर योजना के द्वारा देशभक्त युवाओं की वीरता के संस्कार को मान और अवसर सुलभ कराकर इस गलती को ठीक करने का महत्वपूर्ण कार्य किया है। इसके साथ ही, अनेक स्तरों पर नये राष्ट्रीय अभिक्रमों ने नई पीढ़ी में अद्‌भुत ऊर्जा का संचार किया है। स्वयं स्वच्छता का राष्ट्रव्यापी स्तर एक अभूतपूर्व उपलब्धि है। पहले स्वच्छता का यह स्तर अकल्पनीय था। अब यह अकल्पनीय हो गया है कि आप कहीं भी थूकें या कचरा फेकें। कोई भी बच्चा या किशोर भी आपको टोक सकता है। प्रधानमंत्री की राष्ट्रव्यापी अपील इसका कारण है। न तो कोई दंडात्मक अध्यादेश जारी हुआ और न ही लोगों को पकड़–धकड़ कर कोई सजा दी गई। केवल भावपूर्ण अपील हुई और सम्पूर्ण राष्ट्र ने उस पर अमल करना शुरू कर दिया। यह स्वयं में ऐतिहासिक है।

शासक का प्रजावत्सल रूप

इसी प्रकार कोरोना काल में राष्ट्रीय शासनतंत्र की भूमिका की विश्वव्यापी सराहना स्वयं में ऐतिहासिक उपलब्धि है। कुशल प्रशासन ने न केवल महामारी का प्रसार थाम लिया, बल्कि आवाजाही में लगी रोक से बचने वाले समय का भी ऐसा सुंदर सदुपयोग हुआ कि किसी को वह अखरा नहीं। ऊपर से 80 करोड़ लोगों को कई महीनों तक भोजन सामग्री सुलभ कराना स्वयं में एक चमत्कार है। पश्चिमी यूरोप के लगभग 20 देशों की कुल जनसंख्या लगभग 80 करोड़ ही है और मध्यपूर्व के समस्त मुस्लिम देशों की जनसंख्या मिलाकर भी इतनी नहीं होती। इतनी बड़ी जनसंख्या का इस तरह से पोषण स्वयं में एक रिकार्ड है।

अप्रासंगिक कानूनों का खात्मा

इसके अतिरिक्त बहुत समय से बासी और बेकार होकर भी पड़े हुये ब्रिटिशकालीन कानूनों को सर्वसम्मति से समाप्त करने की दिशा में भी पहली बार पहल हुई और इससे फालतू बोझ से छुटकारा मिला है।

जो समस्यायें इतनी जटिल बताई जा रहीं थीं कि उनका हल हो ही नहीं सकता और उनको हल करने की कोशिश में देशभर में खूनखराबा फैल जायेगा, जैसे कि कश्मीर को अनुच्छेद 370 के बंधन से मुक्ति करने का काम, वह बिना किसी खूनखराबे और बवाल के सम्पन्न हो गया।

असम में स्वर्णयुग की वापसी

असम में वहाँ की वैष्णवी संस्कृति पूरे वैभव के साथ फैलती दिख रही है। असम का गौरवशाली इतिहास, अभूतपूर्व शौर्य और अनुपम सांस्कृतिक वैभव समस्त देश के सामने इतने बड़े स्तर पर पहली बार प्रचारित और लोकप्रिय हो रहे हैं। इसके पहले असम को उग्रवादियों और हिंसक तत्वों की रक्तरंजित करतूतों के इलाके की तरह ही प्रचारित किया जाता था। अब असम एक नये सांस्कृतिक उन्मेष का प्रतीक क्षेत्र हो गया है। यह स्वयं में एक चमत्कार है। इसका प्रभाव बंगाल की गौरवशाली संस्कृति और महान आध्यात्मिक परंपराओं के वाहक प्रबुद्धजनों के मन और मस्तिष्क में अवश्य ही पड़ेगा। इस संदर्भ में डॉ शैलेन्द्र कुमार की पुस्तक ''नामघरः असम की सांस्कृतिक क्रांति और शौर्यगाथा'' देखें। इस पुस्तक में असम के गौरवशाली इतिहास का विस्तार से वर्णन किया गया है, जिसे सुनियोजित रूप से पाठ्य–पुस्तकों से दूर रखा गया है।

अध्याय 10

अतीत का उत्तराधिकार

एक ओर जहाँ विगत वर्ष लालकिले से प्रधानमंत्री श्री नरेन्द्र मोदी जी द्वारा भारत के सुदूर अतीत की जड़ों का स्मरण करते हुये वहाँ ही अमृततत्व और अक्षय जीवनरस होने की बात कही गई, वहीं निकट अतीत भी वर्तमान पर अपना प्रभाव डालता है, यह भी उतना ही सत्य है। सत्ता का ट्रांसफर अपने नाम कराने के बाद से श्री जवाहरलाल नेहरू ने स्तालिन के साथ मिलकर माओ जे दुंग को तिब्बत पर कब्जा करने में भारत से सैन्य सामग्री तथा खाद्य सामग्री भेज कर उनकी सेवा की। इस प्रकार उन्होने भारत के हितों के साथ द्रोह किया और सुदूर पूर्व में स्थित चीन को अचानक भारत का पड़ोसी बना दिया। इसका यह परिणाम हुआ कि सीमाओं पर एक नया संकट उपस्थित हो गया। अपनी सूझबूझ और सैन्य तैयारी के साथ वर्तमान प्रधानमंत्री ने समाधान की दिशा में कदम तो उठा दिये हैं, परंतु बात केवल सीमा तक सीमित नहीं है। माओ जे दुंग और स्तालिन से मिलीभगत कर योजनापूर्वक भारत में शासन और विचार के केन्द्रों में उक्त दोनों नेताओं के चेलों को महत्त्वपूर्ण जिम्मेदारियाँ देकर देश में अराजकता फैलाने और भारत के मुख्य समाज की सभी महत्वपूर्ण संस्थाओं – परिवार, सम्पत्ति, खेती, ग्राम जीवन और आध्यात्मिक गतिविधियों को विकृत कर बिखराव की

ओर ले जाने का एक अभियान ही छेड़ दिया गया। इसकी जांच होनी चाहिये कि इस अपराध के लिये उन्हें सोवितय संघ और चीन की कम्युनिस्ट पार्टी से क्या–क्या प्रलोभन दिये गये और कितना धन दिया गया तथा कितने सम्मान आवंटित किये गये।

सत्ता और संसाधन पाकर विशेषकर इंदिरा गांधी के समय से माओ और स्तालिन के चेलों ने प्रचंड अभियान छेड़ दिया और वर्गसंघर्ष, वर्गकलह, वर्गविद्वेष और वर्ग शत्रुता की भावनाओं को भयंकर रूप में धधका दिया। इसके लिये जातियों को वर्ग के रूप में ढाला गया और कतिपय जातियों को अन्य जातियों से युद्ध के लिये प्रेरित किया गया। जब भारत की अनूठी समाज संरचना के कारण इस काम में पर्याप्त सफलता नहीं मिली, तो कतिपय जातियों को गैर–हिन्दू समुदायों से एकजुट होने की प्रेरणा दी गई और सत्ता पर कब्जे के लिये संयुक्त मोर्चे गठित होने लगे। इसमें वस्तुतः वे जातियाँ तो केवल उपकरण बनाई गईं और गैर–हिन्दू समुदायों के नेतृत्व में सत्ता संघर्ष तीव्र कर दिया गया।

नैतिक मूल्यों पर चोट

इस प्रक्रिया में सबसे ज्यादा हानि नैतिक मूल्यों को पहुँचाई गई। काम करने वाले समुदायों में विक्षोभ जगाया गया और प्रयास किया गया कि वे काम न करने को कोई राजनैतिक प्रतिशोध जैसा मानें। यह इतनी भीषण बात है कि इससे नैतिकता का सम्पूर्ण ढांचा छिन्न–भिन्न हो जाता है।

संतोष की बात है कि सोवियत संघ की तरह उन्हें भारत में सफलता नहीं मिली। इसका कारण है सुदूर अतीत का वह अमृततत्व और नैतिक मान्यताओं का वह अक्षय प्रवाह जो हिन्दू समाज में अन्तर्गुम्फित है। परंतु इससे नैतिक जीवन में शिथिलता तो आई। भारत में काम करने वाले सभी समुदाय अर्थात श्रमिक और शिल्पी तथा सामाजिक जीवन के विविध क्षेत्रों के कर्मठ लोग अपने काम को श्रेष्ठता और सुन्दरता से करने में गौरव का अनुभव करते थे। माओ और स्तालिन के चेलों ने कोशिश की कि आत्मगौरव का यह भाव उनमें समाप्त कर दिया जाये और वे कथित शोषकों से

प्रतिशोध के लिये कामचोरी या काम में ढील करने लगें। इसका असर पूरी तरह तो नहीं हो पाया, परंतु अंशतः अवश्य हुआ। परंतु उससे भी अधिक गंभीर बात यह है कि परस्पर विश्वास की भावना समाप्त हो गई। संदेह और तनाव फैला दिया गया। यह भारत के नैतिक स्वभाव के लिये सर्वाधिक घातक प्रहार था। परंतु इसकी जड़ें अधिक गहरे तक नहीं जा पाईं, इसका प्रमाण यह है कि जैसे ही भारत के राजनैतिक आकाश में श्री नरेन्द्र मोदी का उदय हुआ और उन्होंने सभी समुदायों से आत्मीयता का संबंध स्थापित किया कि सब लोग अपनी शक्ति भर पूरी निष्ठा से काम करने लगे और भारत के पुराने नैतिक स्वभाव की वापसी होने लगी है। यह बहुत बड़ी उपलब्धि है।

कांग्रेस ने केवल शिकायत करना सिखाया

लेकिन अल्पसंख्यक समुदायों के कतिपय समूहों में निराधार आक्रोश जगाया गया और उन्हें बिना किसी कारण के अपने साथ अन्याय होने की शिकायत करने का एक अभ्यास सिखा दिया गया। फलस्वरूप जो अभाव सम्पूर्ण समाज के जीवन में होता था, उसे वे समाज के जीवन में न देखकर केवल अपने समुदाय में ही देखने लगे। यह व्यापक समाज के साथ तो अन्याय था ही, स्वयं अपने बारे में अनुपात के बोध और संतुलन का अभाव था। इससे एक निषेधवादी दृष्टि फैली, जो बात–बात में और अकारण भी शिकायतों के रूप में सार्वजनिक होने लगी। ऐसे निषेधवादी बना दिये गये समूहों का विश्वास जीतना सबसे कठिन काम है। परंतु मोदी जी के नेतृत्व में भाजपा इस काम में संतोषजनक रूप से सफल होती दिख रही है। इस प्रकार अतीत के निषेधात्मक उत्तराधिकार से मुक्ति मिल रही है।

अंग्रेजों ने जिलाधिकारी और पुलिस अधीक्षक के पद भारत में वस्तुतः समाज पर निरंतर दबाव बनाये रखने के लिये और राजस्व की मनमानी वसूली के लिये बनाये थे। कांग्रेस ने इन पदों को उसी रूप में बनाये रखा और उनसे पार्टी के निजी काम करवाते रहे। इससे भ्रष्टाचार व्यापक हो गया और उत्तरदायित्व निश्चित करने की दिशा में कार्य नहीं किया गया।

पॉलिटी की संरचना में भेद

विशेष बात यह है कि इंग्लैंड तथा अन्य यूरोपीय देशों में पुलिस की संरचना और उसके कर्तव्य तथा अधिकार भारत से नितांत भिन्न हैं। इसके साथ ही, मुख्य बात यह है कि स्वयं 'पॉलिटी' की संरचना ही पश्चिमी यूरोपीय देशों में सर्वथा भिन्न है और भारत जैसे देशों में भिन्न है। ब्रिटिश भारत की पुलिस मुख्यतः ब्रिटिश प्रशासन के प्रति उत्तरदायी होती थी। वर्तमान भारतीय पुलिस भारतीय प्रशासन के प्रति उत्तरदायी है। कागज में भारतीय प्रशासन भारतीय जनगण के प्रति उत्तरदायी है। परंतु प्रशासनिक संरचना ब्रिटिशकालीन होने के कारण व्यवहार और परंपरा में भारतीय प्रशासन वस्तुतः स्वयं अपने प्रति उत्तरदायी है क्योंकि इंग्लैंड में समस्त प्रशासन अपने 'क्राउन' या 'प्रेसीडेंट' के प्रति उत्तरदायी होते हैं जो स्वयं अपने–अपने नेशन स्टेट के बहुसंख्यक समाज की परंपराओं और प्रथाओं के प्रति वचनबद्ध होते हैं और उनके संरक्षक होते हैं।

उदाहरण के लिये, इंग्लैंड का क्राउन प्रोटेस्टेंट चर्च का अधिकृत संरक्षक है। इसी प्रकार अन्य देशों में कहीं वहाँ के शासनाध्यक्ष कैथोलिक चर्च के प्रति उत्तरदायी हैं और उसके अधिकृत संरक्षक हैं और कहीं प्रोटेस्टेंट तो कहीं ऑर्थोडॉक्स। हर राज्य में चर्च की शाखायें मुहल्ले तक विस्तृत हैं और नागरिकों के दैनंदिन जीवन से अधिकृत रूप से जुड़ी हैं। इस प्रकार नागरिकों की रीतियों, प्रथाओं और परम्पराओं का संरक्षण ही राज्य का प्रधान कर्तव्य है।

सार्वभौम मूल्यों का संरक्षण ही राजधर्म

भारत में क्योंकि अनेक सम्प्रदाय हैं और किसी भी एक को प्रधानता नहीं प्राप्त है, तो यहाँ स्वाभाविक ही सार्वभौम मूल्यों का संरक्षण राज्य का कर्तव्य होना चाहिये। संविधान की मूल संरचना में यह निहित है। परंतु कांग्रेस ने व्यवहार के स्तर पर भारत के प्रशासन को कुछ बड़े अल्पसंख्यक समुदायों का विशेष संरक्षक बना कर रख दिया और बहुसंख्यक समाज की रीतियों और प्रथाओं को कोई भी प्रशासनिक सरक्षण प्रदान नहीं किया। इस प्रकार सत्तारूढ़

पार्टी के विधायिका में विद्यमान प्रतिनिधियों की अपनी निजी इच्छा और विश्वास ही प्रशासन के लिये मार्गदर्शक बन जाते है। इससे प्रशासन की एकरूपता स्थिर नहीं होती और प्रशासन के विभिन्न पदों पर कार्यरत लोगों को यह स्मरण तक नहीं रहता कि वे किसी समाज के लिये अर्थात उसकी मान्यताओं, परम्पराओं, प्रथाओं और रीतियों के संरक्षण के लिये अपना दायित्व निभाने के लिये इस पद पर हैं। इसके स्थान पर उन्हें ब्रिटिश भारतीय प्रशासन का वह अभ्यास बना हुआ है कि वे शासकों द्वारा बनाई गई नियमावलियों के पालन के लिये ही पद पर हैं। उन नियमावलियों की वैधता समाज की परंपराओं, रीतियों और प्रथाओं के संरक्षण और पोषण के लिये है, यह तथ्य प्रशासन के किसी भी पद पर कार्यरत व्यक्तियों के ध्यान में शायद ही कभी रहता हो। इस प्रकार ऐसा प्रशाासन समाज के लिये न होकर व्यवहार में प्रशासकों के लिये ही हो जाता है। केवल पुष्पिता वाणी के रूप में उसे समाज के लिये बताया जाता रहता है। यही ब्रिटिश भारतीय काल का उत्तराधिकार है।

मुख्य बात जो बिल्कुल भी ध्यान में नहीं रखी जाती, वह इस सन्दर्भ में यह है कि पश्चिमी यूरोप के प्रत्येक नेशन स्टेट के प्रशासन का लक्ष्य एक सामान्यतः एकीकृत रिलिजियस विचारों वाले समाज को व्यवस्थित रखना है। उस समाज को व्यवस्थित रखने के लिये तथा वर्तमान समय के अनुसार अन्तर्राष्ट्रीय परिस्थितियों में अन्य निवासी समुदायों को भी समायोजित करने के लिये वहाँ कतिपय व्यवस्थायें हैं।

भारत की भिन्न स्थिति

भारत सम्पूर्ण यूरोप के बराबर है। अतः जो प्रशासनिक ढांचे भारत के एक–एक राज्य के बराबर आकार और जनसंख्या वाले राज्यों के लिये बने हैं, वे भारत के लिये कैसे व्यावहारिक हो सकते हैं। समान या लगभग समान शक्ति वाले अनेक रिलिजियस समाजों के संयुक्त प्रशासन के लिये तो कोई प्रशासनिक ढांचा यूरोप में आज तक परिकल्पित ही नहीं हुआ है। अतः वह ढांचा भारत में कैसे उपयोगी हो सकता है? अगर वहाँ के सूत्र को

लेकर भारत के विषय में सोचा जाये तो भारतीय प्रशासनिक ढांचे का मुख्य कर्तव्य और उत्तरदायित्व भारत के बहुसंख्यक समाज की आस्थाओं, प्रथाओं, रीतियों और परम्पराओं का संरक्षण होना चाहिये। परन्तु स्वयं को बौद्धिक समूह बताने वाले लोगों ने इस विषय में अपनी बौद्धिक अराजकता और अक्षमता का ही परिचय दिया है और केवल पुष्पिता वाणी को ही चिंतन की असमर्थता का विकल्प मान लिया है। उनके पास इस बात का कोई भी समाधान नहीं है कि लोकतांत्रिक प्रशासन भारत के बहुसंख्यकों की आस्थाओं, परम्पराओं और रीतिरिवाजों के संरक्षण के प्रति अपनी प्राथमिक जिम्मेदारी निभाता क्यों नहीं दिखता ?

इस प्रकार विचारशून्य होकर ढर्रे पर चलते जाना ही अतीत से प्राप्त उत्तराधिकार है। वर्तमान में सबसे पहले इसके स्थान पर विचारशीलता को लाना होगा और प्रशासन के दायित्व तय करने होंगे।

भारत के लोग हैं सत्ता का स्रोत

संविधान का इतना अधिक उल्लेख किया जाता है कि उस शोर में संविधान का यह आधारभूत और आरंभिक पक्ष ही छूट जाता है कि भारत का संविधान भारत के लोगों के द्वारा अंगीकृत और आत्मार्पित है। अतः यहाँ सर्वोच्चता और सर्वोपरिता भारत के लोगों को प्राप्त है। संविधान को नहीं। संविधान भारत के जन का अनुवर्ती है। उसका महत्व इसीलिए है कि वह भारत के लोगों द्वारा अंगीकृत एवं आत्मार्पित है।

नेहरूजी द्वारा प्रस्तुत प्रस्ताव

22 जनवरी 1947 को संविधान सभा ने जवाहरलाल नेहरू द्वारा प्रस्तुत प्रस्ताव को स्वीकार किया, जिसमें संविधान के उद्देश्य वर्णित हैं। इस प्रस्ताव में कहा गया है – 'संविधान सभा भारत को एक सार्वभौम स्वतंत्र गणराज्य घोषित करती है और उसके भावी शासन के लिये संविधान की रचना करती है।' इसी में आगे कहा गया है कि 'सार्वभौम स्वतंत्र भारत की समस्त शक्तियाँ और अधिकार भारत के लोगों से प्राप्त हैं। भारत के सभी लोगों के लिये सामाजिक,

आर्थिक और राजनैतिक न्याय सुनिश्चित किया जाएगा। साथ ही हैसियत और अवसर की समानता तथा विचारों, अभिव्यक्तियों, विश्वासों, आस्था, उपासना, व्यवसाय और एसोसियेशन बनाने तथा काम करने का अधिकार, विधि और सार्वजनिक नैतिक जीवन की मर्यादा के अंतर्गत सुनिश्चित किया जायेगा। अल्पसंख्यकों तथा पिछड़े और ट्राइबल क्षेत्रों के हित सुरक्षित रखने के लिये आवश्यक उपाय किये जायेंगे। भारत गणराज्य की सीमाओं की अखंडता सुनिश्चित की जायेगी तथा भारत की भूमि, जल और आकाश पर भारत शासन का सम्प्रभु अधिकार होगा जो कि सभ्य राष्ट्रों की विधि के अनुरूप होगा और न्याय के अनुरूप होगा।

इस प्राचीन देश का विश्व में न्यायपूर्ण और गरिमापूर्ण स्थान सुनिश्चित रहे और विश्व शांति के लिये तथा मानवजाति के कल्याण के लिये यह देश स्वेच्छा से और पूर्ण योगदान दे सके, यह सुनिश्चित करना हमारा लक्ष्य होगा।'

इस प्रकार स्पष्ट है कि भारत के लोग ही भारतीय संविधान और भारत शासन दोनों का मूल स्रोत हैं। यह बहुत स्पष्ट रूप से घोषित किया जा चुका है। ऐसी स्थिति में इसका पालन करना प्रत्येक जिम्मेदार शासन का सर्वोपरि कर्तव्य है। परन्तु कांग्रेस सरकारों ने विश्व में भारत का गरिमापूर्ण स्थान सुनिश्चित करने के लिये आवश्यक कदम नहीं उठाये। वह कार्य आदरणीय मोदी जी के नेतृत्व में अब भली–भांति सम्पन्न हो रहा है।

सुप्रीम कोर्ट की महती जिम्मेदारी

इस प्रकार भारत के लोग ही भारत के शासन का स्रोत हैं। अतः भारत के लोगों द्वारा निर्वाचित जनप्रतिनिधियों के द्वारा ही भारत की शासन–व्यवस्था एवं सामाजिक व्यवहार के विषय में निर्णय लिये जा सकते हैं। भारत के सुप्रीम कोर्ट का मुख्य कार्य भारत के लोगों की जनप्रतिनिधियों के माध्यम से व्यक्त आकांक्षाओं की पूर्ति में सहायक बनना ही है। यह कार्य विधिक पदावली में और सुसंगत ढंग से हो, यह दायित्व निश्चय ही सुप्रीम कोर्ट का है। सुप्रीम कोर्ट की आरंभिक अधिकारिता केन्द्र और राज्य अथवा राज्यों

में परस्पर विवाद की स्थिति में अंतर्वलित विधिक प्रश्न के विधिक निस्तारण की है। जनाकांक्षाओं के विषय में सुप्रीम कोर्ट की कोई अधिकारिता नहीं है। स्वयं संसद की भी स्वतः अर्थात अपने मन से उस विषय में कोई अधिकारिता नहीं है, अपितु संसद के लिये भारत के मतदाताओं द्वारा चुने गये अपने जनप्रतिनिधियों के माध्यम से संसद में प्रस्तुत की गई जनाकांक्षाओं के विषय में आवश्यक विधिक कदम उठाने की ही उसकी अधिकारिता है। इसका अर्थ है कि ऐसा कोई विधिक उपाय भारत की माननीय संसद कभी भी नहीं रचेगी या अपनायेगी जिसकी आकांक्षा भारत के लोगों के द्वारा व्यक्त न की गई हो। भारत के लोग ही समस्त अधिकार और सत्ता का स्रोत हैं और उनकी विधिसम्मत आकांक्षाओं की पूर्ति के लिये ही संसद है तथा संसद द्वारा भारत के नागरिकों की विधिसम्मत आकांक्षाओं की पूर्ति के लिये विचारपूर्वक पारित कानूनों की विधिक मर्यादा में उपयुक्तता की परीक्षा ही सुप्रीम कोर्ट की अधिकारिता है। यह संविधान के अध्याय 4, अनुच्छेद 131 एवं 132 में स्पष्ट कहा गया है। अतः भारत के लोगों की विधिसम्मत आकांक्षा की पूर्ति के लिये ही माननीय संसद और माननीय न्यायपालिका है। भारत के लोगों की विधिसम्मत आकांक्षा के अन्तर्गत इस महान देश को विश्व में न्यायपूर्ण और गौरवपूर्ण उचित स्थान दिलाना भी शामिल है।

कांग्रेस के द्वारा प्रायोजित कथित बुद्धिजीवियों ने संविधान के इतने स्पष्ट प्रावधानों को छिपाने की जबर्दस्त कोशिशें की हैं और ये सारी कोशिशें बारम्बार संविधान की दुहाई देते हुये ही की गई हैं। यह बौद्धिक छल और बेईमानी का अद्‌भुत उदाहरण है। इसी छल और बेईमानी से भारत में 1975 में आपातकाल थोपा गया था और भारत के नागरिकों का जीवन प्रशासन के नियंत्रण में ला दिया गया था। प्रशासन द्वारा नागरिक जीवन की रक्षा का सर्वोपरि कर्तव्य विचार के दायरे से बाहर फेंक दिया गया था। वस्तुतः यह संवैधानिक अपराध था।

वयस्क मताधिकार के मतदाता अपने क्षेत्र के प्रतिनिधि को चुनते हैं। प्रतिनिधि विधानसभा या संसद में जाकर अपने–अपने क्षेत्र के सुख–दुख के विषय में तथ्य बताते हैं और आवश्यकताओं एवं

आकांक्षाओं को प्रस्तुत करते हैं। इस प्रकार वे नीतियों के निर्धारण में और कानून बनाने की प्रक्रिया में योगदान देते हैं। कानून का मूल ढांचा संविधान में सीमांकित है। अतः सुप्रीम कोर्ट की भूमिका और मर्यादा दोनों स्पष्ट हैं।

प्राचीन देश की गौरवशाली भूमिका

नेहरू जी द्वारा संविधान सभा में प्रस्तुत जिस प्रस्ताव की हमने ऊपर चर्चा की है, उसमें स्पष्ट कहा गया है कि यह एक प्राचीन देश है और इसकी गौरवशाली भूमिका सुनिश्चित करने के लिये ही यह शासन है। अतः भारत की महान परंपराओं और सार्वभौम मूल्यों को सुनिश्चित करना भारत की विधायिकाओं का ही कर्तव्य है। इस विषय में भ्रम पैदा कर कोई एक बना–बनाया या सीमित ढांचा ही सदा के लिये सबका निर्णय मार्ग अवरुद्ध कर चुका है, ऐसा प्रोपेगंडा झूठा है। भारत की संसद भारत के लोगों के और भारत देश के गौरव को सुनिश्चित करने के लिये सभी व्यवस्थायें बनाने में पूर्ण सक्षम है। उसे बांधने की कोशिश भारत के लोगों का अपमान है और संविधान की मूल भावना का भी अपमान है।

बंधुता को खंडित करना असंवैधानिक

यह तो स्पष्ट है कि संविधान के यह शब्द कि 'हम भारत के लोग दृढ़संकल्प होकर व्यक्ति की गरिमा और राष्ट्र की एकता और अखंडता सुनिश्चित करने वाली बंधुता बढ़ाने के लिये दृढ़संकल्प होकर एतद द्वारा इस संविधान को अंगीकृत, अधिनियमित और आत्मार्पित करते हैं,' स्पष्ट रूप से यह घोषणा करते हैं कि भारत के लोग ही सर्वोच्च सम्प्रभु हैं और उनकी ही अधिकारिता के अधीन संविधान है। 42वें संविधान संशोधन अधिनियम 1976 के द्वारा राष्ट्र की एकता के स्थान पर केवल व्यक्ति की गरिमा सुनिश्चित करने वाली बंधुता बढ़ाने की बात कर दी गई है। परन्तु वहाँ भी बंधुता पर तो स्पष्ट बल है। अतः भारत के लोगों के बीच बंधुता के भाव को खंडित करने वाला कोई भी भाव और व्यवहार असंवैधानिक और अवैध है और उसे रोकना भारत शासन का सर्वोपरि कर्तव्य

है। भारत के लोगों की यह बंधुता अल्पसंख्यक होने या किसी भी अन्य विशेष पहचान की दुहाई देकर खंडित नहीं की जा सकती। उस पर कोई भी चोट करने का अधिकार किसी को नहीं है। यह सदा स्मरण रखना चाहिये।

धार्मिक अन्याय को विधिक स्वरूप देने का प्रयास

यहाँ यह बात अवश्य विचारयोग्य है कि यद्यपि हमारे संविधान में सामाजिक न्याय में धार्मिक और आध्यात्मिक न्याय सन्निहित है, परन्तु कांग्रेस शासन ने अल्पसंख्यकवाद चलाकर भारत के बहुसंख्यकों के प्रति धार्मिक अन्याय को विधिक स्वरूप देने का प्रयास किया, जो स्वयं में संविधान विरोधी और राष्ट्रविरोधी कार्य है। विश्व के अनेक देशों में निर्णायक राजनैतिक परिवर्तन होने पर सरकारों के द्वारा ऐसी भयंकर गलतियों के लिये तत्कालीन राजनेताओं और निर्णायकों को दंड दिया जाता रहा है। परंतु भारत में सामान्यतः ऐसा नहीं किया जाता। अतः हम उसका आग्रह नहीं करेंगे। परन्तु इतना तो कर सकते हैं कि विधिक स्तर पर इस भयंकर गलती को सुधारने के लिये संविधान की मूल भावना में और स्पष्टता ला दी जाये।

इसके लिये यह उचित होगा कि माननीय संसद द्वारा भारत के संविधान के भाग 4 के अनुच्छेद 38 में, जहाँ यह कहा गया है कि राज्य राष्ट्रीय जीवन की सभी संस्थाओं को सामाजिक, आर्थिक और राजनैतिक न्याय से अनुप्राणित करे, ऐसी सामाजिक व्यवस्था की स्थापना और संरक्षण करके लोककल्याण की अभिवृद्धि का प्रयास राज्य करेगा, वहाँ दो छोटे पद जोड़े जा सकते हैं – 'धार्मिक' और 'आध्यात्मिक'। धार्मिक और आध्यात्मिक न्याय सुनिश्चित करना भी लोककल्याण की अभिवृद्धि के लिये आवश्यक है।

अभी तक कांग्रेस ने भारत के बहुसंख्यक समाज के विरुद्ध धार्मिक और आध्यात्मिक अन्याय को बढ़ाया है। बहुसंख्यकों की धार्मिक आस्था का दमन कांग्रेस के द्वारा किया जाता रहा है। उसके पक्ष में आवाज उठाने पर अपशब्दों की भरमार कर दी जाती है और प्रोपेगंडा छेड़ दिया जाता है। इस असभ्यता को जड़मूल

से समाप्त करने के लिये और इसकी जड़ों पर प्रहार के लिये संविधान के अनुच्छेद 38 में उपयुक्त संशोधन आवश्यक है। यद्यपि वह मूल संविधान में पहले ही निहित है, परन्तु कांग्रेस द्वारा किये गये झूठे प्रोपेगंडा के कारण इस अन्तर्निहित भावना को विधिक स्तर पर स्पष्ट करना आवश्यक है। वस्तुतः धार्मिक अन्याय के रहते बंधुता कभी भी स्थापित नहीं हो सकती। अतः स्पष्ट है कि कांग्रेस ने बहुसंख्यकों के प्रति धार्मिक अन्याय सुनिश्चित कर भारत के लोगों की बंधुता को खंडित करने का अपराध किया है। अब इसे सुधारने की आवश्यकता है।

इसी प्रकार अनेक कानूनों का पुनरीक्षण करने की जो परंपरा है, उसमें कतिपय ऐसे कानूनों का भी परीक्षण आवश्यक है, जो समाज में बंधुता को खंडित कर रहे हैं। परस्पर बंधुद्वेष को बढ़ावा दे रहे हैं।

जनप्रतिनिधियों से संविधान की अपेक्षा

यहाँ जो सर्वाधिक महत्वपूर्ण बात है, विधिविशेषज्ञों ने आपसी विमर्श की अधिकता में उसे पृष्ठभूमि में डाल दिया है। संविधान में कहीं भी यह नहीं निर्देशित है कि जनप्रतिनिधि को अनिवार्य रूप से अधिवक्ता अथवा विधिविशेषज्ञ होना चाहिये। परन्तु कुछ ऐसा परिवेश बन गया है कि संचार माध्यमों में कानून की पेचीदगियों की व्याख्या करने को ही सर्वोपरि बात मान लिया गया है। जबकि वह न्यायिक संस्थाओं का काम है। जनप्रतिनिधियों को जनाकांक्षा को सशक्त ढंग से अभिव्यक्त करना चाहिये, यही संविधान की अपेक्षा है और जैसा पूर्व में उल्लेख कर आये हैं, संविधान को भी अधिकारिता जनगण से मिलती है। अतः जनगण की अपेक्षा सर्वोपरि है।

विधि-विशेषज्ञ बनने को उतावली मीडिया

जनगण कभी भी अपने जनप्रतिनिधियों से अपनी आकांक्षाओं की प्रस्तुति विधिक तकनीकी पदावली में नहीं चाहते और ना ही अपेक्षा करते। वे तो स्पष्ट रूप से अपने समुदाय अथवा सम्पूर्ण समाज के कल्याण से जुड़ी हुई आकांक्षाओं की अभिव्यक्ति चाहते हैं और उन

आकांक्षाओं की पूर्ति के लिये यदि कानून न हों, तो कानून बनाये जायें और अगर कानून हैं, तो उनके अनुसार प्रशासनिक कार्रवाई की जाये, यही अपेक्षा करते हैं। अतः जनप्रतिनिधियों का मुख्य काम जनाकांक्षाओं की अभिव्यक्ति है। उसे विधिक पदावली में ढालना पार्टी के विधिविशेषज्ञों के मार्गदर्शन में प्रशासकों का दायित्व है। इसलिये जब संचार माध्यमों में विधिक तकनीकी पदावली में बहस होने लगती है, तो यह कोर्ट या न्यायपालिका की भूमिका स्वयं अपनाने की अनधिकृत चेष्टा है अथवा स्वयं को विधिविशेषज्ञ बताने की मीडियाकर्मियों की उतावली है। संचार माध्यमों में और लोक माध्यमों में जनाकांक्षाओं पर ही चर्चा होनी चाहिये। उनको विधिक पदावली में ढालना और प्रस्तुत करना विशेषज्ञों का काम है।

अनुच्छेद 368 के अंतर्गत संविधान का संशोधन करने की संसद की शक्ति और उसकी प्रक्रिया वर्णित है। यह भी स्पष्ट किया गया है कि इस अनुच्छेद के अधीन किया गया कोई भी संशोधन किसी न्यायालय में किसी आधार पर प्रश्नगत नहीं किया जायेगा। संसद की संविधायी शक्ति सर्वोपरि है। संविधान में दिये गये मूल अधिकार निश्चय ही आधारभूत तत्व हैं और राज्य की संरचना का अभिन्न भाग हैं। यह भी सर्वविदित है कि संविधान के भाग 1 में अनुच्छेद 8 में जो मौलिक अधिकार वर्णित हैं, वे विश्व के किसी भी लिखित संविधान की तुलना में विस्तृत और स्पष्ट हैं। परंतु यह भी सत्य है कि 44वें संशोधन के द्वारा सम्पत्ति का मौलिक अधिकार जो अनुच्छेद 19 में मूल रूप में था, वह हटा दिया गया है और अब नागरिकों की केवल छः प्रकार की स्वाधीनता बची है :–

1 वाणी और अभिव्यक्ति की स्वतंत्रता
2 एकत्रीकरण और सभा की स्वतंत्रता
3 एसोसियेशन बनाने की स्वतंत्रता
4 आने–जाने की स्वतंत्रता
5 आवास और बसने की स्वतंत्रता तथा
6 व्यवसाय, वृत्ति, जीविका और व्यापार की स्वतंत्रता।

इनमें से सम्पत्ति की स्वतंत्रता का विलोप उचित है या नहीं यह माननीय जनप्रतिनिधियों को ही तय करना है। 44वां संशोधन

भी 1978 में जनता पार्टी की सरकार के द्वारा किया गया था। यह प्रश्न विधिक से अधिक मौलिक स्वतंत्रताओं से जुड़ा है। वर्तमान में सामाजिक व्यवहार का मूल आधार सम्पत्ति है। अतः सम्पत्ति की स्वतंत्रता तो मौलिक अधिकार होना चाहिये। अनुचित सम्पत्ति के अर्जन और उपार्जन पर कठोर प्रतिबंध के प्रावधान उचित ही पहले से विद्यमान हैं। ऐसे में सम्पत्ति का मौलिक अधिकार पुनः बहाल किया जाना हमारी समझ से उचित होगा। परंतु यह जनप्रतिनिधियों के बहुमत से ही विचारणीय है।

अस्पृश्यता की सम्पूर्ण समाप्ति आवश्यक

एक अन्य विचारणीय प्रश्न है अनुच्छेद 17 से संबंधित। अनुच्छेद 17 के अंतर्गत 'अस्पृश्यता' (छुआछूत) का अंत कर दिया गया है और उसका किसी भी रूप में आचरण निषिद्ध किया गया है। 'अस्पृश्यता' से उपजी किसी निर्योग्यता को लागू करना अपराध होगा, जो विधि के अनुसार दंडनीय होगा। परंतु न तो संविधान में 'अस्पृश्यता' परिभाषित की गई है और न ही इस मूल कानून में। 'अस्पृश्यता' के आधार पर किसी भी प्रकार का व्यवहार एक दंडनीय अपराध है। सार्वजनिक संस्थाओं – शिक्षा, चिकित्सा आदि में किसी भी व्यक्ति का प्रवेश निषिद्ध करना 'अस्पृश्यता' के अंतर्गत आता है। इसी प्रकार सार्वजनिक पूजास्थलों पर प्रार्थना से किसी को रोकना 'अस्पृश्यता' के अंतर्गत आता है। इसी तरह किसी भी सार्वजनिक स्थल, दुकान, होटल, मनोरंजन स्थल या नल, कुआँ आदि अथवा सड़क और श्मशान आदि किसी भी सार्वजनिक स्थल में प्रवेश अथवा लोगों की सेवा के किसी भी स्थान में किसी व्यक्ति को रोकना 'अस्पृश्यता' कानून के अंतर्गत अपराध है। परंतु अब एक विपरीत 'अस्पृश्यता' चलाई जा रही है और कुछ लोग हैं, जो सार्वजनिक रूप से ब्राह्मणों या कथित सवर्णों को राजनीति के दायरे से ही बाहर रखने का और प्रशासन में उनके होने को अन्याय का पर्यायवाची बताने का अपराध कर रहे हैं। 'अस्पृश्यता' के मूल कानून के अंतर्गत यह भी दंडनीय अपराध है। परंतु श्रीमती इंदिरा गांधी ने 1976 में इसे मुख्यतः अनुसूचित जाति के सदस्य के 'अस्पृश्यता' के आधार पर

अपमान या जाति व्यवस्था के नाम पर भेदभाव तक विशेष रूप से सीमित कर दिया। यद्यपि मूल में इतिहास या विचार या दर्शन के आधार पर किसी को 'अस्पृश्य' बताना अपराध ही मान्य है। परंतु इस एक्ट का सारा जोर केवल अनुसूचित जातियों से जुड़ा होने से कतिपय समुदाय इसका दुरूपयोग करते देखे जाते हैं। समय के अनुसार इसकी समीक्षा करके इसका उचित विधिक प्रावधान किया जाना चाहिये।

इतिहास या धर्मदर्शन के आधार पर किसी भी जाति को दुष्ट और दमन के योग्य बताना इस एक्ट के अंतर्गत लाया जाना चाहिये। वस्तुतः किसी भी प्रकार का पक्षपातपूर्ण व्यवहार एक दंडनीय अपराध घोषित होना चाहिये और किसी भी समुदाय के द्वारा किसी अन्य समुदाय के विरुद्ध सार्वजनिक अभियान चलाना कठोरता से दंडनीय होना चाहिये। यह बंधुता के राष्ट्रीय आदर्श के भी विरुद्ध है। क्योंकि इसके बिना न तो व्यक्ति की गरिमा सुरक्षित रहेगी और न ही समन्वित सामाजिक व्यवस्था स्थापित होगी।

किसी भी नागरिक के विरुद्ध पक्षपात अनुचित है और अनुच्छेद 15 के अन्तर्गत वैसे भी राज्य के द्वारा ऐसा कोई विभेद किये जाने को प्रतिबंधित किया गया है। अतः अनुच्छेद 15 और अनुच्छेद 17 को सुसंगत किया जाना चाहिये। अनुच्छेद 16 में लोकनियोजन के विषय में अवसर की समता का जो प्रावधान है, अनुच्छेद 17 के दुरुपयोग से वह प्रावधान भी बाधित होता है।

राज्य के अधीन सेवाओं में नागरिकों के किसी भी वर्ग का प्रतिनिधित्व पर्याप्त नहीं हो, तो आरक्षण की व्यवस्था आवश्यक है। परन्तु इसके लिये यह भी आवश्यक है कि प्रतिनिधित्व की पर्याप्तता का परीक्षण होता रहे। कतिपय नेताओं के वक्तव्यों और कतिपय मीडियाकर्मियों के सनसनीखेज बयानों के आधार पर प्रतिनिधित्व की पर्याप्तता और अपर्याप्तता निश्चित नहीं की जा सकती। इसके लिये अनिवार्य पहल आवश्यक है और इसका उपाय जनगणना में उचित प्रावधान के द्वारा ढूढ़ा जा सकता है।

अल्पसंख्यकों की जनसंख्या का दुहराव

यहाँ एक समस्या यह है कि मंडल आयोग की रिपोर्ट में कई अस्पष्टतायें रह गई हैं। अल्पसंख्यकों का एक बड़ा वर्ग (आधे से अधिक हिस्सा) पिछड़े वर्ग की जनसंख्या को बड़ा दिखाने के प्रयोजन से 'अन्य पिछड़ा वर्ग' में शामिल कर लिया गया है। स्वयं मंडल आयोग के अनुसार इसके बाद अल्पसंख्यक वर्ग में कुल जनसंख्या का लगभग एक तिहाई हिस्सा ही बचता है। परंतु जब अल्पसंख्यकों की गणना का प्रश्न आता है, तो समस्त अल्पसंख्यकों को उसमें गिना जाता है और अन्य पिछड़ा वर्ग की गणना के समय अल्पसंख्यकों के पिछड़े वर्ग को 'अन्य पिछड़ा वर्ग' में गिना जाता है। इस प्रकार अल्पसंख्यकों की लगभग दो तिहाई आबादी दो बार गिनी जाती है। इस विसंगति को दूर करना आवश्यक है। जो अल्पसंख्यक अन्य पिछड़ा वर्ग में आ गये हैं और उसके लिये निर्धारित आरक्षण का लाभ ले रहे हैं, उन्हें जनगणना में अल्पसंख्यक न लिखकर केवल अन्य पिछड़ा वर्ग में ही गिना जाना चाहिये। निजी जीवन में उनकी इबादत वगैरह पर इससे कोई भी प्रभाव नहीं पड़ेगा। परंतु आरक्षण तथा अन्य शासकीय प्रावधान सुस्पष्ट हो सकेंगे। अतीत के उत्तराधिकार को संभालना और राष्ट्रीय न्याय नीति से सुसंगत बनाना वर्तमान का कर्तव्य है।

अध्याय 11

गतिशील अंतर्राष्ट्रीय परिस्थितियाँः हमारी स्थिति

अन्तर्राष्ट्रीय परिस्थितियाँ निरंतर गतिशील हैं। यह स्वाभाविक और अनिवार्य है, क्योंकि यह संसार है जिसका अर्थ ही है संसरणशील अर्थात निरंतर गतिशील। आदरणीय प्रधानमंत्री जी ने लालकिले से गत वर्ष बहुत सोच–समझकर घोषणा की थी कि – 'यही समय है, सही समय है, भारत का अनुकूल समय है।' अन्तर्राष्ट्रीय परिस्थितियाँ तेजी से हमारे अनुकूल हो रही हैं। आतंकवाद और विस्तारवाद दोनों से विश्व मानव की रक्षा में भारत की विशेष भूमिका है। वैसे तो स्तालिन का शिष्य होते हुये भी भारत की विशिष्ट स्थिति के कारण श्री जवाहरलाल नेहरू तक को स्वयं को तटस्थ राष्ट्र कहना पड़ा। यद्यपि आन्तरिक मामलों में उन्होंने सोवियत ब्लॉक का अंधानुसरण किया और बाहरी मामलों में भी सोवियत ब्लॉक की ओर ज्यादा झुकाव बनाये रखा, फिर भी तटस्थता की घोषणा तो करनी पड़ी। क्योंकि भारत की विशेष स्थिति के कारण भारत की यही भूमिका होनी नियति है। उस समय दो शक्तिशाली ब्लॉक थे। उनके मध्य तटस्थता की घोषणा करनी पड़ी। अब हम अपनी नीति को 'स्वतंत्र' घोषित कर सकते हैं या सर्वमित्र अथवा विश्वमित्र है भारत, यह कह सकते हैं।

अब सौभाग्यवश ऐसा नेतृत्व आ गया है जो वस्तुतः एक स्वतंत्र विदेश नीति का अवलम्बन कर रहा है और राष्ट्रीय हितों तथा राष्ट्रीय लक्ष्यों के अनुरूप सभी से व्यवहार कर रहा है। अतः ऐसी स्थिति में गतिशील अन्तर्राष्ट्रीय परिस्थितियों का सर्वाधिक लाभ भारत उठा सकता है। भारत ने यह प्रारंभ भी कर दिया है।

जी–20 का सम्मेलन भारत में हुआ और भारत ने उसका संयोजन किया। रूस और यूक्रेन के मामले में भी भारत अपनी स्वतंत्रता का परिचय दे चुका है। अतः इन अनुकूल परिस्थितियों का सर्वाधिक लाभ उठाने की स्थिति में हम हैं। यद्यपि देश में बहुत सी ताकतें भारत के विरुद्ध सक्रिय हैं। परन्तु हमें पूर्ण विश्वास है कि प्रधानमंत्री जी के कुशल नेतृत्व में भारत अपने लक्ष्य की दिशा में आगे बढ़ता रहेगा। प्रधानमंत्री जी ने 15 अगस्त 2021 को ही इस विषय में भारत की नीति स्पष्ट कर दी है।

मिटाने हैं गुलामी के सब अवशेष

प्रधानमंत्री जी ने उसके बाद कर्तव्यपथ के उद्‌घाटन के समय गुलामी के सभी अवशेषों से मुक्त होने का आह्वान किया है। अतः उस दिशा में राष्ट्र को कार्य करना है। अंग्रेजी काल में भारतीयों का एक ऐसा बड़ा वर्ग खड़ा हो गया, जो गुलामी के अवशेषों को ही अग्रगामिता और आधुनिकता मानता है। ऐसे लोगों को गुलामी के अवशेषों से मुक्ति पिछड़ापन लग सकता है। परंतु वे बीते जमाने के लोग हैं। दुनिया आगे बढ़ चुकी है और शिक्षा तथा संचार माध्यमों में व्यापक परिवर्तनों के कारण लोग विश्व को अधिक अच्छी तरह जानने में समर्थ हो गये हैं। अतः भारत का सत्य भी लोग जान रहे हैं।

वैसे भी भारत के ज्ञान को जानने के लिये सबसे पहले जर्मनी ने विशाल संख्या में हमारे संस्कृत ग्रंथों को ले जाकर अपने यहाँ रखा और संस्कृत की पढ़ाई भी यूरोप में सबसे पहले जर्मनी में ही शुरू हुई। उससे जर्मनी की अचानक प्रगति देखकर इंग्लैंड और फ्रांस भी प्रतिस्पर्धा में आगे बढ़े। लेकिन उन्होंने ज्ञान से अधिक संसाधनों को लूटने पर ध्यान दिया।

परंतु यह भी सत्य है कि पहले महायुद्ध तक जहाँ इंग्लैंड और फ्रांस को ही बड़ी शक्ति माना जाता था, वहीं लड़ाई के दौरान ही संयुक्त राज्य अमेरिका का महत्व उभर कर आ गया। इंग्लैंड की जीत तो भारतीय सेनाओं के कारण ही सुनिश्चित हुई। परंतु साथ ही संयुक्त राज्य अमेरिका एक शक्तिशाली राष्ट्र के रूप में सामने आया। जर्मनी और जापान से विद्वेष भावना रखने के कारण इंग्लैंड और फ्रांस आदि ने तथा संयुक्त राज्य अमेरिका ने भी लेनिन और स्तालिन को बढ़ाया तथा दोनों को रूस और मध्य एशिया तक के बड़े क्षेत्र पर कब्जा करने दिया। जिससे वृहत्तर भारतीय क्षेत्र के बहुत बड़े हिस्सों को जबरन मिलाकर सोवियत संघ बना।

इस बीच यूरोपीय ईसाई देशों की आपसी टकराहट के कारण फिर दूसरा महायुद्ध हो गया और पुनः संयुक्त राज्य अमेरिका तथा इंग्लैंड ने स्तालिन को साथ लिया और जर्मनी तथा जापान एवं तुर्की को पराजित करने के लिये स्तालिन के कहने पर माओ जे दुंग को भी साथ लिया। फलस्वरूप साथ देने का इनाम माओ को भी मिला और उसने विश्व के एक प्राचीन राष्ट्र में पैशाचिक जनसंहार और सांस्कृतिक विध्वंस की पराकाष्ठा कर दी।

दो ब्लॉकों की गुत्थी

अब यहाँ जो मुख्य बात हम वर्तमान पीढ़ी के और भावी पीढ़ी के भारतीयों को समझने की है, वह यह है कि जब लेनिन–स्तालिन के सोवियत संघ और माओ जे दुंग की कम्युनिस्ट पार्टी दोनों को संयुक्त राज्य अमेरिका, इंग्लैंड और फ्रांस आदि बढ़ा रहे थे, तो फिर भारत में और संसार भर में भी दो खेमों के बीच टकराव की बात कैसे फैलाई गई और क्यों फैलाई गई ? इस गुत्थी को सुलझाना आवश्यक है। विशेषकर उनके लिये जो भारत के वर्तमान और भविष्य के लिये चिंतित और संकल्पित हैं।

सत्य यह है कि दो अलग–अलग दृष्टियाँ हैं। एक सनातन धर्म की दृष्टि जो राष्ट्रों के वैविध्य, जीवन रूपों के वैविध्य, अध्यात्म साधनाओं के वैविध्य तथा फसलों, वृक्ष, वनस्पति, फूल, फल, औषधियाँ आदि सभी के वैविध्य, आहार और विहार की विविधता

तथा समूहों और समुदायों की प्रवृत्तियों की विविधता को जीवन का सत्य मानती है और सत्य तथा ऋत की मर्यादा में सबको मर्यादित ढंग से स्वाधीनता देती है। क्योंकि यही जीवन का सत्य है और यही टिकाऊ जीवन का मार्ग है।

दूसरी है सबको अपने में समा लेने और पचा लेने की दृष्टि, जो सबकुछ को पचाकर अपने अनुरूप रूपान्तरित कर लेती है और विविधता को मिटा देती है, जीवन वैविध्य को समाप्त कर देती है। अपने जैसा ही जीवन रूप, अपने जैसा ही पूजा रूप, अपने जैसा ही अध्यात्म विचार यदि कोई हो तो, अपने जैसा ही आहार–विहार, स्वास्थ्य और शील की अपनी ही मान्यतायें, बलपूर्वक सब पर आरोपित करती है, क्योंकि अपने सिवाय सबको 'अन्य' मानती है और अन्य का अस्तित्व अपने लिये शत्रु का अस्तित्व मानती है, चुनौती मानती है और उसे समाप्त कर डालने को बेचैन रहती है। मेरा ही जीवन स्वस्थ एवं श्रेयस्कर है। मेरे विचार को अपनाने में ही तुम्हारा कल्याण है। मेरी पूजा के रूप ही सबके द्वारा पूजनीय है। सभ्यता और संस्कृति का मेरा विचार ही सबको मानना पड़ेगा। जो नहीं मानेगा वह मेरा शत्रु है। उसे नष्ट कर डालना मेरे लिये आवश्यक है। सभी मेरे प्रतिस्पर्धी हैं। सहजीवन असंभव है आदि आदि।

अलगाववादी ख्रीस्त पंथ, कम्युनिज्म और इस्लाम, तीनों दूसरे प्रकार की दृष्टि को मानते हैं। यद्यपि पश्चिमी यूरोप ने प्रबुद्ध होने के बाद सीधे ऐसी घोषणा बंद कर दी है कि हम सबको बलपूर्वक अपने जैसा बनायेगें, परन्तु संस्कार वही हैं और लालसायें भी वही उभर – उभर आती हैं।

अब भी आधिपत्य की लालसा

इन तीनों ही पंथों के राजपुरुषों का वर्ग अलग ही प्रकार का है। ये राजपुरुष भिन्नता को बिल्कुल सहन नहीं करते। भिन्न प्रकार के राज्य का अस्तित्व भी उन्हें सहन नहीं है। इसके साथ ही सम्पूर्ण विश्व में अपना ही राज्य चाहने की उनकी लालसा अभी भी अदम्य है। यद्यपि विगत 200 वर्षों में विश्व के अन्य समाजों और सभ्यताओं के सम्पर्क में आने पर उन्होंने बार–बार मात खाई है और रास्ता

बदलने को मजबूर हुये हैं। इसके कारण उनकी पदावली बदली है, पहले जैसा उन्माद नहीं रहा है और तालमेल की रणनीति भी उन्होंने अपनाई है। परन्तु मूल लालसा अन्य पर आधिपत्य की ही है।

जर्मनी से प्रतिस्पर्धा

मूलतः इंग्लैंड और फ्रांस की तथा स्पेन, पुर्तगाल, हालैंड, आदि ईसाई यूरोपीय राज्यों की इच्छा सम्पूर्ण विश्व में आधिपत्य की ही है। इसके लिये उन्हें जर्मनी जो कभी यूरोप का केन्द्रीय राज्य था, अपना मुख्य प्रतिस्पर्धी दिखता रहा है। जर्मनी ने समय–समय पर सम्पूर्ण यूरोप में आधिपत्य की खुली आकांक्षा भी घोषित की है और प्रयास भी किये हैं। इससे इंग्लैंड, फ्रांस आदि को अपना जातीय अस्तित्व संकट में दिखा।

ईसाइयत की बात करने से कोई वास्तविक अहंशून्यता या सभी ईसाइयों से प्रेम जैसा कुछ घटित नहीं हो जाता। वास्तव में ईसाइयत में धर्म–आध्यात्म तत्व का घोर अभाव है। कोई आश्चर्य नहीं कि ईसाइयों को एक सूत्र में बाँधने की कोई शक्ति नहीं रही। अतः ईसाई अनेकानेक समूहों में बिखरे रहे हैं और एक–दूसरे को समाप्त करने के उद्देश्य से सदा युद्ध रत रहे हैं। परिणामतः सभी बातें अपने आत्माभिमान के इर्द–गिर्द ही घूमती हैं। क्योंकि जर्मनी भी ईसाई है, अतः हम उसका अंग हो जायें, तो क्या अंतर पड़ता है, यह विचार इंग्लैंड या फ्रांस आदि को कभी स्वप्न में भी नहीं आ सकता। इसके अतिरिक्त जर्मनी मुख्यतः हूणों का क्षेत्र है और हूणों ने ईसाई यूरोप को बुरी तरह रौंदा है, यह वे भुला नहीं पाते। फलस्वरूप जर्मनी को लेकर उनकी आशंकायें बनी रहती हैं। यद्यपि अनेक बार जर्मन सेनाओं और सेनापतियों को लेकर अन्य यूरोपीय राष्ट्रों ने संयुक्त रूप से युद्ध भी किये हैं।

चीन के परम्परागत शासक को समाप्त करने के लिये जर्मन सेनापति के नेतृत्व में ही सभी यूरोपीय राष्ट्रों ने युद्ध किया था और उन्हें अपने देश को अफीम का नशेड़ची बनने देने की छूट देने तथा अन्य दुर्गुण तथा दुष्प्रवृत्तियाँ चीन में फैलाने देने की छूट देने को

विवश किया था और अपनी परम्परागत शिक्षा त्याग कर यूरोपीय अमेरिकी शिक्षा ही ग्रहण करने को विवश किया था। तभी से चीनी सम्पन्न घरों के छात्र संयुक्त राज्य अमेरिका पढ़ने भेजे जाने लगे और उनमें से एक समूह यूरोपीय किस्म का राष्ट्रवादी बना और दूसरा कम्युनिस्ट बना।

इसी प्रकार अमेरिका के मूल निवासियों से लड़ने के लिये भी कई बार अंग्रेजों और फ्रेंच लोगों ने तथा स्पेन के लोगों ने जर्मनी का साथ लिया। परंतु आपस में वे जर्मनी को प्रतिस्पर्धी ही मानते हैं। दोनों ही महायुद्ध जर्मनी से प्रतिस्पर्धा में ही लड़े गये। जर्मनी को हराने के लिये ही संयुक्त राज्य अमेरिका, इंग्लैंड और फ्रांस ने लेनिन, स्तालिन और माओ का साथ दिया। अतः मूल राजनीति जर्मनी को प्रतिस्पर्धी मानकर उसे नियंत्रित रखने और विश्व में अपना वर्चस्व बनाये रखने की है।

भ्रमित करने वाला प्रोपेगंडा

अब प्रश्न उठता हैं कि सोवियत ब्लॉक और पूंजीवादी ब्लॉक की लड़ाई क्या चीज है ? यह वस्तुतः शेष विश्व को भ्रमित करने के लिये रचे गये प्रत्यय हैं। मुख्यतः तो यह कम्युनिस्टों की भाषा है, क्योंकि संयुक्त राज्य अमेरिका, इंग्लैंड और फ्रांस ने अपने को कभी भी पूंजीवादी नहीं कहा। वे तो स्वयं को उदार, मानवतावादी, विश्व कल्याण चाहने वाला आदि ही बताते रहे हैं। उन्हें पूंजीवादी तो कम्युनिस्टों ने कहा है और यूरोप तथा अमेरिका के कम्युनिस्ट अध्यापक भी यही कहते हैं। भारत में स्तालिन से प्रभावित नेहरू ने शिक्षा में कम्युनिज्म का व्यापक फैलाव किया और इसलिये भारत में भी ये शब्द चल गये।

तो क्या सोवियत संघ से संयुक्त राज्य अमेरिका की कोई प्रतिस्पर्धा नहीं थी ? थी और है। निश्चित ही। परन्तु उसका मूल स्वरूप वैचारिक नहीं है। वैसे भी स्तालिन कोई विचार प्रधान व्यक्ति नहीं थे। लेनिन और स्तालिन दोनों ने मार्क्स का केवल नाम लिया है, परन्तु उनकी समस्त स्थापनाओं को अस्वीकार कर दिया है।

स्तालिन की योजना यह थी कि वह अपने रूस को भी संयुक्त

राज्य अमेरिका जैसा ही शक्तिशाली बनायें। वह दूर द्वीपों में लूटने नहीं जा पाये थे। तो पास–पड़ोस में ही अपने उपनिवेश बना लिये। तथाकथित मध्य एशिया के पांचों राज्यों सहित आसपास के विशाल क्षेत्र को आंतरिक उपनिवेश बनाकर स्तालिन ने रूस को शक्तिशाली बनाने का काम शुरू किया। स्तालिन की यह महत्वाकांक्षा अमेरिकी शासकों को कभी पसंद नहीं आई और वे सोवियत संघ को अपना प्रतिस्पर्धी मानने लगे। इसीलिये उसे घेरने और तोड़ने की लगातार कोशिश की।

माओ की ठगी

जैसा प्रो. कुसुमलता केडिया जी ने अपनी पुस्तक 'कम्युनिस्ट चीन : अवैध अस्तित्व' में सप्रमाण बताया है, माओ जे दुंग अमेरिकी विदेश सचिवों और अन्य राजनयज्ञों को मूर्ख बनाने में सफल रहा। उसने यह झांसा दिया कि मैं स्तालिन जैसा नहीं हूँ, मैं तो आप लोगों जैसा ही हूँ। उसने कई अमेरिकी कंपनियों को चीन में व्यापार फैलाने की छूट दी। इससे अमेरिका में माओ की पक्षधर एक लॉबी तैयार हो गई। रूस से प्रतिस्पर्धा के फेर में अमेरिकी राजनीतिज्ञों ने इस्लाम और माओ जे दुंग को महत्व दिया।

अपनी बहुराष्ट्रीय कंपनियों को लाभ देने के लिये और अपने प्रतिस्पर्धी को कमजोर करने के लिये संयुक्त राज्य अमेरिका के शासक इतना आगे बढ़ गये कि उन्होंने माओ जे दुंग की नृशंस हत्याओं और बर्बर अपराधों को पूरी तरह अनदेखा कर दिया और सैमुअल बील तथा जोसफ नीढम जैसे पादरियों ने चीन को एक महान देश के रूप में प्रचारित करने का बीड़ा उठाया।

संयुक्त राज्य अमेरिका बार–बार अपनी कूटनीति और रणनीति में मात खाता रहा है। माओ के संदर्भ में भी वह मात खा गया। माओ ने अमेरिकी चुप्पी का फायदा उठाकर नरसंहार को पराकाष्ठा तक पहुँचा दिया। स्तालिन के इशारे पर तिब्बत पर अत्याचार करने में उसे नेहरू का सहयोग पहले ही मिल चुका था। इस प्रकार वस्तुतः माओ जे दुंग अमेरिकी राजनीतिज्ञों से बहुत अधिक सफल और धूर्त राजनेता निकला। नेहरू जैसे तो उसके सामने हीनभावना

से ही भरे रहते थे। भारत में माओ को भारत का भी चेयरमेन घोषित करने वाले एक लाख से अधिक देशद्रोही माओ के द्वारा पोषित होकर फैल गये।

कोरोना की सच्चाई से स्तब्ध विश्व

माओ के वर्तमान उत्तराधिकारी शी जिनपिंग की महत्वाकांक्षा इतनी अधिक बढ़ गई कि उन्होंने मानवजाति के बड़े हिस्से पर नियंत्रण के लिये रासायनिक अस्त्रों और जीवाणुओं का प्रयोग शुरू कर दिया। कोरोना के समय उसकी सच्चाई सामने आई और तब विश्व जनमत तथा अमेरिकी जनमत भी कम्युनिस्ट चीन के विरुद्ध हो गया। इस प्रकार कम्युनिस्ट विस्तारवाद तथा मजहबी आतंकवाद दोनों से त्रस्त संयुक्त राज्य अमेरिका एवं पश्चिमी यूरोप को भारत की मैत्री सर्वथा अनुकूल लगने लगी।

इस तरह अन्तर्राष्ट्रीय परिस्थितियाँ भारत के लिये इस समय अधिक अनुकूल हैं। प्रधानमंत्री मोदी जी ने इसीलिये लालकिले से घोषणा की थी कि 'यही समय है, सही समय है, भारत के अनुकूल समय है।' इस अनुकूलता का लाभ उठाकर ही भारत का उज्ज्वल भविष्य गढ़ा जायेगा।

मजहब की आड़ में अवैध कारोबार

आतंक को फैलाने वाली शक्तियाँ मजहब की आड़ में सक्रिय अराजक और अवैध समूह हैं। इन पर अन्तर्राष्ट्रीय नियंत्रण आवश्यक है। यहाँ यह उल्लेखनीय है कि मजहब की आड़ लेने वाले ऐसे सभी समूह कभी अपने मजहब का अनुशासन जीवन में अपनाते नहीं देखे जाते। उसी प्रकार जैसे लेनिन और स्तालिन ने कभी भी मूल मार्क्सवाद पर एक भी दिन विश्वास नहीं किया। मार्क्सवाद उनके लिये हत्या और क्रूरता को वैध ठहराने के लिये एक आड़ था।

इसी प्रकार आतंकवादियों के लिये मजहब एक आड़ है। वे उसके अनुशासन का स्वयं पालन करते नहीं देखे जाते। किसी भी प्रकार का नशा इस्लाम में हदूद गुनाह है अर्थात अल्ला के विरुद्ध गुनाह है। जबकि आतंकवादी नशे में अवश्य लिप्त होते हैं। इसी

प्रकार सलात या हज या जकात आदि का भी निष्ठापूर्वक पालन करते आतंकवादी नहीं देखे जाते। जो कुछ मजहब में वर्जित है, उसे वे प्रायः करते देखे जाते हैं। अतः मजहब उनके लिये आड़ ही है, आस्था नहीं है।

आस्था की आड़ लेने की मनमानी छूट किसी को भी नहीं दी जा सकती। अन्तर्राष्ट्रीय स्तर पर इसके लिये स्पष्ट प्रावधान आवश्यक है। अन्तर्राष्ट्रीय विधिक आधारों पर उनका नियंत्रण करना अन्तर्राष्ट्रीय संस्थाओं का कर्तव्य है। यह प्रावधान अन्तर्राष्ट्रीय विधिक स्तर पर किया जाना चाहिये कि कोई भी समूह किसी मजहब और रिलीजन को अपने जीवन का अंग बनाये बिना केवल अन्य पर अत्याचार और अन्याय करने के लिये तथा दूसरों की सम्पत्ति और भूमि छीनने के लिये मजहब या रिलीजन की आड़ नहीं ले सकते। अगर ऐसी आड़ कोई लेता है तो वह मानवता का अपराधी है और शांतिपूर्ण विश्व व्यवस्था के लिये बाधक है और कंटक है। कंटकशोधन आवश्यक है। अतः इस विषय में स्पष्ट अन्तर्राष्ट्रीय कानून बनाये जाने की आवश्यकता है।

कम्युनिस्ट विस्तारवाद रोका जाए

इसी प्रकार चीनी कम्युनिस्ट पार्टी के विस्तारवाद को रोकना भी अन्तर्राष्ट्रीय स्तर पर आवश्यक है। शी जिनपिंग की महत्वाकांक्षा हिन्द महासागर और प्रशांत महासागर दोनों में अपना प्रसार चाहती है। प्रो. केडिया जी ने उक्त पुस्तक में सप्रमाण दिखाया है कि अपने सम्पूर्ण इतिहास में चीन की सीमा कभी भी समुद्री तट से नहीं जुड़ी थी, जबकि शताब्दियों से, बल्कि हजारों वर्षों से हिन्द महासागर या इन्दु महासागर भारत का ही रहा है।

अतः भारत का ही हिन्द महासागर पर अधिकार है। हजारों साल से भारतीय व्यापारी और भारतीय सेनायें हिन्द महासागर का उपयोग करती रही हैं। यह हमारी सेनाओं का क्षेत्र और हमारे व्यापारियों का क्षेत्र रहा है। हिन्द महासागर के जरिये ही हमारे व्यापारी अत्यंत प्राचीन काल से दूर–दूर तक जाकर व्यापार करते रहे हैं। इस प्रकार चीन की कम्युनिस्ट पार्टी की अनधिकृत

महत्वाकांक्षा को थामना भारत का ही काम है।

इसके साथ ही अजरबैजान, कजाकिस्तान, उजबेकिस्तान, ताजिकिस्तान और तुर्कमेनिस्तान 20वीं शताब्दी के आरंभ तक भारत के ही अंग रहे हैं अथवा भारत से ही जुड़े रहे हैं। अब फिर से उनसे आत्मीयता बढ़ानी है। इसके साथ ही सम्पूर्ण मध्य एशिया किसी समय भारत का अंग था। भविष्य में पुनः मध्य एशिया से सांस्कृतिक संबंध बनाकर कार्य करना होगा। नई अन्तर्राष्ट्रीय परिस्थितियाँ इसके लिये अनुकूल हो रही हैं।

तिब्बत स्वतंत्र हो

तिब्बत की स्वतंत्रता और स्वतंत्र राष्ट्र के रूप में उसकी प्रतिष्ठा विश्व और मानवता के हित में है। उसमें भारत को भी सहयोग देना चाहिये। यह भारत का कर्तव्य भी है, क्योंकि तत्कालीन भारतीय प्रधानमंत्री के सहयोग के बिना माओ जे दुंग कभी भी तिब्बत पर कब्जा नहीं कर पाता। तिब्बत में कम्युनिस्ट पार्टी ने जिस बड़े पैमाने पर नृशंस नरसंहार किया है, उसके लिये चीनी राजकोष से क्षतिपूर्ति भी आवश्यक है। अन्तर्राष्ट्रीय स्तर पर तिब्बत को न्याय दिलाना भारत का दायित्व है।

सोवियत साम्राज्यवाद का अंत हो गया, परन्तु चीनी कम्युनिस्ट साम्राज्यवाद अभी विद्यमान है। उसे रोकना आवश्यक है। चीन के पास कोई भी पुराने दस्तावेजी प्रमाण नहीं हैं तब भी केवल गप्पों और किस्सों को आधार बनाकर चीन जगह–जगह दावेदारी करता फिरता है। भारत के शासकों को यह बताना होगा कि शास्त्रीय प्रमाणों के आधार पर तो समस्त चीन भारत का अंग है। अतः इतने ऐतिहासिक प्रमाण होने पर भी जब भारत वर्तमान का ध्यान रखकर चीन पर दावेदारी नहीं कर रहा है, तो चीन को अभी हाल ही में अनधिकृत रूप से अपने कब्जे में लिये गये तिब्बत से तो हटना ही होगा। उसकी कोई दावेदारी यहाँ कहीं नहीं है। कांग्रेस शासन ने चीन के कम्युनिस्टों से सांठगांठ कर उसे नित्य नई दावेदारियों के लिये प्रोत्साहित किया था, जो भारत के विरुद्ध और भारतीय हितों को जानबूझकर आघात पहुँचाने वाला काम है। उसकी जवाबदारी

कांग्रेस के ही पास है कि उसने राष्ट्रहित को निरंतर इतनी बड़ी हानि क्यों पहुँचाई। क्या उसे अपने देश से प्रेम नहीं है ? आखिर भारत के पड़ोस में चीन को लाकर अपने लिये उत्पात खड़ा करने का काम कांग्रेस के तत्कालीन प्रधानमंत्री ने क्यों किया ? और इसके बाद भी चीनी माल के लिये बाजार में इतनी अनुकूलता क्यों पैदा की? इससे कांग्रेस के किन नेताओं को क्या लाभ हुआ ? ये तथ्य सामने आने आवश्यक हैं।

भारतीय पुरूषार्थ का सर्वोन्मुखी विकास हो

अन्तर्राष्ट्रीय स्तर पर जो अनुकूलता है, उसका अधिकतम उपयोग करने की सामर्थ्य भी हमारे प्रधानमंत्री में ही है। वे इसका लाभ उठाकर और इसका उचित उपयोग करते हुये भारत के लिये विश्व भर में अनुकूलता बनाने में समर्थ हुये हैं। अब इसका लाभ उठाते हुये भारत की प्रतिभाओं को भारतीय पुरुषार्थ और कलाकौशल के रूपों को वैश्विक सम्मान दिलाने के विषय में कार्य करना चाहिये। वस्तुतः स्थापत्य और वास्तु तथा भवन और आहार या भोजन के क्षेत्र में भारत विश्व में सर्वाधिक समृद्ध है। अन्तर्राष्ट्रीय अनुकूलता का लाभ उठाते हुये इन सभी क्षेत्रों में भारतीय ज्ञान और कौशल को प्रतिष्ठित करने की आवश्यकता है। योग को अन्तर्राष्ट्रीय मान्यता मिल ही चुकी है। आयुर्वेद के प्रति भी विश्व भर में आकर्षण बढ़ रहा है। इस विषय में पूज्य स्वामी रामदेव जी, पूज्य अयंगार जी, पूज्य रविशंकर जी तथा अन्य पूज्य आचार्यों ने स्तुत्य कार्य किये हैं। इसी प्रकार आयुर्वेद को भी काशी हिन्दू विश्वविद्यालय तथा अन्य महत्वपूर्ण विश्वविद्यालयों के द्वारा आधुनिकतम आयुर्विज्ञान से जोड़ा गया है। आचार्य बालकृष्ण जी ने इस दिशा में अपना अलग और विशिष्ट योगदान दिया है। मध्य एशिया के गणराज्यों में वनस्पति संपदा और जड़ी–बूटियाँ विशाल पैमाने पर सुलभ हैं। अतः आवश्यकता घनिष्ठ संपर्क बनाकर संयुक्त रूप से आयुर्वेद के पक्ष में वातावरण बनाने की है।

नई शिक्षा नीति ने भारतीय ज्ञान परंपरा के फिर से उत्कर्ष का पथ प्रशस्त किया है। इसका लाभ उठाते हुये भारतीय ज्ञान परंपरा

के सभी श्रद्धावान लोगों के द्वारा पुनः ज्ञान के विविध अनुशासनों में विशेषज्ञता प्राप्त करनी चाहिये, ताकि अन्तर्राष्ट्रीय स्तर पर हम सम्मान और समानता के साथ अपनी ज्ञान परंपरा को गौरव दिला सकें। इन सभी कार्यों के लिये अन्तर्राष्ट्रीय परिस्थितियाँ अनुकूल हैं।

अध्याय 12

प्रधानमंत्री मोदी के समय का भारत: यही समय है, सही समय है

प्रधानमंत्री श्री नरेन्द्र मोदी ने आते ही राष्ट्रीय परिदृश्य के संवादों और विवादों को बदल दिया है। कहाँ तो चारों ओर नकारात्मकता की ही धूम थी। कांग्रेस के पास भारत के मुख्य समाज की निंदा के लिये अंतहीन नारे और बातें थीं। ऐसा ग्लानि का भाव भर दिया गया था कि भारत के लोगों की गंदगी की आदत ही है। स्टेशन, प्लेटफॉर्म, सार्वजनिक स्थान, पार्क आदि कहीं भी गंदगी फैला देना और उसे हटाने के लिये अन्य को जिम्मेदार मानना मामूली बात थी।

इसके साथ ही जातिगत संघर्ष को हवा देने का काम इतने बड़े पैमाने पर चलता था, मानो हर हिन्दू जाति यूरोप के नेशन्स की तरह एक अलग नेशन ही है। जैसे वहाँ, ऐंग्लो–सैक्सन, जर्मेन, फ्रेंक, हूण, बल्गार, स्लाव आदि अलग–अलग जातियों ने अपने नेशन बना लिये, उसी दिशा में भारत की भी प्रमुख जातियों को कांग्रेस की राजनीति प्रेरित कर रही थी।

अमेरिकी महाद्वीप में वहाँ के मूल निवासियों को हटाकर 500 वर्ष पहले जो यूरोपीय जातियाँ जा कर बसी हैं, उनके प्रति विश्व जनमत जाग्रत होने के कारण मूल निवासी के अधिकारों की बात अमेरिकी में की जा रही है। भारत में भी बिना किसी ऐतिहासिक

घटना अथवा साक्ष्य के भारत के कतिपय समुदायों को बाहर से आकर बसा हुआ और उनके साथ–साथ ही रह रहे कतिपय अन्य समुदायों को मूल निवासी बताने का आश्चर्यजनक झूठ फैलाया गया।

विगत शताब्दी में पहले इस झूठ का आधार नृतत्वशास्त्र को बनाने की कोशिश की गई थी और माथा, जबड़ा, नाक, आँखें आदि के साथ–साथ रंग और कद के आधार पर अलग–अलग जातियों की पहचान की कोशिश की गई थी, जो स्वाभाविक ही पूर्णतः असफल रही। ऐसा पाया गया कि पंजाब के ब्राह्मण ओर वहाँ के अनुसूचित जाति के लोग एक ही नृतत्वशास्त्रीय वर्ग में आते हैं और तमिलनाडु के वोकालिग्गा, रेड्डी तथा तमिल ब्राह्मण भी एक ही वर्ग में आते हैं। उनके माथे, नाक, आँख आदि में आश्चर्यजनक समानता है।

नृतत्वशास्त्र का शिगूफा फेल होने के बाद परिकल्पित इतिहास रचने का प्रयास किया गया। आर्य और द्रविड़ विभाजन की कहानियाँ रची गईं और उत्तर के आर्यों तथा दक्षिण के द्रविड़ों को दो अलग राष्ट्र बताने का प्रयास किया गया। तथ्यों के अभाव में वह भी सफल नहीं हुआ, तो मूल निवासी वाली बात अमेरिका से लेकर सीधे भारत में बिना किसी ऐतिहासिक प्रमाण के आरोपित की जाने लगी।

मोदी के आते ही बदल गया परिदृश्य

इस प्रकार के परस्पर कलह और अनैतिहासिक किस्सों के आधार पर रचे जा रहे विभाजन मोदी जी के आते ही पिघलने लगे। तमिलों का बहुत बड़ा सम्मेलन काशी में और काशी के विद्वानों के सम्मेलन दक्षिण में होने लगे। गुजरात और उड़ीसा, पंजाब और आंध्र या कर्नाटक और उत्तर प्रदेश के लोगों में परस्पर आत्मीयता के सूत्र जो परंपरा से सदा से थे, उनका उभार देखा जाने लगा। आंजनेय स्वामी की जयकार कर्नाटक में गूंज उठी और चामुंडा का आवाहन भी होने लगा। महाकाल का भव्य परिसर सम्पूर्ण देश का उपासना स्थल बन गया और विश्वनाथ परिसर भव्यतर हो गया। संयोगवश न्यायिक प्रक्रिया में भी गति आई और भव्य श्रीराम मंदिर साकार

हो गया तथा श्रीरामलला के विग्रह पुनः भक्तों पर कृपापूर्ण करुणा बरसाने के लिये सुंदर और भव्य श्रीपीठ पर विराजमान हो गए हैं। अतः पूरा परिदृश्य ही बदल गया है। अनुच्छेद 370 हटाये जाते ही देश भर में खूनखराबा सुनिश्चित है, यह बताने वाले उदास और दुखी बैठे हैं। गलवान और डोकलाम में चीनियों ने मार खाई है और अपनी सीमा समझ ली है। पाकिस्तान तो अपनी ही समस्याओं में पिसता जा रहा है। जिन मुस्लिम देशों को मोदी जी से भयभीत करने का प्रयास किया गया था, उनमें से अधिकांश के राष्ट्राध्यक्ष मोदी जी के मित्र बन चुके हैं और इजराइल से भी मैत्री अधिक प्रगाढ़ हुई है।

भारतीय मूल के विश्व भर में फैले समुदायों में एक अभूतपूर्व उत्साह का संचार हुआ है और सभी जगह भारतीयों का मान बढ़ा है तथा भारत देश का मान बढ़ा है। यह अभूतपूर्व स्थिति है।

अनिवासी भारतीयों में बढ़ा आत्मगौरव

सभी लोग अपने पुरुषार्थ से ही अपना जीवन चलाते हैं। फिर भारत तो एक लोकतांत्रिक समाज है और हर व्यक्ति सरकार पर आश्रित नहीं है। न तो जीविका के लिये और न ही जीवन के प्रवाह के लिये भारतीय लोग शासन पर आश्रित हैं। शासन उनके लिये एक आत्मगौरव और सुरक्षा प्रदान करने वाली संस्था है। ऐसी स्थिति में बाहर वर्षों से अपने परिश्रम और अपनी प्रतिभा से स्थान बनाने वाले लोग अपने देश का मान और नाम बढ़ने से ही पुलकित और प्रसन्न हैं। उन्हें और कुछ नहीं चाहिये। बाकी तो वे स्वयं अपना प्रबंध कर ही रहे थे। परन्तु भारतीय होने का सम्मान उनको आनंद और गौरव से भर देता है। यही कारण है कि विश्व भर में फैले हुये भारतीय मोदी जी के परम प्रशंसक हैं और भविष्य में भी उन जैसा ही नेतृत्व भारत का हो, यह वे चाहेंगे। यह मोदी जी के आने से विशेष अंतर आया है।

इतना ही नहीं, पाकिस्तान की जो दुर्दशा हो रही है उसमें पाकिस्तान के विभिन्न हिस्से पुनः भारत का अंग बनने को उत्सुक हैं। यह पहली बार हो रहा है। इस तरह दोनों राष्ट्रों के नागरिकों

में बैर भाव विकसित करने का जो प्रयास कांग्रेस शासन ने किया, उसका प्रभाव समाप्त हो रहा है। यह स्वयं में विशेष बात है।

आर्थिक क्षेत्रों में भी 'मेक इन इंडिया' का आह्वान करके उन्होंने बहुराष्ट्रीय कंपनियों और विदेशी कंपनियों के निवेश का मार्ग खोल दिया है। इससे दोनों ही पक्षों को लाभ है। भारत अनेक क्षेत्रों में आत्मनिर्भर हो रहा है और इस प्रक्रिया में भारत की सहायता करने वाले समूह और संस्थान स्वयं भी समृद्ध हो रहे हैं। इस प्रकार एक विश्व मैत्री का परिवेश बन रहा है। जी–20 का भारत में आयोजन इस प्रक्रिया को और आगे बढ़ायेगा।

जी–20 शिखर सम्मेलन का महत्व

जी–20 के शिखर सम्मेलन में सभी संबंधित सरकारों के बीच नीतिगत न्यायपूर्ण व्यवहार के विषय में अनेक निर्णय लिए गए। सम्मेलन का सफल आयोजन नई विश्व व्यवस्था के लिये कारगर कदम होगा, क्योंकि ये 20 देश विश्व की जनसंख्या का दो तिहाई अंश हैं और विश्व व्यापार का तीन चौथाई हिस्सा इन्हीं देशों का है। साथ ही विश्व के सकल घरेलू उत्पाद का 85 प्रतिशत अंश इन्हीं देशों का है। इस सम्मेलन ने भारतवर्ष के नेतृत्व को विश्वभर में स्थापित कर दिया है।

सम्पूर्ण पृथ्वी एक है

यह सम्पूर्ण पृथ्वी एक है और एक स्थान पर की गई प्रभावशाली क्रिया का प्रभाव दूर–दूर तक फैलता है, क्योंकि यह पृथ्वी एक जीवन्त अवयव है और इसके सभी अंग परस्पर संबंधित हैं, इसका ज्ञान यूरोप और अमेरिका में क्वान्टम भौतिकी और उसके बाद हुई वैज्ञानिक प्रगति से ही हुआ है। कवान्टम भौतिकी के ज्ञान के बाद ही लोकनायक जयप्रकाश नारायण ने सार्वजनिक रूप से वर्गसंघर्ष और वर्गविरोध के सिद्धांत के त्याग की घोषणा की थी और सबका साथ, सबका विकास के लिये सर्वोदय में आस्था व्यक्त की थी।

मर्यादित और टिकाऊ विकास

प्रधानमंत्री श्री मोदी ने उसी आस्था को 'सबका साथ, सबका विकास' के उद्घोष में साकार किया है। इसलिये आज 'वसुधैव कुटुंबकम' का विचार केवल भावनात्मक विचार नहीं है, अपितु इसके पीछे स्पष्ट वैज्ञानिक आधार है। भूमि, जल और पर्यावरण का मनमाना शोषण पुरानी वैज्ञानिक आस्था से जुड़ा था, जिसमें प्रकृति की क्रियाओं को यांत्रिक रूप से देखा और माना गया था और यंत्र के नियम समझकर उससे असीमित उत्पादन करते रहने की संभावना मानी गई थी। परंतु सौ वर्षों के भीतर ही विश्व के संसाधनों की सीमा स्पष्ट हो गई और इसीलिये विकास की वृद्धि की दर मर्यादित करने की बात उठी। यह मर्यादित विकास ही टिकाऊ विकास है। विश्व के संसाधनों के मनमाने शोषण से केवल सीमित समय के लिये विकास होता है और बाद में पर्यावरण प्रदूषण और पर्यावरण विकार सहित अनेक समस्यायें उभरती हैं। अतः इन सब बातों का विचार करते हुये प्रधानमंत्री के नेतृत्व में सभी देश टिकाऊ विकास की रूपरेखा निश्चित कर सकेंगे। वस्तुतः भारत का नेतृत्व इससे पहले विशेषकर कांग्रेस शासन में इन विषयों पर असावधानी बरतता था और विदेशी कूटनीति से मात खा जाता था। जबकि लेनदेन की शर्तें तय करते समय अत्यधिक सजगता आवश्यक है और दोनों ही पक्षों के विषय में पूरी जानकारी होनी आवश्यक है अन्यथा विक्रेता क्रेता पर मनमानी शर्तें लाद देते हैं।

समाजवादी दौर के हानिकारक परिणाम

समाजवादी दौर में राज्य पर नागरिकों की निर्भरता इतनी अधिक बढ़ाई गई कि रोजगार के लिये सबको सरकारी नौकरी ही सूझती थी, जबकि इतनी विशाल जनसंख्या को सरकारी नौकरी दे पाना असंभव है। एक तो वेतनमान के अतिरिक्त भारत में सरकारी तंत्र को अन्य सुविधायें बहुत अधिक मिलती हैं और दूसरे काम की जवाबदेही केवल विभागीय होती थी, जनता के प्रति नहीं। इसलिये सरकारी नौकरी एक प्रकार का भार ही समाज पर बनती दिखती है। आवश्यक सेवाओं के अतिरिक्त अन्य क्षेत्रों में सरकारी नौकरियाँ

सब प्रकार से समाज के लिये भार स्वरूप होती हैं। परंतु सरकारों ने नागरिकों को उनकी ही आदत डलवा दी। परिणामस्वरूप बेरोजगारी के आंकड़ें जब संचार माध्यमों में आते हैं तो वे शासन पर आरोप लगाने के भाव से या आरोप लगाने की शैली में प्रसारित होते हैं। जबकि वस्तुतः अपने परिवार के एक भी व्यक्ति को बेरोजगार नहीं रहने देना भारत में परिवार का ही दायित्व होता था। व्यवसायों की जातिगत विविधता और विशालता ऐसा संभव बनाती थी। परंपरागत हिन्दू समाज में बेरोजगारी एक अकल्पनीय बात थी। क्योंकि जो पैदा हुआ है और स्वस्थ है उसे उसकी क्षमता और रुचि तथा परिवार की स्थिति के अनुसार काम तो करना ही होगा। इस प्रकार बेरोजगारी एक असंभव स्थिति थी। लेकिन परंपरागत व्यवस्था के छिन्न–भिन्न होने पर रोजगार एक सरकारी जिम्मेदारी ही बन गये। स्पष्ट है कि कोई भी सरकार करोड़ों लोगों को एकसाथ इस प्रकार से रोजगार नहीं दे सकती और फिर यदि रोजगार देने की स्थिति में सरकार हो, तो उसका सामाजिक जीवन पर नियंत्रण अत्यधिक बढ़ जायेगा। इससे जीवन का रस ही चला जाता है। जैसा सोवियत संघ और चीन में हुआ है। परंतु समाज के बीच झूठे प्रोपेगंडा के कारण कांग्रेस ने भी रोजगार की सारी जिम्मेदारी सरकार पर ही होने का भाव फैलने दिया। इससे बहुत अधिक हानि हुई है। सही तरीका यह है कि शासन केवल आवश्यक सेवाओं की ही जिम्मेदारी उठाये और शेष दायित्व समाज के विविध स्तरों को वापस पुनः सौंप दे, जैसी भारत में परंपरा रही है।

प्रधानमंत्री श्री नरेन्द्र मोदी ने 'स्टार्टअप्स' की प्रेरणा देकर भारत में बहुत बड़ी संख्या में युवकों–युवतियों को स्वरोजगार की प्रेरणा दी है। इस प्रकार रोजगार की स्थिति बदल रही है और आशा है कि रोजगार के विषय में समाजवादी दौर में विकसित की गई निर्भरता की मनोवृत्ति भी बदल जायेगी।

प्रश्न केवल बेरोजगारी की समस्या के निवारण का नहीं है। इसका जो मनोवैज्ञानिक प्रभाव पड़ेगा, वह अधिक महत्वपूर्ण है। सोवियत संघ से प्रेरणा लेकर गढ़े गये समाजवादी ढांचे में पहले तो जानबूझकर कृत्रिम अभाव की स्थितियाँ पैदा की जाती हैं और

फिर बेरोजगारी तथा अन्य अभावों के आकड़े प्रसारित कर भारतीय समाज में ग्लानि और कुंठा पैदा की जाती है और फैलाई जाती है, ताकि लोग दबे रहें, कुंठित रहें और अधिक आकांक्षायें न पालें तथा अधिक आत्मविश्वास न अर्जित करें। क्योंकि आत्मविश्वास होने पर जहाँ राष्ट्र के नेताओं के प्रति प्रेम उमड़ेगा, वहीं सही–गलत का विवेक जाग्रत होकर आवश्यक टोका–टाकी भी होगी जो समाजवादी नेताओं को कभी पसंद नहीं आती।

देशवासियों से प्रधानमंत्री का जीवंत संवाद

प्रधानमंत्री श्री नरेन्द्र मोदी ने राष्ट्र में जो उत्साह और आत्मविश्वास जगाया है, उससे लोग उनसे बेझिझक प्रश्न कर रहे हैं और अपने मत भी व्यक्त कर रहे हैं। अकेले मन की बात के 100 एपिसोड में लगभग 40 करोड़ से अधिक लोग प्रधानमंत्री से जुड़े और उन्होंने उनसे संवाद किया। स्वयं प्रधानमंत्री ने भी अनेक लोगों से सीधे संवाद किया। प्रधानमंत्री कार्यालय में करोड़ों पत्र पहुँचते हैं जिनकी स्क्रीनिंग होती है और ब्रीफिंग भी होती है। इस प्रकार प्रधानमंत्री का करोड़ों लोगों से जीवन्त संबंध है। जनसभाओं तथा पार्टी कार्यक्रमों में होने वाला संपर्क भी विशाल है और सारा देश जानता है कि प्रधानमंत्री के संबंध और संवाद कितने जीवंत और ऊर्जा देने वाले हैं। ये विशेषतायें ही उन्हें राष्ट्र से एकीकृत करती हैं और एक जीवंत अवयव की तरह राष्ट्र परस्पर सम्बद्ध हो जाता है।

लोकतांत्रिक शील का गुण

प्रधानमंत्री की एक अन्य विशेषता यह भी है कि वे विपक्ष को कटु से कटु प्रहार का पूरा अवसर देते हैं और उनकी बातों का सम्मान करते हुये उनमें निहित बिन्दुओं पर चर्चा करते हैं तथा उत्तर देते हैं। एक लोकतांत्रिक नेता का यह बहुत बड़ा गुण है।

राष्ट्र से उनके प्रेम की अभिव्यक्ति जहाँ उनके सम्बोधनों और संवादों में होती है, वहीं कोरोना काल में 80 करोड़ लोगों को मुफ्त भोजन सुनिश्चित कराकर उन्होंने प्रजावत्सल राजाओं की भरतीय–परंपरा का गौरवशाली निर्वाह किया है।

राष्ट्र की वीरता और शौर्य को ऊर्जा और उत्साह से भरते हुये प्रधानमंत्री अनेक महत्वपूर्ण अवसरों पर अपने सैनिकों के बीच सीधे उच्च हिमालय में या अन्य दुर्गम स्थलों पर पाये जाते हैं। इससे भारत के जवानों का जो उत्साह बढ़ता है, वह प्रत्यक्ष दिखता है।

आत्मीयता, उत्साह, ऊर्जा का अभूतपूर्व संचार

सेना के प्रति भारत के लोगों का आदर और प्रेम सर्वविदित है। परंतु शिल्पियों और श्रमिकों के भी उत्साह बढ़ाने और उनसे आत्मीयता स्थापित करने की अद्वितीय पहल प्रधानमंत्री नरेंद्र मोदी ने की है। इसके अतिरिक्त कलावन्तों और गुणवन्तों में वे कलाकार और गुणग्राही राजपुरुष की तरह लोकप्रिय हैं।

वाद्य वृन्दों के बीच तो वे खिल उठते हैं और कई बार स्वयं भी वादन करने लगते हैं। जिससे उनके गुणी और वादन में निपुण होने का परिचय मिलता है। बच्चों से उनकी आत्मीयता तो अद्वितीय ही है। परीक्षा के समय बच्चों का मनोबल बढ़ाने और आवश्यक टिप्स देने का काम करने वाले वे पहले प्रधानमंत्री हुये हैं। इन सब गुणों के कारण राष्ट्र में आत्मीयता, उल्लास और ऊर्जा का अभूतपूर्व संचार हुआ है और उनके संकेत पर बच्चे, युवा और प्रौढ़ तथा वृद्ध नर–नारी राष्ट्र के लिये आवश्यक उत्सर्ग करने में पलभर की देर नहीं लगायेंगें। ऐसा परिवेश बन गया है।

देश भर में स्वच्छता ने वह स्तर प्राप्त कर लिया जो भारत के लिये असंभव माना जाता था। आयुष्मान योजना के अंतर्गत करोड़ों लोगो ने निशुल्क चिकित्सा का लाभ उठाया है और प्रधानमंत्री आवास योजना तथा अन्य अनेक कल्याणकारी योजनाओं ने करोड़ों लोगों के जीवन में सुख, शांति और समृद्धि लाने का काम किया है। इस प्रकार प्रधानमंत्री श्री नरेन्द्र मोदी के समय का भारत सभी क्षेत्रों में पुरुषार्थ के लिये सन्नद्ध भारत है और अन्तर्राष्ट्रीय परिस्थितियाँ अनुकूल हुई हैं जिसके कारण यही भारत के नये उत्कर्ष का सही समय है।

अध्याय 13

पुरानी पहचानों की सिकुड़ती भूमिका: नयी पहचानों का उदय

15 अगस्त 1947 के बाद श्री जवाहरलाल नेहरू ने स्तालिन से प्रेरणा लेकर भारत में समाजवादी समाजरचना का क्रम प्रारंभ किया। इसके लिये यह आवश्यक था कि समाज की पुरानी पहचानें मिटा दी जायें और शासक दल के अनुसार समाज को ढाला जाये।

वस्तुतः समाजवादी ढांचे की राजनैतिक प्रेरणा 18–19वीं शताब्दी की वैज्ञानिक उपलब्धियों की मनमानी व्याख्या से प्राप्त हुई थी। उस समय तक न्यूटन आदि वैज्ञानिकों ने प्रकृति के यांत्रिक नियमों की ही व्याख्या की थी। वैसे भी न्यूटन पूर्णकालिक वैज्ञानिक नहीं थे। वे मुख्यतः गणितज्ञ थे और गति के नियमों तथा गुरुत्वाकर्षण की गणितीय गणनाओं के लिये ही प्रसिद्ध हुये थे। बाद में वे इंग्लैंड की सरकारी टकसाल के वार्डन बने और अंत तक उसी पद पर रहे। उन्होंने ईसाइयत के पक्ष में बाइबिल की बहुत सारी प्रतीकात्मक व्याख्यायें कीं और प्रयास किया कि इंग्लैंड का चर्च 'ट्रिनिटी' की धारणा को मात्र प्रतिकात्मक मान ले।

इंग्लैंड की संसद में वे दो बार चुने गये और दोनों ही कार्यकाल में उन्होंने मौन ही रखा। 1703 में वे रॉयल सोसायटी के अध्यक्ष हुये और फ्रेंच विज्ञान अकादमी के एसोसियेट भी हुये। 1705 में उन्हें सर की उपाधि दी गई। 1710 में उन्होंने घनवक्र की चार श्रेणियों

का निरूपण किया। इस प्रकार उनका मुख्य योगदान गणितीय ही है और उन्होंने प्रकृति के यांत्रिक नियमों की व्याख्या की।

ईसाइयत से और चर्च के कठोर नियंत्रण से ऊबे हुये अंग्रेज तथा अन्य यूरोपीय लोगों ने चर्च के शिकंजे से मुक्ति के लिये विज्ञान का सहारा लिया और प्रकृति के यांत्रिक नियमों के अनुसरण में समाज को भी सही राजनैतिक चिंतन के द्वारा नियोजित किये जाने का नियम परिभाषित किया। ये सिद्धांत विज्ञान में आंइस्टाइन द्वारा सापेक्षता का सिद्धांत लाने के बाद से रद्द हो गया और क्वांटम भौतिकी के बाद तो यह निरर्थक ही हो गया। फिर भी समाजवाद के नाम पर समाज को राजनैतिक विचारक के द्वारा नियंत्रित करने का सिद्धांत न्यूटॉनियन–डेकार्टियन मॉडल के अनुसरण में जारी रहा। स्वयं इंग्लैंड और फ्रांस तथा पश्चिमी यूरोपीय समाजों ने समाज की इकाइयों की पुरानी पहचान जारी रखी। परन्तु पूर्वी यूरोप तथा कम्युनिस्ट समाजों ने पुरानी पहचान को रद्द कर नई पहचानें बनाने का प्रयास किया। वही प्रयास भारत में श्री नेहरू के नेतृत्व में किया गया। परन्तु इससे प्राचीन समाज के रूप में हिन्दू समाज में कई समस्यायें उत्पन्न हुईं।

समस्यायें तो भारत के मुस्लिम और ईसाई समाज में भी उत्पन्न होतीं, परन्तु उनकी प्रतिक्रिया के डर से श्री नेहरू और उनके शासन ने उन समाजों को अल्पसंख्यक घोषित कर उनकी संरचना से छेड़छाड़ नहीं करने का निर्णय लिया। क्योंकि विशेषकर मुस्लिम प्रतिक्रियायें विस्फोटक होती हैं और फिर मुसलमानों के लिये भारत के भीतर ही एक अलग नेशन स्टेट तैयार कर दिया गया था। इसलिये शेष भारत में उन्हें अनछुआ रहने दिया गया। केवल हिन्दू समाज को परिवर्तित करने का निश्चय किया गया। इस प्रकार केवल हिन्दू समाज को ही समाजवादी समाज के ढांचे में ढाला गया।

इसके लिये हिन्दू समाज की पुरानी पहचानों को विधिक स्तर पर अजनबी या अपरिचित बना दिया गया। यद्यपि कुल की पहचान विश्व भर में स्थिर है। इसलिये कुल या खानदान का विलोप तो नहीं किया जा सका, परन्तु कुलसमूहों को जाति के रूप में एक

निंदनीय इकाई प्रचारित किया गया। शिक्षा और संचार माध्यमों द्वारा इन पहचानों की निंदा की गई। लेकिन दूसरी ओर, आरक्षण की व्यवस्था और विवशता के कारण जातियों को विधिक रूप से इकाई के रूप में मान्य भी किया गया। यह द्वंद्व आज तक नहीं सुलझा है।

हिन्दू समाज की अन्य सभी संस्थायें और मान्यतायें अमान्य कर दी गईं अथवा रिडनडेंट कर दी गईं। जैसे कि विधिक और न्यायिक इकाई के रूप में जाति पंचायतें, खाप पंचायत आदि, उपासनापरक इकाइयों के रूप में सम्प्रदाय आदि तथा व्यापारिक पंचायतों के रूप में श्रेणी आदि की पंचायतों को कालबाह्य मान लिया गया और उनका कोई विधिक अस्तित्व नहीं माना गया। फलस्वरूप समाजों में विवाद और टकराव हल करने का एकमात्र तरीका ऐंग्लो–सैक्सन कानूनों के अन्तर्गत कोर्ट में जाने की जटिल और महंगी प्रक्रिया ही बची रही। यह अलग बात है कि इसके कारण आधुनिक किस्म की कोर्ट में मुकदमों की भरमार हो गई और लम्बित प्रकरणों के ढेर होते गये, जो कि जाति पंचायतों और खाप तथा श्रेणियों की पंचायतों में सरलता से निपटते रहते थे।

परंतु इससे समस्या पूरी तरह समाप्त नहीं हुई। क्योंकि नेहरू ने या तो अपनी भारतीय पृष्ठभूमि के कारण अथवा विशेष राजनैतिक बुद्धि के कारण लेनिन और स्तालिन की तरह व्यापक नरसंहार की कोई योजना नहीं बनाई, क्योंकि वैसी योजना बनाने पर भारत में 25 से 30 करोड़ लोगों की हत्या करनी पड़ जाती।

भारत एक योद्धा समाज है और यहाँ के किसानों में शस्त्र धारण और युद्ध की अत्यन्त प्राचीन परंपरा है। अतः ये हत्यायें असंभव हो जातीं और स्वयं शासकों का जीवन संकट में पड़ जाता। सोवियत संघ और चीन में बड़े पैमाने पर हत्यायें इसीलिये संभव हुईं कि वहाँ किसानों में शस्त्र धारण और युद्ध की कोई परंपरा नहीं थी और ईसाइयत ने उन्हें आज्ञाकारी और विनम्र रहना सिखा दिया था। पूर्वी यूरोप में भी ईसाइयत का यही प्रभाव था और इसीलिये वहाँ भी कम्युनिस्टों को व्यापक हत्या करने में सरलता हुई। भारत में यह संभव नहीं था। अतः अपनी व्यावहारिक बुद्धि और

लोकतांत्रिक निष्ठा से नेहरू ने लेनिन और स्तालिन का वह मार्ग नहीं अपनाया परन्तु उन्होंने सहकारी खेती और सहकारी आन्दोलनों के द्वारा तथा चकबंदी जैसी योजनाओं के द्वारा किसान समाज को पुनस्संगठित करने का भारी प्रयास किया। इन प्रयासों का परिणाम और मूल्यांकन शेष है।

पार्टी पॉलिटिक्स की पश्चिमी अवधारणा

परन्तु एक अन्य क्षेत्र में नई पहचान पूरी शक्ति के साथ स्थापित हो गई, क्योंकि वह ब्रिटिश काल से ही प्रारंभ हो गई थी। वह है पार्टी पॉलिटिक्स। इसमें हिन्दू समाज के समक्ष सबसे बड़ी समस्या यह आई कि समाज में दो राजनैतिक प्रतिस्पर्धी गुट खुल कर रहें, यह हिन्दू परंपरा में अमान्य था। क्योंकि अत्यन्त प्राचीनकाल से हिन्दू समाज को राजनैतिक एकता का अभ्यास और अनुभव रहा है। दो राजनैतिक प्रतिस्पर्धी गुट अगर हों, तो उनके मध्य बीच–बचाव के लिये विविध स्तरों की पंचायतें सदा थीं और वे सक्रिय हो जाती थीं। एक ही समाज में राज्य के लिये दो परस्पर विरोधी गुट एकसाथ बड़े स्तर पर सक्रिय हों, यह हिन्दू समाज के लिये विनाश का ही मार्ग नजर आता था। कौरवों और पाण्डवों में जो सत्ता संघर्ष हुआ, उसमें भी एक तो वह एक ही क्षेत्र के भीतर नहीं हुआ। मुख्य लोगों ने दोनों को इन्द्रप्रस्थ और हस्तिनापुर का क्षेत्र अलग–अलग बांट दिया। ऐसा कभी नहीं हुआ कि इन्द्रप्रस्थ में भी और हस्तिनापुर में भी दो अलग–अलग सत्ता के दावेदार गुट समाज के द्वारा मान्य हों। परन्तु आधुनिक पार्टियां एक ही राजनैतिक क्षेत्र में परस्पर विकट प्रतिस्पर्धा करती हैं और एक पार्टी सत्ता में आती है, तो दूसरी उसे सत्ता से हटाने के लिये जी–जान लगा देती है। यह हिन्दू समाज दृष्टि में अत्यन्त अनुचित और अशुभ बात है। परन्तु वह भारत में लागू है और जारी है।

इंग्लैंड तथा अन्य ईसाई समाजों में एक ही ईसाई समाज के अलग–अलग चर्चों के बीच खुलकर रक्तपात और एक दूसरे को नष्ट करने के लिये युद्ध होते थे। अतः वहाँ इस प्रकार के राजनैतिक प्रतिस्पर्धी समूह होने का लोगों को अभ्यास था। फिर भी

प्रत्येक ईसाई समाज ने अपनी रक्षा के लिये पार्टियों को जनसामान्य के बीच काम करते हुये सत्ता में हिस्सेदारी पाने की वस्तु बना दिया और सत्ता का केन्द्र हर यूरोपीय नेशन स्टेट में मोनार्क या प्रेसिडेन्ट या क्राउन बने रहे। इस प्रकार लोकतंत्र के दिखावे के जरिये उन्होंने अपने–अपने साम्राज्य की रक्षा कर ली। अपने–अपने क्षेत्र में बहुसंख्यकों के एक ही चर्च को विशेष राजकीय संरक्षण देकर भी उन्होंने यही काम किया।

इस प्रकार पार्टियाँ वहाँ वस्तुतः मुख्य समाज की एक बाहरी गतिविधियाँ हैं। समाज की रक्षा और पोषण चर्च तथा क्राउन या मोनार्क या प्रेसिडेन्ट से होता है। परिणामस्वरूप पार्टी वहाँ सामाजिक इकाई के रूप में नहीं है। वह एक राजनैतिक गतिविधि मात्र है। यही कारण है कि वहाँ पार्टियों के बीच कोई वैचारिक झगड़ें नहीं हैं। केवल अलग–अलग समूहों के हितों की विशेष रक्षा को लेकर ही पार्टियाँ बनी हैं। शेष बातों में उनमें व्यापक सहमति है। इंग्लैंड में कन्जरवेटिव और लेबर पार्टी के बीच अधिकांश मामलों में सहमति हैं, सिवाय इसके कि कन्जरवेटिव पार्टी कतिपय प्रोटेस्टेंट रूढ़ियों को बनाये रखने पर बल देती है और लेबर पार्टी लेबर हितों का विशेष ध्यान रखे जाने पर बल देती है। यही कारण है कि विंस्टन चर्चिल जब कन्जरवेटिव पार्टी में थे और जब लेबर पार्टी में आये तो दोनों ही स्थिति में उनके व्यक्तित्व का समान रूप से सम्मान होता रहा और किसी ने इसके लिये उनकी आलोचना नहीं की और उन्हें कभी दलबदलू आदि नहीं कहा गया। क्योंकि वहाँ पार्टी बदलने से न तो व्यक्तित्व बदलता और न ही लक्ष्य बदलते हैं।

इसी प्रकार संयुक्त राज्य अमेरिका में डेमोक्रेट्स और रिपब्लिकन्स में कोई आधारभूत वैचारिक झगड़ा नहीं है। दोनों ही चर्च और ईसाइयत के प्रति श्रद्धावान हैं और समस्त अमेरिकी हितों की रक्षा के लिये कार्य करने का दावा करते हैं तथा अलग–अलग लॉबी के पक्ष में विशेष सक्रिय रहते हैं।

पार्टियों को सामाजिक पहचान बनाने की चाल

परन्तु भारत में प्रयास किया गया कि पार्टियाँ सामाजिक पहचान बन

जायें। इस प्रकार आधारभूत सामाजिक पहचान जाति और सम्प्रदाय को मिटाकर पार्टी–पहचान लाने पर सारा जोर लगा दिया गया। अर्थात् आप अपनी जाति की बात मत करिये। इस बात पर गर्व मत करिये कि मैं इस जाति का हूँ और अगला दूसरी जाति का है। परन्तु इस पर गर्व करिये कि मैं अमुक पार्टी का हूँ और दूसरा हमारी पार्टी से भिन्न पार्टी का है।

वर्गशत्रुता को बढ़ावा

यहाँ तक तो गनीमत थी। परंतु बौद्धिक क्षेत्र में कम्युनिस्ट प्रभाव बढ़ने के साथ एक ही समाज की दो पार्टियाँ जो एक ही संविधान के प्रति समर्पित हैं और राज्य के एक ही ढांचे में अपनी निष्ठा दिखाती हैं, वे विधायिका में बहुमत पाने और कार्यपालिका पर नियंत्रण पाने की होड़ में एक दूसरे को अपना और संपूर्ण समाज का शत्रु बताने की होड़ करती हैं। इस प्रकार यह वर्ग शत्रुता और वर्गयुद्ध के कम्युनिस्ट ढांचे की नकल बन जाती है।

श्री जवाहरलाल नेहरू भले ही स्तालिन से प्रेरित थे, परन्तु मूलतः भारतीय परिवेश में पलने के कारण और गांधीजी के साथ रहने के कारण उन्होंने कभी भी व्यवहार में वर्गशत्रुता वाला कोई भी व्यवहार नहीं किया। यहाँ तक कि डॉ. राममनोहर लोहिया ने तिब्बत पर चीनी आक्रमण के समय और बाद में भारत पर चीनी आक्रमण के प्रयास के समय नेहरू जी की कटुतम आलोचना की, जिससे वे क्षुब्ध भी हुये, परंतु वर्गशत्रुता जैसी किसी भाषा का प्रयोग नहीं किया। शास्त्री जी या नरसिंहराव या राजीव गांधी के समय भी ऐसी भाषा को शासकों ने प्रोत्साहित नहीं किया।

इंदिरा जी के समय से कम्युनिस्ट वर्चस्व बढ़ा

परन्तु इंदिरा गांधी जी जब सोवियत संघ पर निर्भर हो गईं और सोवियत संघ के दबाव पर कम्युनिस्टों को शिक्षा और संचार माध्यमों में महत्वपूर्ण ठिकानों पर नियुक्त किया, तब से अकादमिक और बौद्धिक बहसों में योजनापूर्वक वर्गशत्रुता और वर्गयुद्ध की भाषा को बढ़ावा दिया गया।

अटल जी ने आत्मीयता बढ़ाई

फिर भी श्रीयुत अटल बिहारी वाजपेयी के व्यक्तित्व में जो व्यापकता और गंभीरता थी, उसके चलते उन्होंने वर्गशत्रुता वाले वातावरण को बिल्कुल भी नहीं पनपने दिया। इससे एक सौम्य और सुसंस्कृत वातावरण बना। जहाँ सब एक–दूसरे के गुणों का सम्मान करते थे और अपनी बात प्रखरता से रखते भी थे।

कटुता की पराकाष्ठा

परन्तु राजीव गांधी की मृत्यु के बाद सोनिया गांधी ने कांग्रेस की बागडोर संभाली तो हालात बदलने लगे। कम्युनिस्टों, का तथा ईसाई मिशनरियों का और साथ ही अलगाववादी मुस्लिम समूहों का भी मोर्चा बनाकर भारतीय जनता पार्टी के विरुद्ध कटुता को पराकाष्ठा पर पहुँचा दिया गया। श्री नरेन्द्र मोदी जी के लिये सभ्यता की सभी सीमायें लांघते हुये उन्होंने आपत्तिजनक शब्दों का प्रयोग लगातार जारी रखा और अपने कम्युनिस्ट तथा मिशनरी झुकाव वाले अनुयायियों के द्वारा भाजपा के विरुद्ध कटुता फैलाने का अभियान ही छेड़ दिया। इसके बाद जो उन्होंने साम्प्रदायिकता विरोधी विधेयक लाने का प्रयास किया, वह तो भारत के मुख्य समाज के विरुद्ध युद्ध का रणघोष ही था। उसमें दंगा होने की स्थिति में सदा हिन्दुओं को ही निरुद्ध करने और दंडित करने का बहुत ही उद्दंडतापूर्ण प्रयास था।

इस प्रकार अटल जी के समय की शांत परिवेशवाली राजनीति को क्षुब्ध और कलहपूर्ण बना देने का सारा दायित्व श्रीमती सोनिया गांधी और उनकी मंडली का है। ऊपर से उनके प्रति निष्ठावान मनमोहन सिंह जी ने तो कमाल ही कर दिया। उन्होंने फतवा दे दिया कि भारत के संसाधनों पर सबसे पहला अधिकार अल्पसंख्यकों का है। इस प्रकार शिक्षा और मजहब तथा रिलीजन के मामले में तो अल्पसंख्यकों को विशेषाधिकार कांग्रेस की कृपा से पहले ही प्राप्त हो गया था। यद्यपि संविधान की मूल भावना की धज्जियाँ उड़ाते हुये यह काम किया गया था, परंतु अब संसाधनों पर भी अल्पसंख्यकों का विशेषाधिकार उन्होंने घोषित कर दिया।

इसके बाद से ही अल्पसंख्यक समूहों में जो उत्पाती और असमाजिक तत्व थे उन्हें प्रोत्साहन मिला और वे भारत में बहुसंख्यक समाज को उपेक्षा तथा तिरस्कार से देखकर उस पर काल्पनिक अभियोग लगाते हुये उसे दबाने के हथकंडें अपनाने लगे और विदेशी ताकतों से भी इसके लिये सांठ–गांठ कर ली।

नई और विचित्र प्रजाति : भारत के कथित सेक्युलर

पारम्परिक पहचान का विलोप और नई काल्पनिक पहचानों को बलपूर्वक आरोपित करने के प्रयास में अन्याय के प्रतिरोध के परंपरागत माध्यम कमजोर हो गये। इस प्रक्रिया में जो सबसे नई और विचित्र प्रजाति विकसित हुई, वह हैं भारत के स्वयं को सेक्युलर कहने वाले मजहबी उग्रवाद के पोषक लोग। इन्होंने संविधान में भारत के राज्य को सेक्युलर कहे जाने का एक विचित्र भाष्य करते हुये भारतीय राज्य को भारत के बहुसंख्यकों की आस्थाओं और विश्वासों तथा मान्यताओं और व्यवहार के विरुद्ध युद्धरत बनाने का प्रयास किया। लोकतंत्र में यह एक अभूतपूर्व स्थिति लाई गई। जैसी हमने पूर्व में चर्चा की, समस्त संसार में लोकतांत्रिक नेशन स्टेट में बहुसंख्यकों की आस्थाओं, मान्यताओं और परंपराओं को ही विधि और न्याय का स्रोत माना जाता है तथा शिक्षा भी उनकी ही दी जाती है। परंतु भारत में यह अभूतपूर्व स्थिति ला दी गई कि राज्य का काम बहुसंख्यकों की मान्यताओं, परंपराओं और आस्थाओं को कुचलना और नष्ट करना है। यहाँ यह भी उल्लेखनीय है कि सेक्युलरिज्म का विकास विभिन्न ईसाई चर्चों के बीच झगड़े और टकराव को टालने के लिये राज्य को किसी एक चर्च का पक्षपाती नहीं बनाने की नीति से निकला है। परंतु यह भी सत्य है कि पश्चिमी यूरोप का एक भी नेशन स्टेट अपने राज्य को संविधान में सेक्युलर नहीं घोषित करता। क्योंकि उनमें से प्रत्येक नेशन स्टेट रिलिजियस हैं। संयुक्त राज्य अमेरिका का नेशन स्टेट भी अपने संविधान में स्वयं को सेक्युलर नहीं कहता। कोई भी मुस्लिम राष्ट्र स्वयं को सेक्युलर नहीं कहता और कोई भी कम्युनिस्ट राज्य स्वयं को सेक्युलर नहीं कहता। भारत के

राज्य को ही यह अनोखा विशेषण क्यों दिया गया है, यह स्पष्ट करना अपेक्षित है। क्योंकि स्पष्ट नहीं होने से ही सेक्युलर होने को हिन्दूद्रोही होने का पर्याय बना दिया गया है। यदि माननीय संसद सेक्युलरिज्म की परिभाषा कर देती है तो कोई भी परिभाषा दी जाये, सेक्युलरिज्म को हिन्दूद्रोह का पर्याय कभी भी घोषित नहीं किया जा सकेगा।

भारतीय मुसलमान और भारतीय ईसाई समाजों में इनकी अपनी मजहबी और रिलिजियस इकाइयाँ पूरी तरह मान्य और सुरक्षित हैं। उनकी शिक्षा और संस्कृति को राज्य द्वारा वित्त पोषित करने के प्रावधान के कारण शासन के स्तर पर भी ये इकाइयाँ मान्य हैं और इनकों मान्य रखने का शैक्षणिक प्रबंध भी किया गया है। जबकि हिन्दुओं की धर्मशास्त्रीय इकाइयों को निंदनीय और त्याज्य बताया जाता है। यह बड़ी ही विषम स्थिति है और राष्ट्र के समाज को नितांत भिन्न–भिन्न और परस्पर विरोधी कसौटियों में बलपूर्वक ढालने का प्रयास है। जो बात अल्पसंख्यक समाजों के लिये शुभ है, वांछित है और राज्य के द्वारा अनुशंसित है, वह बहुसंख्यक समाज के लिये शुभ और वांछित क्यों नहीं मानी जाये ? यह एक महत्वपूर्ण प्रश्न है।

बिना विचार किये जातियों के अस्तित्व को बहुसंख्यक समाज की एकता में बाधक बताया जाता है। परन्तु जाति एक संवैधानिक इकाई भी मान्य है। अनुसूचित जाति, अनुसूचित जनजाति और अन्य पिछड़ा वर्ग में सम्मिलित जातियों को जाति के प्रमाण पत्र दिये जाते है। इस प्रकार जाति एक संवैधानिक इकाई है। इसलिये इस विषय पर काल्पनिक बातें करने और निरर्थक जटिल स्थिति बनाने से कोई लाभ नहीं। जो सदा से परम्परा रही है, वही मार्ग अपनाना श्रेयस्कर है। वह यह है कि जातियों की निश्चित मर्यादायें व्यवहार में रहें अर्थात प्रत्येक जाति समान रूप से महत्वपूर्ण है और सभी समाज के सहज अंग हैं। अतः परस्पर सम्मान और शिष्ट व्यवहार आवश्यक है और यह भारतीय सामाजिकता का अनिवार्य अंग है।

मिशनरी पादरियों के द्वारा जाति के विरुद्ध चलाये गये अभियान का अविचारित अनुसरण स्थिति को केवल हास्यास्पद बनाता है। यदि समाज की इकाइयों के रूप में कोई नई रचना करनी है, तो

वह भी सर्वसम्मति से ही हो सकेगी। कोई एक समूह कोई भी प्रस्ताव प्रस्तुत कर दे और उससे अचानक सर्वमान्य नई सामाजिक इकाई बन जाये, यह संभव नहीं है और बिना इकाई के संसार का कोई समाज नहीं है। अतः प्रतिष्ठित सामाजिक इकाइयों पर काल्पनिक तीरंदाजी केवल दयनीय हरकत लगती है। इस प्रक्रिया में होता यह है कि आप अपने समाज के सामने ऐसी विचित्र शर्तें लादते चले जाते हैं, जो आपके या किसी अन्य के दिमाग की खुजली होती है और जिनका पालन असंभव होता है। होता केवल यह है कि उससे समाज की वास्तविक समस्याओं की अनदेखी हो जाती है और एक असंभव लक्ष्य की चर्चा में ही सारी शक्ति समाप्त हो जाती है। जिसे वस्तुतः सामाजिक स्तर पर कुछ नहीं करना है, उनके लिये तो यह टाइमपास करने वाली दिमागी उड़ान हो सकती है। परन्तु सचमुच समाज के स्तर पर कार्यरत लोगों के लिये ऐसी काल्पनिक बातों से कुछ भी नहीं निकलता, कोई मार्ग नहीं सूझता।

पेशों के आधार पर यूनियनों का बनना वस्तुतः श्रेणी और संघ की परम्परागत इकाई का ही नया रूप है। इसीलिये उसमें कोई समस्या नहीं उत्पन्न होती। क्योंकि वह तो श्रेणी और निगम या संघ की परंपरा के कारण हिन्दुओं के लिये परिचित चीज है। परन्तु क्या पार्टी को समाज की इकाई माना जायेगा ? क्या विचारधाराओं के आधार पर समाज में नई इकाइयाँ बनेगी ? इन प्रश्नों पर विचार आवश्यक है क्योंकि संसार में कहीं भी ऐसी इकाइयाँ बन नहीं पाई हैं। कम्युनिस्टों ने अपने को शोषित वर्ग की प्रतिनिधि इकाई के रूप में प्रस्तुत अवश्य किया और अपने प्रतिस्पर्धियों को शोषक वर्ग की प्रतिनिधि इकाई घोषित कर दिया, परन्तु उससे हत्यायें और मारकाट तो हुईं, कोई वास्तविक सामाजिक पहचान बन नहीं पाई। इसलिये सामाजिक पहचान के विषय में व्यापक विमर्श के बाद ही निर्णय लिया जाना चाहिये।

अध्याय 14

सनातन धर्मः मानव धर्म एवं मजहब और रिलिजन

सनातन धर्म का अर्थ है मानवधर्म। यह पृथ्वी के समस्त मानवों के लिये है। केवल हिन्दू समाज के लिये नहीं है। किसी भी सनातन धर्मशास्त्र में यह कहीं भी नहीं कहा गया है कि धर्म अर्थात मानवधर्म किसी समाज विशेष के लिये है और अन्य के लिये नहीं है। मानवता को और मानव समाज को सभी धर्मशास्त्र एक एकीकृत इकाई मानते हैं। देश और काल का विचार वे विशेष धर्म के संबंध में करते हैं। परन्तु सामान्य धर्म मानवमात्र के लिये है। कोई भी मानव समुदाय धर्मशास्त्रीय विवेचना के केन्द्र से बाहर नहीं रखा गया है।

धर्मशास्त्र यह भी स्पष्ट कर देते हैं कि मानवधर्म सार्वभौम हैं। स्मृतियों ने मानवधर्म को ही मनुष्यों का सामान्य धर्म, साधारण धर्म, सामासिक धर्म और सार्वभौम मानव धर्म कहा है। इस विषय में मनुस्मृति की स्पष्ट घोषणा है कि वेद, स्मृति, सदाचार और आंतरिक आनंद–ये चार धर्म के साक्षात लक्षण हैं। इस तरह धर्म से सदा आनंद की प्राप्ति और वृद्धि होती है। यह धर्मशास्त्रों का प्रतिपादन है। आनंद की प्राप्ति और वृद्धि ही धर्म का और धर्मशास्त्रों का प्रयोजन और परिणाम है। अतः धर्मशास्त्र किसी राजा या शासक द्वारा निर्धारित राज्यानुशासन नहीं है। न ही वे किसी एक महान

व्यक्ति या दिव्य व्यक्ति के अनुशासन हैं। अपितु वे सृष्टि और जीवन चक्र के नियमों का निरूपण हैं।

वेद सनातन धर्म के विषय में प्रमाण हैं। स्मृतियां अर्थात धर्मशास्त्र वेद से स्वतंत्र रूप में प्रमाण नहीं हैं। अतः प्रमाण एक ही है। जिन विषयों में वेद में कोई स्पष्ट निर्देश नहीं हैं, वहाँ उस विषय में स्मृति ही धर्म का निर्देश है।

भारत में अत्यन्त प्राचीनकाल से जो समाज व्यवस्था गतिशील रही है, वह कम से कम कई हजार वर्ष पुरानी है।

प्राचीनतम काल से भारत के सभी धर्मसूत्रों और धर्मशास्त्रों की यह सर्वसम्मति है कि मानवधर्म सार्वभौम है और यह सभी के द्वारा पालनीय है। मानवधर्म का पालन करने से सभी को सुख और आनंद की प्राप्ति होगी और मानवधर्म की उपेक्षा से सदा सभी को दुख और विषाद ही प्राप्त होता है। अतः मानवधर्म सार्वभौम है और सबके द्वारा पालनीय है।

मनुस्मृति में धर्मो की विस्तार से विवेचना है। साथ ही, सामान्य धर्म और मानव धर्म के मूल आधार स्पष्ट कर दिये गए हैं। मनुस्मृति के दसवें अध्याय में विश्व के सभी मनुष्यों के द्वारा अनिवार्य रूप से पालनीय धर्मो की विवेचना है, जो 63 वें श्लोक में वर्णित हैं। वे हैं – अहिंसा अर्थात् अन्य को किसी भी प्रकार से कष्ट न पहुँचाना, सत्य, अस्तेय अर्थात् बिना पूछे किसी की कोई वस्तु न लेना, आंतरिक और बाहरी पवित्रता, इंद्रिय संयम, अपनी ही पत्नियों से संतान की उत्पत्ति, दूसरों के सुख में द्वेष भाव नहीं होना, धर्मसम्मत दान करना, ऋजु अर्थात निश्छल भाव से जीवन जीना और श्राद्ध कर्म आदि करना। मनु कहते हैं कि यह विश्व के सभी मनुष्यों के द्वारा करणीय कर्म है। मनुस्मृति में यह भी कहा गया है कि समस्त संसार में केवल चार वर्ण ही हैं। पाचवां कोई वर्ण नहीं होता।

महाभारत में आश्रमवासिक पर्व में सत्य एवं अक्रोध तथा निर्भयता को सर्वश्रेष्ठ गुण कहा है। वामन पुराण ने भी अहिंसा, सत्य, अस्तेय, दान आदि को सामान्य धर्म कहा है। इस प्रकार सामान्य धर्म, साधारण धर्म, सामासिक धर्म और मानव धर्म पर्याय हैं। महाभारत के शांति पर्व में नौ गुणों को सभी वर्णों के लिए आवश्यक बताया

है, जो हैं : सत्य वचन, क्षमा, अद्रोह, ऋजुता, अक्रोध, पवित्रता, सम्पत्ति का उचित विभाग करना, संतति और अधीनस्थ लोगों का भरण पोषण।

इस प्रकार सनातन धर्म मनुष्य मात्र के लिए है। परन्तु वर्तमान में नागरिक कर्तव्यों के विषय में संविधान ही निर्णायक है।

भारत का राज्य भारत के लोगों को नागरिकता देता है। इस नागरिकता का अधार 15 अगस्त 1947 को भारत में उनकी विधिक उपस्थिति है। संविधान के प्रारंभ होने के समय जो भी व्यक्ति भारत के राज्य क्षेत्र में जन्मा था या जिनके माता या पिता में से कोई भारत के राज्यक्षेत्र में जन्मा था या जो संविधान प्रारंभ होने के पहले कम से कम 5 वर्ष तक भारत क्षेत्र का सामान्य निवासी रहा, उन सब को भारत का नागरिक भारत के राज्य ने घोषित कर दिया। इस प्रकार संविधान के माध्यम से राज्य ही भारत के लोगों को नागरिकता देता है और नागरिक होने पर प्रत्येक व्यक्ति को विधि के समक्ष समानता और वाणी तथा अभिव्यक्ति की स्वतंत्रता एवं शांतिपूर्ण सम्मेलन और संगठन की स्वतंत्रता तथा भारत के किसी भी भाग में आने जाने और निवास करने तथा वृत्ति या कारोबार करने की स्वतंत्रता का अधिकार देता है। इसके साथ ही प्रत्येक नागरिक के कर्तव्य हो जाते हैं कि वह संविधान का पालन करे, उसके आदर्शों, संस्थाओं, राष्ट्रध्वज और राष्ट्रगान का आदर करे। वह अंग्रेजों के विरुद्ध किये गये राष्ट्रीय आंदोलन को प्रेरित करने वाले आदर्शों का पालन करे, भारत की एकता अखंडता और प्रभुता को अक्षुण्ण रखे तथा उसकी रक्षा करे। प्रत्येक नागरिक का कर्त्तव्य है कि वह देश की रक्षा करे, आह्वान किये जाने पर राष्ट्र की सेवा करे, भारत के सभी लोगों में समरसता और समानबंधुता की भावना का निर्माण करे, जो धर्म, भाषा, प्रदेश या वर्ग पर आधारित सभी भेदभावों से परे हो। वह स्त्री सम्मान की विरोधी सभी प्रथाओं का त्याग करे और सामासिक संस्कृति की गौरवशाली परंपरा का महत्व समझे और उसकी रक्षा करे साथ ही पर्यावरण की रक्षा करे, सार्वजनिक सम्पत्ति को सुरक्षित रखे तथा हिंसा से दूर रहे और व्यक्तिगत और सामूहिक गतिविधियों

के सभी क्षेत्रों में कौशल का विकास करने का प्रयास करे, जिससे राष्ट्र उपलब्धि की नई ऊंचाइयों को छू सके। ये नागरिक कर्तव्य भी आपातकाल में ही जोड़े गये थे। स्पष्ट है कि कांग्रेस शासन द्वारा आपातकाल में जोड़े गये अधिकांश संशोधनों को अभी तक तो भारत की अन्य सभी पार्टियां स्वीकार करती हैं।

सभी धार्मिक धाराओं को समान महत्व

इस प्रकार, भारत का संविधान भारत की सर्वाधिक प्राचीन सांस्कृतिक धारा को उतना ही महत्व देता है, जितना बाद में आये हुये समूहों की संस्कृति को। इसका अर्थ है कि हिंदू धर्म, बौद्ध धर्म और जैन तथा सिख पंथ को, जिन सबको संविधान में हिंदू की परिभाषा के अंतर्गत घोषित किया गया है, उनकी संस्कृति को भारत में जितना अधिकार और महत्व प्राप्त है, उतना ही इस्लाम, ईसाइयत और पारसी, यहूदी आदि को भी प्राप्त है। इस प्रकार इस संविधान के लागू होने की तिथि से भारत में सनातन धर्म के धर्मशास्त्रों की विधिक स्थिति समाप्त हो गई। किसी भी हिन्दू को यह पूर्ण स्वतंत्रता प्राप्त है कि वह किसी भी हिन्दू धर्मशास्त्र का पालन करे या न करे और आदर करे या न करे।

जिनपर गौर करना जरूरी

यहां यह भी महत्वपूर्ण है कि 74 वर्षों में भारत में हिन्दू कुलों में जन्मे ऐसे अधिकांश राजनेता सत्तारूढ़ हुये हैं, जो सनातन धर्मशास्त्रों को अपने जीवन का मार्गदर्शक शास्त्र नहीं मानते। जबकि ऐसा कोई मुस्लिम या ईसाई या पारसी राजनेता भारत में आज तक नहीं हुआ, जो अपने मजहब या रिलीजन के शास्त्रों को ही अपने जीवन का मार्गदर्शक शास्त्र नहीं मानता हो। इस विषय में संविधान उदासीन है। यदि हिन्दू राजनेता सनातन धर्मशास्त्रों को अपने जीवन का मार्गदर्शक शास्त्र मानें और संविधान में निर्देशित किसी भी नियम का उल्लंघन नहीं करें तो उन्हें ऐसा मानने की स्वतंत्रता है। परंतु साथ ही यदि वे सनातन धर्मशास्त्रों को अपने जीवन का मार्गदर्शक शास्त्र नहीं मानें, तो भी उन्हें पूरी स्वतंत्रता है। ऐसी स्थिति में यह

समाज के अपने परिवेश पर निर्भर है कि वह अपने सदस्यों पर इस विषय में कोई प्रभाव और दबाव डालता है या नहीं डालता है।

हिन्दू को धर्मविहीन होने का अधिकार, गैर हिन्दू को नहीं

इस प्रकार संविधान में समकालीन भारत में हिन्दू समाज की विधिक स्थिति वही है जो इस्लाम या ईसाइयत आदि की है। परंतु हिन्दू समाज जीवन में धर्मशास्त्रों की विधिक स्थिति यह है कि कोई हिन्दू व्यक्ति या परिवार धर्मशास्त्र का पालन करे या ना करे, उसे संविधान ने पूर्ण स्वतंत्रता दे रखी है। इसके साथ ही, शिक्षण संस्थानों और संचार माध्यमों द्वारा हिन्दू धर्मशास्त्रों का सामान्यतः कोई भी उल्लेखनीय प्रचार नहीं किया जाता, अपितु प्रायः उनका उपहास ही उड़ाया जाता है। जबकि मुसलमान या ईसाई व्यक्तियों को अपने–अपने मजहब या रिलीजन की किताबों का मजाक उड़ाते या उनके पालन में स्वतंत्रता लेते कभी नहीं देखा जाता।

हिन्दू धर्म की शिक्षा शासन से वित्तपोषित संस्था में नहीं दी जा सकती

इसके साथ ही एक विशेषता और है। संविधान के अनुच्छेद 28 के अनुसार राजकीय निधि से पूर्णतः पोषित किसी भी शिक्षा संस्था में कोई भी धार्मिक शिक्षा नहीं दी जायेगी। परंतु यदि वह शिक्षा संस्था किसी ऐसे न्यास या एनडाउमेन्ट (धर्मस्व या धर्मादा स्थायी निधि) द्वारा स्थापित है। जिसके अनुसार उस संस्था में धार्मिक या मजहबी या रिलिजियस शिक्षा देना आवश्यक है, तो यह शर्त ऐसी संस्था पर लागू नहीं होगी। भले ही उसका प्रशासन राज्य करता है अथवा वह राजकीय निधि से पूर्ण पोषित है तो भी वहां मजहबी और रिलिजियस शिक्षा दी जा सकती है। तात्पर्य यह कि हिन्दू धर्म की शिक्षा नहीं दी जा सकती।

अल्पसंख्यकों के मजहब की शिक्षा सरकारी निधि से दी जा सकती है

संविधान के अनुच्छेद 29 एवं 30 के अनुसार भारत के किसी भी

हिस्से के निवासी अलपसंख्यक नागरिकों को अपनी विशेष भाषा, लिपि और संस्कृति बनाये रखने का अधिकार है तथा धर्म या भाषा पर आधारित सभी अल्पसंख्यक वर्गों को अपनी रुचि की शिक्षा संस्थाओं की स्थापना और संचालन का अधिकार है तथा राज्य इस आधार पर उनको वित्तीय सहायता देने में कोई भेदभाव नहीं करेगा कि वे अल्पसंख्यकों के मजहब या रिलीजन के लिये ही चलाये जा रहे शिक्षण संस्थान हैं और उनके ही प्रबंधन में हैं।

इस तरह एक ऐसा राष्ट्रीय परिवेश बना, जहां अल्पसंख्यक समूह अपनी विशेषता को बनाये रखने के लिये सरकारी खजाने से पूरी तरह पोषित होकर अपने–अपने मजहब और रिलीजन की किताबों की सघन और गहन शिक्षा देते हैं तथा अपनी–अपनी आस्थाओं पर आग्रह रखने वाले अल्पसंख्यक समुदाय के नागरिकों को तैयार करते हैं। जबकि बहुसंख्यक समाज की धार्मिक शिक्षा के लिये ऐसा कोई भी परिवेश नहीं है। यह एक विशेष स्थिति है।

यह देखना आवश्यक और महत्वपूर्ण है कि वस्तुतः सनातन धर्मशास्त्र मनुष्य के लिये किन गुणों और कर्तव्यों का प्रतिपादन करते हैं, ताकि समझा जा सके कि मनुष्यों को किन गुणों और किन कर्तव्यों की शिक्षा दिए जाने पर शासन द्वारा रोक है, यदि वह शिक्षा संस्था राज्य द्वारा वित्त पोषित हो। साथ ही, यह भी देखना आवश्यक है कि अन्य मजहब या रिलीजन किन गुणों और कर्तव्यों का प्रतिपादन करते हैं, जिनकी शिक्षा के लिये सरकारी खजाना खोल दिया गया है।

मानवधर्म ही सर्वोपरि

समस्त मनुष्यों के द्वारा पालन किये जाने योग्य सामान्य धर्म को ही सामासिक धर्म भी कहा है और उसे ही साधारण धर्म भी कहा है और उसे ही मानव धर्म भी कहा गया है। मनुस्मृति अर्थात मानव धर्मशास्त्र में, महाभारत में और सभी पुराणों में तथा समस्त स्मृतियों में धर्म की ही विवेचना मुख्य है और उसे ही सर्वोपरि पालन करने योग्य कहा गया है।

यह बोध भारत में प्राचीनतम काल से है। ऋग्वेद में कहा है –

'सत्य वचन एवं असत्य वचन में प्रतियोगिता चलती है। देवता सत्य की ही रक्षा करते हैं और असत्य का हनन करते हैं।

महाभारत में सत्य के 13 स्वरूपों का वर्णन है। शांतिपर्व में 162वें अध्याय में पितामह भीष्म महाराज युधिष्ठिर को बताते हैं कि सत्य ही सनातन धर्म है। सत्य को ही सदा नमन करना चाहिये। प्रिय और अप्रिय दोनों में समान भाव रखना समता है। किसी अन्य की कोई वस्तु लेने की कभी इच्छा नहीं करना, सदा धीर–गंभीर रहना और निर्भय रहते हुये मन को शांत रखना। यह दम का लक्षण है।

दान करते समय और धर्ममय आचरण करते समय मन में शांत भाव रखना तथा किसी से इस विषय में ईर्ष्या न करना यही अमात्सर्य है। इसके लिये सदा सत्य पालन का अभ्यास होना आवश्यक है। क्षमाशील होने का अर्थ है सहने और न सहने योग्य व्यवहार तथा प्रिय और अप्रिय वचन को समान रूप से ग्रहण करने की सामर्थ्य। यह क्षमा भाव भी सत्यवादी व्यक्ति को ही प्राप्त होता है। लज्जा नामक गुण धर्म के आचरण से प्राप्त होता है। जो बुद्धिमान व्यक्ति अन्य का सदा कल्याण करता है और मन में किसी प्रकार की ग्लानि नहीं लाता तथा मन और वाणी को प्रशान्त रखता है, वही लज्जाशील है।

जो मनुष्य निश्चित पुरुषार्थ की सिद्धि के लिये तथा धर्म के लिये कष्ट सहन करता है, उसकी वह सहनशीलता ही तितिक्षा कहलाती है। तितिक्षा की प्राप्ति धैर्य से होती है। दूसरों के दोष नहीं देखने से अनसूया सिद्ध होती है।

वास्तविक त्याग है – विषयों की आसक्ति का त्याग। यह राग और द्वेष से रहित होने पर ही सिद्ध होता है। परमात्मा अर्थात परमसत्ता का चिंतन ही ध्यान है। अन्य की भलाई तथा धर्ममय आचरण को ही आर्यत्व कहा गया है। यह आसक्ति के त्याग से प्राप्त होता है। मन में सुख या दुख किसी भी स्थिति में विकार का ना होना धृति है। वह व्यक्ति धैर्यवान कहलाता है जिसमें हर्ष, भय और क्रोध को त्याग दिया है। मन, वाणी और क्रिया द्वारा किसी भी प्राणी के साथ कभी भी द्रोह ना करना, दया भाव रखना और दान

करना – ये श्रेष्ठ पुरुषों के सनातन धर्म हैं। ये तेरहों धर्म सनातन सत्य हैं। ये सभी सत्य के ही आश्रय से पुष्ट होते हैं और बढ़ते हैं।

अंत में पितामह भीष्म कहते हैं कि हे महाराज! सत्य से बढ़कर कोई और धर्म नहीं है तथा झूठ से बढकर कोई पाप नहीं है। सत्य ही धर्म की आधारशिला है। यदि कोई मनुष्य सत्य का आचरण करता है और सदा सत्य बोलता है तो उसे सब प्रकार के यज्ञों का तथा दानों का और अन्य धर्मों का भी फल प्राप्त हो जाता है। 1000 अश्वमेघ यज्ञ करने से बढ़कर है सत्य बोलना और सत्य का आचरण करना।

हिन्दू शास्त्रों में बताए मानवधर्म की शिक्षा प्रतिबंधित है

ये ही वे गुण हैं और ये ही वे कर्त्तव्य हैं, जिनकी हिन्दू धर्मशास्त्र शिक्षा देते हैं। राज्य द्वारा वित्तपोषित शिक्षा संस्थानों में हिन्दू धर्मशास्त्रों में प्रतिपादित इन गुणों एवं कर्त्तव्यों की शिक्षा देना वर्जित किया गया है। इन गुणों की जानकारी अलग से कोई अध्यापक चाहे तो विद्यार्थी को दे सकता है। पर हिन्दू धर्मशास्त्रों के उद्धरण देकर इन गुणों की शिक्षा नहीं दी जा सकती। इस पर रोक है।

जबकि मजहबी और रिलिजियस शिक्षा के लिये सरकारी खजाने से अनुदान देने की पूरी व्यवस्था है और मुसलमानों को इस्लाम के विषय में तथा ईसाइयों को ईसाइयत के विषय में उनकी किताबों के आधार पर शिक्षा दी जाती है तथा इसके लिये शासकीय धन सुलभ है। मजहब और रिलीजन किसी एक सामान्य मानवता की बात नहीं करते, अपितु वे मनुष्यों को मोमिन और काफिर तथा रिलिजियस और हीदेन मनुष्यों में वर्गीकृत करते हैं।

अध्याय 15

राष्ट्रीय एकता में मानवधर्म की भूमिका

जैसा हमने देखा, सनातन धर्म के अन्तर्गत सामान्य धर्म या साधारण धर्म वस्तुतः मनुष्य मात्र के द्वारा पालने योग्य सार्वभौम मूल्य हैं। अतः भारत जैसे राष्ट्र में जहाँ पंथ, आस्था, विश्वास, उपासना शैली और मान्यताओं की विविधता है, वहाँ राष्ट्रीय एकता का आधार सार्वभौम मानवीय मूल्य ही हो सकते हैं। यूँ तो हमारे संविधान में ये मानवीय मूल्य सन्निहित हैं। संविधान में भाग 2 में नागरिकता परिभाषित की गई है और भाग 3 में मूल अधिकारों का निरूपण अनुच्छेद 12 से अनुच्छेद 35 तक किया गया है। उसमें विशेषकर अनुच्छेद 12 से अनुच्छेद 31 तक अधिकार निरूपित हैं और अनुच्छेद 32, 33 एवं 34 में संवैधानिक उपचार की विधियाँ दी गई हैं, जो अधिकार ही हैं। यद्यपि अनुच्छेद 35 स्पष्ट कर देता है कि संसद को शक्ति होगी कि वह संबंधित कतिपय प्रावधानों के लिये दंडविहित करने के लिये विधि बनायेगी। इनमें स्पष्ट रूप से विधि के समक्ष समता का अधिकार, लोक नियोजन में अवसर की समता का अधिकार, वाणी और अभिव्यक्ति की स्वतंत्रता का अधिकार सहित स्वतंत्रता से संबंधित अनेक अधिकार और प्राण तथा दैहिक स्वतंत्रता का संरक्षण प्रदान किया गया है। साथ ही, शोषण के विरुद्ध अधिकार एवं धर्म की स्वतंत्रता का अधिकार

दिया गया है। साथ ही, संस्कृति और शिक्षा संबंधी कतिपय विशेष प्रावधान किये गये हैं।

अतः स्पष्ट है कि संविधान में निरूपित ये मूल अधिकार सार्वभौम मानव मूल्यों से ही संबंधित हैं। ऐसी स्थिति में किसी भी विचार या पंथ या मजहब आदि के नाम पर किसी भी अन्य नागरिक के मूल अधिकार और सार्वभौम मानव मूल्य को बाधित करने का किसी को अधिकार नहीं है। जिसका अर्थ है कि बंधुता, प्रेम एवं सद्भाव तथा राष्ट्रीय एकता की भावना का संरक्षण एवं पोषण प्रत्येक नागरिक का कर्तव्य है और यही हमारी राष्ट्रीय एकता का आधार है। इस प्रकार मानवधर्म की राष्ट्रीय एकता में निर्णायक भूमिका है।

अनुच्छेद 51 (ख) में अस्पष्टता

संविधान के भाग 4(क) में मूल कर्तव्यों का निर्धारण है। तदनुसार संविधान का पालन करना और उसके आदर्शों का, संस्थाओं का तथा राष्ट्रध्वज और राष्ट्रगान का आदर करना प्रत्येक नागरिक का कर्तव्य है। इसके साथ ही अनुच्छेद 51(ख) में जो कर्तव्य प्रतिपादित हैं उनको लेकर एक समस्या है। संवैधानिक प्रावधान इस अनुच्छेद का यह है कि स्वतंत्रता के लिये हमारे राष्ट्रीय आंदोलन को प्रेरित करने वाले उच्च आदर्शों को संजोये रखे और उनका पालन करे, परंतु इसमें समस्या यह है कि राष्ट्रीय आंदोलन के कई चरण हैं और कई धारायें हैं, जिनमें कुछ मामलों में परस्पर टकराव भी है और अनेक मामलों में भिन्नता भी है। इस प्रकार यह प्रावधान व्यवहार की दृष्टि से अस्पष्ट रह जाता है। उदाहरण के लिये क्रांतिकारी हमारे राष्ट्रीय आंदोलन का अभिन्न अंग हैं, जिनमें से कुछेक का संक्षिप्त स्मरण उचित होगा।

1845 में जन्में श्री वासुदेव बलवंत फड़के ने युवावस्था के आरंभ में ही स्वराज के लिये पराक्रम करने का संकल्प लिया। उन्होंने 1870 में एक सशस्त्र संगठन तैयार किया, जिसका नाम रखा 'ऐक्य वर्धिनी सभा'। उनके नेतृत्व में सशस्त्र वीरता की ज्योति पुणे में प्रज्ज्वलित हुई। इसके साथ ही उन्होंने महाराष्ट्र शिक्षण मंडल की स्थापना भी की। ठाणे और मुंबई क्षेत्र में अंग्रेज तथा अन्य यूरोपीय

व्यापारी अचानक मनमानी लूटपाट करने लगे। देशी वस्तुयें बेहद सस्ते दाम में देने को लोगों को बाध्य करते और मना करने पर मारपीट करते। इस पर फड़के के संगठन ने उनकी पिटाई शुरू की।

जब अंग्रेजों ने बड़ौदा नरेश को गद्दी से जबरन हटाया तब फड़के के संगठन ने उनके विरुद्ध कोलियों, भीलों और धनगर लोगों को साथ लेकर सम्मिलित आक्रमण कर दिया। इस पर अंग्रेजों ने ब्रिटिश भारतीय सिपाहियो के साथ उनको घेर कर मार डालने की तैयारी की। फड़के का समूह तो नहीं मिला, परन्तु ब्रिटिश भारतीय सेना ने पूरे क्षेत्र की बहुत लूटपाट की। अंग्रेजों ने फड़के पर इनाम घोषित कर दिया। इस पर फड़के ने घोषणा की कि मुंबई के गवर्नर को पकड़ने वाले को इनाम दिया जायेगा और प्रतिरोध करने वाले प्रत्येक यूरोपीय को मारने वाले को भी इनाम दिया जायेगा। पर अंग्रेजों के द्वारा घोषित इनाम के लालच में एक स्थानीय व्यक्ति ने मंदिर परिसर में फड़के का ठिकाना बता दिया और वे गिरफ्तार हो गये तथा उन्हें आजीवन कारावास की सज़ा दी गई। उन्हें बंदी बनाकर यमन के शहर अदन में भेजा जा रहा था। परन्तु वे रास्ते में बचकर भाग गये। दुबारा फिर पकड़ने के बाद उन्हें फांसी दी गई।

उनके बाद महान राष्ट्रभक्त दामोदर चापेकर, बालकृष्ण चापेकर एवं वासुदेव चापेकर ने राष्ट्रभक्ति की वह ज्योति जलाये रखी। लोकमान्य तिलक के द्वारा केसरी में लिखे जाने वाले संपादकीय लेखों से प्रेरित होकर 1894 में 150 युवकों के एक दल ने क्रांतिकारी संगठन स्थापित किया था। इन लोगों ने क्रांतिकारी आंदोलन चलाकर अंग्रेजों को भारत के लिये बाहरी एवं अजनबी दस्यु मानते हुये उन्हें भगाने का अभियान चलाया। दामोदर चापेकर ने अपने एक लेख में लिखा – 'हमारे शास्त्रों के अनुसार राजा और प्रजा में पिता और पुत्र का संबंध होता है। रानी विक्टोरिया स्वयं को यहाँ की रानी कहती हैं। इस दृष्टि से वे समस्त प्रजा की माता हुईं। परन्तु उनके कृत्य स्पष्ट कर देते हैं कि वे प्रजावत्सला माँ नहीं हैं, अपितु ऐसी काली नागिन हैं, जो स्वयं अपने बच्चों को खा

जाती हैं। इसलिये इस नागिन का प्रभाव भारत से समाप्त करना आवश्यक है।'

अंग्रेजों की बर्बरता

जब सूरत में प्लेग फैला तो उस समय ब्रिटिश अधिकारियों ने सूरत के लोगों पर अत्याचार शुरू कर दिया। उनके घरों को जलाना और बीमारों को खुले में मरने के लिये छोड़ देना तथा परिवार वालों को जबरन उनके पास से भगा देना, जैसी घिनौनी हरकतें विशेषकर कमिश्नर वाल्टर रेंड करने लगा। 800 अंग्रेजों की एक टीम लेकर रेंड लोगों के घरों की तलाशी लेने लगा और उनका सामान छीन लेना तथा स्त्रियों की जांच करने के बहाने छेड़—छाड़ और बलात्कार तक किया जाने लगा, विरोध करने वालों को यातना शिविर में भेज दिया जाता, जो कष्टकारक तंबू के रूप में थे। इससे पुणे में क्रोध और क्षोभ फैल गया। अंग्रेजों के मित्र माने जाने वाले गोपाल कृष्ण गोखले तक ने लंदन में जाकर यह शिकायत की कि अंग्रेज सैनिकों ने पुणे में बहुत अनुचित आचरण किया है तथा लोगों का धन लूटा है। लोकमान्य तिलक ने केसरी में लिखा कि ब्रिटिश प्रशासन द्वारा इस प्रकार का आदेश दिया जाना अनुचित है, जिससे सैनिक घरों की तलाशी के नाम पर लूटपाट करें और आतंक मचायें। रेंड एक संदिग्ध आचरण वाला और आतंक फैलाने वाला अफसर है।

22 जून 1857 को जब पुणे में विक्टोरिया के राज्यारोहण की हीरक जयंती मनाई जा रही थी, तब योजना बनाकर रेंड को मार दिया गया। तीनों चापेकर बंधु और महादेव रानाडे तथा खंडो साठे गिरफ्तार हुये और 12 मई 1899 को चार लोगों को फांसी दी गई, खंडो को अवयस्क होने के कारण 10 वर्ष की कठोर सजा दी गई। इस घटना की गूंज पूरे विश्व में इुई। न्यूयार्क टाइम्स, सिडनी मॉर्निग हेराल्ड आदि समाचार पत्रों ने इसे सुर्खियों में छापा और इस पर लेख लिखे।

इसी बीच बंगाल में भी क्रांतिकारियों का समूह सक्रिय हुआ। माँ दुर्गा के अनन्य साधकों ने वंदे मातरम के उदघोष के साथ

राष्ट्रभक्ति की वीरतापूर्ण साधना शुरू की। योगिराज श्री अरविंद, उनके अनुज श्री वारीन्द्र आदि ने आंदोलन किया। जब ब्रिटिश शासन ने बंगाल के विभाजन की योजना रची तो समस्त प्रबुद्ध बंगालियों ने एवं सभी प्रबुद्ध भारतीयों ने प्रचंड विरोध किया। जिसके दबाव से 1906 में वह योजना वापस लेनी पड़ी। (यह बात अलग है कि अंत में 1947 में अंग्रेजों की योजना सफल हुई और पूर्वी बंगाल पूर्वी पाकिस्तान बन गया।)

अविनाश चन्द्र भट्टाचार्य, विभूति भूषण सरकार, कन्हाई लाल दत्त, खुदीराम बोस आदि क्रांतिकारियों ने प्रचंड वीरता की। अंग्रेजों को शंका हुई कि क्रांतिकारियों को लोकमान्य तिलक और श्री अरविंद के लेखों से प्रेरणा मिलती है। अतः केसरी के कुछ लेखों की आड़ लेकर लोकमान्य तिलक जी को मांडले जेल भेज दिया गया। यद्यपि लंदन के 'जस्टिस' नामक पत्र में ब्रिटिश नेता हाइडमैन ने इसकी तीखी आलोचना की और लंदन के इंडिया नामक पत्र में भी इसकी आलोचना की गई। परंतु छः वर्ष तक लोकमान्य तिलक को मांडले जेल में रखा गया। लोकमान्य तिलक को जेल भेजने से सम्पूर्ण महाराष्ट्र में आग लग गई और चारों तरफ लोग क्रुद्ध होकर अंग्रेज अफसरों को पीटने लगे। इस पर ब्रिटिश भारतीय फौज ने छः दिनों तक रात–दिन महाराष्ट्र के कई इलाकों में गोलियां चलाईं, जिसमें हजारों लोग मारे गये।

बंगाल में इसके पूर्व प्रीतिलता, कल्पना दत्त सहित अनेक क्रांतिकारी युवतियों ने ब्रिटिश अत्याचारी अफसरों की हत्या की थी। इन सबसे डरकर ही 1912 में पहली बार अंग्रेजों ने ब्रिटिश भारत की राजधानी कोलकाता से हटाकर दिल्ली ले जाने की घोषणा की, क्योंकि राजपूतों और सिखों ने वहाँ उन्हें सुरक्षा देने का आश्वासन दिया था। फिर भी पूरी तरह दिल्ली राजधानी 1932 में ही बन पाई।

परंतु महत्व की बात यह है कि दिल्ली में जो दिल्ली दरबार हुआ उसमें वायसराय हार्डिंग पर क्रांतिकारियों ने बम फेंका, जो एक अन्य अधिकारी की सवारी पर पड़ा और उसकी मृत्यु हो गई। लाला हरदयाल के शिष्य मास्टर अमीरचन्द और भाई बालमुकुन्द तथा वसन्त कुमार विश्वास ने अवधबिहारी जी के निर्देशन में यह

वीरतापूर्ण कार्य किया था। पकड़े जाने पर इन सबको फांसी दे दी गई। परंतु वीरता के ये उच्चतम प्रतिमान भारतीय स्वाधीनता के उज्ज्वल मूल्य हैं। अतः राष्ट्रीय आंदोलन को प्रेरित करने वाले उच्च आदर्शों में इस सशस्त्र वीरता का भी महत्वपूर्ण स्थान है। वस्तुतः इस वीरता से घबरा कर ही अंग्रेजों ने प्रयास किया कि गांधीजी, जिन्होंने दक्षिण अफ्रीका में शांतिपूर्ण आंदोलन किये थे, भारत आ जायें और यहाँ भी वे शांतिपूर्ण आंदोलन को दिशा दें। क्योंकि यह वीरतापूर्ण आंदोलन तो बहुत खतरनाक है। परंतु हमारे लिये तो स्वतंत्रता आंदोलन की दोनों ही धाराओं के उच्च आदर्श हमारे प्रेरणास्रोत हैं और रहेंगे। संविधान में भी दोनों धाराओं के मध्य कोई भेदभाव नहीं किया गया है।

मूल कर्तव्यों में अनुच्छेद 51(ग) के अनुसार प्रत्येक नागरिक का कर्तव्य है कि वह भारत की प्रभुता, एकता और अखंडता की रक्षा करे और उसे अक्षुण्ण रखे। अनुच्छेद 51(घ) का निर्देश है कि नागरिक देश की रक्षा करे और आह्वान किये जाने पर राष्ट्र की सेवा करे। आगे के उपबन्धों में निम्नांकित कर्तव्य गिनाये गये हैं –

भारत के सभी लोगों में समरसता और समान भ्रातृत्व की भावना का निर्माण। पर्यावरण की रक्षा। प्राणियों के प्रति दयाभाव। वैज्ञानिक दृष्टिकोण और मानववाद। सार्वजनिक सम्पत्ति को सुरक्षित रखे तथा व्यक्तिगत और सामूहिक गतिविधियों के सभी क्षेत्रों में उत्कर्ष की ओर बढ़ने का प्रयास करे।

वस्तुतः भारत सरकार संविधान की मूल भावना और उसमें अन्तर्निहित सार्वभौम मानव मूल्यों का पालन करने को वचनबद्ध है और यह उसका राष्ट्रीय कर्तव्य है। अतः यदि समाज के किन्हीं भी दो समूहों में कोई भी टकराव होता है या शिकायत होती है या कलह होती है, तो इन्हीं सार्वभौम मानव मूल्यों के आधार पर मध्यस्थता करना तथा सामाजिक सद्भाव एवं शांति एवं सुव्यवस्था बनाये रखना राज्य का सर्वोपरि कर्तव्य है। किसी भी अन्य आड़ में विधि एवं विधिक व्यवस्था का उल्लंघन नहीं होने देना चाहिये। अपने किसी मतवाद या पंथ या आस्था विशेष की दुहाई देकर कोई भी विधि और व्यवस्था को भंग नहीं कर सकता। इस विषय में

संविधान और शासन के स्तर पर पूरी स्पष्टता है।

ऐसी स्थिति में यह देखना भी शासन का कर्तव्य होता है कि कोई किसी भी पंथ या मतवाद या आस्था के नाम पर राष्ट्रीय समाज की एकता और बंधुता की भावना को अवरुद्ध या बाधित नहीं करे। किसी को ऐसा कोई भी वक्तव्य देने का या घोषणा करने का अधिकार नहीं है, जिसमें वह अन्य मतों, पंथों या आस्थाओं पर अपने मत, पंथ या आस्था का प्रभुत्व स्थापित करने की घोषणा करे। इसी प्रकार किसी भी समुदाय के किसी आचरण से स्वयं को आहत अनुभव करने वाले को आवश्यक विधिक प्रक्रिया अपनाकर अपनी शिकायत शासन एवं प्रशासन के समक्ष लाना चाहिये। स्वयं कानून व्यवस्था हाथ में लेकर अपने को अत्यधिक आहत या पीड़ित दिखाने की आड़ में अन्य समुदायों पर आक्रमण या आगजनी, बलात्कार या उत्तेजक व्यवहार करने का किसी को अधिकार नहीं है। जो भी समुदाय ऐसा करता है उसे अनुमति देने वाला प्रशासन संविधान की मूल भावना का उल्लंघन करने वाला और राष्ट्रीय एकता को बाधित सिद्ध करने वाला होगा।

क्या कांग्रेस ने मानवधर्म का उल्लंघन किया ?

परंतु हम देखते हैं कि कांग्रेस ने अनेक समूहों और समुदायों को भारत शासन के विरुद्ध और भारत माता के विरुद्ध तथा राष्ट्र के विरुद्ध एवं भारत के मुख्य समाज के विरुद्ध आक्रामक भाषा का प्रयोग करने और उत्तेजना फैलाने का एक स्वभाव ही बना लिया है। वे निरंतर असंतुष्ट और क्षुब्ध रहते हैं और उसके लिये बहुसंख्यक समाज को धमकाते या आक्रमण का शिकार बनाते रहते हैं। इस स्थिति में हस्तक्षेप करना शासन और प्रशासन का ही दायित्व है। पंथ या मतवाद या आस्था को राष्ट्रीय एकता को बाधित करने वाली कोई भी क्रिया करने का अधिकार नहीं है और अपने ही जैसे भारत के नागरिक अन्य समूहों को लांछित करने या प्रताड़ित करने या पीड़ित करने या अपमानित करने या अभियोग लगाने का अधिकार नहीं है। स्पष्ट रूप से ऐसा करना राष्ट्रीय बंधुता को खंडित करना और प्रतिबंधित करना है तथा यह मानवधर्म का

उल्लंघन भी है। परन्तु कांग्रेस शासन ने 60 वर्षों तक निरंतर मानवधर्म का उल्लंघन होने दिया और ऊपर से यह भी कहा कि राष्ट्र के संसाधनों पर पहला अधिकार अल्पसंख्यकों का है। संसार के किसी भी संविधान या शासन में ऐसा कोई प्रावधान नहीं है। वास्तविक प्रावधान तो इससे भिन्न ही है।

फ्रांस में रोमन कैथोलिक चर्च जो वहाँ के बहुसंख्यकों का चर्च है, उसे विशिष्ट राजकीय संरक्षण प्राप्त है। जर्मनी में प्रोटेस्टेंट और कैथोलिक दोनों ही चर्चों को विशेष अधिकार प्राप्त हैं। इंग्लैंड में प्रोटेस्टेंट चर्च का संरक्षक वहाँ का क्राउन है और उसे विशेष अधिकार प्राप्त हैं। चर्च की मुहल्ला शाखा को पेरिश कहते हैं और वहाँ एक पादरी रहता है तथा एक चर्च भवन और सभागार होता है। उसकी नियुक्ति 'विकर' नामक प्रधान पादरी करता है। अनेक विकरों का एक डीन होता है। डीनों की एक बड़ी सभा होती है जिसे साइनॉड कहते हैं। कई डीनरीज को मिलाकर एक बिशप होता है और उनके ऊपर 'डाइअसीस' या 'आर्चबिशप' होता है। यह सम्पूर्ण चर्चतंत्र क्राउन के नियंत्रण और संरक्षण में होता है। इस प्रकार बहुसंख्यकों के पंथ की शाखायें मुहल्ले–मुहल्ले तक फैली हैं और उन्हें अधिकृत रूप से विधिक अधिकार प्राप्त हैं तथा वे क्राउन द्वारा संरक्षित हैं। अल्पसंख्यकों को ऐसा कोई भी अधिकार इंग्लैंड में नहीं प्राप्त है।

इंग्लैंड में कुल 44 आर्चबिशप हैं जिनमें से 26 को 'हाउस ऑफ लार्डस' में भेजा जाता है। इनमें से लंदन, दुरहम, विन्चेस्टर, केन्टरबरी और यार्क के प्रधान बिशप नियमित राज्यसभा सदस्य होते हैं। शेष 21 बिशप 44 प्रधान बिशप के द्वारा प्रत्येक कार्यकाल में चुने जाते हैं। बिशपों की यह सभा ही चर्च संबंधी सभी नियम बनाने की अधिकारी है। बिशपों की सभा जो कानून बनाती है वे ही इंग्लैंड के अधिकृत धार्मिक कानून हैं। संसद में उनकी केवल रीडिंग होती है और उन्हें पास कर दिया जाता है। इस प्रकार इंग्लैंड में बहुसंख्यकों के चर्च को बहुत अधिक अधिकार प्राप्त हैं। अल्पसंख्यकों के चर्च को ऐसे कोई अधिकार प्राप्त नहीं हैं। मनमोहन सिंह लंदन के स्कूल ऑफ इकानामिक्स में रहे हैं। अतः वे यह सब

जानते हैं। इसलिये स्पष्ट है कि वे जब भारत में अल्पसंख्यकों का राष्ट्रीय संसाधन पर प्रथम अधिकार बता रहे थे तो वे झूठ बोल रहे थे। यह किसी प्रधानमंत्री के लिये शोभाजनक नहीं है।

बेल्जियम जैसे छोटे राज्य में भी ईसाइयों को विशेष राजकीय अधिकार प्राप्त हैं। बेल्जियम की आबादी 20 लाख है और वहाँ कुल पादरी लगभग 10 हजार हैं।

इसी प्रकार डेनमार्क के बहुसंख्यकों का चर्च लूथेरियन चर्च है। डेनमार्क में कोई भी गैर–लूथेरियन ईसाई सम्राट नहीं हो सकता। इसी प्रकार इंग्लैंड में कोई गैर प्रोटेस्टेंट ईसाई व्यक्ति सम्राट या साम्राज्ञी नहीं हो सकते।

आइसलैंड में भी लूथेरियन चर्च ही राजकीय चर्च है। चर्च के विषय में कोई भी कानून केवल चर्च असेंबली बना सकती है। इस प्रकार बहुसंख्यकों को ही वहाँ सर्वाधिक अधिकार प्राप्त हैं। ऑस्ट्रिया में रोमन कैथोलिक चर्च को विशेष राजकीय संरक्षण प्राप्त है।

इस प्रकार संसार भर में बहुसंख्यकों को ही अपने–अपने राष्ट्र राज्य में विशेष अधिकार प्राप्त हैं और वही राष्ट्रीय एकता को सुंनिश्चित करने वाला मार्ग है।

अतः स्पष्ट है कि मनमोहन सिंह का सुझाव राष्ट्रीय एकता को बाधित करने वाला सुझाव है। बहुसंख्यकों के मानवाधिकार की उपेक्षा किसी भी राष्ट्र में सुख और शांति का आधार नहीं बन सकती। भारत जैसे विविधतापूर्ण राष्ट्र राज्य में राष्ट्रीय एकता का सर्वोत्तम मार्ग है कि मानवधर्म को ही भारतीय नागरिकता का आधार बनाया जाये और सार्वभौम मानव मूल्यों का पालन सभी के लिये अनिवार्य है।

अध्याय 16

विश्व का शक्ति-संतुलनः हमारे लक्ष्य

विश्व का शक्ति–संतुलन निरंतर बदलता रहता है। सोवियत संघ के विघटन के बाद ऐसा लगा था कि अब संयुक्त राज्य अमेरिका और पश्चिमी यूरोप का ही सम्पूर्ण विश्व पर एकछत्र प्रभाव रहेगा। परंतु ऐसा कुछ नहीं हुआ। विभिन्न शक्तिशाली समूह और समाज प्रकृति से ही रजोगुणी होने के कारण शांत नहीं बैठ सकते। उनकी आकांक्षायें और लालसायें उनको नई–नई क्रियाशीलताओं में प्रवृत्त करती हैं। राजनीति रजोगुण प्रधान क्रिया है। अतः राजनैतिक लक्ष्यों वाले लोग कभी भी शांत नहीं रह सकते। फिर समाज तो व्यक्ति से भिन्न सत्ता है। प्रत्येक समाज का एक मानस होता है और संस्कारों और आकांक्षाओं की लम्बी परंपरा होती है। इसी प्रकार राज्य की बात है। प्रत्येक महत्वपूर्ण राज्य हजारों वर्षों की स्मृतियाँ समेटे रहता है। इसलिये राज्य के लक्ष्य सदा जाग्रत रहते हैं और दीर्घकाल तक राज्य उन्हें पुनः पुनः प्राप्त करने या सिद्ध करने का प्रयास करते रहते हैं। प्रधानमंत्री श्री नरेन्द्र मोदी जी ने हमारे सुदूर अतीत में जो अमृतकुंड है, परम्परा का जो अक्षय रसस्रोत है उसकी बात कही है। वह यही बात है। भारतीय परंपरा अत्यन्त प्राचीन है। अतः सदा नवीन ऊर्जा से सक्रिय रहती है। विश्व में शक्तिशाली होकर सार्वभौम नियमों के अनुशासन में समाज को सुखी और

समृद्ध रखना भारत की परंपरा है। अतः इस परंपरा के लिए भारत बार–बार प्रयास करेगा।

बौनापन भारत का स्वभाव नहीं

15 अगस्त 1947 के बाद शासकों ने भारत को बौनेपन का अहसास दिलाने की कोशिश की। उसे छोटे और दीन रूप में ही सुखी और शांत रहना सिखाने का प्रयास किया। परंतु यह भारत का स्वभाव नहीं है इसलिये वह ऐसा हो नहीं सकता। भारत अपने स्वभाव को बारम्बार प्राप्त करेगा। विश्व में शक्ति का केन्द्र बनना और उसके द्वारा समता और न्याय की प्रतिष्ठा करना यही भारत का स्वभाव है। इसके लिये भारत के शास्त्रों में विस्तृत मीमांसा की गई है और मार्गदर्शन दिया गया है।

ईसाइयों के राज्य के लक्ष्य तो शायद स्पष्ट हों, परंतु उनके पास उस लक्ष्य के अनुरूप कोई शास्त्र नहीं है जो उनका मार्गदर्शन कर सके। इसीलिये हम पाते हैं कि ईसाई राज्य कुछ बदहवासी के साथ बढ़ते और फैलते हैं और फिर सिकुड़ने को विवश हो जाते हैं। किसी समय इंग्लैंड और फ्रांस तथा जर्मनी विश्व की शक्ति थे। किसी अन्य समय जापान एक बड़ी शक्ति बन गया था। बाद में रूस और अमेरिका शक्ति बनकर उभरे। तदनुसार शक्ति संतुलन बदलता रहता है।

संसाधनों पर कब्जे की लड़ाई में यूक्रेन की तबाही

वर्तमान में प्रथम दृष्टि में तो संयुक्त राज्य अमेरिका एकमात्र विश्वशक्ति है। ऐसा लगता है कि वहाँ के प्रबुद्ध नागरिकों को इसका अनुभव हो चुका है। परन्तु रूस ने अपने पुराने भाग रहे यूक्रेन पर कब्जा करने का प्रयास करके अमेरिकी शासकों को क्षुब्ध कर दिया। यूक्रेन से एक तो पश्चिमी यूरोप और अमेरिका को आस्थागत लगाव है कि शायद इसके सहारे प्रोटेस्टेंट ईसाइयत को विस्तार दिया जा सके। दूसरी ओर, वहाँ जो उर्वर भूमि है, जहाँ अच्छा उत्पादन होता है तथा साथ ही खनिज तेल और खनिज पदार्थों वाले पर्वतीय क्षेत्र हैं, वे स्वयं में बड़ा आकर्षण हैं। रूस

इसीलिये उस पर आधिपत्य चाहता है और अमेरिका इसीलिये उसे अपने प्रभाव क्षेत्र में लेना चाहता है।

अनावश्यक विनाश

लेकिन इस प्रक्रिया में सर्वाधिक विनाश स्वयं यूक्रेन का हुआ है। इतने विनाश की कीमत पर इस युद्ध की कोई आवश्यकता नहीं थी। कायदे से अमरीकी शासकों को रूसी राष्ट्रपति से संवाद के द्वारा लेन–देन के रूप में समाधान कर लेना चाहिये था। लेकिन ऐसा लगता है कि अमेरिका को अभी भी रूस अपना प्रतिस्पर्धी लगता है या संभावित प्रतिस्पर्धी लगता है और वे उसकी जड़ पर प्रहार करना चाहते हैं। विश्व शांति की बात दिन–रात करने वाले देशों का यह रवैया बहुत चिंताजनक है। वे दूसरे को कुछ भी नहीं देना चाहते और स्वयं सबकुछ रखना चाहते हैं। इसका अर्थ है कि उन्होंने प्रकृति के सनातन नियमों का ज्ञान प्राप्त नहीं किया है। सनातन धर्म के विशाल ज्ञान से कुछ भी सीखने का कार्य नहीं किया है। वे एकपंथवादी उन्माद से संचालित हैं और मानते हैं कि समय एक रेखा में बढ़ रहा है और हमें इस समय में अन्य पर नियंत्रण करके प्रभुत्व पाना है।

बार-बार की हार पर विचार जरूरी

मजेदार बात यह है कि बार–बार हारकर भी संयुक्त राज्य अमेरिका एक ही दिशा में लगातार काम कर रहा है। संयुक्त राष्ट्र संघ को अपनी योजना के अनुसार बना कर भी और उसका बारम्बार अपने पक्ष में उपयोग करके भी अनेक बार उसे हारना पड़ा है। कोरिया और क्यूबा दोनों जगह पीछे हटना पड़ा। वियतनाम में 13 वर्षों की लड़ाई के बाद भी अंत में वापस आना पड़ा। कंबोडिया के नरसंहार को वे रोक नहीं पाये। हमारे पड़ोस में अफगानिस्तान में अपने सर्वाधिक प्रतिष्ठित जुड़वा भवनों पर हवाई हमले का बदला लेने के लिये अमेरिका ने हस्तक्षेप किया, ये तो ठीक है कि नरपिशाच लादेन को मार डालने का बड़ा काम किया, पर 20 वर्ष बाद भी अफगानिस्तान आतंकवाद समर्थकों के ही कब्जे में है। आतंकवाद

के उन्मूलन का संकल्प तो निश्चित ही संयुक्त राज्य अमेरिका का है। फिर भी सफलता नहीं मिलने के कारणों की मीमांसा की जानी चाहिये। संभवतः उतावली में कभी इसको, कभी उसको मदद देने की रणनीति भी इस विफलता का एक कारण है।

मानवता के लिए खतरा बनता चीन

माओ जे दुंग को सोवियत संघ के विरुद्ध बढ़ाने का परिणाम आज सामने है और चीन की कम्युनिस्ट पार्टी सम्पूर्ण मानवता के लिये खतरा बन रही है। तिब्बत के समय ही उसे रोक देते तो यह स्थिति नहीं आती। एक ओर तो बौद्ध देशों और भगवान बुद्ध के संदेशों के प्रति पश्चिमी यूरोप और संयुक्त राज्य अमेरिका इतना आदर और सद्भाव दिखाते हैं और दूसरी ओर बौद्धों के एक केन्द्रीय क्षेत्र – तिब्बत को कम्युनिस्टों द्वारा हड़पने दिया। इसे कोई अनुकरणीय रणनीति तो नहीं कहा जा सकता।

रणनीति : सफल या विफल

यह चर्चा इसलिये आवश्यक है कि शक्ति संतुलन के भावी स्वरूप के विषय में वर्तमान स्थिति के आधार पर कोई निश्चित आकलन नहीं किया जा सकता। उदाहरण के लिये, हंटिंगटन ने सभ्यताओं के संघर्ष के जिस संभावित स्वरूप का खाका खींचा था, वह फ्लॉप होता दिख रहा है। इसका कारण यह है कि वस्तुतः मजहबी उग्रवाद के तोतों की जान संयुक्त राज्य अमेरिका और पश्चिमी यूरोप के पिंजरों में कैद है। तुर्की साम्राज्य, (जिसे वे चिढ़ के कारण नाम बिगाड़कर ऑटोमन साम्राज्य कहते हैं), के जर्मनी का साथ देने के कारण उसे तोड़फोड़ देने की रणनीति अपनायी गई। इसके अंतर्गत इंग्लैंड और अमेरिका ने एक ओर तो स्वयं तुर्की में राष्ट्रवादी युवकों के समूह को पीछे से समर्थन दिया और दूसरी ओर, अरब के हर क्षेत्र में स्थानीय राष्ट्रवाद (या जातिवाद कह लें) को भड़का कर अरब के कई टुकड़े कर दिये। बाद में एक वहाबी को सुन्नियों के इलाके का मालिक बना दिया तथा अरब का नाम भी उन्हीं वहाबी के नाम से सउदी अरब कर दिया।

इस प्रक्रिया में तुर्की से प्रतिशोध तो पूरा हो गया, परंतु मजहबी उग्रवाद और स्थानीय कौमवाद या जातिवाद तेजी से भड़क गया। अमेरिका की शस्त्र व्यापार में लगी कंपनियों ने भी मजहबी उग्रवाद को अपने माल की बिक्री के लिये खूब भड़काया। इस सबसे एक लाभ तो अमेरिका और पश्चिमी यूरोप को हुआ है कि वस्तुतः समस्त अरब क्षेत्र और तुर्की दोनों पर व्यावहारिक प्रभाव और नियंत्रण इनका ही है। इसलिये उस तरह के संघर्ष की कोई संभावना नहीं है जिसका खाका हंटिंगटन ने खींचा था।

इसके विपरीत दोनों महायुद्धों की स्मृति को सजीव करने वाला रूस–यूक्रेन युद्ध भड़क उठा है और इसमें अमेरिका भी आग में घी डाल रहा है। अतः फिर से विभिन्न यूरोपीय शक्तियों के मध्य खूनी टकराव की संभावना उभर आई है। कम से कम भारत ऐसे खूनी टकराव को बिल्कुल नहीं चाहता। यूरोप के देश आपस में इस तरह बार–बार स्वयं लड़ मरें और अपने समर्थकों के रूप में दुनिया भर के राज्यों को खींच लें, यह भारत तो कभी नहीं चाहेगा। मानवता की दृष्टि से भी इसमें हानि है। परंतु शक्ति संतुलन और शक्ति संघर्ष के बदलते स्वरूप पर ध्यान रखना आवश्यक है। हमारा लक्ष्य यूरोप की अन्तर्कलह नहीं है। यूरोप की शांति में हमारे लक्ष्य की पूर्ति है और इससे हमारी अपनी शांति को भी शक्ति मिलेगी।

मजहबी उग्रवाद के परोक्ष पोषक

पाकिस्तान में उग्रवादी टकराव भारत के लिये गंभीर चिंता का विषय है। शियाओं और सुन्नियों के बीच टकराव को भले ही पश्चिमी यूरोप और संयुक्त राज्य अमेरिका ने मजहबी उग्रवाद के दैत्य पर नियंत्रण के लिये कांटे से कांटा निकालने की दृष्टि से बढ़ाया है, परंतु इस मजहबी उग्रवाद की काली छाया भारत के लिये चिंता का विषय है। क्योंकि भारत ही वास्तविक शांति क्षेत्र है और उसके पड़ोस में जिस निम्न स्तर पर जाकर आपसी टकराव होते हैं, वैसा भारत के इतिहास में कभी भी नहीं हुआ है और आज भी नहीं है। मजहबी उग्रवाद केवल विचार का मामला नहीं है। वस्तुतः मजहबी उग्रवाद विचार का तो बस आवरण लेता

है और व्यवहार में वह नशाखोरी, ड्रग्स के कारोबार और सेक्स के कारोबार पर पलता है। अपराधियों को सरंक्षण देना भारत में मजहबी उग्रवाद के सरंक्षकों का सामान्य लक्षण है। इसलिये भारत को वास्तविक खतरा असामाजिकता और आपराधिक मनोवृत्तियों से है। ये प्रवृत्तियाँ ज्यादा फैल गईं तो मजहबी उग्रवाद को शमित कर देने में सफलता मिलने के बाद भी आपराधिक मनोवृत्तियों के नये रूप प्रकट हो सकते हैं। इसी कारण प्रधानमंत्री श्री नरेन्द्र मोदी का सारा जोर समाज में शांति और सद्भाव का परिवेश बनाए रखने पर है। क्योंकि अशांति और द्वेष दुर्भाव के परिवेश में केवल अपराध पलते हैं। राष्ट्र की प्रगति में आपराधिक और असामाजिक प्रवृत्तियाँ सबसे बड़ी बाधक हैं।

युद्ध ही है राजनीति का इतिहास

परंतु मुख्य बात यह है कि विगत 1000 वर्षों में विश्व की सभी महत्वपूर्ण राजनैतिक घटनायें युद्धों के कारण और युद्धों के आधार पर ही संभव हुई हैं। पश्चिमी यूरोप और संयुक्त राज्य अमेरिका के भी शासक युद्धों से थके हुये अपने समाजों को शांति का भरोसा दिलाते रहते हैं और रणनैतिक कारणों से अन्तर्राष्ट्रीय स्तर पर शांति का राग भी फैलाते रहते हैं। शांति के इस समस्त राग को हम द्वितीय महायुद्ध के बाद लगातार सुन रहे हैं और इस बीच अमेरिका ने 21 या 22 युद्ध अपनी पहल से लड़े हैं। शस्त्र भण्डार विश्व में लगातार बढ़ते गये हैं और परमाणु हथियारों तथा जैव हथियारों की होड़ मची हुई है।

बातें शांति की चाहे जितनी की जायें और संयुक्त राष्ट्र संघ का उद्देश्य भी विश्वशांति ही बताया जाये, परंतु संयुक्त राष्ट्र संघ में जिन छः राष्ट्रों को वीटो का अधिकार प्राप्त है, उन सबको वह अधिकार परमाणु शक्ति सम्पन्न होने के कारण ही अर्थात् युद्धबल के कारण ही मिला हुआ है। इसी प्रकार सुरक्षा परिषद में भी स्थाई सदस्यता का आधार सैन्य बल ही है। यदि विश्व शांति सचमुच लक्ष्य होता तो भारत को सर्वोच्च 'वीटो पावर' मिलना चाहिये। क्योंकि भारत से अधिक शांतिप्रिय और शांति के पक्ष में अन्य कोई

राष्ट्र नहीं है। परंतु स्पष्ट है कि शांति की बातें करना एक बात है और शांति को सम्मानपूर्ण स्थान देने का आधार या प्रतिमान बनाना दूसरी। दोनों नितांत अलग–अलग बातें हैं। संयुक्त राष्ट्र संघ को शांति चाहिये, परन्तु संयुक्त राष्ट्र संघ के विशिष्ट सदस्य देश वे हैं, जिनके पास सैन्य बल और युद्ध बल अधिक है। यह इतना स्पष्ट है कि किसी को भी दिख सकता है।

शक्ति संतुलन का लक्ष्य

वर्तमान परिदृश्य को देखते हुए अपना सैन्य बल और युद्ध की शक्ति बढ़ाना भारत का सर्वोपरि कर्तव्य है। शक्ति संतुलन की दृष्टि से हमारा लक्ष्य तभी प्राप्त हो सकता है जब हम और अधिक शक्तिशाली सैन्य बल वाला राष्ट्र बनें। हमारे पास आधुनिक शस्त्रास्त्र हों और हमारी नौसेनायें हिन्द महासागर से प्रशांत महासागर तक विस्तृत क्षेत्र में निरंतर परिभ्रमण करती रहें तथा हमारे लड़ाकू विमान अन्तरिक्ष में अधिकतम दूर तक जाने के लिये सदा अभ्यास करते रहें। शक्ति संतुलन का हमारा लक्ष्य बल से ही पूर्ण होगा।

पड़ोस की हलचलें

पाकिस्तान बिखर रहा है। परन्तु संयुक्त राज्य अमेरिका और पश्चिमी यूरोप अभी भी उसे थामे रखने की कोशिश कर रहे हैं। हो सकता है कि प्रधानमंत्री श्री नरेन्द्र मोदी जब अमेरिका और पश्चिमी यूरोप के शासकों के मन में अपने प्रति और भारत के प्रति पूरा विश्वास जगा दें तो फिर वे पाकिस्तान के स्वाभाविक विलोप में बाधा नहीं बनेंगे। बलूचिस्तान और सिंध भारत से जुड़ने को बेचैन हैं। सिंध राष्ट्रीयता बहुत व्यापक है और भारत का हित इसमें है कि सिंध एक अलग नेशन स्टेट बन जाये जिसमें भारत के पुरुषार्थी सिंधी भाई–बहन आत्मीयता और व्यापार दोनों के लिये सरलता से आ जा सकें तथा सिंध के पवित्र तीर्थों का पुनः उद्धार हो। वस्तुतः सिंध राज्य सनातन धर्म की ओर सबसे पहले लौटने वाला पाकिस्तानी क्षेत्र का राज्य हो सकता है। परंतु इसके लिये

भारत शासन की दृढ़ता बहुत आवश्यक है। एक भी भारतीय की हत्या होने पर उस क्षेत्र पर आक्रमण करने का भारत सरकार अपना अधिकार और कर्तव्य घोषित कर दे और एक दो बार आवश्यक हस्तक्षेप भी कर दे, तो हत्यारे गिरोहों में भय पैदा हो जायेगा। बलूच और पख्तून लोग तो स्वयं ही अपने शोषक पंजाब क्षेत्र के गलत लोगों को सम्हाल लेंगे। उनमें वीरता और आक्रामकता दोनों हैं।

इस्लाम को एकजुट समुदाय का पर्याय मानने की मूर्खता भारत में बहुत लोगों के भीतर है। विश्व का तथ्य नहीं जानने के कारण यह स्थिति है। इस्लाम कोई एकजुट समुदाय नहीं है और उसकी मूल आस्थायें सीमित ही हैं। शेष विस्तार तो पारसीक क्षेत्र के लोगों ने 11वीं शताब्दी और उसके बाद हदीसों के रूप में किया है। हदीस परस्पर विरोधी हैं और उनको लेकर आपस में भारी टकराव है। अतः भारतीयों को उस विषय में किसी हस्तक्षेप की आवश्यकता ही नहीं है। हमें तो गैर मुसलमान समाजों से मुसलमानों के व्यवहार को सार्वभौम मूल्यों की कसौटी पर संतुलित करने का ही संकल्प करना होगा। इसके लिये भरपूर अन्तर्राष्ट्रीय समर्थन भी मिल जायेगा। किसी असंतुलित भाषा की आवश्यकता नहीं है।

पाकिस्तान का बिखराव चीन के विस्तारवाद पर एक चोट है। भारत सरकार यदि अन्तर्राष्ट्रीय शक्तियों के साथ प्रेमपूर्ण तालमेल बनाकर चले, तो तिब्बत की स्वाधीनता बहुत कठिन नहीं है। तिब्बत की स्वाधीनता विश्व शांति और मानवता के लिये आवश्यक है। उन निर्दोष लोगों पर माओ की कम्युनिस्ट पार्टी ने अकारण ही अत्याचार किया है। दुर्भाग्यवश श्री नेहरू ने भारत की ओर से इस अमानवीय अत्याचार को परोक्ष संरक्षण दिया। इसलिये उसका प्रायश्चित्त करना भारत सरकार का कर्तव्य है। तिब्बत की स्वाधीनता के लिये अधिकतम संभव योगदान देना भारत शासन का धर्म है।

प्रो. कुसुमलता केडिया जी ने अपनी पुस्तक **'कम्युनिस्ट चीन : अवैध अस्तित्व'** में माओ की कम्युनिस्ट पार्टी के द्वारा मानवता के एक बड़े अंश पर किये गये अत्याचारों का प्रामाणिक विवरण दिया है और तिब्बतियों, मंगोलों, मान्चुओं, तुर्कों और हान लोगों की मुक्ति कम्युनिस्ट साम्राज्यवाद से किये जाने की आवश्यकता बताते

हुये भारत सरकार के कर्तव्य का निरूपण किया है। वह अवश्य ही करने योग्य कर्तव्य है। कम्युनिस्ट साम्राज्यवाद अभी तक यूरोपीय शक्तियों के लिये 'वरेण्य' बना हुआ है। वे उसकी कभी बात ही नहीं करते। क्योंकि अकादमिक क्षेत्रों में कम्युनिज्म वहाँ अच्छा खासा फैला है। परंतु अब समय आ गया है कि विश्व से कम्युनिस्ट साम्राज्यवाद का अंत करने के लिये कार्य किया जाये।

उक्त पुस्तक में प्रो. केडिया जी ने सोवियत संघ से स्वतंत्र हुये पांचों तथाकथित मध्य एशियाई राज्यों के भारत से प्राचीन काल से संबंध होने के तथ्य दिये हैं। अजरबैजान, कजाकिस्तान, ताजिकिस्तान, तुर्कमेनिस्तान और उजबेकिस्तान से भारत के संबंध प्राचीन काल से हैं और आयुर्वेद में वर्णित जड़ी बूटियों और अन्य खनिज पदार्थों का बहुत बड़ा भंडार इस क्षेत्र में है। स्वयं आर्नाल्ड टॉयनबी ने लिखा है कि मध्य एशिया शताब्दियों संस्कृत भाषी क्षेत्र रहा है। वहाँ हमारे देवी देवताओं की मूर्तियाँ सम्पूर्ण क्षेत्र में खुदाई से प्राप्त हो रही हैं। इसलिये उस सम्पूर्ण क्षेत्र से आत्मीय संबंध भारत के लिये बहुत सहज हैं। भारत में जैसा नेतृत्व सुलभ है उससे यह प्रक्रिया सरलता से संभव होगी। हम आशा करते हैं कि कुछ ही समय में मध्य एशिया से हमारा जुड़ाव पुनः स्थापित होगा।

भारत को दक्षिण एशिया बताना आपत्तिजनक

इस संदर्भ में यूरोप और अमेरिका के कुछ लोगों की इस बदनीयती से भरी कोशिश पर भी ध्यान देना आवश्यक है कि भारत का दक्षिण एशिया के रूप में ही उल्लेख करने का एक नया फैशन इन देशों के कुछ लेखकों ने चला रखा है। भारत शासन को इस पर आपत्ति करनी चाहिये और भारत को भारत ही लिखा जाना चाहिये। यह चेतावनी दी जा सकती है कि यदि ऐसा नहीं हुआ तो हमारे लेखक भी यूरोप के अलग–अलग देशों को उनके नाम से न लिखकर उत्तरी यूरोप, दक्षिणी यूरोप, पूर्वी यूरोप और पश्चिमी यूरोप लिखना शुरू कर देंगे, तो इसमें आपत्ति नहीं की जा सकेगी। इसलिये भारत को भारत कहकर ही अन्तर्राष्ट्रीय स्तर पर सब जगह लिखा जाना चाहिये। दक्षिण एशिया कहने से मुस्लिम देशों की

संख्या अधिक होने से इसे मुख्यतः मुस्लिम क्षेत्र घोषित करने की बदनीयती निहित है। हमें इस पर आपत्ति करनी चाहिये। वैश्विक शक्ति संतुलन के मध्य हमारे लक्ष्य पूर्णतः स्पष्ट हों और हमारा समर्थ नेतृत्व संकल्पित हो तो सिद्धि अवश्यंभावी है। वैसे भी हमें संपूर्ण एशिया और यूरोप को जम्बूद्वीप कहना चाहिए। 'एशिया' और 'यूरोप' शब्द पश्चिमी जम्बूद्वीप के ईसाइयों द्वारा गढ़े गए नाम हैं, जिनका न तो भौगोलिक और न ही ऐतिहासिक महत्व है। एशिया और यूरोप के बीच कोई सामुद्रिक विभाजक रेखा न होने के कारण ये दो महादेश या महाद्वीप या कॉंटिनेंट नहीं हो सकते हैं।

अध्याय 17

क्रूरता और नृशंसता का दमन राजधर्म है

विश्व में बदलते हुये शक्ति संतुलन को देखते हुये और निरंतर चल रहे उथल–पुथल भरे घटनाक्रम को देखते हुये भारत को अपनी आंतरिक व्यवस्था पर ध्यान देना है। यह अत्यंत आवश्यक है।

हिन्दू समाज स्वभाव से अत्यन्त अनुभवी और परिपक्व समाज है। अपने सभी धर्मशास्त्रों का विद्वान आचार्यों से लेकर लोकप्रिय कथावाचकों और उपदेशकों तक से सार और विस्तार दोनों सुनते–समझते हुये हिन्दू समाज जीवन और सृष्टि के वैविध्य का सत्य जानता है। इसलिये मर्यादा पर यहाँ अत्यधिक आग्रह है। जहाँ परिवार में व्यक्तियों की मर्यादा महत्वपूर्ण है, वहीं व्यापक समाज में समूहों और समुदायों की मर्यादा महत्वपूर्ण है। मर्यादा पालन से प्रत्येक समूह अपने पुरुषार्थों की सर्वोत्तम अभिव्यक्ति में समर्थ होता है। यह हिन्दू समाज को भलीभांति ज्ञात है। इसीलिये हजारों वर्षों से पूरी विविधता के साथ सौहार्द्र और सामंजस्यपूर्ण अबाधित राष्ट्र जीवन भारत की विशिष्टता है।

भारतीय एकता और उसके शत्रु

परंतु भारत की भूमि और सम्पदा पर नियंत्रण के अभिलाषी समुदायों ने भी यह अच्छी तरह पहचान लिया है कि सौहार्द्र और सामंजस्य

की इस महान परंपरा को बाधित और छिन्न–भिन्न किये बिना हमारे लिये यहाँ कोई गुजांइश ही नहीं है। इसलिये वे सदा इस बात पर ध्यान देते हैं कि हिन्दू समाज की इस विराट एकता को, जो हजारों साल से निरंतर प्रवाहमान है, बाधित किया जाये और उसे छिन्न–भिन्न करने के लिये भांति–भांति के हथकण्डे अपनाये जायें।

सर्वप्रथम तो इस्लाम के नाम पर लूट के माल और अंतहीन व्यभिचार का लालच जगाकर आसुरी प्रवृत्ति अथवा मानसिक निर्बलता के शिकार हिन्दुओं को साथ लेकर कतिपय मुसलमानों ने शेष सम्पूर्ण समाज की सम्पत्ति छीनने का जगह–जगह प्रयास किया। इसमें हिन्दुओं के सहयोग से ही वे कहीं–कहीं सफल हो पाये। परन्तु अन्यत्र उन्हें ठीक से मजा चखाया गया। इतनी कड़ी और गरिमामय टक्कर उग्रवादी और आतंकवादी समूहों को संसार में और कहीं नहीं दी गई।

परन्तु मध्यकालीन यूरोपीय ईसाई मिशनरियों में अपनी कायरता और कमजोरी के कारण सीधे लड़ने का कभी साहस हो ही नहीं पाया तो उन्होंने सभी कमजोर व्यक्तियों और समूहों की तरह चूहे की वृत्ति से काम लिया और हिन्दू समाज को धीरे–धीरे कुतरने की रणनीति अपनाई तथा जहाँ भी कुतरने में सफल हुये, वहाँ अपना असली रूप दिखा दिया।

ईसाई मिशनरियों का छल

संस्कारी हिन्दू समाज में भाषा के प्रति गहरा आदरभाव है, क्योंकि हमारे यहाँ सरस्वती माता वाग्देवी हैं और सर्वपूज्य हैं। अतः हिन्दुओं के शासक और विद्वान दोनों भाषा का अत्यधिक सम्मान करते रहे हैं और इसके कारण हिन्दू समाज भी शासकों और विद्वानों की बातों का बहुत अधिक आदर करता है और उसे पक्की बात मान लेता है। ईसाई मिशनरियों ने इसका फायदा उठाया और वाणी का छल पराकाष्ठा तक पहुँचा दिया। उन्होंने स्वयं को सेवाकार्य कर रही संस्था के रूप में प्रस्तुत किया और हिन्दू समाज ने इसके लिये उनका ऐसा आदर किया, जैसा उन्हें यूरोप में कभी भी प्राप्त नहीं था।

परन्तु इतना उदार सहयोग और स्नेह पाकर भी भारत में ईसाई लोग हिन्दू समाज के प्रति कृतज्ञ नहीं हुये। अपितु उनकी आक्रामकता बढ़ती गई और हिन्दू समाज के विरुद्ध झूठे प्रचार बढ़ते ही चले गये। केवल अपने पंथ द्वारा पूजित जीसस, पिता गॉड और पवित्र प्रेतात्मा को, जिनका कहीं कोई ऐतिहासिक प्रमाण नहीं मिला है, वे एकमात्र सत्य बताते रहे और हजारों वर्षों से हिन्दुओं द्वारा पूजित परमेश्वर के विविध रूपों और चिन्मय शक्तियों के रूप में पूजित उन देवताओं को 'फॉल्स गॉड' बताते रहे। जबकि इन्हीं देवताओं की कृपा से हजारों वर्षों से हिन्दू समाज विश्व का सबसे समृद्ध, सबसे सुसंस्कृत, सबसे उदार और पूर्णतः मानवीय संवेदनाओं से भरपूर समाज है। दूसरी ओर, अपने एकमात्र सत्य इष्ट देव को अपने द्वारा की जाने वाली व्याख्याओं के साथ मानते हुये ईसाइयों ने विश्व में अभूतपूर्व अत्याचार किये, नृशंस बर्बरतायें कीं, संसार के सभ्य और सुसंस्कृत समाजों और सभ्यताओं को लूटा और नष्ट किया और इतनी लूट और ठगी, झूठ और प्रोपेगंडा के बावजूद कुल 200 वर्षों में ही वे बिखरने लगे और आज यूरोपीय समाज का बहुत बड़ा अंश खीस्त पंथ पर अविश्वास करता है और अपने को 'नॉन बिलीविंग' कहता है।

इस पर भी यूरोप से तिरस्कृत खीस्त पंथियों ने यूरोप के बराबर विस्तृत क्षेत्र देखकर भारत को ही अपने लिये अनुकूल पाकर यहाँ अपना अभियान पूरी उग्रता से चला रखा है और इतनी सुविधा देने वाले राष्ट्र के प्रति किसी भी कृतज्ञता की भावना की सार्वजनिक अभिव्यक्ति करते कभी भी नहीं देखे जाते।

नियोगी कमेटी रिपोर्ट

अपने प्रसार के लिये वे जो हथकंडे अपनाते हैं, उनसे स्वयं कांग्रेस पार्टी 1955–56 में ही चिंतित हो गई थी। 1956 में दो खण्डों में ईसाई मिशनरियों की गतिविधियों पर जांच रिपोर्ट मध्यप्रदेश में आई। मध्यप्रदेश लोक सेवा आयोग के पूर्व अध्यक्ष एवं नागपुर उच्च न्यायालय के माननीय मुख्य न्यायाधीश (सेवानिवृत्त) डॉ. भवानी शंकर नियोगी जी की अध्यक्षता में तैयार इस रिपोर्ट की प्रसिद्धि

नियोगी कमेटी रिपोर्ट के रूप में हुई। वह रिपोर्ट भारत में ईसाई मिशनरियों की गतिविधियों के भयंकर स्वरूप को दिखाती है। उस रिपोर्ट के आरंभ में ही खण्ड 1 भाग 1 के अध्याय 1 विषय प्रवेश में कहा गया है कि मध्यप्रदेश शासन को शिकायतें मिलीं थीं कि प्रदेश के आधुनिक शिक्षा से रहित मूल निवासियों एवं अन्य पिछड़े लोगों को क्रिश्चियन मिशनरी (1) बलपूर्वक अथवा (2) धोखाधड़ी से अथवा (3) धन का लालच देकर, इस प्रकार तीन तरह से 'कन्वर्ट' कर रहे हैं और उन्हें ईसाई घोषित कर देते हैं। यद्यपि वे वनवासी लोग ईसाइयत के मूल स्वरूप को जानने में न तो रुचि रखते थे न ही सामर्थ्य।

उक्त जांच कमेटी में माननीय सेवानिवृत्त मुख्य न्यायाधीश नियोगी जी के अतिरिक्त विधानसभा के पूर्व अध्यक्ष घनश्याम गुप्त, सांसद सेठ गोविन्ददास तथा कीर्तिमंत राव, प्रो. एस. के. जॉर्ज, मध्यप्रदेश सरकार के सचिव श्री बी. पी. पाठक आदि सदस्य थे। कमेटी ने 14 जिलों का सघन दौरा किया। 72 केन्द्रों में जांच के लिये गये और लगभग 12 हजार लोगों की बातें सुनी। इसके साथ ही ईसाई मिशनरियों द्वारा संचालित स्कूलों, अस्पतालों, चर्च, कुष्ठ आश्रमों और छात्रावासों का भी दौरा कर विस्तृत छानबीन की, जिसका यात्रा कार्यक्रम राजपत्र में प्रकाशित हुआ था। इसके बाद कमेटी ने जो रिपोर्ट दी वह भयंकर थी और उसमें इंग्लैंड, स्पेन, फ्रांस, पुर्तगाल, जर्मनी आदि के द्वारा संचालित मिशनरियों के कारनामे प्रकाशित किये गये। ये सब प्रकार से आपित्तजनक एवं निन्दनीय थे तथा भारत के संविधान की मर्यादाओं का सरासर उल्लंघन करते थे। कमेटी की रिपोर्ट में विस्तार से तथ्यात्मक विवरण दिये गये। वनवासी क्षेत्रों में किस प्रकार झूठ और धोखाध ड़ी से ये लोग काम करते हैं यह रिपोर्ट में दिखलाया गया था। जिलाधिकारियों एवं प्रशासनिक अधिकारियों से इन जालसाजियों की कड़ी निगरानी करने की संस्तुति नियोगी कमेटी ने की थी।

रिपोर्ट से यह भी स्पष्ट हो गया कि आपस में महायुद्ध लड़ने वाले देशों के मिशनरी भारत में हिन्दुओं के मतांतरण के मामले में एकजुट हैं और हिन्दू धर्म को वे सब अपना साझा निशाना मानते

हैं। कमेटी ने विस्तार से इसके दृष्टान्त दिये हैं। इसके साथ ही मिशनरियों द्वारा किये जा रहे झूठे प्रचार के विषय में भी विवरण देते हुये सनातन धर्म के शास्त्रों और स्मृतियों तथा पुराणों के अंश देते हुये उस प्रोपेगंडा की असत्यता दिखाई गई थी। इतना ही नहीं, जो ईसाई सार्वजनिक रूप से सनातन धर्म के खुलकर विरोधी थे और जिनके यहाँ धर्म की कोई अवधारणा ही नहीं थी तथा जिनके सम्पूर्ण साहित्य में धर्म शब्द अनुपस्थित है, वे लोग हिन्दुओं को ठगने और भरमाने के लिये अपने आपको 'कैथोलिक धर्म का प्रचारक' कहते हैं जो पूर्णतः फ्रॉड है। क्योंकि खीस्त पंथ का धर्म से कोई संबंध है ही नहीं और वे कभी भी धर्म का प्रचार नहीं करते। जो प्रोपेगंडा वे करते हैं, उसे अधर्म का प्रचार अवश्य कहा जायेगा।

उनकी पुस्तिकाओं के उद्धरण भी विस्तार से नियोगी कमेटी ने दिये थे। जिसके कुछ अंश ही यहाँ देने पर उसकी घृणित भयावहता का अनुमान हो जायेगा।

पादरी लोग गाँव में फैल गये और जिस घर में भी आपस में झगड़ा हो, उसमें बीच–बचाव कर किसी एक का पक्ष लेकर उसे न्याय दिलाने का भरोसा देकर चर्च में ले आते थे और फिर कुछ ही दिनों में उसे ईसाई बना लेते थे।

> रिपोर्ट में कहा गया है कि मिशनरियों ने राम परीक्षा, गुरु परीक्षा, सच्चा मजहब कौन सा है, मसीह और सामाजिक न्याय, धर्मतुला, सतनामी पंथ, गुरुध्यान, धर्मसिद्धांत प्रकार आदि पुस्तिकायें छापीं। इनमें प्रचार किया कि 'राम तो पापी था। वह अपने मानने वालों को शांति नहीं दे सकता था। क्योंकि वह मर गया तो फिर नहीं जिया। जबकि यीशु मसीह मरने के बाद भी जी उठा था।' 'राम, कृष्ण और महादेव सब नाना प्रकार की बुराइयों के वश मे हैं। कृष्ण तो चोर, कुकर्मी और दुष्ट था। ऐसे देवताओं पर आसरा रखना बड़ी मूर्खता है।'
>
> (रिपोर्ट का क्रमांक तीन, खण्ड 2, भाग 'ख' का पृष्ठ 53)
>
> 'हिन्दुओं के शास्त्रों में लिखा है कि हिन्दुओं के सब ईश्वर बड़े पापी और दोषी हैं।' (क्रमांक 4)

'रिपोर्ट में मुहम्मद साहब के लिये भी बहुत ही आपत्तिजनक शब्दों का प्रयोग पादरियों द्वारा किया गया बताया गया।'
(क्रमांक 4)

'गांधीवादियों और समाजवादियों के सिद्धांतों को निर्धारित करने के लिये हिन्दू धर्म की शिक्षा पर्याप्त नहीं है। लोगों को उत्साहित करने की सामर्थ्य केवल खीस्त पंथ में है। इसलिये मसीहियों का कर्तव्य है कि वे राजनीति में अधिक से अधिक भाग लें और दलों में घुसकर अपने मसीही ज्ञान से दलों के सिद्धांतों को दृढ़ बनायें।' (क्रमांक 5)

'जब कोई बालक बड़ी बीमारी के साथ हमारे अस्पताल में लाया जाये तो गुप्त रीति से, दवाई के बहाने, उसके सिर पर पानी डालते हुये बपतिस्मा का उच्चारण कीजिये। वह बालक मर जायेगा पर आपने उसके लिये स्वर्ग का द्वार खोल दिया। इसलिये हे प्रचारक! इस काम में लगे रहो और कोशिश करो कि साल भर में अधिक से अधिक बच्चों को स्वर्ग पहुँचा सको।'
'बीमार बच्चे के घर में जबरन पहुँच जाओ। घर वाले उठकर जाने को कहें तो कहो कि हम परमेश्वर की कृपा से उसे चंगा कर देंगे और किसी भी बहाने दवा पिलाने की आड़ में उसे बपतिस्मा दे दो, क्योंकि इससे मरने पर वह स्वर्ग जायेगा।'
(क्रमांक 6)

'सभी क्रिस्तानों को चाहिये कि वे स्थानीय लोगों के पर्वों से अलग रहें, क्योंकि वे तो स्वर्ग का आनंद अपने चर्च में पाते हैं।'
'जो भी किसी मूर्ति को पूजता है, वह पापी है और जो मूर्ति बनाता है वह भी पापी है। देवता और अवतार सब काम, क्रोध, लोभ, डाह और अहंकार के वश में थे। इसलिये देवताओं के कुकर्मों का सार्वजनिक वर्णन करें और बता दें कि स्वयं तुम्हारे शास्त्रों के अनुसार ये सब देवता पापी हैं और इनकी पूजा किसी पापी की पूजा है।' (क्रमांक 7)

देवताओं को गालियां

'चार वेद, पाँच शास्त्र और 18 पुराणों में आपस में बहुत झगड़े

हैं। इससे पता चलता है कि ये सब मनमानी है।' 'देवताओं के चरित्र से पता चलता है कि वे महापाप किया करते थे। देवता छल, झूठ, चोरी, कुकर्म और अधर्म किया करते थे। अतः उनको पूजने वाले छली, झूठे, चोर, कुकर्मी और अधर्मी ही होते हैं।' (क्रमांक 7)

'हम लोगों ने एक गाँव में वहाँ के लोगों के देवताओं को उनके सामने ही लात मारकर गिरा दिया। जिससे कि लोग जान लें कि देवताओं में कुछ शक्ति नहीं है।' (क्रमांक 9)

'कबीर की शिक्षायें समाज में फैलने दीजिये, जिससे कि उनके चेले यीशु की बातों को सुनने को तैयार हो जायें।' (क्रमांक 11)

'ब्रह्मा, विष्णु और महेश का चरित्र इतना घिनौना और लज्जापूर्ण है कि जिसका वर्णन नहीं किया जा सकता।' (क्रमांक 12)

'जगन्नाथ के हाँथ, पाँव कटे हुये हैं। उनकी यह दशा उनके बुरे कर्मों के कारण ही हुई है।' (क्रमांक 12)

झूठ ही झूठ

'मनु के शास्त्र में लिखा है कि यदि स्त्री तैयार हो तो व्यभिचार किया जा सकता है और पुण्य कार्य के लिये झूठी शपथ खाई जा सकती है। इसलिये मनु का शास्त्र पाप को बढ़ाने वाला है।' (क्रमांक12)

'हिन्दुओं का शास्त्र कहता है कि अपने लाभ के लिये अपने लोगों की हत्या कर सकते हैं। जैसे, कंस ने वसुदेव की संतानों की हत्या की और कृष्ण ने कौरवों की हत्या के लिये अर्जुन को उकसाया।' (क्रमांक 13)

साधु वेश में ठगो

'भारत के लोग साधु वेश का बहुत आदर करते हैं, इसलिये साधु वेश में भ्रमण करते हुये गुप्त रूप से प्रभु यीशु की ओर

आकर्षित करो।' (क्रमांक 15)

'दयानंद जी के मस्तिष्क में बहुत गड़बड़ी थी। वे यथार्थ में विद्वान नहीं थे। वे झूठ, कपट और छल का विरोध करते थे। परन्तु स्वयं झूठ और छल, कपट उनके जीवन में था।'

(क्रमांक 19)

नियोगी कमेटी ने हजारों लोगों से बात की और सैकड़ों लोगों के वक्तव्यों का परीक्षण किया और अंत में यह पाया कि ईसाई मिशनरियों पर कड़ाई से प्रतिबंध लगाना आवश्यक है।

यह स्पष्ट है कि लगभग 70 वर्ष पूर्व प्रकाशित इस रिपोर्ट पर आज तक किसी भी शासन ने कोई प्रभावी कार्रवाई नहीं की।

इसी प्रकार मुसलमानों के द्वारा हिन्दुओं के विरुद्ध किये जाने वाले प्रचार की जांच रिपोर्ट आज तक सार्वजनिक ही नहीं की गई, क्योंकि उससे दंगा भड़कने का डर प्रशासन को रहता है। परंतु इस तरह इतने घृणित और विषैले वक्तव्यों को शासन द्वारा परोक्ष संरक्षण देना किसी भी सामान्य समाज में व्यापक हिंसा और उत्पात का कारण बन सकता है। यह कांग्रेस शासन को अच्छी तरह पता रहा है। इसीलिये उन्होंने योजनापूर्वक हिन्दुओं को दब्बू और कायर बनाने का प्रयास किया तथा साथ ही, यह प्रचारित किया कि हिन्दू दब्बू और कायर होते हैं। इसके अतिरिक्त हिन्दू समाज की आस्थाओं के विरुद्ध शिक्षा और संचार माध्यमों के द्वारा लगातार प्रचार किया जाता रहा है, जिससे कि हिन्दुओं में क्रोध और क्षोभ के स्थान पर हीनता और ग्लानि फैले। परंतु यह तो निष्पक्ष शासन के लक्षण नहीं हैं।

रुके कैसे सांस्कृतिक संहार ?

विगत 77 वर्षों में शासन के द्वारा इतने खुले हिन्दू द्रोह और हिन्दू धर्म के विरुद्ध घृणा, झूठ और विद्वेष से भरपूर आक्रामक प्रचार के विरुद्ध कोई भी कदम नहीं उठाया गया है। इसके अंतहीन प्रमाण उपलब्ध हैं। इन सब का परिणाम यह हुआ है कि झारखंड से लेकर सम्पूर्ण पूर्वोत्तर भारत में ईसावाद सनातन धर्म का और

भारतीय संस्कृति का सांस्कृतिक संहार कर रहा है। भारत सरकार के उच्च प्रशासनिक अधिकारी एवं संयुक्त सचिव जैसे जिम्मेदार पद पर कार्यरत डॉ. शैलेन्द्र कुमार जी ने अपनी दो पुस्तकों 'ईसावाद और पूर्वोत्तर भारत का सांस्कृतिक संहार' एवं 'ईसावाद तथा औपनिवेशिक कानूनों के चक्रव्यूह में झारखंड' के द्वारा स्थिति की भयावहता को स्पष्ट किया है।

मेघालय, नगालैंड, मणिपुर और अरुणाचल प्रदेश में ईसाई मिशनरियों के द्वारा व्यापक सांस्कृतिक विनाश किया जा रहा है। साथ ही, सिक्किम, त्रिपुरा और असम का भी सांस्कृतिक क्षरण किया जा रहा है। झारखंड में विभेदकारी और औपनिवेशिक कानूनों के द्वारा हिन्दू धर्म के विरुद्ध और ईसाई मिशनरियों के पक्ष में अनेक प्रशासनिक कदम उठाये जाते रहते हैं। इन सबको रोकना शासन का कर्तव्य है, क्योंकि यदि शासन इन्हें नहीं रोक पायेगा, तो फिर उसे हिन्दू समाज को इन्हें रोकने की शक्ति और अधिकार देने होंगे।

राजधर्म सभी धर्मों में प्रधान

शुक्र नीति के चतुर्थ अध्याय में पंचम प्रकरण में पहले ही श्लोक में कहा गया है –

दुष्टनिग्रहणं कुर्याद् व्यवहारानुदर्शनैः।
स्वाज्ञया वर्तितुं शक्तया स्वाधीना च सदा प्रजा।।

अर्थात् राजा को सदा दुष्टों का निग्रहण करना चाहिये। ऐसा करने वाले राजा की प्रजा ही स्वाधीन रहती है और मर्यादापूर्ण व्यवहार करती है। आगे महर्षि शुक्राचार्य ने कहा है कि समाज के इष्ट की हानि करने वाला दुष्ट प्रचारवान व्यक्ति राज्य का शत्रु होता है। अतः प्रजा का पालन करने के लिये राजा द्वारा ऐसे दुष्टों का निग्रह करना चाहिये, जिससे कि प्रजा अपने इष्ट कार्य करती रहे। अतः शासन का कर्तव्य है कि इस प्रकार के दुष्टों का निग्रह किया जाये और भारत के मुख्य समाज को शांतिपूर्वक स्वधर्म का पालन करने दिया जाये। वस्तुतः हमारे सभी शास्त्रों में लिखा है

कि कंटकशोधन राजधर्म है। क्योंकि अगर ऐसा नहीं किया जाये तो समाज में पाप फैलता है और उस पाप का एक चौथाई अंश शासन को मिलता है तथा एक चौथाई अंश न्यायाधीशों को। इसलिये पापियों के पाप का दोष शासन पर भी पड़ता है। मनुस्मृति के 8वें अध्याय में शासन द्वारा न्याय के विषय में विस्तार से निर्देश दिये गये हैं।

सनातन धर्म के सभी शास्त्र कहते हैं कि धर्म की स्थापना ही न्याय है। अतः धर्मशासन ही न्यायशासन है, क्योंकि धर्म की उपेक्षा करने से धर्म की उपेक्षा करने वाले का नाश करता है और रक्षा करने वाले की रक्षा करता है। इसलिये सदा धर्म की रक्षा करनी चाहिये।

वस्तुतः अर्थशास्त्र एवं दंडनीति परस्पर सम्बद्ध हैं। समाज की सुरक्षा और न्यायव्यवस्था तथा प्रजा का रक्षण ये राजधर्म के अनिवार्य अंग हैं। इसलिये प्रजा के धर्म पर प्रहार करने वाले दुष्टों को दंडित करना राजधर्म है।

शास्त्रों में सदा ही कहा गया है कि शासक को सदैव धर्मशास्त्रों के अनुसार ही न्यायिक निर्णय करना चाहिये। अपने मन से कोई भी निर्णय नहीं करना चाहिये : 'तस्माच्छास्त्रानुसारेण राजा कार्याणि कारयेत्'।

इसीलिये राजधर्म को सभी धर्मों में प्रधान कहा गया है, क्योंकि समस्त लोकव्यवहार राजधर्म में ही समाहित है। महाभारत में शांतिपर्व के अध्याय 63 में श्लोक 28, 29 एवं 30 में कहा है –

मज्जेत् त्रयी दण्डनीतौ हतायां, सर्वे धर्माः प्रक्षयेयुर्विबुद्धाः।
सर्वे धर्माश्चाश्रमाणां हताः स्युः, क्षात्रे त्यक्ते राजधर्मे पुराणे।।28।।
सर्वे त्यागा राजधर्मेषु दृष्टाः, सर्वा विद्या राजधर्मेषु चोक्ताः।
सर्वा विद्या राजधर्मेषुः युक्ताः, सर्वे लोका राजधर्मे प्रविष्टाः।।29।।
यथा जीवाः प्राकृतैर्वध्यमाना, धर्मश्रुतानामुपपीडनाय।
एवं धर्मा राजधर्मैर्वियुक्ताः, संचिन्वन्तो नाद्रियन्ते स्वधर्मम्।।30।।

अर्थात् राजधर्म के द्वारा ही सबका पालन होता है। इसलिये राजधर्म ही सभी धर्मों में प्रधान है। सभी वर्ण और आश्रम तथा समस्त प्रजायें राजधर्म के द्वारा ही पालनीय हैं। अतः राजा को

दंडनीति का अवलम्बन लेकर प्रजा का पालन करना चाहिये। दंडनीति के नहीं रहने पर वेदों का विलोप हो जाता है और समाज से धर्म नष्ट हो जाता है। समस्त लोक राजधर्म से ही सुरक्षित है। राजपुरुष यदि दंडनीति का त्याग कर दें, तो दस्युओं के उत्पात से समाज अरक्षित होकर उसी प्रकार विनष्ट हो जाता है, जैसे बहेलिया नियंत्रण नहीं होने पर वन के सभी पशु–पक्षियों को मार डाले। इसलिये दंडनीति से सज्जित और सम्पन्न राजधर्म सर्वश्रेष्ठ है। उसके द्वारा ही वर्णों, आश्रमों और प्रजा की प्रतिष्ठा है।

अध्याय 18

करुणा और न्याय का विस्तार: राजधर्म की भूमिका

शासन का मुख्य कार्य प्रजा की रक्षा और उसके द्वारा अपना–अपना कार्य सुचारू रूप से करने का परिवेश बनाना ही है। शास्त्रों की पदावली में इसे ही वर्णाश्रम धर्म प्रतिपालन कहा गया है। इस विषय में महाभारत में शांतिपर्व के अध्याय 67 में एक महत्वपूर्ण प्रसंग है। प्रजापिता ब्रह्मा ने आर्त प्रजाओं का दुख सुनकर मनु को राजा के रूप में कार्य करने की आज्ञा दी। इस पर मनु ने कहा कि हे भगवन ! राज्य करना बहुत कठिन कार्य है। विशेषतः मनुष्य जो हैं, इन पर शासन करना अत्यंत कठिन है। क्योंकि ये नित्य ही मिथ्याचार में प्रवृत्त रहते हैं। इन पर राज्य करने से इनके पाप का भाग मुझे भी मिलेगा। इसलिये मैं राजा बनने से डरता हूँ –

बिभेम कर्मणः पापाद् राज्यं हि भृशदुस्तरम्।
विशेषतो मनुष्येषु मिथ्यावृत्तेषु नित्यदा।।

इस पर समस्त प्रजाजनों ने मनु से कहा – 'महाराज आप डरें नहीं, हम लोग आपको राजकोष की वृद्धि के लिये आवश्यक भाग देंगे। अन्न की उपज का 10वां भाग और सुवर्ण तथा पशुओं का पचासवां भाग। उससे राजकोष सदा भरा रहेगा और आप आवश्यक प्रबंध कर सकेंगे। हममें से जो पाप करेगा, उस पाप का भागी वह

स्वयं होगा। हममें से सभी प्रधान लोग सदा आपकी सहायता के लिये शस्त्रों और वाहन आदि संसाधनों के साथ उपस्थित रहेंगे। आप हमारी रक्षा करके हमें सुखी रखेंगे, तो हमारे धर्माचरण का चतुर्थ भाग आपको मिलता रहेगा।'

प्रजाजनों से यह आश्वासन पाकर ही मनु ने राजपद संभाला। इस प्रकार प्रजाओं द्वारा, विशेषकर प्रजाजनों में से प्रमुख लोगों द्वारा सदा धर्माचरण का वचन देने पर ही मनु ने राजपद स्वीकार किया। अतः राजत्व का उदगम प्रजा के चयन या वरण और अनुरोध तथा धर्माचरण के वचन में है। अपने में से जिसे प्रजा श्रेष्ठ राजपद के योग्य मानती है, उससे वह राजपद संभालने का अनुरोध करती है और धर्माचरण के द्वारा राजा को राजधर्म पालन में सदा सहयोग करती है।

श्रेष्ठ राज्य की आवश्यकता

इस प्रकार श्रेष्ठ राज्य वस्तुतः जनगण की अर्थात प्रजा की अथवा समाज की आवश्यकता है। अतः राज्य का कर्तव्य प्रजा की इस आवश्यकता की पूर्ति है। वर्णाश्रम धर्म का प्रतिपालन और मर्यादा की रक्षा तथा शांति और सुव्यवस्था सुनिश्चित करना राजा का कर्तव्य है और इस कर्तव्य के पालन के लिये दंडबल और दंडनीति के प्रयोग का उसे अधिकार है। साथ ही, शासन व्यवस्था के संचालन के लिये राजकोष का संग्रहण भी राजा का अधिकार है और उस राजकोष में अपने उचित अंश का दान प्रजा का कर्तव्य है।

यहां राजा को अपने मन से कोई विधि या कानून बनाने या कोई मर्यादा स्थापित करने की कोई बात नहीं कही गई है। अपितु समाज की बनी हुई मर्यादा और चली आ रही परंपराओं का पालन सुनिश्चित करना तथा उनके पालन में बाधा डालने वाले लोगों या तत्वों को दंडित करना राजधर्म है।

यूरोपीय कसौटियां भिन्न हैं

यह स्थिति आधुनिक यूरोपीय राजनीतिशास्त्रीय कसौटियों से भिन्न है जहां लॉ का निर्माण राजा स्वयं करता है और प्रजा का कार्य

उसका पालन करना है। जॉन नेवेल फिगिस ने अपनी पुस्तक 'दि डिवाइन राइट्स ऑफ किंग्स' (कैम्ब्रिज विश्वविद्यालय प्रकाशन, 1896) में लिखा है कि–''राजत्व डिवाइन है और राजा केवल 'जीसस–पिता गॉड' के प्रति उत्तरदायी है और किसी के प्रति नहीं। इसीलिये प्रजा को उसकी आज्ञा माननी ही होगी। राजा का विरोध करना 'सिन' (पाप) है।''

स्पष्ट रूप से यह स्थिति महाभारत तथा भारतीय धर्मशास्त्रों में प्रतिपादित दर्शन और दृष्टि से पूरी तरह भिन्न है।

धर्मपालन ही राज्य का कर्तव्य

भारतीय धर्मशास्त्र तो यह स्पष्ट व्यवस्था देते हैं कि राजा मनमानी नहीं कर सकता, उसे धर्म के अनुसार और सनातन परंपराओं के अनुसार ही चलना होगा। कोई भी नया नियम बनाने के विषय में राजा की शक्ति सीमित है और वह धर्मशास्त्रों के प्रावधान के अनुसार ही कोई नियम बना सकता है, उससे बाहर जाकर नहीं। यदि राजा धर्म का पालन नहीं करता और सनातन परंपराओं के अनुसार नहीं चलता तो उसे गद्दी से उतार दिया जायेगा।

महाभारत के शांतिपर्व के अध्याय 92 में श्लोक 15 में यह स्पष्ट लिखा है कि जो राजा उदार नहीं है और दंड का अनुचित प्रयोग करता है, वह शीघ्र ही नष्ट हो जाता है।

असत् कार्य करने वाला और पापिष्ठ सचिवों वाला राजा लोक की परम्पराओं और सर्वमान्य मान्यताओं को हानि पहुंचाता है। इसलिये लोग उसे त्याग देते हैं और वह सपरिवार शीघ्र ही अवसाद में पड़ जाता है। यह भी कहा है कि अपने मन से नियम बनाने वाला राजा भले ही समस्त पृथ्वी का स्वामी हो जाये, परन्तु वह शीघ्र ही नष्ट हो जाता है। शुक्रनीति में यही कहा गया है।

मनुस्मृति का भी कथन है –

मोहाद्राजा स्वराष्ट्रं यः कर्षयत्यनवेक्षया।
सोऽचिराद् भ्रश्यते राज्याज्जीविताश्च सबान्धवः।।

अर्थात् जो राजा मोहवश प्रजा की रक्षा नहीं करता और केवल

कर लेता है, वह शीघ्र ही राज्य से भ्रष्ट हो जाता है और अपने बंधु–बांधवों सहित जीवन से भी नष्ट हो जाता है।

प्रजापालन सर्वोपरि

प्रजापालन राजा का सर्वोपरि कर्तव्य है और प्रजाएं केवल देह नहीं हैं, अपितु मन और बुद्धि तथा आध्यात्मिक एवं सांस्कृतिक परंपराओं से सम्पन्न चिदंशमयी सत्ता हैं। अतः प्रजापालन का अर्थ रोटी, कपड़ा और मकान देना नहीं है। अपितु ज्ञान परम्परा, धर्म परम्परा, अध्यात्म परंपरा और विद्या परम्परा तथा पुरुषार्थ परम्परा की रक्षा करना है। इनमें कंटक या अवरोध डालने वालों को दंडबल के प्रयोग से नष्ट करना भी राजधर्म है। इसीलिये महाभारत के शांतिपर्व में अध्याय 69, श्लोक 73 में कहा गया है कि–

किं तस्य तपसा राज्ञः किं च तस्याध्वरैरपि।
सुपालितप्रजो यः स्यात् सर्वधर्मविदेव सः।।

अर्थात् जिस राजा ने प्रजा का अच्छी तरह पालन किया है, उसे न तो किसी अन्य तपस्या की आवश्यकता है और न ही यज्ञ अनुष्ठान की, उसे तो समस्त धर्मों का ज्ञाता और पालन करने वाला ही मानना चाहिये।

उत्साहशक्ति, मंत्र–शक्ति, प्रभु–शक्ति

इन आधारभूत प्रतिमानों के साथ भारत में अत्यंत प्राचीन काल से राजधर्म का विस्तार से विवेचन किया जाता रहा है और शासन विधान के विषय में जितने प्राचीन तथा जितने विस्तृत शास्त्र भारतवर्ष में हैं, वे अन्य किसी प्राचीन समाज में प्राचीन काल के ग्रंथों के रूप में नहीं मिलते। उत्साहशक्ति, प्रभुशक्ति और मंत्रशक्ति के त्रिवर्ग के द्वारा राष्ट्र, कोष, दुर्ग और मंत्रिपरिषद सहित सम्पूर्ण राज्य को दंडविधान के अधीन अनुशासित रखने के विषय में भारतीय राजशास्त्रों में विस्तार से नियम और प्रक्रिया दी गई है। दंडनीति के ही अंतर्गत न्याय और व्यवहार भी आता है तथा न्यायपूर्वक दोषियों को दंड देना व्यवहार का अनिवार्य अंग है। इस

प्रकार राजा के कर्तव्य भी भारतीय धर्मशास्त्रों में बहुत विस्तार से दिये गये हैं।

न्याय प्रजावत्सलता का अंग है। शासक समाज के प्रति करुणा भाव से न्याय सुनिश्चित करते हैं। प्राचीन काल में शासक के तीन प्रधान कार्य बताये गये थे :– कार्यकारिणी संबंधी, न्याय संबंधी एवं विधान निर्माण संबंधी। ऐसा महामहोपाध्याय पांडुरंग वामन काणे ने अपने महान ग्रंथ 'धर्मशास्त्र का इतिहास' के द्वितीय भाग के अध्याय 3 में कहा है। वर्तमान शासन में भी ये तीन भाग ही हैं। एक अन्तर अवश्य है – शुक्रनीतिसार में लिखा है कि शासनादेश के विषय में डुग्गी पिटवाकर घोषणा की जानी चाहिये और चौराहों पर लिखकर रख देना चाहिये। इसके विषय में शुक्रनीतिसार ने विस्तार से निर्देश दिये हैं। वर्तमान में संचार माध्यमों के द्वारा ये घोषणायें की जाती हैं, परन्तु महत्व की बात यह है कि आधुनिकतम संचार माध्यमों के होने पर भी नागरिकों को इन आदेशों के विषय में तथा इनका पालन नहीं करने पर दिये जाने वाले दंड के विषय में और शासकीय कर्मचारियों के आचरण के विषय में स्पष्टता और विस्तार के साथ जानकारी प्रायः नहीं दी जाती। जबकि शुक्रनीतिसार सहित प्राचीन राजनीतिशास्त्रीय ग्रंथों में इनके विषय में विस्तार से कहा गया है। अशोक ने भी अपने शिलास्तंभों में ये निर्देश बहुत विस्तार से लिखवाये थे। इतने विस्तार से इन दिनों नागरिकों को समझाया नहीं जाता। इस विषय में माननीय प्रधानमंत्री श्री नरेन्द्र मोदी अपवाद हैं। वे प्रजावत्सलता के साथ प्रेम और करुणापूर्वक लोगों को बातें समझाते हैं – बच्चों को भी और बूढ़ों को भी और युवाओं को भी। परन्तु सामान्यतः शासन के द्वारा संचार माध्यमों से सम्यक विस्तार से नागरिकों को विशेषकर संभावित दंड के विषय में और परस्पर व्यवहार के विषय में नहीं समझाया जाता। यह किया जाना चाहिये।

सभी धर्मशास्त्रों ने विस्तृत विमर्श पर बहुत बल दिया है। इसे मंत्र कहा गया है। मनुस्मृति ने अध्याय 7 में यह स्पष्ट आग्रह किया है कि शासक मंत्रियों के अभिप्राय को अलग–अलग भी जानें और इकट्ठा भी जानें और फिर कल्याणकारी निर्णय लें। शूरवीर,

उत्साही, शुद्धचित्त मंत्रियों से अर्थात् सचिवों से शासक को निरंतर परामर्श करना चाहिये। न तो अधिक कोमलता शासन में होनी चाहिये, क्योंकि उससे शासन का मूल ही कमजोर पड़ जाता है और न ही प्रजा पर अधिक कठोरता बरतनी चाहिये, क्योंकि उससे भी शासन के प्रति असद्भाव पैदा होता है। इसी प्रकार शासन के लोभ से समाज नष्ट हो जाता है। मंत्रशक्ति का धर्मशास्त्रों में बहुत अधिक महत्व है और मंत्रणा की पद्धति पर विस्तार से लिखा गया है। कौटिल्य ने कहा है कि मंत्र से ये कार्य सिद्ध होते हैं – जो प्राप्त न किया जा सका हो, उसका ज्ञान। जो प्राप्त हो गया है, उसे सुनिश्चित स्थायित्व प्रदान करना और जिस विषय में दुविधा हो, उस विषय में सन्देह को मिटाना।

न्याय की प्रक्रिया के विषय में हमारे धर्मशास्त्रों में प्राचीनकाल से विस्तृत विधान है, जबकि यूरोपीय नेशन स्टेट्स में वैसे विस्तार से चिन्तन केवल विगत 150 वर्षों में ही क्रमशः विकसित हुआ है। एक अनुमान है कि यह वस्तुतः उन लोगों ने भारतीय धर्मशास्त्रों के ही अनुसरण में किया है, परन्तु अपने स्वभाववश उनके प्रति कृतज्ञता नहीं व्यक्त की।

धर्मानुसार व्यवहार ही न्याय है

राज्य के द्वारा अपनाई जाने वाली न्यायपद्धति को भारतीय धर्मशास्त्र में व्यवहार कहा गया है। वस्तुतः जिसे यूरोप में पिछले लगभग 150 वर्षों से पहली बार समाजशास्त्र कहा गया है, उसे ही अत्यन्त प्राचीन काल से भारत में धर्मशास्त्र कहा जाता रहा है। भारत का यह धर्मशास्त्र रूपी समाजशास्त्र अद्वितीय है और विश्व में अनुपमेय है। इसमें राज्य का सर्वोच्च कर्तव्य प्रजारक्षण कहा गया है। याज्ञवल्क्य स्मृति के अध्याय 2 में यह बात और स्पष्ट की गई है तथा यह भी कहा है कि अपराधियों को दंडित किये बिना प्रजारक्षण का कार्य पूर्ण नहीं हो सकता। अतः राज्यकर्ता को सदा ही अपराधियों को दंडित करना सुनिश्चित करना चाहिये। क्योंकि न्यायशासन ही धर्मशासन है और धर्मानुसार व्यवहार ही न्याय है।

शास्त्रों में 18 प्रकार के व्यवहारपदों की विस्तार से मीमांसा की

गई है, जिस पर अनेक भारतीय विद्वानों ने आधुनिककाल में भी बहुत विस्तार से लिखा है। उतने विस्तार से इन विषयों पर यूरोप में चिंतन केवल विगत 100 वर्षों में हुआ है।

अच्छे और बुरे यानी सत् और असत् की विवेचना कर सही निर्णय देना ही व्यवहार कहलाता है और यही न्याय है। धर्मशास्त्रों के अनुसार कोई विवाद उपस्थित होने पर धर्मशास्त्रों के प्रकाश में ही उसका निर्णय किया जाना चाहिये। पक्षपात का लेशमात्र नहीं होना चाहिये और राग, द्वेष, लोभ, भय तथा वादी या प्रतिवादी में से किसी की ओर विशेष ध्यान देना – ये पाँच व्यवहार संबंधी दोष हैं।

धर्मशास्त्रों में यह भी कहा है कि शासन को कभी भी स्वयं कोई विवाद उत्पादित नहीं करना चाहिये। यह वर्तमान स्थिति से भिन्न निर्देश है। न्याय प्रक्रिया के विविध चरण भारत में रहे हैं, जो कुलों की पंचायत, जाति पंचायत, ग्राम पंचायत, खाप पंचायत और जनपद पंचायत तथा व्यापारियों की श्रेणियों की पंचायत आदि के रूप में रहे हैं। इन सबसे ऊपर सीधे शासन का न्यायालय होता है।

आलेख, साक्ष्य और विधि का स्रोत

इसी प्रकार तीन प्रकार के शासकीय आलेख्य या प्रमाणपत्र भी धर्मशास्त्रों में वर्णित हैं राजकीय, स्वहस्तलिखित और किसी स्थान में अन्य के द्वारा किसी समूह के समक्ष लिखे।

साक्ष्य पद्धति के विषय में भी शास्त्रों में बहुत विस्तार से विचार है जिनका उल्लेख पांडुरंग वामन काणे ने 'धर्मशास्त्र का इतिहास' के द्वितीय भाग में किया है तथा अन्य अनेक विद्वानों ने भी इस पर लिखा है। साक्ष्य प्रामाणिक हो और निर्दोष हो, इस विषय में धर्मशास्त्र बहुत सजग थे।

इसी प्रकार मनु और बृहस्पति दोनों ने साक्षी के बोलने के ढंग उसकी मुखाकृति, मृखाकृति की आकृति में होने वाले परिवर्तन, नेत्रों के हावभाव तथा मुखमंडल एवं अन्य हावभावों के आधार पर साक्षी के सत्य या असत्य का परीक्षण करने को कहा है। यदि साक्षी अशान्त या विकल दिखे अथवा अस्थिर दिखे या बोलते–बोलते उसे पसीना आ जाये या चेहरे का रंग उड़ जाये तो मानना चाहिये

कि वह असत्य भाषण कर रहा है और तब उसे अनुशासित करना चाहिये। इसके साथ ही दिव्य विधियों का भी वर्णन है।

मुख्य बात यह है कि परंपरा से विधि का स्रोत धर्म और धर्मशास्त्र तथा समाज में मान्य धर्मपरंपरायें ही हैं। धर्मशास्त्रों के अनुसार वेद, स्मृतियाँ अर्थात धर्मशास्त्र, सदाचार और स्वविवेक ही धर्म का स्रोत हैं और ये ही विधि का स्रोत भी हैं। यह वर्तमान से नितांत भिन्न है जिसमें अंग्रेजों द्वारा बनाये गये कानूनों और मानी गई रूढ़ियों को ही विधि का स्रोत माना जाता है।

पुण्य-पाप विचार ही प्रधान

दूसरी बात यह है कि हमारे धर्मशास्त्रों में और भारतीय विधि परंपरा में पुण्य और पाप का विचार ही प्रधान है। जबकि वर्तमान में सरकार द्वारा बनाये गये कानूनों का पालन होना ही प्रधान है और उन कानूनों का उल्लंघन ही दंडनीय अपराध है। इन दोनों का अंतर सबसे अधिक आर्थिक मामलों में समझा जा सकता है। धर्मशास्त्रों के अनुसार पाप की कमाई अवैध है।

वर्तमान कानून के अनुसार कानूनी प्रक्रिया करने के बाद समस्त अर्जन वैध है। सरकारी कानूनों के अनुपालन से इतर कमाया गया मुनाफा या लाभ 'कालाधन' है। जबकि धर्मशास्त्रों में 'कालाधन' की कोई अवधारणा नहीं है। पाप की कमाई या पुण्य की कमाई, ये दो ही विभाग वहाँ हैं।

इसी प्रकार धर्मशास्त्रों में जिन कार्यों को पाप कहा गया है, उनमें से अधिकांश कार्य वर्तमान कानूनों के अनुसार विधिसम्मत हैं। अतः धर्मशास्त्र और वर्तमान भारतीय कानूनों में बहुत अधिक अंतर है। वर्तमान कानून व्यवस्था में पाप या पातक का कोई विचार नहीं है। केवल कोई काम कानून सम्मत है या नहीं, इसका ही औपचारिक विचार किया जाता है।

सम्पत्ति सम्बन्धी दृष्टियाँ

सबसे अधिक महत्व की बात यह है कि सम्पत्ति के विषय में

धर्मशास्त्रों में बहुत विस्तार से विवेचना है, जबकि आधुनिक भारतीय राज्य सम्पत्ति के विषय में बहुत ही सीमित विचार करता है। मुख्य बात यह है कि संविधान में सम्पत्ति का मौलिक अधिकार निहित था, जिसे संशोधन के द्वारा हटा दिया गया है। इस प्रकार सम्पत्ति का मौलिक अधिकार हटाना धर्मशास्त्रों के अनुसार प्रजा के साथ अन्याय है, जबकि आधुनिक राज्य ने लोककल्याण के लिये ही सम्पत्ति का मौलिक अधिकार समाप्त करने की बात कही है।

यहाँ एक महत्वपूर्ण स्थिति उत्पन्न हो जाती है। लोककल्याण के लिये सम्पत्ति के अधिकार का विलोप आधुनिक दृष्टि से करुणा ही माना जायेगा। समाज के कल्याण के लिये करुणापूर्वक राज्य ऐसा करता है। परन्तु परम्परागत धर्मशास्त्रीय व्यवस्था के अनुसार सम्पत्ति का मौलिक अधिकार समाप्त करना क्रूरता कहलायेगा। उचित और धर्मसम्मत करों के सिवाय प्रजा की सम्पत्ति का कोई भी अंश लेने का राज्य को अधिकार नहीं है। जबकि आधुनिक व्यवस्था में राष्ट्र की समस्त सम्पत्ति राज्य की है और राज्यकर्ता अपनी समझ से लोककल्याण के लिये उसका यथेष्ट विनियोजन करते रह सकते हैं। इस दृष्टि से करुणा की अवधारणा में ही भेद उत्पन्न हो गया है। वर्तमान राज्य जिसे करुणा कहता है, उसे धर्मशास्त्र अनेक बार क्रूरता ठहराते दिखते हैं। इस प्रकार युगधर्म के अनुसार करुणा की धारणा भी बदलती रहती है और इसी प्रकार न्याय की धारणा भी बदलती रहती है।

न्याय-दृष्टि में भिन्नताएं

एक ऐसा इतिहास बताकर जो प्रचार करने वालों की कल्पना में रचा गया किस्सा है और जिसका कोई भी उपलब्ध प्रमाण नहीं है, भारत में समस्त नागरिकों के द्वारा दिये गये टैक्स से संचित राजकोष का अर्थात 'कन्सॉलिडेटेड फंड ऑफ इंडिया' का उल्लेखनीय हिस्सा किसी भी समूह विशेष को दे दिया जाता है। धर्मशास्त्रों के निकष पर यह अन्याय कहलायेगा। परंतु वर्तमान में इसे करुणा और न्याय ही कहा जाता है।

इसी प्रकार भारतीय समाज के मुख्य भाग को बहुसंख्यक कहकर कुछ अन्य बड़े–बड़े हिस्सों को अल्पसंख्यक कहा गया है,

जैसा केवल भारत में ही हुआ है। उन अल्पसंख्यकों की संस्कृति और शिक्षा के लिये उस भारतीय राजकोष से एक उल्लेखनीय अंश दिया जाता है, जो समस्त समाज के द्वारा दिये गये टैक्स से संचित राजकोष है। परंतु उस राजकोष से बहुसंख्यकों के शास्त्रों की ज्ञान परंपरा और संस्कार परंपरा तथा बहुसंख्यक संस्कृति के शिक्षण–प्रशिक्षण के लिये कोई भी अंश नहीं दिया जाता। यह परंपरा के अनुसार न्याय नहीं माना जा सकता। महत्व की बात यह है कि इसमें से मुसलमान स्वयं को भारत का शताब्दियों शासक रहा बताते हैं और ईसाई स्वयं को 200 वर्षों तक भारत का शासक रहा बताते हैं। ऐसे में अल्पसंख्यकों के नाम पर इनको दिये जाने वाला अंश वस्तुतः शासक वर्ग को दी जाने वाली विशेष सुविधा और विशेषाधिकार के रूप में ही माना जायेगा। अतः यह विशेष सुविधा और विशेषाधिकार न्यायसम्मत नहीं माना जा सकता। इस तरह न्याय और करुणा दोनों के विषय में राष्ट्रीय सर्वानुमति बननी आवश्यक है। तभी राजधर्म का वास्तविक पालन हो सकेगा।

इस विषय में कुछ और बातें भी विचारणीय हैं। राज्य की सुरक्षा एवं सुव्यवस्था का स्पष्ट प्रावधान संविधान में और वर्तमान राजकीय ढांचे में है। परंतु समाज की सुरक्षा एवं सुव्यवस्था के लिये ऐसे स्पष्ट प्रावधान नहीं हैं। जबकि राज्य समाज की ही प्रतिनिधि संस्था है और यही उसकी वैधता है। भारत का संविधान भी यही कहता है कि 'हम भारत के लोगों ने इस लोकतांत्रिक गणराज्य के संचालन के लिये इस संविधान को अंगीकृत, अधिनियमित और आत्मार्पित किया है।' अतः संविधान की वैधता भारत के लोगों से है। अन्य कोई बाहरी 'अथॉरिटी' संविधान की वैधता का आधार नहीं है।

सुरक्षा का विषय

राज्य एवं समाज दोनों की सुरक्षा के लिये राज्य ही अधिकृत संस्था है। समाज की सुरक्षा वह कानून एवं व्यवस्था बनाये रखने के लिये रचित संस्थाओं के द्वारा करती है। इनमें भाग 14 के अंतर्गत अध्याय 1 में वर्णित 'सर्विसेस' हैं। अनुच्छेद 309 के अंतर्गत संघ या राज्य की सेवा करने वाले व्यक्तियों की भर्ती और सेवा की शर्तें

दी गई हैं। अनुच्छेद 310 में उनकी पदावली तथा अनुच्छेद 311 में पदच्युत करने अथवा पद से हटाये जाने या अवनति किये जाने संबंधी प्रावधान हैं। अनुच्छेद 312 में अखिल भारतीय सेवायें दी गई हैं, जो भारतीय प्रशासनिक सेवायें एवं भारतीय पुलिस सेवायें हैं। इसके साथ ही अखिल भारतीय न्यायिक सेवा भी इसी अनुच्छेद के अंतर्गत आती है। भाग 14 के अध्याय 2 में लोकसेवा आयोग का प्रावधान है। इसके साथ ही भाग 14क में अभिकरणों का प्रावधान है। भाग 16 में अनुसूचित जातियों और अनुसूचित जनजातियों के लिये आरक्षण के प्रावधान हैं, जिनमें अब अन्य पिछड़ा वर्ग का आरक्षण भी जुड़ गया है। लोकसभा और राज्यों की विधानसभा दोनों जगह अनुसूचित जातियों एवं अनुसूचित जनजातियों का आरक्षण है। साथ ही, लोकसभा में और राज्यों की विधानसभाओं में आंग्ल भारतीय (एंग्लो इंडियन) समुदाय के प्रतिनिधित्व की विशेष व्यवस्था है। अनुच्छेद 341 में अनुसूचित जातियों के विषय में प्रावधान है और अनुच्छेद 342 में अनुसूचित जनजातियों के विषय में प्रावधान है। दूसरी ओर, अनुच्छेद 154 से 162 तक राज्यों की कार्यपालिका शक्ति के विषय में प्रावधान है।

अनुच्छेद 309, 310 और 311 में राज्यों की भी सिविल सेवाओं का सामान्य स्वरूप निर्धारित है परंतु वस्तुतः इन सेवाओं की संरचना के विषय में संविधान कुछ नहीं कहता। अतः ये सभी संरचनायें शासक दल और प्रशासकों के विवेक के अधीन हैं। समाज की सुरक्षा का समस्त दायित्व इन्हीं सेवाओं को सौंप दिया गया है। औपचारिक रूप से सभी सेवायें और संपूर्ण भारत शासन भारत के लोगों के लिए ही है परंतु इस कथन का सामान्य अर्थ और महत्व एक काव्यात्मक या अलंकारिक कथन के अतिरिक्त और कुछ नहीं है। किसी भी प्रादेशिक सेवा की संरचना और कार्यशैली पर भारतीय समाज का और भारतीय राज्य–परम्परा एवं न्याय परम्पराओं का कोई नियंत्रण नहीं है।

इसी प्रकार संविधान के भाग 5 के अध्याय 4 में संघ की न्यायपालिका का स्वरूप निर्धारित किया गया है, जो अनुच्छेद 124 से अनुच्छेद 147 तक है। साथ ही, भाग 6 के अध्याय 5 में अनुच्छेद

214 से अनुच्छेद 231 तक राज्यों के उच्च न्यायालयों और अध्याय 6 में अनुच्छेद 233 से अनुच्छेद 237 तक अधीनस्थ न्यायालयों के संबंध में प्रावधान हैं। न्यायालयों का उद्देश्य भी भारतीय समाज को सुरक्षा और सुव्यवस्था प्रदान करना तथा इन्हें भंग करने वालों को दंडित करना और पीड़ितों के साथ न्याय करना है। परंतु इस समस्त न्यायिक प्रक्रिया में भारत के बहुसंख्यक समाज की अब तक की न्यायिक परंपराओं, विधिसंबंधी मान्यताओं और विधिक परम्पराओं का कोई स्थान नहीं है।

सुरक्षा की परम्परागत संस्थाएं

परंपरा से भारतीय समाज की सुरक्षा का मुख्य आधार तो राज्य था ही, परंतु स्थानीय स्तर पर स्वायत्त संस्थायें तथा स्थानीय जाति पंचायतें, गांव और मेड़ी की पंचायतें, खाप पंचायतें आदि ही सुरक्षा एवं सुव्यवस्था का आधार रही हैं। परंतु वे सभी वर्तमान समय में अवैध घोषित हैं। इसी प्रकार गांव में अनेक हिस्सों में ग्राम रक्षक दल भी परंपरा से होते रहे हैं। अब उनका भी कोई विधिक अस्तित्व नहीं है। परंपरा से गांव की सुरक्षा और सुव्यवस्था के जो भी आधार थे, वे सब अवैध घोषित हो चुके हैं। अतः उनका अस्तित्व अब लुप्त प्रायः ही है।

राज्य की सुरक्षा एवं सुव्यवस्था

राज्य की सुरक्षा एवं सुव्यवस्था का वर्तमान संरचना में बहुत ही अच्छा स्थान है। सीमाओं की तथा राज्य की सभी महत्त्वपूर्ण संस्थाओं की सुरक्षा के लिये भारतीय सेनायें हैं और अर्धसैनिक बल हैं। इसके साथ ही पुलिस भी है। घोषित तौर पर पुलिस का काम नागरिकों की सुरक्षा करना है, परंतु पुलिस पर नागरिकों का कोई नियंत्रण नहीं है। इसके नितांत विपरीत, राज्य के अधिकारी नागरिकों का जीवन नियंत्रित करते हैं, जिनमें सिविल सर्विस के अधिकारी और पुलिस अधिकारी दोनों ही शामिल हैं। राजकीय नेताओं अर्थात पार्षदों, विधायकों, सांसदों, राज्य के मंत्रियों और मुख्यमंत्री तथा केन्द्र के मंत्रियों और कैबिनेट सचिव, मुख्य सचिवों और सभी

महत्वपूर्ण सचिवों की ओर से पुलिस नागरिकों के जीवन को नियंत्रित और प्रभावित करती है।

नियंत्रण का नाम सुरक्षा

इस प्रकार सुरक्षा से अधिक नियंत्रण ही पुलिस के द्वारा किया जाता है। जबकि पुलिस पर नागरिकों का कोई भी नियंत्रण नहीं है और भारतीय संस्कृति, धर्म तथा परंपरा का भी पुलिस अधिकारियों, कर्मचारियों आदि को कोई भी ज्ञान या प्रशिक्षण नहीं दिया जाता। इसके विपरीत उन्हें एंग्लो क्रिश्चियन आस्थाओं, मान्यताओं और कानूनों का ही ज्ञान दिया जाता है। संस्कारवश भले ही हिन्दू पुलिसकर्मी हिन्दू संस्कारों से सम्पन्न रहें, परन्तु उनके कार्य व्यवहार और कार्य की संस्कृति पर हिन्दुत्व अर्थात भारतीयता के अनुशासन की कोई व्यवस्था नहीं है, अपितु क्रिश्चियन अनुशासन की ही व्यवस्था है।

इस कारण व्यवहार के स्तर पर पुलिस बल भारतीय संस्कृति और समाज का पालन पोषण कर रही संस्थाओं के लिये अजनबी (एलियन) और अपरिचित ही होते हैं। उन्हें वस्तुतः यूरो–इंडियन आस्थाओं वाले राजकीय अधिकारियों के ही निर्देश का पालन करना सिखाया जाता है और यही उनका आदर्श माना जाता है। अतः सेवा और सुरक्षा की बात अस्पष्ट रह जाती है।

पुलिस के द्वारा राजकीय लोग (नेता और अफसर दोनों) जनगण के जीवन को नियंत्रित करते हैं। निश्चय ही, जिस सीमा तक वे अपराधियों को नियंत्रित करते हैं, उस सीमा तक वह नागरिकों के जीवन को राहत देने वाला काम है। परंतु शेष समय वे सामान्य नागरिक जीवन को बाधित ही करते हैं। उदाहरण के लिये, यदि कोई व्यक्ति किसी से दुर्व्यवहार करता है अथवा माताओं–बहनों–बेटियों के साथ अनुचित व्यवहार करता है, तो वर्तमान विधि–व्यवस्था में उसे दंडित करने की अनुमति संबंधित पीड़ित के परिजनों को नहीं है और स्थानीय पंचायतों को भी नहीं है। पीड़ित से अपेक्षा की जाती है कि वह थाने जाये और शिकायत दर्ज करा दे, जो दर्ज कराना भी स्वयं में एक थकाऊ और विरक्ति

उत्पन्न करने वाली प्रक्रिया है। इसके बाद नागरिकों की समस्याओं के संदर्भ में अत्यल्प संख्या वाले थाने के सिपाहियों से अपेक्षा की जाती है कि वे ऐसे हर दुर्व्यवहार की जांच कर फिर अभियुक्त पर अभियोग दर्ज करें और न्यायालय में उसे प्रस्तुत करें, जहां वर्षों बाद अनेक अवरोधों और व्यवधानों के उपरांत न्याय मिलने की आशा है। इस प्रकार आत्मगौरव और आत्मसम्मान की रक्षा का नागरिक अधिकार वर्तमान पुलिस व्यवस्था के द्वारा निरंतर बाधित है।

इसी प्रकार यदि कोई चोर चोरी करते हुये पकड़ लिया जाये, तो उसकी भी रिपोर्ट थाने में करनी आवश्यक है। आप सीधे उससे माल नहीं ले सकते और उसे दंडित भी नहीं कर सकते। कोई घर में आगजनी कर रहा हो, तो धर्मशास्त्रों के अनुसार उसके वध की व्यवस्था है, परंतु वर्तमान कानूनों के रहते आप यह नहीं कर सकते। अपितु पहले तो शोरगुल मचा कर किसी प्रकार उसे रोकना होगा और फिर पुलिस को बुलाना होगा। जब वह आ जाये तब मुकदमा दर्ज कराना होगा। जिसकी जांच पुलिस कर्मचारी अपनी भीषण व्यस्तताओं के बीच आराम से करेगा। उसमें अभियुक्त की और अभियुक्त के पक्ष की साक्षी का भी महत्व है और उससे प्रकरण उलझने की पूरी संभावना रहती है। अर्थात जिन आततायियों का वध धर्मशास्त्र के अनुसार धर्मादेश है, उसके पाप की रिपोर्ट आप पुलिस को कीजिये और फिर इंतजार कीजिये कि सामने प्रत्यक्ष पाप कर चुका व्यक्ति अदंडित रह जाये अथवा उल्टा आप पर ही अभियोग लग जाये। इसी प्रकार आपके इष्टदेव को, आपके धर्म को और स्वयं भारत माता को अपशब्द कहने वाले व्यक्ति का आप वध नहीं कर सकते, जबकि ऐसे आततायी का वध धर्मशास्त्र का आदेश है। आप जाइये, पुलिस में उसकी रिपोर्ट कीजिये। आततायी को झूठा मामला बनाने का आपके विरुद्ध अवसर सुलभ है और आप निरीह भाव से सबकुछ देखने को विवश हैं। इसी अर्थ में, पुलिस का उपयोग सेवा और सुरक्षा के नाम पर नागरिक जीवन को नियंत्रित करने के लिये होता दिखता है।

पुलिस राजकीय एजेंसी ही है और इसीलिये उसका वास्तविक काम राज्य की और राज्यकर्ताओं की सुरक्षा करना ही रह गया

है। समाज राज्य के और राज्यकर्ताओं के नियंत्रण में रहे, कोई भी नागरिक या व्यक्ति राज्य और राज्यकर्ताओं के नियंत्रण से बाहर कोई भी काम न कर सके, यह देखना ही सिद्धांत के स्तर पर और संरचना के स्तर पर पुलिस का काम रह गया है। यद्यपि कहने को तो औपचारिक घोषणा के स्तर पर पुलिस का काम जन सुरक्षा है। परंतु जन के जीवन के विषय में सभी निर्णय राज्यकर्ता ही ले रहे हैं और उन लिये गये निर्णयों को लागू कराना ही पुलिस की जिम्मेदारी है। इस प्रकार पुलिस वस्तुतः राज्य और राज्यकर्ताओं की ओर से नागरिकों और व्यक्तियों के नियंत्रण के लिये ही बनी दिखती है। यही सुरक्षा एवं सुव्यवस्था के संबंध में वास्तविक स्थिति है।

भारतीय परंपरा के अन्तर्गत इस तरह के प्रावधान न्यायसम्मत नहीं माने जा सकते क्योंकि इसमें राजकीय पक्ष द्वारा स्पष्ट अन्याय की सम्भावना अन्तर्निहित है। अतः करुणा और न्याय को राजधर्म का अंग यदि सर्वसम्मति से मान भी लिया जाये, तब भी करुणा और न्याय के विषय में भारतीय राज्य संरचना और राजकीय व्यक्तियों और संस्थाओं द्वारा मान्य कसौटियाँ भारतीय परंपरा से भिन्न हैं।

अध्याय 19

विश्व का यथार्थ छिपाते राजनेताओं की मनोभूमि

भारतीय राजनेता भी कुछ समय से अपने समाज से यथार्थ को छिपाते रहे हैं। विश्व के अन्य समाजों में तो यह स्थिति 1000 वर्ष से भी अधिक पुरानी है। चर्च का प्रसार यूरोप में 9वीं शताब्दी के बाद से ही उल्लेखनीय रूप में हुआ है। तब से चर्च स्वयं अपने समाज से कठोरता और क्रूरता करता रहा है और इसे कोई दैवी आदेश बताता रहा है। ईसाई राज्यों में स्त्रियों के साथ सारी पैशाचिकता और क्रूरता गॉड के आदेश और गॉड के विधान के नाम पर ही की गई और 'लेइटी' अर्थात जनसामान्य के जीवन को पूर्णतः पादरियों के नियंत्रण में ही गॉड के विधान के नाम पर रखा गया।

इस्लाम में पैगम्बर के समय तो बहुत थोड़े से लोग शमिल हुये थे। जनसंख्या ही कम थी। कुल लगभग 6000 लोग ही अरब क्षेत्र में थे। परम्परागत आस्था वाले लोगों के साथ नई आस्था वालों ने कई बार छल किया। उनके जाने के बाद खलीफा बनने के लिये काफी मारकाट शुरू हो गई और उसमें हर पक्ष दूसरे को धोखा देने को होशियारी मानता रहा।

इसके बाद हदीस के संकलनों को लेकर जो विवाद और मारकाट हुई, वह उनका आंतरिक मामला है। परंतु फिर भी आपस में दुराव–छिपाव तो निश्चित ही हुआ।

भारत के हिन्दू राजा सदा राजधर्म के अनुशासन से प्रेरित रहे, क्योंकि धर्मशास्त्रों का विधान यही था और समाज अत्यन्त शक्तिशाली था। कुलों, वर्णों, आश्रमों, सम्प्रदायों, श्रेणियों और संघों तथा निगमों के अधिकार स्पष्टता से और विस्तार से निर्धारित थे और उनकी अत्यन्त प्राचीन परम्परायें निरन्तर गतिशील थीं। परन्तु जब लोभ और कामाचार की विकृति से कुछ लोग मजहब को अपनाने लगे तो उसके बाद एक असंतुलन आया। क्योंकि मजहब को मानने वाले शासक राजधर्म को नहीं मानते थे। फिर भी हिन्दू राजा अपना आदर्श राजधर्म को ही मानते रहे।

हालांकि ब्रिटिश शासन से मैत्री के क्रम में हिन्दू राजाओं ने लंदन में अनेक ईसाई कर्मकांड भी किये और ईसाइयत से प्रेरित ब्रिटिश उपाधियाँ भी सहर्ष ग्रहण कीं, जबकि अपनी भारतीय प्रजा के बीच वे सनातन धर्म के ही पालन के लिये पूर्णतः प्रतिज्ञाबद्ध रहे।

आधे भारत में ब्रिटिश शासन 90 वर्ष रहा और भारतीय शिक्षा का सर्वनाश करके उन्होंने अपनी आंग्ल ईसाई शिक्षा बलपूर्वक आरोपित की। उनकी सत्ता देखकर अनेक सम्पन्न हिन्दू परिवार लंदन जाकर पढ़ने लगे। उनमें से क्रांतिकारी तो देशभक्ति की योजना से गये थे तथा उन्होंने वहाँ आततायियों की छाती पर चढ़कर गोलियाँ दागीं और उन्हें भूना भी, परन्तु अन्य लोग उनके प्रति सम्मोहित होते चले गये। सत्ता के ट्रांसफर के बाद उन्होंने सम्पूर्ण भारत में आंग्ल ईसाई ढांचा और आंग्ल ईसाई कानून व्यवस्था लागू कर दी। बातें अवश्य स्वराज और स्वदेश और स्वधर्म की होती रहीं।

इस बीच भारत के शासकों ने अन्तर्राष्ट्रीय परिवेश के दबाव में अनेक अन्तर्राष्ट्रीय शक्तियों से उनकी शर्तों पर संबंध बनाये। यह क्रम लगातार चलता गया।

वर्तमान में अन्तर्राष्ट्रीय संस्थायें पूरी तरह यूरो–अमेरिकी ढांचे और प्रभुत्व वाली हैं। विभिन्न देशों के विविध शासक समूहों और शासन–स्पर्धी समूहों से इन यूरो–अमेरिकी राष्ट्र–राज्यों और शक्तियों की घनिष्ठता है और उनका दबाव भी है। परंतु भारत की प्रजा से इस सत्य को कोई भी शासक समुदाय स्वीकार करना नहीं चाहता। इसके कारण उनके द्वारा लिये गये निर्णयों के प्रति

जनता में सम्भ्रम बना रहता है और कई बार रोष–क्षोभ भी उभरता है। भारत के हिन्दू लोग इतने परिपक्व और समझदार हैं कि अगर शासक स्पष्ट रूप से ये बातें बता दें, तो वे धैर्य रखेंगे। इसमें शासन की गोपनीय बातें बताने का कोई प्रश्न ही नहीं तथा कोई अपेक्षा भी नहीं है, परंतु नीतिगत व्यवस्थाओं और विवशताओं के विषय में नागरिकों को जानकारी संयत ढंग से दी जा सकती है।

ऐसा न कर सारा ध्यान राष्ट्र के भीतर की समस्याओं में ही केन्द्रित किया जाता रहता है और उससे विभ्रम की स्थिति बनी रहती है। उदाहरण के लिये, श्री जवाहरलाल नेहरू ने यह कभी नहीं बताया कि वे स्तालिन से प्रेरित हैं और उसके दबाव में हैं। इंदिरा गांधी ने भी यह कभी नहीं बताया कि वे सोवियत संघ के दबाव में कम्युनिस्टों को शिक्षा और संचार माध्यमों में प्रतिनिधित्व और महत्वपूर्ण पद देने को विवश हैं। वे यह बता देतीं तो समाज उनका अधिक आदर करता और कम्युनिस्टों के प्रति और अधिक तिरस्कार पाल लेता। परंतु उन्होंने यह नहीं बताया और कम्युनिस्टों को ही भारतीय विद्वानों के रूप में तथा भारतीय लेखकों और कवियों के रूप में प्रक्षेपित किया जाता रहा। उनकी भ्रामक पदावली के कारण सम्पूर्ण देश में आपसी कलह और क्षोभ तथा द्वेष और दुर्भाव अकारण बढ़ता रहा। ऊपर से इसे हिन्दू समाज की वास्तविक कमी के रूप में देखा जाने लगा।

इसके बाद सोवियत संघ के दुर्बल होते ही राजीव गांधी ने संयुक्त राज्य अमेरिका से घनिष्ठता बढ़ा दी। परन्तु कम्युनिज्म मतवाद के प्रभाव से पोषित भारतीय नेताओं ने उनका विरोध तीव्र कर दिया।

राजीव गांधी की मृत्यु के बाद सोनिया गांधी रोमन कैथोलिक चर्च और ईसाई मिशनरियों की प्रतिनिधि बनकर काम करने लगीं और हिन्दू समाज को अपराध बोध से भरने तथा ग्लानि और हीनता से भरने की कोशिशें कम्युनिस्टों के सहयोग से तेज कर दी गईं। हिन्दू मानस ने अंततः इसका उत्तर दिया। परन्तु अभी भी समाज में ऐसे गंभीर बौद्धिकों की कमी है जो अन्तर्राष्ट्रीय संस्थाओं और उनकी अन्तर्निहित मान्यताओं तथा दबावों के विषय में समाज को

अवगत कराते रहें। फलस्वरूप बहुत से राजनैतिक विवाद हवाई किस्म के चलते रहते हैं और नेतागण इस तथ्य को छिपाकर अपनी–अपनी पार्टी के वैचारिक आधारों पर समाज में बहस चलाते रहते हैं। जबकि राजनैतिक मतवाद को राजनैतिक दल का अनिवार्य सत्व बताने का प्रोपेगंडा कम्युनिस्ट रणनीति का अभिन्न अंग है और विश्व में अन्यत्र कहीं भी राजनैतिक दल राजनैतिक मतवादों के आधार पर चलते नहीं देखे जाते।

ब्रिटेन में कन्जरवेटिव पार्टी और लेबर पार्टी दोनों की प्रोटेस्टेंट चर्च में अटूट आस्था है और दोनों को अपने राष्ट्र पर गर्व है। दोनों केवल परंपरा और श्रमिक हित के मुद्दे पर ही भिन्न मत रखते हैं। इसी प्रकार अमेरिका में रिपब्लिकन और डेमोक्रेट दोनों की अडिग आस्था बाइबिल और खीस्त पंथ में है। वे कतिपय नीतियों को लेकर और विशेषकर सीनेट तथा कांग्रेस एवं प्रेसिडेन्ट की शक्तियों को लेकर भिन्न–भिन्न मत रखते हैं।

मतवादी आवरण कम्युनिस्ट तरीका है

अपने राजनैतिक लक्ष्यों में परस्पर टकराव को राजनैतिक मतवाद का आवरण देना केवल कम्युनिस्टों का काम रहा है और नेहरू जी के समय से कम्युनिज्म के प्रभाव मे भारत के अधिकांश राजनैतिक दल यह काम करने लगे हैं। दूसरी ओर, भारत के संविधान में और वर्तमान राजकीय ढांचे में सभी दलों की निष्ठा है, जिसका अर्थ है कि प्रशासन और न्यायपालिका के ढांचे के विषय में उनमें कोई बड़ा टकराव नहीं है। ऐसे में विधायिका में बहुमत के लिये प्रतिस्पर्धा को किसी मतवाद का विषय बनाना आवश्यक नहीं है। अलग–अलग पार्टियाँ अलग–अलग समुदायों के विशेष हितों पर बल दे सकती हैं और उस विषय में असंतुलन को दूर करने के अपने–अपने प्रस्ताव लोकमत के सामने रख सकती हैं। परंतु इन भिन्नताओं को सीधे मतवादी टकराव की तरह प्रस्तुत करने पर कटुता और तिक्तता बढ़ती जाती है तथा साथ ही, अपने–अपने मत के प्रति आग्रह भी अधिकाधिक प्रबल होता जाता है। अर्थात् जिसे चालू शब्दावली में कट्टरता कहा जाता है, वह बढ़ती जाती है। जबकि

इसकी कोई आवश्यकता नहीं है।

अटलजी ने रचा था राष्ट्रीय सर्वानुमति का परिवेश

इस विसंगति को दूर करने का काम श्रद्धेय अटल बिहारी वाजपेयी ने बड़ी सफलता से किया था और राष्ट्रीय सर्वानुमति का एक परिवेश बनाया था। उन्होंने सभ्यताओं के संघर्ष की अवधारणाओं को सिरे से खारिज कर दिया था और वास्तविक राष्ट्रीय प्रश्नों पर अधिक ध्यान दिया था। परंतु सोनिया गांधी ने और उनके नेतृत्व में कांग्रेस ने राजनीति में कटुता और मर्यादाहीनता को बहुत बढ़ाया। अपशब्दों की भरमार कर दी गई और बिना किसी प्रमाण के अत्यन्त गंभीर आरोप लगाना तथा अत्यधिक आक्रामक तेवर अपनाना शुरू कर दिया मानो कि जो प्रतिस्पर्धी राजनेता हैं, वे कोई खलनायक हैं और सोनिया गांधी तथा उनका दल तारणहार है, यह नितांत असत्य, अस्वाभाविक और अभारतीय आचरण सोनिया जी के नेतृत्व में उनके दल का सामान्य व्यवहार बन गया। इसने राजनीति को विषाक्त करने की कोशिश की। ऐसी राजनीति और ऐसे राजनेता का भारत में उदय अत्यन्त दुर्भाग्यपूर्ण घटना है। लोकतांत्रिक भारत के सम्पूर्ण राजनैतिक इतिहास में ऐसा कभी नहीं हुआ था।

कैथोलिक चर्च से अपने संबंधों और अपनी राजनीति के नियामक सूत्रों को छिपाने के लिये सोनिया गांधी जी ने कटुता का आवरण चढ़ाया। जबकि कटुता का कोई कारण नहीं था और इससे किसी को भी लाभ नहीं हुआ है। अपने आपको कोई देवदूत की तरह प्रस्तुत करना या अपने विरोधियों को दैत्य की तरह प्रस्तुत करना लोकतंत्र के विरुद्ध है और भारतीय राजनीति के सत्य के भी विरुद्ध है। सभी दलों में बहुत कुछ साझा है, यह प्रत्येक मतदाता को स्पष्ट दिखता है।

संसार का सबसे प्राचीन, सबसे टिकाऊ समाज : भारत

वस्तुतः भारतीय संविधान निर्माताओं ने प्रशासन की सुविधा के लिये संविधान बनाते समय यद्यपि इंडिया एक्ट 1935 के अनेक प्रावधान ज्यों के त्यों लिये, परंतु उनके चित्त में यह स्पष्ट था

कि भारत भारतीय मूल्यों और आदर्शों से ही चलेगा। यह संसार का सबसे पुराना और टिकाऊ समाज है और टिकाऊ समाज जीवन के नियम इसे सबसे अधिक पता हैं। इसीलिये भारत का संविधान किसी एक मतवाद के आधार पर भारत के शासन को चलाने की कोई भी योजना प्रस्तुत नहीं करता। अपितु विश्वास, रिलिजन, जन्मस्थान, लिंग आदि किसी भी भेद के आधार पर किसी प्रकार का भेदभाव शासन के स्तर पर करने को प्रतिबंधित करता है। इसके साथ ही उसमें इतना लचीलापन है कि आधारभूत ढांचे के दायरे के भीतर परिस्थितियों के अनुसार आवश्यक संशोधन–परिवर्तन किये जा सकते हैं।

लचीला संविधान

स्वयं श्री जवाहरलाल नेहरू ने संविधान सभा में भाषण देते हुये स्पष्ट कहा था कि संविधान वस्तुतः भारत के लोगों को ही परम अधिकारी मानता है और शासन के विषय में निर्णय लेने का वास्तविक अधिकार भारत के लोगों को ही प्राप्त है। सर्वोच्च सम्प्रभुता भारत के लोगों की ही है। इसके साथ ही संविधान निर्माताओं ने बारम्बार यह स्पष्ट किया है कि संविधान के मूल में 'फंडामेंटल लॉ' हैं। अर्थात प्रकृति के आधारभूत नियम इसके मूल में हैं। कोई मतवाद नहीं। नेहरू जी ने यह भी कहा था कि 'देयर इज नो परमानेंस इन कॉन्स्टिच्यूशन'। उन्होंने कहा था कि इसमें आवश्यक लचीलापन है और आज हम राष्ट्र के लिये जो आवश्यक मानते हैं, वह कल अनावश्यक हो सकता है या पूरी तरह अनुपयोगी हो सकता है। अतः परिस्थिति और आवश्यकता के अनुसार परिवर्तन होते रहने की इसमें पूरी व्यवस्था है।

यद्यपि डॉ. जेनिंग्स ने संशोधन की प्रक्रिया को कठिन और जटिल बताया है और यह भी कहा है कि जो बातें सामान्य विधिप्रक्रिया (लेजिस्लेशन) के लिये छोड़ दी जानी चाहिये, उनको भी लिखित संविधान के रूप में शामिल करना इसे 'रिजिड' बनाता है, तथापि यह पर्याप्त लचीला है। यद्यपि डॉ. जेनिंग्स ने इस बात पर प्रसन्नता व्यक्त की है कि 'भारत के इस संविधान में शासन

की जो मशीनरी है वह पूरी तरह ब्रिटिश शासन से प्रेरित है और ब्रिटेन की संवैधानिक परंपराओं को ही इस संविधान में विधि और न्याय के संदर्भ में अपनी परंपरायें कह दिया गया है', तथापि हमारी मूल प्रेरणायें भारतीय ही हैं। फिर भी, अन्य देशों के अनुभवों से भी तथा अपनी विराट ऐतिहासिक परंपराओं से भी सीखकर आवश्यक परिमार्जन एवं संशोधन सदा ही किये जा सकते हैं और इसकी पूरी गुंजाइश हमारे संविधान में है।

अनावश्यक कटुता का प्रदर्शन

सभी राजनैतिक दलों को इस संविधान में आस्था व्यक्त करना आवश्यक है। ऐसी स्थिति में किसी भी राजनैतिक दल के बड़े नेता के द्वारा अनावश्यक कटुता का प्रदर्शन संविधान की मूल भावना के भी विरुद्ध है और हमारी संस्कृति के भी विरुद्ध है। परंतु उससे भी अधिक महत्वपूर्ण बात यह है कि श्रीमती सोनिया गांधी राजनीति में अनावश्यक कटुता के प्रदर्शन को अपना एक शस्त्र बनाते हुये यह साधारण बात तक भूल जाती हैं कि स्वयं उनके मूल देश इटली में अथवा संपूर्ण यूरोप में वस्तुतः समाजों की क्या दशा रही है और कैसे वहाँ स्त्रियों को समानता का अधिकार प्राप्त हुये अभी 100 वर्ष भी नहीं हुये हैं। नस्लभेद तथा चमड़ी के रंग के आधार पर भीषण भेदभाव समाप्त हुये भी यूरोप में 150 वर्ष भी नहीं हुये हैं। ऐसी स्थिति में भारत की सामाजिक स्थिति के विषय में अपनी कोई मनमानी धारणा आरोपित करते हुये उसके संदर्भ में हिन्दुओं का विरोध उग्रता के साथ करना और अपने प्रिय समुदायों के पक्ष में उग्र समर्थन करना न्यायोचित नहीं है। उन्हें उस समाज का सम्मान करना चाहिये जिसने उनके साथ सहज ही बराबरी और आदर का व्यवहार किया है।

लेकिन मूल बात यह है कि भारत के अधिकांश नेता यूरोपीय मतवादों और कानूनों से निरंतर प्रेरणा लेते हुये भी इस तथ्य को अपने ही समर्थकों से छिपाते हैं और स्वयं को भारतीय रूप में ही प्रस्तुत करते हैं। अधिकांश नेताओं के भाषणों और वक्तव्यों से यह बिल्कुल भी पता नहीं चलता कि वे समकालीन विश्व के इतिहास

और वर्तमान से भलीभांति परिचित हैं और उसके संदर्भ में भारत के साथ धैर्य और शांति से विचार करते हैं। इसकी जगह उनमें भारतीय समाज को लेकर एक विचित्र–सा क्षोभ और उद्वेग देखा जाता है। मानो कि समाज के भीतर कमियां केवल भारत में हैं।

इस समय संसार का प्रत्येक नेशन स्टेट अनेक अन्तर्राष्ट्रीय संस्थाओं और विधानों से बंधा हुआ है। यह बात प्रत्येक महत्वपूर्ण नेता जानता है। परंतु अपने मतदाताओं से यह बात सदा छिपाई जाती है और भारत की वास्तविक सम्प्रभुता के सत्य को कुछ इस तरह प्रस्तुत किया जाता है मानो कि भारत का शासन किसी अन्तर्राष्ट्रीय करार आदि से बंधा ही नहीं है। सच्चाई यह है कि अन्तर्राष्ट्रीय संस्थाओं का भारत के राष्ट्रीय जीवन में अच्छा खासा हस्तक्षेप है और उस हस्तक्षेप के वाहक और संरक्षक भी भारत के विविध दल और नेता ही हैं। इसीलिये उनके द्वारा इन सत्यों का उल्लेख न करना हमारी समझ से जानबूझकर दुराव–छिपाव करने की श्रेणी में आता है। यह ठीक नहीं है।

सत्यनिष्ठ नेताओं को जनता का सहयोग

अपने मतदाताओं और नागरिकों से सत्य बोलना सर्वोत्तम राजनीति है। क्योंकि इससे भारत के उदार मतदाता नेता की वास्तविक शक्ति और सीमा दोनों जान जाते हैं और वे धैर्य तथा शांति से देश के उपयोगी नीतियों में सहयोग करते हैं। हमने प्रधानमंत्री श्री नरेन्द्र मोदी जी के संदर्भ में यह बहुत स्पष्ट रूप में देखा है कि उनके आह्वान करते ही देश भर में स्वच्छता के नियमों का पालन होने लगा और कोरोना काल में भारतीय नागरिकों ने जितने व्यापक पैमाने पर सेनेटाइजर का प्रयोग किया तथा मुँह में मास्क लगाये, वह विश्व में अन्यत्र प्रायः नहीं देखा गया। इससे पता चलता है कि नागरिकों से सत्य बोलना सदा ही शुभ और कल्याणकारी होता है तथा नीतियों के क्रियान्वयन में भारतीय नागरिक समझदारी भरा सहयोग देते हैं।

ऐसी स्थिति में इस्लाम और ईसाइयत के अन्तर्राष्ट्रीय संदर्भों का उल्लेख भारतीय जनमानस के समक्ष बार–बार करना प्रत्येक

जिम्मेदार नेता का कर्तव्य है। अभी ऐसा सामान्यतः नहीं किया जाता। इसके कारण भारत के सर्वसाधारण मुसलमान और सर्वसाधारण ईसाई यह स्मरण नहीं रख पाते कि उनका अन्तर्राष्ट्रीय संस्थाओं से सीधा आध्यात्मिक एवं वैचारिक संबंध है और इसलिये मुस्लिम देशों तथा ईसाई देशों में हिन्दुओं को वे ही अधिकार दिये जाने की मांग करना उनका कर्तव्य है, जो मांग वे भारत में अपने लिये करते हैं। अगर ऐसा उन्हें स्मरण रहे और स्मरण कराया जाता रहे तो अपने हिन्दू भाई–बहनों के प्रति उनका व्यवहार विनम्र और कृतज्ञतापूर्ण रहेगा, जबकि अभी इन समुदायों के नेता इन्हें सदा हिन्दुओं के विरुद्ध क्षुब्ध और अशांत रखते हैं। इसके कारण वे प्रायः अतिवादियों और झूठा प्रोपेगंडा करने वालों के प्रभाव में आते देखे जाते हैं।

अक्षम्य अपराध

एक अन्य बात जो अधिकांश भारतीय नेता भारतीय समाज से छिपाते हैं, वह यह है कि बहुसंख्यकों के धर्म और संस्कृति की निंदा करना तथा बहुसंख्यकों को बहला–फुसलाकर अपने मजहब या रिलीजन में लाने की कोशिश संसार के किसी भी नेशन स्टेट में अक्षम्य अपराध है। वहीं भारत में अल्पसंख्यकों को दी गई स्वतंत्रता की गलत व्याख्या या गलत समझ के कारण यह अक्षम्य अपराध रात–दिन किया जाता है। यह तो संसार में किसी भी नेशन स्टेट में असहनीय कृत्य है। इस पर उन समुदायों को स्वयं ही संयम बरतना चाहिये और अपनी मर्यादा तय कर लेनी चाहिये।

यहाँ यह ध्यान रखने की बात है कि स्वयं रानी विक्टोरिया ने जब आधे भारत में 1 नवम्बर 1858 को अपने राज्य की स्थापना की घोषणा की, तो उनका पहला ही वचन था कि वे भारत की अपनी प्रजा के बीच किसी भी प्रकार का भेदभाव नहीं करेंगी और सबको अपने–अपने मजहब, रिलिजन या धर्म में पूर्ण श्रद्धा रखने की स्वतंत्रता होगी। परंतु 15 अगस्त 1947 के बाद, भारत के एक हिस्से को पूर्णतः मुस्लिम मजहब के लिये भारत से अलग कर लेने के बाद भी शेष भारत में इस्लाम का प्रचार करने वाले ऐसे मुसलमान

हैं, जो हिन्दू धर्म की निंदा करते हैं। यह हर प्रकार से दंडनीय अपराध है। परंतु भारत के परिवेश का लाभ उठाकर यह अपराध चल रहा है। ईसाई मिशनरियों के कन्वर्जन में भी कई बार ऐसे ही आपराधिक कृत्य देखने सुनने को मिलते हैं।

कॉमन ब्रदरहुड का विकास सभी का कर्त्तव्य

भारत के नागरिकों को स्वयं ही मिलजुलकर इस स्थिति में परिवर्तन करना चाहिये और मर्यादा का निर्धारण करना चाहिये। क्योंकि भारत की एकता और अखंडता को सुनिश्चित करना तथा समरसता और समान भ्रातृत्व (कॉमन ब्रदरहुड) को विकसित करना संविधान के भाग 4 'क' के अनुच्छेद 51 में भारत के प्रत्येक नागरिक का मूल कर्तव्य निर्धारित है। अतः अपने धार्मिक विश्वास को भारत के बहुसंख्यकों के धार्मिक विश्वास के विरुद्ध आक्रमण और निंदा के लिये प्रयुक्त करना भारतीय नागरिकों के मूल कर्तव्य का उल्लंघन है और अपराध है।

ऐसे लोगों को भारत के नागरिक रहने का अधिकार नहीं रह जाता। यदि आपको अपने मजहबी विश्वास इतने प्रिय हैं कि भारत में समरसता और 'कॉमन ब्रदरहुड' की भावना को खंडित करना उसके लिये आवश्यक लगता है तो आप भारत की नागरिकता की शर्त त्याग देते हैं और भारत के नागरिक बने रहने के योग्य नहीं रह जाते। सभी प्रमुख नेताओं का यह प्रमुख कर्तव्य बनता है कि वे भारत के नागरिकों से इस तथ्य को छिपायें नहीं, अपितु इसे सार्वजनिक रूप से कहें ओर समाज में मर्यादा का पालन सुनिश्चित करें।

अध्याय 20

विश्व में भारतीय युवा: गौरवशाली वर्तमान

भारतीय युवा विश्व के अनेक देशों में कार्यरत हैं। सभी जगह उनका योगदान गौरवशाली है। इससे भारतीय युवाओं की आंतरिक सामर्थ्य और प्रतिभा का पता चलता है। स्पष्ट है कि यह ऊर्जा यदि सम्यक रीति से नियोजित की जाये तो भारत का अभ्युदय सुनिश्चित है। उसका उत्कर्ष बढ़ता ही जायेगा।

संयुक्त राज्य अमेरिका में लगभग 15 लाख भारतीय युवा हैं और कुल मिलाकर 35 लाख भारतीय मूल के लोग वहाँ के नागरिक हैं। ये अमेरिकी जीवन के अनेक क्षेत्रों में हैं। शासकीय पदों पर तो थोड़े से ही हैं, परन्तु अमेरिकी बहुराष्ट्रीय कंपनियों में से कई महत्त्वपूर्ण कंपनियों में भारतीय युवा मुख्य कार्यकारी अधिकारी एवं चेयरमैन हैं।

बहुराष्ट्रीय कंपनियों के शीर्ष अधिकारी भारतीय

गूगल की अभिभावक कंपनी अल्फाबेट इंक के सी.ई.ओ. सुंदर पिचाई, माइक्रोसॉफ्ट के सत्या नडेला, ट्विटर के पराग अग्रवाल, चेनेई की लीना नायर, एडोबी इंक के शांतनु नारायण, आईबीएम के अरविंद कृष्ण, माइक्रॉन टेक्नालॉजी के संजय मेहरोत्रा, पालो

आटो नेटवर्क के निकेश अरोरा, अरिस्ता नेटवर्क की जयश्री उल्लई, ऑनली फैंस की आम्रपाली गन, मास्टर कार्ड के अजयपाल सिंह बंगा, पेप्सिको की इंदिरा नूई, फ्लेक्स की रेवती अद्वैती, वे फेयर के नीरज शाह, ग्लोबल फाउंड्रीज के संजय झा, हर्मन इंटरनेशनल के दिनेश पालीवाल, कन्डुएंट इंक के अशोक वेमूरि, ओगिल्वी की जेविका मूलचंदानी, विम्को के अंजनी सूर, यूट्यूब के नीलमोहन, स्टारबक्स के लक्ष्मण नरसिंहन, इनमार्सेत के राजीव सूरी, दि ओरोगेन के विक्रम पंडित, नेट ऐप के जार्ज कुरियन, अल्बर्ट कंपनी के विवेक शंकरन, डेल्वाएट के पुनीत रंजन, वीएमवेयर के रंगराजन रघुराम, नोबार्तिस के बसंत नरसिंहन सहित अनेक भारतीय महत्वपूर्ण पदों पर हैं या पहले रह चुके हैं।

विदेशों में रह रहे भारतीय युवाओं में छात्रों की संख्या तो लाखों में है ही, परन्तु वहाँ बसे हुये प्रवासी भारतीय भी बड़ी संख्या में हैं। रूस में रहने वाले भारतीयों की संख्या भी 30 लाख से अधिक है। कनाडा में 25 लाख से अधिक भारतीय मूल के लोग रहते हैं। 4 लाख तो वहाँ विद्यार्थी ही रहते हैं। यू.के. में 15 लाख भारतीय हैं। संयुक्त अरब अमीरात में 22 लाख, सउदी अरब में 40 लाख। मलेशिया में 24 लाख, मारीशस में 15 लाख, दक्षिण अफ्रीका में 15 लाख, म्यांमार में 11 लाख भारतीय रहते हैं। इनमें युवाओं की संख्या आधे से अधिक है।

भारतीयों का विश्वव्यापी विस्तार

इंग्लैंड, इटली, ग्रीस, डेनमार्क, पुर्तगाल, स्पेन, जर्मनी, फ्रांस, बुल्गारिया, लिथुआनिया, बेल्जियम, बेलारूस, ऑस्ट्रेलिया, मिस्र, मंगोलिया, चेक गणराज्य, हॉलैंड, पोलैंड, स्विटजरलैंड, स्वीडन, युगोस्लाविया, यूक्रेन, इजरायल, ब्राजील, सर्बिया, बोस्निया, गुआना, मारीशस, थाईलैंड, इंडोनेशिया, मलेशिया, सिंगापुर, जापान, ईरान, अफगानिस्तान, बांग्लादेश, श्रीलंका, नेपाल, तिब्बत, चीन, म्यांमार, वियतनाम, कोरिया, ताजकिस्तान, कजाकिस्तान, अजरबेजान, तुर्कमेनिस्तान, उजबेकिस्तान, सउँदी अरब, यमन, ओमान, तुर्की, कतर, संयुक्त अरब अमीरात आदि तथा अफ्रीका के अनेक देशों

में अनिवासी भारतीय रहते हैं। इनकी संख्या कुल मिलाकर तीन करोड़ से अधिक है। थोड़ी–थोड़ी अवधि के लिये जाकर रहने वाले भारतीय इनसे अलग हैं।

इनमें सूचना प्रौद्योगिकी, इंजीनियरिंग, चिकित्सा तथा अन्य विशेष क्षेत्रों में सक्रिय प्रतिभायें भी हैं और विविध व्यापार करने वाले कुशल व्यापारी तथा कारीगर और श्रमिक भी हैं। अतः स्पष्ट है कि भारतीयों की प्रतिभा विशिष्ट है और वे संसार भर में अपने शील और सुन्दर आचरण के लिये जाने जाते हैं। अनेक क्षेत्रों में केवल अपने हुनर के बल पर और विशेषज्ञता के बल पर वे न केवल जीविका प्राप्त करते हैं, अपितु धन और प्रतिष्ठा भी प्राप्त करते हैं। इससे इतना तो प्रमाणित है कि हमारे युवाओं में प्रतिभा भी है और पुरुषार्थ की सामर्थ्य भी है तथा समायोजन की क्षमता भी है। वे जिस देश में जाते हैं, वहाँ के परिवेश से अनुकूलन एवं समायोजन में सदा ही सफल होते देखे गये हैं। न तो उनसे उस देश के मूल निवासियों को कोई समस्या हुई और न ही उन्हें।

संयुक्त राज्य अमेरिका में अनेक चैनल्स चला रहे भारतीय युवा स्वयं अमेरिकी नागरिकों और जनप्रतिनिधियों का समर्थन और प्रशंसा प्राप्त कर रहे हैं और वहाँ रहने वाले अनिवासी भारतीयों तथा भारतीय अमेरिकियों के बीच भी लोकप्रिय और सम्मानित हैं। विश्वविद्यालयों में पढ़ रहे भारतीय युवा भी अपनी मेधा और परिश्रम के लिये जाने जाते हैं।

इस प्रकार भारत के युवाओं में जो प्रतिभा है, उसने अन्तर्राष्ट्रीय जगत में भारत को प्रतिष्ठा दिलाई है और जिम्मेदारी के पदों पर भी उन्हें हर जगह मौके दिये जाते हैं। संयुक्त राज्य अमेरिका में तो नासा सहित महत्वपूर्ण वैज्ञानिक प्रतिष्ठानों, व्यापारिक प्रतिष्ठानों और बहुराष्ट्रीय कंपनी तथा सूचना प्रौद्योगिकी के संस्थानों में शीर्ष पदों पर भी भारतीय मूल के लोग हैं। ऐसी स्थिति में भारत में भी प्रतिभा के सम्मान की वापसी होनी चाहिये। एक तो इतिहास के नाम पर बिना किसी साक्ष्य के गढ़े गये काल्पनिक किस्सों के आधार पर कुछ समूहों को बौद्धिक रूप से पिछड़ा मान लेना या प्रचारित करना सत्य का विरोधी है। इससे उन समूहों की वास्तविक

प्रतिभाओं का हनन होता है, क्योंकि धन और ऊँचे संबंधों वाले घरों के लोग आरक्षण का लाभ उठाकर आरक्षित वर्ग में से आगे आते देखें गये हैं। यद्यपि इससे ही कुछ योग्य लोगों को भी आरक्षण से लाभ हुआ है। अतः समय–समय पर इसकी समीक्षा करते रहना आवश्यक है।

यह भूलना बिल्कुल भी उचित नहीं है कि भारत रत्न डॉ. भीमराव आंबेडकर जी ने केवल अनुसूचित जाति के लोगों के लिये और केवल दस वर्षों के लिये राजनीति में अर्थात विधायिका के लिये और कार्यपालिका के लिये भी आरक्षण का प्रस्ताव प्रस्तावित किया था। न्यायपालिका के लिये तो आरक्षण का कोई प्रस्ताव आया ही नहीं।

हर दस वर्ष बाद समीक्षा का प्रावधान तो है परन्तु प्रायः बिना किसी समीक्षा के ही या केवल औपचारिक रूप से समीक्षा की औपचारिकता पूरी करके ही हर बार दस वर्ष के लिये आरक्षण बढ़ाया जाता रहा है। साथ ही, अन्य पिछड़ा वर्ग के एक विशाल सामाजिक संवर्ग को भी आरक्षण दे देने से आरक्षण के जो आरंभिक सिद्धांत हैं, उनका उल्लंघन हुआ है और इस विषय में देश भर में सम्पत्ति और प्रतिष्ठा के आधार पर जातिवार जनगणना के आग्रह भी होते रहे हैं। क्या करणीय है और क्या नहीं, ये तो राष्ट्रीय नेतृत्व ही भलीभांति विचार करने में सक्षम है। परंतु समीक्षा की आवश्यकता तो स्वयं संविधान में मान्य है। अतः प्रामाणिक रूप से समीक्षा की जानी चाहिये।

आरक्षण न्याय और करुणा के एक माध्यम के रूप में लाया गया। अतः शासन और समाज के उत्तरदायी लोगों को यह तो देखना ही होगा कि यह राजनैतिक छीना–झपटी और विक्षोभ का कारण न बने। अभी ऐसा ही हो रहा है। इससे प्रतिभा के प्रति उत्साह की शिथिलता युवा वर्ग में देखी जाती है। यह धारणा फैलना कि प्रतिभा का कोई विशेष महत्व नहीं है, आपने किस जाति में जन्म लिया है उसका महत्त्व प्रतिभा से अधिक है, यह राष्ट्र के लिये किसी भी प्रकार कल्याणकारी नहीं है।

धर्मशास्त्र ही भारतीय समाजशास्त्र है

हिन्दू समाज के लिये धर्मशास्त्रों के रूप में एक प्रशस्त समाजशास्त्र हजारों सालों से रहा है। विश्व के अन्य अभी के ज्ञात समाजों में और कहीं भी इतना प्राचीन समाजशास्त्र लिखित रूप में नहीं मिलता। अतः धर्मशास्त्रों की उपेक्षा उचित नहीं है।

धर्मशास्त्र ही भारतीय समाज व्यवस्था का स्वरूप निर्धारण करते हैं। उनमें कतिपय परिवर्तन सदा से होते रहे हैं और इसलिये अभी भी हो ही सकते हैं। परन्तु इसके स्थान पर उन्हें जड़ मूल से बासी और त्याज्य कहकर रद्द कर देना तथा केवल 150 वर्षों के भीतर विकसित आधुनिक यूरोपीय समाजशास्त्र को ही भारत की समाज व्यवस्था के लिये भी आधार मान लेना गलती होगी। केवल इसलिये कि शिक्षा और संचार माध्यमों के द्वारा कांग्रेस ने पढ़े लिखे वर्ग के एक बहुत बड़े हिस्से के चित्त में भारतीय समाज चिन्तन की व्यर्थता ही अंकित कर दी है, भारतीय समाज चिंतन को सर्वथा त्याज्य नहीं मान लेना चाहिये। उसका जो अंश कल्याणकारी हो और जिस अंश में परिवर्धन परिवार्जन आवश्यक हो, दोनों ही भागों के विषय में गंभीरता से विचार कर निर्णय लेना होगा।

आखिर परंपरागत समाज व्यवस्था हजारों वर्षों तक सशक्त रूप में चलती रही। उसने विद्या, कला, राज्य व्यवस्था, शासन प्रबंध, सामाजिक व्यवहार, वाणिज्य, उद्योग, व्यापार, शिल्प, कृषि आदि सभी क्षेत्रों में विशेषज्ञों के शक्तिशाली समूह तैयार किये हैं। जिनके कारण भारत हजारों वर्षों से विश्व की अर्थव्यवस्था में सर्वोच्च स्थान पर रहा है। हजारों वर्षों के सामाजिक अनुभवों से विकसित समाज चिंतन केवल इसलिये खारिज नहीं किया जाना चाहिये कि विगत 200 वर्षों से दुनिया में थोड़े समय के लिये प्रभावी हुये और फिर जल्दी ही ढलान पर उतर गये कतिपय समूह उसे खारिज करने का दबाव बनाते हैं। उनके समक्ष बौद्धिक समर्पण की भारत को कोई आवश्यकता नहीं है, क्योंकि उन्होंने वस्तुतः बौद्धिक स्तर पर अपनी अद्वितीयता प्रमाणित नहीं की है। अतः उनके फेर में पड़ने के स्थान पर स्वयं अपने समाज के अनुभवी लोगों और विद्वानों की एक महापरिषद में ही भारतीय समाज चिंतन का स्वरूप निर्धारित

किया जा सकता है। उस दिशा में कार्य करने की आवश्यकता है।

भ्रांतियों का स्वरूप

समाज के उच्च वर्ग में और विद्वत वर्ग में तो समाज व्यवस्था के विषय में और उसके विविध स्तरों के विषय में जानकारियाँ हैं ही, परंतु मानविकी विद्याओं में अधूरी और गलत–सलत जानकारियाँ दिये जाने के कारण तथा पार्टियों, संगठनों और संचार माध्यमों के द्वारा केवल भावना के स्तर पर उछाले गये समतावाद के कारण हिन्दू युवाओं की बहुत बड़ी संख्या इस भ्रांति से पीड़ित है कि किसी भी तरह की 'हाइरार्की' अर्थात पर और अपर या उच्च और अवर जैसा कोई भी भेद अनैतिक है और अनुचित है।

रोचक बात यह है कि सभी युवा व्यावहारिक जीवन में अपने कार्यक्षेत्र में अपने से बड़े पद पर कार्यरत व्यक्ति के प्रति न केवल औपचारिक, अपितु अनौपचारिक सम्मान भी सहजता से करते रहते हैं। ऊँच–नीच का विचार भी रात–दिन ही व्यावहारिक स्तर पर बरता जाता है। परन्तु सैद्धान्तिक रूप से और विशेषकर अपने समाज के संबंध में अर्थात हिन्दू समाज के संबंध में और परिवारों के भीतर किसी भी तरह की व्यवस्था से जुड़े अनुशासन की केवल निंदा करने का फैशन चला हुआ है। क्योंकि समस्त सामाजिक व्यवहार बड़े–छोटे पदों के विचार के बिना चलता ही नहीं, इसलिये इस विषय में समतावाद की प्रचारित भावना ने एक विचित्र और खोखले पाखंड को जन्म दिया है, जो व्यवहार के स्तर पर कभी भी संभव नहीं है और इसलिये जो सदा ही असंतोष और विक्षोभ का कारण बना रहेगा। ऐसी नितांत निरर्थक सी धारणा क्यों फैलाई गई और किसने फैलाई, यह विचार करने से अधिक महत्वपूर्ण है कि सामाजिक व्यवस्था के विविध सोपानों के विषय में तथ्यात्मक ज्ञान समाज में फैलाया जाये और युवाओं को विशेषकर शिक्षा में, संसार के अन्य समाजों की ऊँच–नीच की श्रेणियों और वर्गों तथा मान्यताओं और व्यवहारों की विस्तार से जानकारी दी जाये। जिससे कि संसार के बारे में तथ्य पता चलेगा और केवल अपने समाज के प्रति फैला हुआ अज्ञानजन्य असंतोष और क्षोभ शांत हो सकेगा।

हिन्दू धर्म का तिरस्कार फैशन बना

हिन्दू समाज के विषय में शिक्षा और संचार माध्यमों द्वारा नितांत असत्य फैलाये जाने के कारण तथा परंपरागत संस्कारों की खिल्ली उड़ाये जाने के कारण और बाजार के व्यापक प्रभावों के कारण शिक्षित युवकों एवं युवतियों के बड़े भाग में माता–पिता के प्रति परम्परागत आदर का कोई भाव बचा नहीं देखा जाता। ऊपर से शिक्षा के द्वारा हिन्दू समाज के प्रति तिरस्कार और उपहास का भाव गहरा कर दिये जाने के कारण बहुत से भावुक युवा लोगों में अपने हिन्दू होने के प्रति ग्लानि का भाव गहरा हो जाता है। यदि संपूर्ण देश में एक ही समाज होता तो इस ग्लानि के भाव का भी कोई रचनात्मक और प्रेरक मार्ग निकाला जा सकता था। परंतु दुर्भाग्यवश भारत में तीन ऐसे आक्रामक समुदाय निरंतर सक्रिय हैं, जिन्होंने हिन्दू धर्म के तिरस्कार और धिक्कार को ही फैशन बना रखा है। ये हैं –

1 कम्युनिस्ट 2 मुसलमानों का उग्रवादी समूह 3 ईसाइयों का जोशीला मतांतरणवादी गिरोह।

ये तीन समूह निरंतर हिन्दू धर्म और हिन्दू समाज पर आक्रमण करते रहते हैं। यदि ये किन्हीं सार्वभौम कसौटियों के साथ यह काम करते तो अपने समूह पर भी वे स्वयं इन कसौटियों को लागू करते। तब 75 वर्षों में 13 करोड़ निर्दोष नागरिकों और बौद्धिकों की हत्या करने वाले कम्युनिज्म को या तो वे हत्यारों का गिरोह बताते या कम्युनिज्म के नाम पर सोवियत संघ और चीन में ही नहीं, विश्व भर में कम्युनिस्ट पार्टियों के विविध गुटों ने जो हत्यायें की हैं, अपहरण किये हैं, अत्याचार किये हैं, दमन किया है, यातना शिविर चलाये हैं, बलात्कार और व्यभिचार किया है, आहार और विहार के सभ्य तरीकों पर चोट करके रोग और विकृतियाँ फैलाने वाले तरीकों को महिमामंडित किया है, तस्करी और ड्रग्स को बढ़ावा दिया है तथा सामूहिक हिंसा का उन्माद पैदा किया है, उसके लिये गहरी ग्लानि पालते और उन सब कामों को करने वाले लोगों को कम्युनिज्म के नाम पर अपराध करने वाले लोग बताते तथा किसी भी कम्युनिस्ट पार्टी पर पलभर को भी गर्व नहीं कर पाते। तब वे 'चीन का

चेयरमैन, हमारा चेयरमेन' जैसा घृणित और लज्जास्पद नारा नहीं लगाते और 'सत्ता बंदूक की नली से निकलती है' का उन्माद से भरा उद्घोष करते हुये भारत में बौराये से घूमते नजर नहीं आते।

इसी प्रकार मजहबी उग्रवाद के प्रचारक पहले तो स्वयं इस बात पर शर्म से मुँह छिपा लेते कि कुरान शरीफ में जिन कामों को 'हदूद गुनाह' कहा गया है अर्थात अल्ला के विरुद्ध अपराध कहा गया है, उन्हीं कामों की कमाई हम खा रहे हैं। बीड़ी, सिगरेट, तम्बाकू, चुरट, सिगार, हुक्का, शराब, अफीम, गांजा, भांग और किसी भी अन्य नशीले पदार्थ की खेती करना, उससे मुनाफा कमाना, ऐसी खेती करने और मुनाफा कमाने वाले लोगों से रिश्ता रखना, हदूद गुनाह हैं। इसी प्रकार हैसियत होने पर भी हज करने न जाना मुनाफिकीन जैसी हरकत है। भारत की किसी भी ऐसी फिल्म में काम करना जिसमें कोई भी हिन्दू देवी देवता दिखाये जायें, या उनका भजन गाया जाये, या उनकी कोई भी कथा जिसमें हो, उसमें सम्मिलित होना कुफ्र है और मुनाफिकीन तथा मुशरिक जैसी हरकत है। इसी प्रकार हदीस में पशुओं, पक्षियों और मनुष्यों के चित्र वाली कोई भी पुस्तक या इलेक्ट्रानिक माध्यम रखना या अपने बच्चों को देना हदूद गुनाह कहा गया है। यह सब याद रखने पर शायद एक लाख लोग भी भारत में पक्के मोमिन नहीं निकलेंगे। अतः ऐसी स्थिति में हिन्दुओं को काफिर कहते फिरना स्वयं में एक अपराध है। परंतु ऐसे सभी मुशरिक और मुनाफिकीन रात–दिन हिन्दू धर्म के विरुद्ध प्रचार करते हुये अपने मजहब के प्रति अपनी असली बेवफाई को छिपाते हैं और तौबा भी नहीं करते है।

गलत 'प्रेयर' भी हिंसा ही है

इसी प्रकार, जैसे गांधी जी ने स्पष्ट कर दिया था, प्रेम से किसी को उसके द्वारा पूछने पर जीसस और उनके पिता के बारे में बताना अलग बात है, परन्तु दूसरों को कन्वर्ट करने का प्रयास तो मानवता के विरुद्ध अपराध है और हिंसा है। गांधीजी ने तो यहाँ तक कहा है कि 'कन्वर्जन' मानवता के लिये हलाहल विष है और स्वतंत्र भारत में इसकी एक पल भी अनुमति नहीं होगी। साथ ही, उन्होंने

स्वयं मिशनरियों की सभा में यह भी कहा था कि अकेले में भी यह प्रार्थना करना कि हमारा पड़ोसी अपने धर्म को त्याग कर हमारे रिलिजन को प्रकाश के रूप में अपना ले, यह 'प्रेयर' भी हिंसा है। यह सब तथ्य ध्यान रहे तो मिशनरी विस्तारवादी भारत में झूठ का प्रोपेगंडा करने के स्थान पर भारत के महान धर्म से कुछ सीखने की विनम्रता अपनायेंगे।

परंतु क्योंकि उनकी कसौटियाँ सार्वभौम नहीं हैं, इसलिये वे हिन्दुओं पर जिन कसौटियों को लगाने की बात करते हैं, उनको स्वयं अपने पंथ में अंशमात्र भी लागू नहीं करते।

अतः एक ओर जहाँ भारत शासन को संविधान की मूल भावना के अनुसार समस्त नागरिकों के प्रति समान व्यवहार और न्याय करना चाहिये, वहीं इन तीनों समूहों को अनुशासित करने के लिये प्रभावशाली कदम उठाने की आवश्यकता है। इनमें से कम्युनिज्म तो अब केवल मानव बुद्धि के मल के रूप में ही बचा है। अतः उसकी सड़ांध और दुर्गन्ध को भारत में बिल्कुल भी नहीं फैलने देना चाहिये। अपने प्रत्येक विचार के द्वारा वे संविधान में दिये गये नागरिकों के मौलिक कर्तव्य की उपेक्षा करते हैं और विशेषकर अनुच्छेद 51 के उपबंध ग और ड. का निरंतर उल्लंघन करते हैं, क्योंकि वे भारत के सभी लोगों में समरसता और समान भ्रातृत्व (कॉमन ब्रदरहुड) की भावना के निर्माण को न केवल बाधित करते हैं, अपितु उस पर निर्मम प्रहार करते हैं और देश की प्रभुता, एकता और अखंडता को निरंतर भंग करने का आपराधिक प्रयास विगत 100 वर्षों से कर रहे हैं। अतः उनकी नागरिकता समाप्त कर देनी चाहिये। ऐसे मानवताद्रोही, हिंसक, क्रूर, नृशंस और पैशाचिक विचार रखने वालों को भारत की नागरिकता देना भारत के महान गणराज्य को लांछित करने वाली स्थिति है। अतः मानवता के हित में और भारत के गौरव की रक्षा के हित में ऐसे नृशंस विचार रखने वालों की नागरिकता समाप्त कर उन्हें अपनी आजीविका की व्यवस्था करते रहने की सुविधा मात्र बहाल कर देना चाहिये।

जहाँ तक इस्लाम और ईसाइयत की बात है, उसके सर्वसाधारण भारतीय अनुयायियों से भारत के मुख्य समाज को कोई

समस्या नहीं है। वे शताब्दियों से परस्पर अपनी–अपनी मर्यादा में कार्यरत हैं। यद्यपि इतनी शताब्दियों के सघन संपर्क और व्यवहार के बावजूद वे एक–दूसरे की मान्यताओं से तनिक भी प्रभावित नहीं हुये हैं और अपनी–अपनी आस्थाओं पर अपना आग्रह कायम रखते हुये अन्य को अपने से हेय भी मानते और बताते रहे हैं। परन्तु सार्वजनिक रूप से उन्होंने कोई भी उत्तेजना फैलाने का काम तब तक नहीं किया है, जब तक उनके कोई उग्रवादी तबलीगी प्रचारक या विस्तारवादी मिशनरी उनको उनके सामान्य व्यवहार से विचलित कर किसी तात्कालिक उत्तेजना से नहीं भर देते। अतः ऐसी स्थिति की संभावना पर रोक का विचार भारत शासन को करना होगा। इसमें युवकों की भी निर्णायक भूमिका हो सकती है। विशेषकर भारत के मुख्य समाज अर्थात हिन्दू समाज के युवाओं की। युवाओं की एक राष्ट्रीय संवाद परिषद बनाई जा सकती है जो शासन के द्वारा अधिकृत हो और मुसलमानों और ईसाइयों से निरंतर संवाद कर सके कि उनकी हिन्दू समाज से वास्तविक शिकायतें क्या हैं और हिन्दू समाज को उनसे वास्तविक शिकायतें क्या है ? सार्वजनिक संवाद होने पर स्वाभाविक मर्यादा रहेगी।

इसके अतिरिक्त एक अन्य उपाय भी है। वह यदि शासन के शीर्ष लोगों को उपयोगी लगे तो उस पर विचार करना चाहिये। इंग्लैंड में रिलिजियस विक्षोभ और असंतोष को समाप्त करने के लिये इंग्लैंड के राजा ने एक राष्ट्रीय चर्च की स्थापना की थी जिसे चर्च ऑफ इंग्लैंड कहा जाता है और जो आज तक प्रभावी है। अतः भारत में भी शासन के द्वारा पंजीकृत या गठित और संरक्षित एक 'चर्च ऑफ इंडिया' बनाया जाना चाहिये और भारत के सभी ईसाइयों को केवल उसका ही सदस्य बनने का अधिकार होना चाहिये। भारत का हर ईसाई 'चर्च ऑफ इंडिया' का सदस्य होगा। यदि ईसाइयों के अनेक आस्थागत समूह हों तो चर्च ऑफ इंडिया की तीन या चार या अधिक भी शाखायें बनाई जा सकती हैं। जिनके नाम अलग–अलग हों। जैसे – कैथोलिक चर्च ऑफ इंडिया, प्रोटेस्टेंट चर्च ऑफ इंडिया, लूथेरियन चर्च ऑफ इंडिया और ऑर्थोडाक्स चर्च ऑफ इंडिया। इन सबकी एक सुप्रीम बॉडी

होगी, जो इन चारों ही श्रेणियों वाले चर्चों का सामान्य अनुशासन और प्रबंधन देखेगी। उसके अनुशासन में चारों ही प्रकार के चर्च को अपनी सीमा में स्वायत्ता होगी।

सनातन धर्म महापरिषद

इसी प्रकार एक सनातन धर्म महापरिषद आवश्यक है, जो भारत के समस्त सनातन धर्म के पंथों की पंजिका रखेगी और प्रत्येक पंथ को अपनी–अपनी पंजिकायें रखनी अनिवार्य होंगी, जिनके सार की जानकारी वे नियमित रूप से शासन को दिया करेंगे। नये पंथ बनाने की भी अनुमति परंपरा से ही प्राप्त है। कोई भी आचार्य अपनी विद्वता के आधार पर अपना नया पंथ बना सकता है और अपनी तपस्या के अनुरूप उसे लोक स्वीकृति मिलती रहेगी। परंतु प्रत्येक पंथ के सदस्यों की अधिकृत जानकारी सनातन धर्म महापरिषद के पास होगी और किसी भी पंथ का कोई भी आचार्य अन्य सनातन पंथों की निंदा का अधिकारी नहीं होगा। महामंडलेश्वर आदि के पद और शंकराचार्य जैसे सभी सम्मानित पद परंपरागत ढंग से ही संबंधित पंथ के विद्वानों और साधकों के द्वारा बनते रहेंगे। उनमें शासन का कोई भी हस्तक्षेप नहीं होगा। शासन का काम केवल मर्यादा की स्थापना और शिष्ट परिवेश को बनाये रखना होगा।

जहाँ तक मुसलमानों की बात है, अभी कुछ ही वर्ष पूर्व उन्होंने केवल अपने लिये भारत के भीतर एक अलग राज्य ले लिया है। अतः शेष मुसलमानों को इबादत आदि की अपनी पद्धति पर चलने की पूर्ण स्वतंत्रता होगी। परंतु उनके लिये अलग से किसी परिषद की आवश्यकता नहीं होगी।

जवाहरलाल नेहरू की मृत्यु के कुछ ही महीनों के भीतर कांग्रेस में सक्रिय कम्युनिस्ट लॉबी ने दबाव डालकर केन्द्रीय वक्फ परिषद की स्थापना दिसंबर 1964 में करा दी। यह भारत में मुस्लिम शासन को विधिक निरंतरता देने की दृष्टि से उठाया गया कदम है जो स्वतंत्र भारत के लिये वर्तमान रूप में उचित नहीं है। वह भी विशेषकर भारत की सीमा के भीतर एक बड़ा भूभाग और उसके समस्त संसाधन तथा सम्पत्तियाँ मजहबी हुकूमत के हवाले करने के बाद

भारत में वक्फ परिषद की मान्यता विधिक दृष्टि से विवादास्पद है। यह तभी उचित है जब पाकिस्तान और बांग्लादेश के अस्तित्व में आने से पहले वहाँ जो भी हिन्दू सम्पत्तियाँ थीं, उनकी रक्षा के लिये कोई हिन्दू धर्मसभा या धार्मिक न्यास बनाकर समस्त हिन्दू सम्पत्ति उसके हवाले की जाती। परंतु यह तो नहीं किया गया और शेष भारत में भी वक्फ बोर्ड को मुस्लिम सम्पत्तियाँ दे दी गईं। यहाँ तक कि यह जांच करने का भी कोई प्रबंध नहीं किया गया कि वे सम्पत्तियाँ मुस्लिम शासन में वक्फ की थीं या 15 अगस्त 1947 के बाद कांग्रेस सरकारों की मिलीभगत से नाजायज रूप में वक्फ को सौंपी गईं हैं।

इसमें विधिक दृष्टि से दूसरी आपत्ति यह है कि वक्फ बोर्ड के हवाले भारतीय सम्पत्तियाँ करने का अर्थ है भारत की स्वतंत्रता के तथ्य की उपेक्षा करते हुये मुस्लिम शासन की निरंतरता जैसा व्यवहार करना। क्योंकि सर्वविदित है और स्वयं मुस्लिम इतिहासकारों तथा मुस्लिम लेखकों और आलिमों के अनुसार उन्होंने भारत पर आक्रमण किया और बलपूर्वक कब्जा किया। अतः वे सभी सम्पत्तियाँ जो वक्फ या अन्य प्रकार के मुस्लिम स्वामित्व में आईं, वे उससे पहले भारतीयों की अर्थात् हिन्दुओं की ही सम्पत्तियाँ थी। अतः भारत के भीतर अलग मजहबी राज्य बना लेने के बाद शेष भारत में ऐसी समस्त सम्पत्तियाँ मुस्लिम कब्जे के पहले के सम्पत्ति स्वामियों को लौटाई जानी चाहिये थी। अगर वे सम्पत्तियाँ पहले के स्वामियों अर्थात हिन्दू सम्पत्ति स्वामियों को नहीं लौटाई गईं तो फिर मुस्लिम शासन के अंग के रूप में मान्य वक्फ बोर्ड को कोई भी भारतीय सम्पत्ति कैसे दी जा सकती है ? स्पष्ट रूप से कांग्रेस शासन का यह निर्णय मुस्लिम मजहब की सेवा में हिन्दुओं के विरुद्ध पक्षपात करते हुये भारतीय सम्पत्तियों को भारत शासन के नियंत्रण से हटाकर मजहब विशेष के नियंत्रण में सौंपने का भेदभावपूर्ण और पक्षपातपूर्ण निर्णय था।

यह भारत की सम्प्रभुता, एकता और अखंडता को बाधित करने वाला कदम है। भारत की समस्त सम्पत्तियाँ भारत शासन के स्वामित्व में हैं। अतः समानान्तर स्वामित्व की कोई मजहबी

अवधारणा सब प्रकार से खुलेआम भेदभावपूर्ण है। यह कांग्रेस का हिन्दू विरोधी कदम है। जो कांग्रेस शासन की निष्पक्षता पर प्रश्न खड़े करता है। क्योंकि वक्फ बोर्ड द्वारा किये जाने वाले काम इस्लाम मजहब के राजनैतिक पक्ष के भी प्रचार वाले काम हैं। इस प्रकार एक समानान्तर राजनैतिक सत्ता को संसाधन सुलभ कराना भारत की एकता और अखंडता में विश्वास नहीं करने वाले दल का ही काम हो सकता है। अतः इस सम्पूर्ण मामले की जाँच अन्तर्राष्ट्रीय कसौटियों और नियमों के अनुरूप होनी चाहिये और सम्प्रभु राष्ट्रों में इस विषय में जिस प्रकार के कानून बनाये जाने की परंपरा हो, वैसे कानून बनाये जाने चाहिये।

हिन्दू इकोसिस्टम : आवश्यकता और महत्व

संसार में कहीं भी किसी भी सम्प्रभु राष्ट्र में ऐसा नहीं है कि वहाँ के बहुसंख्यकों के हित और उनकी संस्कृति तथा आस्था के संरक्षण के पक्ष में शासकीय नीतियाँ न हों। भारत विश्व का एकमात्र ऐसा लोकतांत्रिक राष्ट्र है जहाँ यह विचित्र सी स्थिति है। जबकि बहुसंख्यकों की आस्था और संस्कृति तथा मान्यताओं और परंपराओं की उपेक्षा करने वाला शासन अन्तर्राष्ट्रीय पैमाने पर वैध शासन ही नहीं माना जा सकता।

इस विचित्र स्थिति के कारण यह अनोखी परिस्थिति बनी है कि भारत के बहुसख्यंक समाज के विरुद्ध और भारत के विरुद्ध एक बौद्धिक परिवेश पूरी निर्लज्जता और ढ़िठाई से बनाया गया है और वह हिन्दुओं द्वारा अपने न्यूनतम अधिकारों की मांग करने पर भी 'हिन्दू फोबिया' खड़ा कर देता है। जिससे कि सम्पूर्ण इकोसिस्टम हिन्दू विरोधी बना रहे। अतः ऐसी स्थिति में सजग और प्रबुद्ध हिन्दू युवाओं ने 'हिन्दू इकोसिस्टम' स्थापित करने का निर्णय लिया। यह राष्ट्रीय कर्तव्य है।

'हिन्दू इकोसिस्टम' का उद्देश्य हिन्दू संस्कृति और हिन्दू धर्म की रक्षा के लिये सभी आवश्यक विधिसम्मत कार्य और पुरुषार्थ करना है। सजग युवक–युवतियाँ बड़ी संख्या में विश्व स्तर पर इससे जुड़ रही हैं। अपने मंदिरों की स्वच्छता और सुव्यवस्था, धार्मिक

विधिविधानों की गरिमा और महत्व का प्रचार तथा संरक्षण, बहुत बड़े स्तर पर धर्मचेतना के जागरण का प्रयास, मंदिरों के द्वारा होने वाले सभी शास्त्रसम्मत कार्यों को पुनः प्रवर्तित और पोषित करने का प्रयास तथा हिन्दू विद्या और ज्ञान परंपरा का विस्तार और सघन प्रशिक्षण ये हिन्दू इकोसिस्टम के काम हैं। अपने धर्म और संस्कृति की रक्षा के लिये अपनी भाषा, अपनी बौद्धिक पदावली, अपनी दृष्टि से घटनाओं और क्रियाओं को ठीक–ठीक देखना और सही शब्दों में उनका वर्णन करना तथा उनके भ्रामक वर्णनों और अर्थों के प्रचार की सक्षम काट करना हिन्दू इकोसिस्टम का कार्य है।

हिन्दू धर्मशास्त्र और ज्ञान की परंपरा विराट है। उसकी अलग–अलग शाखाओं के विशेषज्ञ सदा से होते रहे हैं। वर्तमान में इसमें कतिपय शाखाओं में शिथिलता या क्षीणता आ गई है। उनको पुनः पोषित करना आवश्यक है। इसी प्रकार इस विशाल ज्ञान परंपरा में प्रतिपादित समाजशास्त्र, राजनीतिशास्त्र और वित्तशास्त्र के विशेषज्ञ युवक–युवतियाँ भी बड़ी संख्या में सामने आनी चाहियें। ताकि वे समकालीन भारत में भारतीय ज्ञान की प्रतिष्ठा कर सकें। वैसे तो नियमतः भारत के विश्वविद्यालयों में भारतीय ज्ञान परंपरा के सभी अंगों का ज्ञान दिया जाना और सघन प्रशिक्षण किया जाना राष्ट्रीय कर्तव्य है। परंतु जब तक यह कार्य स्वाभाविक रूप में नहीं किया जाता, तब तक हिन्दू इकोसिस्टम इस कार्य को अपने हाथ में लेगा और इसका व्यापक प्रसार करेगा।

इससे समकालीन घटनाओं तथा भारतीय समाज के व्यवहार की सही–सही समीक्षा होती रह सकेगी और उनको गलत रूप में प्रस्तुत करने वाले इकोसिस्टम के झूठे प्रचार की काट की जा सकेगी।

एक आत्मविश्वास सम्पन्न युवा भारत स्वाभाविक रूप से भारत और हिन्दू धर्म के विषय में उसके शत्रुओं द्वारा किये जाने वाले झूठे प्रचारों की काट सरलता से कर सकता है। साथ ही, वह राष्ट्र के युवाओं की ऊर्जा को ऊर्ध्वमुखी बनाकर ऊर्जा का संचार कर सकता है। इससे भारत पुनः अपने स्वाभाविक गौरव को प्राप्त कर सकेगा।

अध्याय 21

हिन्दू समाज: सुसंस्कृत जीवन की परम्परा और अवरोध

हिन्दू समाज का इतिहास विश्व में सबसे गौरवशाली है। वर्तमान में ऐसा और कोई समाज नहीं है, जिसने सम्पूर्ण इतिहास में अन्य समुदायों, समाजों एवं संस्कृतियों पर तनिक भी अनाचार या अत्याचार नहीं किया हो। अपितु उनके मूल सत्व को सुरक्षित रखते हुये उसे अपने ज्ञान और शील से समृद्ध किया हो। यह काम केवल भारत ने अर्थात हिन्दू धर्म और हिन्दू समाज ने किया है। चीन, जापान, चंपा, कोरिया (अयोध्या), इंडोनेशिया, मलेशिया आदि सभी राष्ट्रों और समाजों की मूल परंपरा और संस्कृति का पोषण करते हुये हिन्दू धर्म ने वहाँ के जीवन को समृद्धतर किया और वे लोग भी इसीलिये हिन्दूधर्म के प्रति कृतज्ञ रहे हैं। उसे अपनाते रहे हैं। यहाँ तक कि तुर्कों ने जब 11वीं शताब्दी में अपने राजा के दबाव में धीरे–धीरे इस्लाम स्वीकार करना शुरू किया, तब भी हिन्दू ज्ञान और विज्ञान, शास्त्र और आयुर्वेद, गणित और वास्तुशास्त्र आदि का खजाना हिन्दू विद्वान वहाँ बिना किसी झिझक के सबके लिये खोलते रहे। तुर्की भाषा में संस्कृत के अनेक ग्रंथों के अनुवाद हमारे विद्वानों ने किये और पंचतंत्र तथा हितोपदेश की कहानियाँ वहीं से यूरोप में जाकर विभिन्न रूपों में फैलीं। प्रारंभिक ईसाइयत भी

हमारे प्राचीन बौद्ध धर्म के अनुसरण में ही विकसित हुई थी। बाद में कतिपय मनोरोगी पादरियों ने उसे असहिष्णु और युद्ध पिपासु बना दिया।

इन सब बातों का सार यह है कि हिन्दू जीवन अत्यन्त सुसंस्कृत जीवन रहा है। यहाँ धर्मसंबंधी जो विचार हुआ, वह मनुष्यमात्र के लिये हुआ। आस्थाओं के आधार पर हमने कोई भेद नहीं किया। आचरण ही हमारे लिये कसौटी रहा है और आचरण के लिये भी किन्हीं संकीर्ण रीतियों और प्रथाओं के स्थान पर सार्वभौम जीवन मूल्यों को ही मनुष्य मात्र के लिये सामान्य धर्म बताया गया है और यह भी हमारे शास्त्रों में स्पष्ट कहा है कि यह साधारण धर्म अर्थात सत्य, अहिंसा, अचौर्य, स्वच्छता, संयम आदि तथा संतोष, पवित्रता, भक्ति, स्वाध्याय और आदर्श के लिये कष्ट सहन, ये केवल हिन्दुओं के लिये नहीं, अपितु मनुष्य मात्र के लिये हैं। मनु ने धर्म के जो दस लक्षण गिनाये हैं वे मनुष्य मात्र के लिये हैं।

यह कभी नहीं कहा गया कि जो हमारी आस्था और उपासना पद्धति को माने और जो सर्वोच्च सत्ता या परम सत्ता को हमारे ही बताये नाम से पुकारे और हमारे ही बताये गुणों वाला उसे माने, केवल वह मनुष्य श्रेष्ठ है और उसकी सदगति होगी तथा शेष सबकी दुर्गति होगी। ये बातें इस्लाम और ईसाइयत में तो कही गई हैं, परंतु हिन्दू धर्म में कभी भी नहीं कही गईं हैं।

अन्य की आत्मा पर बलपूर्वक कब्जे की कोशिश

बात केवल सद्गति की नहीं है। क्योंकि वह तो मृत्यु के बाद की दशा के विषय में है। अन्य आस्थाओं, जैसे कि इस्लाम और ईसाइयत में तो अपने से भिन्न आस्थावालों के जीवन में निरंतर हस्तक्षेप और अवरोध उत्पन्न करना कर्तव्य माना जाता है। उन्हें 'कन्वर्ट' करने जैसे स्पष्ट असभ्य और असंस्कृत कार्य को गौरवशाली बताया जाता है। 'कन्वर्ट' करने का वास्तविक अर्थ है – अन्य के आध्यात्मिक अस्तित्व को अस्वीकार करना और उनकी आत्मा पर बलपूर्ण कब्जे का प्रयास करना। सनातन धर्म के अनुसार यह महापाप है और इसी अर्थ में हिन्दू धर्म श्रेष्ठ और सुसंस्कृत धर्म तथा जीवन है।

हिन्दू शास्त्रों को शिक्षा में स्थान मिले

भारत का संविधान भारत की इस अत्यंत प्राचीन और श्रेष्ठ सांस्कृतिक धारा को उतना ही महत्व देता है, जितना बाद में आये हुये समूहों की संस्कृति अर्थात इस्लाम, ईसाइयत, यहूदी धर्म आदि को। अतः वर्तमान संविधान के लागू होने के बाद सनातन धर्म के धर्मशास्त्रों की कोई विधिक स्थिति नहीं बची। वे केवल स्वेच्छा से अध्ययन और अनुपालन के संदर्भग्रंथ बचे रहे। उन्हें पढ़ने और अनौपचारिक स्तर पर पढ़ाने की छूट रही, परंतु औपचारिक शिक्षा में उन्हें उचित स्थान नहीं दिया गया। जबकि भारत के सरकारी खजाने से, जिसमें सबसे बड़ा हिस्सा हिन्दुओं का है, मुस्लिम मजहब और ईसाई रिलिजन को पढ़ाने का लगभग समस्त व्यय भार भारत शासन और राज्य सरकारें वहन करती रही हैं। इसके बाद भी उदात्त और सुसंस्कृत हिन्दू समाज ने शासकीय महत्व नहीं दिये जाने पर भी अपने शास्त्रों को पूर्ण सम्मान देना जारी रखा है और संविधान के दायरे के भीतर जितना संभव है, उतना अपने संस्कारों को बचाये रखने का प्रयास हिन्दू समाज का बहुत बड़ा अंश करता रहा है। इससे भी हिन्दू संस्कारों की व्यापकता और गहराई का प्रमाण मिलता है।

स्वयं तुर्क सौदागर सुलेमान की किसी पांडुलिपि के आधार पर ईस्ट इंडिया कंपनी के कर्मचारी इलियट और डाउसन ने बताया है कि सुलेमान सौदागर ने 9वीं शताब्दी के उत्तरार्द्ध में पूरे भारत का भ्रमण किया था और उसने बताया कि भारत के सम्राटों के पास विशाल साम्राज्य हैं और विशाल सेनायें हैं तथा भव्य राज्यव्यवस्था है। उसने दक्षिण में कुमारी अन्तरीप से लेकर उत्तर में चीन और तिब्बत तक हिन्दुओं का शासन बताया है और हिन्दुओं के 42 सम्प्रदायों की चर्चा की है। इसी प्रकार बगदाद के अलमसूदी ने ब्रह्मभट्ट और आर्यभट्ट ज्योतिषियों का वर्णन किया है और लिखा है कि भारत एक विराट देश है और यहाँ ब्राह्मणों का अत्यधिक सम्मान होता है। खुरासान और तिब्बत से जावा तक भारत राष्ट्र फैला है और सम्पूर्ण हिमालय क्षेत्र में हिन्दुओं का ही शासन है। सब जगह लोग सदाचारी हैं और अपनी–अपनी उपासना पद्धति से उपासना

करते हुये भी सब के सब हिन्दू धर्म को मानते हैं।

परंतु दुर्भाग्यवश इस महान परंपरा में 15 अगस्त 1947 के बाद बहुत बड़ा अवरोध अपने ही लोगों ने उपस्थित कर दिया। यद्यपि इसमें मजहब के अनुयायियों द्वारा पहले भी बड़े अवरोध उपस्थित किये जाते रहे हैं।

'अवरोध' का इतिहास पुराना है

13वीं शताब्दी के उत्तरार्द्ध में उत्तर भारत में जलालुद्दीन ने दिल्ली जागीर बलबन के वंशजों से छीन ली और फिर स्वयं जलालुद्दीन को उसके भतीजे अलाउद्दीन ने 1296 में मार डाला और खुद जागीरदार बन गया। कुछ समय बाद उसने महान चौहान नरेश हम्मीरदेव के विरुद्ध उनसे असंतुष्ट हिन्दू राजाओं के साथ मिलकर आक्रमण किया। हिन्दू राजाओं ने महाराज हम्मीरदेव की सेना में छलघात से फूट डाल दी और अंत मे पराजय होते देख वीर हम्मीरदेव ने अपने हाथों अपना सिर भगवान शंकर को चढ़ा दिया। वे रणथम्भौर से मालवा तक के क्षेत्र के शासक थे। उज्जैन, धार, चित्तौड़, आबू, वर्धनपुर, पुष्कर तथा खंडीला उनके राज्य के प्रमुख गढ़ थे।

खिलजी नाम इन लोगों का इसलिये पड़ा क्योंकि ये तत्कालीन भारत के पारसीक जनपद के खलज गाँव के रहने वाले थे और पश्तून थे। अलाउद्दीन मंगोलों से डरता था और उसने मंगोलों से लड़ने के लिये एक वीर मराठे को भेजा, जिसे उसका एजेंट सूफी कुछ समय पहले बरगला कर अपने साथ रखने लगा था और मुसलमान बना दिया था। उस वीर मराठे का नया नाम मलिक काफूर था। उसने मंगोलों को हरा दिया। तब उसे दक्षिण में स्वयं यादवों से लड़ने भेज दिया। ये यादव चन्द्रवंशी क्षत्रिय थे। यादवों से मलिक ने अपनी पुरानी पहचान का हवाला देकर संधि कर ली और नजराना लेकर दिल्ली लौट गया। उस समय भारत में बहुत बड़े इलाके में हिन्दुओं का शासन था जिनमें पाण्ड्य, चोल, चेर, चालुक्य, राष्ट्रकूट, यादवों, और सातवाहनों के राज्य मुख्य थे। पंजाब में बहुत बड़े इलाके में हिन्दू राज्य था। अलाउद्दीन ने कड़ा के अपने सहायकों को दिल्ली में महत्वपूर्ण पदों पर रखा और मंगोल

लड़ाकों को देवगिरि महाराज रामचन्द्र पर आक्रमण के लिये भेजा तथा उसके बाद बघेल नरेश कर्णदेव से युद्ध कर दोनों ही राजाओं से उसने संधि की। उसने बघेल महराज की पुत्री देवलदेवी का विवाह अपने बेटे खिज्रखान से कर दिया और इस प्रकार बघेलों और यादव राजाओं से उसने मैत्री कर ली। फिर उसने मारवाड़ पर भी आक्रमण किया और महाराज शीतल देव से भी संधि की। साथ ही, महाराज कान्हड़ देव से भी अलाउद्दीन ने संधि की। इस प्रकार 14वीं शती ईस्वी तक भारत में मुस्लिम शासन बहुत ही थोड़े इलाके में जागीर के रूप में था और वे लोग स्वयं मुसलमान थे परन्तु अपने को भारतीय क्षेत्र का ही मानते और बताते थे तथा इसीलिये अन्य भारतीय राजवंशों से विवाह उनके लिये सामान्य बात थी। इस बात के विवरण नहीं मिले हैं कि देवल देवी आदि तेजस्वी नारियों ने इस्लाम कबूल किया था। इसके स्थान पर अधिक संभावना यही है कि वे सब सनातन धर्म का पालन सहज रूप से करती रही हैं।

बख्तियार का सच

इस बीच कई जगह कुछ पापी और अधर्मी हिन्दू लोग भी मुसलमान बनने लगे, क्योंकि उसमें लूट के माल रूपी गनीमा मिलने का लालच था और भोग के लिये मनमानी स्त्रियों को रख सकने की वैधता थी। हिन्दू धर्म में ऐसी मनमानी के लिए कोई जगह नहीं थी। वहाँ राजाओं को राजनैतिक विवाह करने और एक से अधिक पत्नियाँ रखने का प्रावधान तो अवश्य था, परन्तु उन्हें बांदी या लौंडी बनाने का कोई अधिकार नहीं था। इसलिये उसकी सीमायें थीं। इस्लाम में ऐसी कोई सीमा नहीं होने से कामुक लोग उधर तेजी से आकर्षित होने लगे। ऐसा ही एक व्यक्ति जो नदिया का रहने वाला था, मुसलमान बन गया और उसने अपने नाम में खलजी या खिलजी उपाधि धारण कर ली। उसका दावा था कि वह मूलतः खलज गाँव का ही रहने वाला है और नौकरी की तलाश में बदायूं आया है। बहरहाल, जगह–जगह लड़ाका मुस्लिम जागीरदारों ने उसे लड़ने का काम सौंपना जारी रखा और वह जगह–जगह नौकरी करता रहा। एक दिन अचानक उसे कुछ सूझा और वह

1000 घुड़सवार सैनिकों को साथ लेकर व्यापारी का वेश रखकर चला और नालंदा शहर पहुँचकर उसने नालंदा विश्वविद्यालय को पहले तो लूटा और बौद्ध भिक्षुओं को मारपीट कर भगाया और फिर पुस्तकालय में आग लगा दी। इस घटना को अंग्रेजों ने हिन्दुओं में हीन भावना जगाने के लिये खूब प्रचारित किया है। यह आश्चर्य की बात है कि नैतिकता की दिन–रात दुहाई देने वाले इन फिरंगियों ने कायर और फरेबी तथा जालसाज बख्तियार की कायरता को तथा व्यापारियों का भेष धारण कर लूट, ठगी और नृशंस हिंसा को चिह्नित करके धिक्कार करने का काम नहीं किया। संभवतः इसलिये कि वे लोग स्वयं व्यापारी बनकर आये थे और वस्तुतः लूट, ठगी, डकैती और छल, कपट तथा नृशंसता एवं हिंसा का आश्रय लेकर ही बढ़े और 90 वर्षों तक झूठा बहाना बनाकर आधे भारत में शासन भी किया। इसीलिये उन्हें बख्तियार का कमीनापन और कायरता चिह्नित करने योग्य नहीं लगे।

परन्तु इस तथ्य को तो नहीं छिपाना चाहिये था कि इसके बाद जब वह कामरूप की ओर बढ़ा तो कामरूप के सेनवंशी महान सम्राट ने विक्रम संवत 1262 अर्थात सन 1205 की रामनवमी के चार दिन बाद त्रयोदशी को समूल नष्ट कर दिया। केवल सौ घुड़सवारों के साथ बख्तियार दुम दबाकर भागा और 8 महीने के भीतर भटकता–भटकता मर गया। गुवाहाटी के निकट महानद ब्रह्मपुत्र के पवित्र तट पर वर्षिवैर–कनाड नामक गांव में एक चट्टान पर संस्कृत में लेख है, जिसमें संतोष व्यक्त किया है कि आततायी तुरुष्क नष्ट कर दिये गये हैं। शिलालेख में लिखा वीर योद्धा नरेश का नाम 15 अगस्त 1947 के बाद कतिपय मुसलमानों ने चुपके से मिटा दिया।

महान यादव वंश

दक्षिण भारत में सेउण यादवों ने 9वीं से 15वीं शती तक 700 वर्षों तक एक बड़े क्षेत्र पर शासन किया। इनमें महाराज दृढ़प्रहार, सेउण चन्द्र, भिल्लाया प्रथम व द्वितीय, सेउण प्रथम, भिल्लाया तृतीय व चतुर्थ व महाराज हरपाल प्रसिद्ध हैं। धर्मशास्त्र के महान आचार्य हेमाद्रि ने 13वीं शती में लिखे अपने प्रसिद्ध धर्मग्रंथ 'चतुर्वर्ग

चिन्तामणि' में वृत्तखण्ड में सेउण देश की महिमा बताई। कालेगाँव अभिलेख में गोदावरी नदी को सेउण देश की शोभा कहा है। यादव नरेश एकमदेव की अश्वी पट्टिका में कहा गया है कि हमारा राज्य नर्मदा नदी तक विस्तृत है। 16वीं शती में मुसलमान दरबारियों ने इसे खान देश कहना शुरू किया और अंग्रेजों तथा उनके भारतीय शिष्यों ने यही कहना जारी रखा है। परन्तु यह सत्य छुपा लिया गया कि इस पूरे क्षेत्र में 700 वर्ष यादवों का शासन रहा और कुल 110 वर्ष यादवों और मुसलमानों का साझा शासन रहा।

झूठ का स्तर यह है कि 17वीं शताब्दी में पहली बार बुरहानपुर पर 70 वर्षों के लिये अकबर के हिन्दू सेनापति ने आक्रमण कर शासन किया, परन्तु मुस्लिम और अंग्रेज तथा उनके भारतीय शिष्य इस पूरे क्षेत्र में 13वीं शती से ही मुस्लिम राज्य बताने लगे, केवल इसलिये कि उस समय मराठा से मुसलमान बने मलिक काफूर ने असीरगढ़ के चौहान नरेश पर आक्रमण किया था और फिर संधि करके लौट गया था। यह अवश्य है कि एक धूर्त सूफी बुरहान–उद्–दीन ने जासूसी करके आदिल खान को एक छोटे से हिस्से में कब्जा दिला दिया था। परन्तु फिर राजा जयसिंह ने वह क्षेत्र अपने कब्जे में ले लिया था। उसके 70 वर्षों बाद 1674 से पूरे क्षेत्र में पेशवाओं का शासन रहा। पर मुसलमानों ने इसका नाम सूफी बुरहान के नाम पर चला दिया।

इसी प्रकार वारंगल राज्य में 12वीं शताब्दी से 14वीं शताब्दी तक काकतीय सम्राटों का शासन रहा और विजयनगर सम्राज्य तो एक प्रतापी हिन्दू साम्राज्य के रूप में विश्वप्रसिद्ध है। 1947 तक अर्थात 20वीं शताब्दी के मध्य तक यह हिन्दू राज्य ही बना रहा। उसके बाद भारत संघ में इसने विलय स्वीकार कर लिया। इस प्रकार हम देखते हैं कि दक्षिण भारत में 17वीं शताब्दी तक निरंतर विजयनगर साम्राज्य, चेर, चोल, चालुक्य, पाण्ड्य, सातवाहन, कदम्ब, काकतीय, यादव, गंग आदि वंशों का शासन रहा। प्रतापी हिन्दू समाज ने इस प्रकार मुसलमान बने लोभी और दुष्ट दस्यु दलों को वीरता से थामे रखा। ऐसी स्थिति में 7वीं से 17वीं शताब्दी तक के समय को मुस्लिम शासन प्रचारित करना सत्यद्रोह और धर्मद्रोह है।

बंगाल में भी मौर्यों, गुप्तों, गौड़ों और वर्मा वंश ने तथा उनके बाद 18 प्रतापी पालवंशी राजाओं ने 12वीं शताब्दी के अंत तक शासन किया और फिर सेन वंश का शासन रहा। 'गीतगोविन्द' के रचयिता महाकवि जयदेव जी महाराज लक्ष्मणसेन के ही महाकवि थे और हलायुध नामक महान धर्माचार्य भी उसी समय हुये।

उसके बाद एक सूफी ने बंग नरेश गणेश की शरण ली। गणेश दनुजमर्दन के रूप में प्रसिद्ध प्रतापी राजा थे। इससे सूफी की छाती जलती थी और उसने छल से उनके यहाँ शरण ली तथा फिर उनके बड़े लड़के यदु को फुसलाकर एक मुस्लिम लड़की के प्रेमजाल में फंसाकर मुसलमान बना लिया और फिर उसका संरक्षण पाकर बंगाल में फैल गये। 24 वर्षों बाद उन्हें मार भगाया गया। लेकिन कुछ समय बाद पुनः उन्होंने एक राजकुमार को मुस्लिम युवती के प्रेमजाल में फांसकर शासन में अपना वर्चस्व बढ़ाया और हजारों मंदिर गिरवाये तथा सैकड़ों मस्जिदें बनवाईं। खैरातखाने खुलवाये जहाँ भिखारियों को आश्रय दिया जाता और फिर भय और प्रलोभन से उन्हें मुसलमान बनाया जाता। फिर योजनापूर्वक इन मुस्लिम फकीरों का बंगाल में जाल बिछा दिया गया। उसके बाद बंगाल में हिन्दू–मुस्लिम विचित्र सा समीकरण बना जिसमें सब फकीर वेदान्त के भजन गाते थे और कई मुस्लिम जागीरदार नियमित कालीपूजा करते थे और साथ ही मौका लगते ही अथवा मौलवियों के उकसाये जाने पर मंदिरों की लूटपाट और विध्वंस भी करते थे।

झूठ का अंतहीन मायाजाल

यही स्थिति कश्मीर में हुई। वहाँ 1671 तक निरंतर हिन्दू शासन रहा। उसके बाद 174 वर्षों तक मुस्लिम राजा हुये। सन 1586 से 1753 तक 167 वर्ष हिन्दू–मुस्लिम साझा शासन रहा और फिर 27 वर्षों तक सिखों का शासन रहा। तदुपरान्त 1846 से 1947 तक 100 वर्ष डोगरा राजवंश का शासन रहा।

जहाँ तक दिल्ली जागीर की बात है, खुरासान नामक भारतीय क्षेत्र के एक युवक बाबर के विषय में बाद में बहुत ही झूठी बातें

गढ़ी गईं। बाबर ने सबसे ज्यादा लड़ाइयाँ मुसलमानों से ही लड़ी थीं। राणा सांगा के समय अवश्य अफगान सैनिकों को अपने पक्ष में मिलाने के लिये उसने इस्लाम की दुहाई दी, परंतु उसने कभी भी कुरानशरीफ पढ़ी तक नही थी। कुलमिलाकर चार वर्ष भटकते हुये वह मर गया। उसका बेटा हुमायूं फतहपुर सीकरी में पैदा हुआ।

विचित्र खब्त

इन लोगों को कुछ खब्त थी और ईस्ट इंडिया कंपनी के लोगों की तरह भारत के किसी एक इलाके में जागीर पाने के बाद खुद को हिन्दुस्तान का बादशाह कहने लगते थे। हुमायूं ने तो खुद को दिल्ली का शाह कहा। उसे बिहार के सासाराम के रहने वाले शेरशाह सूरी ने पीट कर भगा दिया। बाद में पुनः दोनों में लड़ाई और संधि हुई और फिर लड़ाई हुई जिसमें हार कर हुमायूं भागा और अपनी पत्नी को अमरकोट के हिन्दू राजा की शरण में छोड़कर स्वयं गांधार कंधार चला गया। लगभग 1 वर्ष के बाद जलालुद्दीन पैदा हुआ। जिस पर यह चर्चा फैली कि यह किसी राजपूत का लड़का है। हुमायूं ने उसके बाद उस लड़के की माँ को त्याग दिया। वही लड़का सफल होने के बाद मुसलमानों के द्वारा अकबर कहा गया है। हुमायूं सुन्नी था, लेकिन बाद में शिया लोगों की मदद लेने के लिये शिया बन गया। फिर गक्खर राजपूतों से मदद मांगी और शेरशाह की मृत्यु के बाद राजपूतों की सहायता से रोहतास दुर्ग पर कब्जा कर लिया। कुछ समय आगरा में जागीरदार रहकर एक दिन लुढ़ककर घायल हुआ और तीन दिन बाद मर गया। अकबर से उसकी कभी भी भेंट नहीं हुई।

19वीं शती में खोजा गया हुमायूं का मकबरा

हुमायूं का मकबरा एक काल्पनिक रूप से रचित जगह है। एक अंग्रेज 19वीं शताब्दी में जब दिल्ली में घूम रहा था तो घास से ढकी एक जगह के बारे में बकरियाँ चरा रहे एक मुसलमान चरवाहे से उत्सुकतावश पूछा कि यह क्या जगह है? इस पर उसने हांक दिया कि यह हुमायूं का मकबरा है। उसी आधार पर उसने लिख दिया

और बाद में प्रचारित हो गया कि यह हुमायूं का मकबरा है। 20वीं शताब्दी के आरंभ में वहाँ एक छोटा–सा चबूतरा बना दिया गया। जबकि सर्वविदित है कि हुमायूं आगरा में मरा था। 15 अगस्त 1947 के बाद कांग्रेस द्वारा मुसलमानों को विशेष संरक्षण देने के क्रम में हुमायूं का मकबरा सजाकर बहुत बड़ी इमारत बना दिया गया।

राजपूती जीवन था जलाल का

जलालुद्दीन राजपूतों के यहाँ ही पाला गया और राजपूतों की सहायता से महाराज हेमचन्द्र विक्रमादित्य को युद्ध की चुनौती दी। पहली बार तो वह हरा कर भगा दिया गया, परंतु दूसरी बार विजय के क्षण के थोड़ा पहले महाराज की आंखों में एक तीर आकर चुभा, जिससे उनका हाथी उन्हें लेकर भागा और जलालुद्दीन के साथियों ने अफवाह उड़ा दी कि महाराज मैदान छोड़कर भाग गये हैं। इससे उनकी सेना में भ्रम फैल गया और जलालुद्दीन के सेनापति ने किसी तरह महाराज को बंदी बनाने में सफलता पा ली। बंदी बनाये गये महाराज का सिर तलवार से उड़ा दिया गया और जलालुद्दीन को बहुत बड़ा बहादुर और गाजी प्रचारित कर दिया गया।

सर्वविदित है कि जलालुद्दीन के पास केवल दिल्ली आगरा की रियासत थी। वह पारसीक संस्कृति में ढला हुआ था और राजपूतों के यहाँ पलने के कारण बचपन से ही सूर्य को अर्ध्य देना तथा गोमाता की पूजा करना सीख गया था, जो वह अंत तक करता रहा तथा राजपूतों की ही वेशभूषा पहनता रहा। उसके राज्य में बीच–बीच में मौका लगाकर मौलवी लोग अपने लोगों को उपद्रव के लिये भी उकसाते थे और धूर्त जलालुद्दीन दोनों पक्षों के बीच संतुलन बनाये रखता था। इसी चालाकी के क्रम में उसने अपने संपूर्ण राज्य में इस्लाम को समाप्त करने के लिये 'दीन–ए–इलाही' नामक नया सम्प्रदाय चलाने का प्रयास किया। परन्तु उसके राजपूत सेनापतियों ने नये धर्म के प्रवर्तन का विरोध किया, जिसके कारण वह अधिक नहीं फैल पाया और उसके कारण अकबर के राज्य में इस्लाम बचा रह गया। यदि हिन्दू राजा मुसलमानों की तरह ही धर्म के मामले में भी चालाकी बरतने वाले होते तो दीन–ए–इलाही

पंथ अकबर के राज्य से इस्लाम का सफाया कर देता।

वस्तुतः मुस्लिम जनसंख्या को बढ़ाने का काम सबसे ज्यादा अंग्रेजों के प्रोत्साहन और संरक्षण में 18वीं शताब्दी में तेज हुआ। इससे देश में 11 प्रतिशत मुस्लिम हो गये। इसके बाद 19वीं शताब्दी में मुसलमानों की संख्या 16 प्रतिशत तक जा पहुँची और 1947 तक अविभाजित भारत में 10 करोड़ मुसलमान हो गये। विभाजन के बाद पूर्वी और पश्चिमी पाकिस्तान बना। दोनों जगह से मारकाट कर तथा डराकर हिन्दुओं को भगाया गया। जबकि पश्चिमी पाकिस्तान में हिन्दू लगभग समाप्त ही कर दिये गये और पूर्व में भी प्रयास चल रहा है। इधर भारत में जो मुसलमान रह गये उनकी संख्या अब लगभग 20 करोड़ हो चली है।

इन सब तथ्यों को जानना आवश्यक है। क्योंकि हिन्दू समाज विश्व का सर्वाधिक सुसंस्कृत समाज है और अन्य के वंशनाश या नरसंहार की कल्पना भी हिन्दू लोग नहीं करते, तो इसका अनुचित लाभ उठाकर बचे हुये भारत में भी इस्लाम के पक्ष में लगातार दबाव बनाया जा रहा है। परंतु इसके कारण हिन्दू अपनी सुसंस्कारी प्रवृत्ति तो नहीं छोड़ सकते। ऐसी स्थिति में मुसलमानों को भी अपनी मर्यादा में रहते हुये प्रेमपूर्ण सहजीवन का अभ्यास डाल लेना चाहिये।

अध्याय 22

राष्ट्र के उत्कर्ष का अमृतकाल: हमारी भूमिका

प्रधानमंत्री श्री नरेन्द्र मोदी जी ने 15 अगस्त 2021 को लालकिले से अपने उद्‌बोधन में 2047 तक के समय को भारत का अमृतकाल कहा है। इस अवधि में हमें अमृत भारत की स्मृति को जगाना है और ऊर्जा को उद्दीप्त करना है। इसके लिये विद्या और कार्य दोनों ही स्तरों पर प्रचंड पुरुषार्थ करना होगा। प्रधानमंत्री ने कहा है कि हमें गुलामी के सभी अवशेष मिटा देने हैं। इससे हमारी जो आंतरिक ऊर्जा है, वह मुक्त प्रवाहित होगी और उस पर जो अकारण और निरर्थक निराधार ग्लानि का ग्रहण मिथ्या प्रचार से छाया की तरह फैला दिया गया है, वह छंट जायेगा और भारत का चेतना सूर्य अपनी पूर्णता के साथ तेजोमय होकर चमकेगा। यही भारत के परम वैभव का स्वाभाविक मार्ग है।

मिथ्या प्रचार से ग्लानि फैलाई गई

इसमें सबसे बड़ी जो ग्लानि है वह पूरी तरह मिथ्या प्रचार के द्वारा फैलाई गई ग्लानि है। इसमें सर्वोपरि है भारत की गुलामी की बात। जिन शक्तियों ने संसार के अनेक क्षेत्रों में आक्रमण किया, वे भारत में भी क्यों नहीं करतीं ? स्वाभाविक है। परंतु उनके साथ भारत में जो घटित हुआ, उससे लजाकर वे अपनी पिटाई और

हमारी शक्ति के तथ्य को छिपाना चाहती है। वे शक्तियाँ स्वयं में कभी सफल नहीं हो सकती थीं, यदि अपने द्वारा खड़े किये गये झूठे प्रोपेगंडा की चपेट में आये हुये कतिपय भोले–भाले भारतीय और कतिपय पतित एवं लोभी दलाल उनके पक्ष में नहीं हो जाते। इसलिये प्रोपेगंडा से हटकर शांतचित्त से सत्य को जानना सर्वोपरि आवश्यक है।

भारत का सत्य जानें

सर्वप्रथम तो निकट अतीत के सत्य को जानना चाहिये। जो लोग समझते हैं कि भारत अंग्रेजों का गुलाम था, वे न तो गुलामी शब्द का अर्थ जानते हैं और न ही भारत का सत्य जानते हैं।

पहली बात तो यह है कि किसी भी राष्ट्र को किसी भी अन्य राष्ट्र का गुलाम तभी कहा जाता है जब उस राष्ट्र ने घोषणा करके पहले राष्ट्र पर आक्रमण किया हो और उसकी सेनाओं को पराजित किया हो तथा घोषणापूर्वक वहाँ अपना राज्य स्थापित किया हो।

इंग्लैंड की कभी भी यह हैसियत ही नहीं थी कि वह भारत पर आक्रमण करता। इस सामान्य तथ्य को भी आज अधिकांश भारतीय नहीं जानते।

इंग्लैंड की हैसियत

वैसे तो इंग्लैंड 19वीं शताब्दी में ही पहली बार एक नेशन स्टेट बना है। 1815 तक नेपोलियन सम्पूर्ण यूरोप में फैलने का प्रयास कर रहा था। तब तक कहीं कोई 'नेशन स्टेट' था ही नहीं। यद्यपि प्रोटेस्टेंट चर्च का राज्य इंग्लैंड कहे जाने वाले क्षेत्र में उससे पूर्व 1000 वर्षों से था। लेकिन यह भी सत्य है कि वह क्षेत्र पहले सैकड़ों लघुतम राज्यों में बंटा था। फिर 18वीं शताब्दी में 20 राज्यों में बंट गया। पहले के अनेक राज्य अपेक्षाकृत बड़े राज्यों में समाहित हो गये और 19वीं शताब्दी के पूर्वार्द्ध में इंग्लैंड आठ बड़े–बड़े क्षेत्रों में बंटा था। परंतु इंग्लैंड का मुख्य शासक लंदन के आसपास के इलाके पर काबिज राजवंश को ही माना जाता था, क्योंकि उसने अपना एक राष्ट्रीय चर्च स्थापित कर लिया था।

सम्पूर्ण इंग्लैंड को भी यदि एकीकृत इकाई मान लें तो 19वीं शताब्दी के उत्तरार्द्ध में इंग्लैंड का कुल क्षेत्रफल 1 लाख 30 हजार वर्ग किलोमीटर ही था। उस समय ग्वालियर राज्य का क्षेत्र इससे आधा यानी 65 हजार वर्ग किलोमीटर था। बीकानेर, जोधपुर, जैसलमेर, आमेर–जयपुर, चित्तौड़ – उदयपुर आदि के बड़े–बड़े राज्य उस समय भारत में थे। समस्त राजपूताना का क्षेत्र मिलाकर इंग्लैंड से 7 गुना बड़ा था। इसी प्रकार स्वयं इंग्लैंड के आंकड़ों के अनुसार मराठा साम्राज्य का क्षेत्रफल 25 लाख वर्ग किलोमीटर था। इस प्रकार मराठा साम्राज्य इंग्लैंड से 20 गुना बड़ा था। और उसके पास अत्यंत शक्तिशाली नौसेना थी। तुर्कों मुगलों के पास शक्तिशाली नौसेना तो नहीं थी, परंतु उनकी अधीनता मानने वाले सभी हिन्दू राज्यों को मिला लें, तो उसका प्रभावक्षेत्र भी मराठा साम्राज्य के बराबर ही था। यद्यपि उसमें अलग–अलग सल्तनतें थीं – दिल्ली, बंगाल, बीजापुर और दखन की सल्तनत – ये चार तो बड़ीं सल्तनतें थी, जिनका एक–दूसरे से कोई आत्मीय राजनैतिक संबंध नहीं था।

ऐसी स्थिति में इंग्लैंड की भारत पर आक्रमण की कोई हैसियत ही नहीं थी। इसलिये गुलाम बनाने की तो वह स्वप्न में भी नहीं सोच सकता था।

व्यवस्थित सेना नहीं थी इंग्लैंड में

एक अन्य महत्वपूर्ण बात यह है कि 19वीं शताब्दी के मध्य तक इंग्लैंड के पास कोई व्यवस्थित सेना नहीं थी। तभी तो तत्कालीन जर्मन राष्ट्रपति बिस्मार्क ने हंसते हुये कहा था कि इंग्लैंड की सेनाओं को तो हमारी पुलिस ही हंसते–हंसते गिरफ्तार कर लेगी, चिंता की कोई बात नहीं है। ऐसी स्थिति में व्यवस्थित सेना के अभाव में इंग्लैंड का राज्य अत्यंत प्राचीनकाल से व्यवस्थित सेनाओं वाले भारत के किसी भी राज्य पर आक्रमण की कोई इच्छा कर ही नहीं सकता था।

ईस्ट इंडिया कंपनी ने 1857 में झूठ बोलकर जब पूरे यूरोप के राजघरानों से यह गुहार लगाई कि भारत के राजा लोग तो समस्त

यूरोपीय नर–नारी, बच्चे बूढ़े सबका कत्लेआम कर रहे हैं और ब्रिटिश राज्य का हस्तक्षेप आवश्यक है, तब अपने मित्र राज्यों की सहमति से इंग्लैंड की महारानी ने पहली बार भारत में हस्तक्षेप किया और यह हस्तक्षेप भी भारतीय राजाओं की सहमति से किया गया। इसीलिये 1 नवंबर 1858 को भारत में महारानी विक्टोरिया का यह संदेश सार्वजनिक रूप से पढ़ा और सुनाया गया कि आज से मेरा भतीजा भारत का पहला वायसराय होगा और हम भारत के राजाओं को वचन देते हैं और आश्वासन देते हैं कि हम उनके राज्य की सीमाओं में कदापि अतिक्रमण नहीं करेंगे और उनसे भी यही अपेक्षा करते हैं। साथ ही, हम उनके राज्यारोहण और उत्तराधिकार की परंपराओं में कोई हस्तक्षेप नहीं करेंगे और अपने अधिकार क्षेत्र की प्रजा के साथ भी किसी प्रकार का धार्मिक भेदभाव नहीं करेंगे, प्रजा जिस धर्म को मानती है, उसे ही मानते रहने की पूर्ण स्वधीनता होगी। अतः स्पष्ट रूप से यह भारत के राजाओं से संधि करके किसी तरह लगभग आधे भारत में सुराज की स्थापना का वचन देते हुये शासन संभालने की घोषणा थी, न कि भारत को विजित क्षेत्र घोषित करने की कोई घटना।

कुल 90 वर्ष आधे भारत में काबिज रहे अंग्रेज

90 वर्षों के भीतर भारतीयों की वीरता, कौशल और पुरुषार्थ से उस आधे भारत से भी अंग्रेजों को जाना पड़ा। उन 90 वर्षों में भारत में 730 स्वतंत्र राज्य थे, जिनकी अंग्रेजों से संधि थी और जिनमें 525 अच्छे क्षेत्र वाले राज्य थे और उनमे भी 100 तो सशक्त और प्रभावशाली राज्य थे। ऐसे में भारत को गुलाम कहना झूठ है। आधे भारत में भी 90 वर्ष तक भारतीय निरंतर युद्धरत रहे। क्रांतिकारियों और नेताजी सुभाषचन्द्र बोस ने उन्हें बाहरी और अजनबी ही कहा तथा माना और मार भगाने की लगातार कोशिश करते रहे। जो लोग इतने वीर नहीं थे और शांत मध्यवर्गीय गृहस्थ थे, उन्होंने स्वयं अंग्रेजों द्वारा निर्धारित नियमों के अन्तर्गत कुशलता से उन्हें बार–बार घेरा और कई बार कई मुद्दों पर झुकने को विवश किया।

अंततः भारत में टिके रहना असंभव देखकर वे उसी

मध्यवर्गीय मध्यमार्गी गृहस्थमंडली को सत्ता का ट्रांसफर करके चले गये। अतः इसे भारत की गुलामी कहना और अंग्रेजों का शासन कहना तथ्यात्मक नहीं है। 90 वर्षों के शासन में भी उन्हें लगातार भारतीय सेना, भारतीय पुलिस और भारतीय प्रशासनतंत्र पर ही निर्भर रहना पड़ा। ऐसा तो उन्हें आयरलैंड और स्काटलैंड में भी विवश नहीं होना पड़ा था। दूर की अपनी कॉलोनियों में तो वे कभी इस प्रकार विवश हुये भी नहीं। उदाहरण के लिये, दक्षिण अफ्रीका में वे पूरी तरह अंग्रेज सैनिकों और अग्रेंज प्रशासनतंत्र पर निर्भर थे। इन सब आधारों से स्पष्ट है कि आधे भारत में 90 वर्षों तक अंग्रेजों ने छलपूर्वक हस्तक्षेप किया। वास्तविक तथ्यात्मक पदावली में तो इसे ठगी और वंचना ही कहा जायेगा, शासन नहीं।

कथित मुस्लिम शासन की सच्चाई

इसी प्रकार कथित मुस्लिम शासन की सच्चाई भी हम पूर्व में अच्छी तरह स्पष्ट कर चुके हैं। एक तो उनका शासन अलग–अलग टुकड़ों में था और वह भी पूर्णतः हिन्दू सेनापतियों, हिन्दू राजाओं और हिन्दू सेनाओं के द्वारा ही संभव हुआ था। अतः भारत को मुसलमानों के अधीन रहा कहना भी पूरी तरह असत्य है। कुछ इलाकों में हिन्दू–मुस्लिम साझा शासन रहा और शेष बहुत बड़े इलाके में केवल हिन्दुओं का शासन रहा। यही कहना तथ्यपूर्ण है।

सत्य ही शक्ति देता है

इस प्रकार किसी गुलामी की परिकल्पना करके हीनता की भावना पालना आधारभूत रूप में ही असत्य है और निराधार है। सत्य ही शक्ति देगा। अथर्ववेद के पृथ्वीसूक्त में कहा है कि वृहत सत्य और उग्र ऋृत तथा संयम और दीक्षा अर्थात ज्ञान की साधना से ही पृथ्वी का धारण किया जाता है। अतः हमें सत्य की साधना करनी चाहिये। सत्य यह है कि भारत विश्व का अद्वितीय योद्धा समाज है। वीर समाज है। वीरता की यहाँ प्राचीनतम परंपरा है और भारत के सभी समुदाय वीर तथा योद्धा रहे हैं। हर जाति और हर वर्ण के लोग सैनिक और योद्धा होते रहे हैं। धर्मशास्त्रों में सभी वर्णों की

अलग–अलग सेनाओं का भी वर्णन है और संयुक्त सेनाओं का भी। इस प्रकार भारत के लोग अर्थात हिन्दू समाज स्वभाव से ही योद्धा एवं वीर है। अतः गुलामी का किस्सा गढ़ कर हिन्दू समाज के भीतर ग्लानि जगाना अनुचित है।

अद्वितीय शौर्य का गौरवशाली इतिहास

हिन्दुओं का इतिहास अद्वितीय शौर्य का गौरवशाली इतिहास है। जिन शक्तियों और समूहों को विश्व भर में यहाँ–वहाँ आक्रमण और लूट–पाट करने की ही आदत हो और यही संस्कृति हो, उनका भारत में भी ललचाना नहीं रोका जा सकता। उन्हें विधाता ने दस्यु और लुटेरा ही बनाया है। लोभी और अनाचारी ही बनाया है। अमर्यादित और नृशंस ही बनाया है। उन्हें उनके स्वभाव से शून्य कर पाना संभव नहीं है और यह हिन्दुओं का काम भी नहीं है। क्योंकि हिन्दू धर्म में ऐसी निरर्थक बात कभी कही ही नहीं गई है कि हम विधाता का काम अपने हाथ में ले लें, व्यक्तियों और समाजों के स्वभाव और स्वरूप को ही बदल दें तथा सबको अपने ही सांचे में ढाल लें। अतः हिन्दू तो इस तरह की कल्पना कर ही नहीं सकते। वे तो अधर्म का प्रतिरोध और पराभव और धर्म की साधना और उत्कर्ष ही कर सकते हैं, जो सम्पूर्ण मानवीय इतिहास में हिन्दू करते रहे हैं।

जिन लोगों को किसी के मुसलमान बन जाने मात्र से अथवा उनके अनाचार और दुराचार से ही परेशानी होती है, वे कम्युनिस्टों द्वारा प्रतिपादित 'सोशल इंजीनियरिंग' की अवैज्ञानिक अवधारणा से आविष्ट लोग हैं। यह मानव प्रकृति के विरुद्ध चिंतन है। हिन्दुओं ने ऐसा चिंतन कभी नहीं किया। जो जैसा है, उसे वैसा ही समझना आवश्यक है। दस्यु और लुटेरे, ठग और डकैत, पिशाच और क्रूरकर्मा लोग अपना काम करेंगे। हमारा काम इन्हें रोकना, थामना, दंडित करना और शासित करना है। शेष काम विधाता का है।

आत्मगौरव के योग्य तथ्य

अतः यहाँ इस्लाम आया ही क्यों ? या भारत के लोग मुसलमान

बने ही क्यों ? बने तो उन्होंने मुहम्मद साहब से सद्गुण क्यों नहीं सीखे ? केवल लूट, मालेगनीमा लूटना और लौंडिया–बांदियां रखना तथा भिन्न उपासना पद्धतियों को नेस्तनाबूद करना ही उन्होंने क्यों सीखा ? और कहां से सीखा ? ये सब प्रश्न विवेकवान हिन्दू कभी नहीं करते। क्योंकि यह मुसलमानों का आंतरिक प्रश्न है। हमने उनका प्रतिरोध किया या नहीं ? उनको परास्त किया या नहीं ? उन्हें सिकुड़ने को विवश किया या नहीं? उन्हें मर्यादित रख पाते हैं या नहीं ? जो देश का धन विदेश ले जाने के अभियान में लगा है, उसे भगा पाते हैं या नहीं ? ये ही वास्तविक हिन्दू चिन्तायें हैं। हिन्दू सम्पूर्ण इतिहास में यह चिन्ता करता रहा है और तदनुरूप निरन्तर पुरुषार्थ और पराक्रम करता रहा है। यह स्वयं में आत्मगौरव के योग्य तथ्य और सत्य है।

मिथ्या ग्लानि से मुक्त हों

अतः अमृतकाल में हमारी मुख्य भूमिका मिथ्याग्लानि से मुक्त होकर अपने स्वभाव और स्वरूप में प्रतिष्ठित होने की है। जैसा कि प्रधानमंत्री ने आह्वान किया है। इसके साथ ही उस समाजव्यवस्था और वित्त व्यवस्था का देश काल के अनुरूप अर्थात युगानुरूप नवोन्मेष करना भी हमारा कर्तव्य है, जिसकी शुरुआत भी माननीय प्रधानमंत्री ने अनेको स्तरों पर अनेक योजनाओं और कार्यों के द्वारा कर दी है।

बेरोजगारी के मूल में है समाजवाद

समाजवादी ढांचे में शासन को सर्वाधिकारी बनाकर राष्ट्र के समस्त संसाधनों के केन्द्रीय नियंत्रण और अपने द्वारा निर्धारित नियोजन एवं विनिवेश की परंपरा रहती है, जिससे अनिवार्य रूप से भीषण बेरोजगारी फैलती है। विश्व के सभी कम्युनिस्ट राज्यों के ये सर्वविदित तथ्य हैं। सोवियत संघ में इतनी विकराल बेरोजगारी और भुखमरी थी कि एक ओर कम्युनिस्ट ढांचा टूटने के बाद प्रबुद्ध नागरिक लेनिन और स्तालिन की प्रतिमाओं पर जूतों और बूटों से प्रहार कर रहे थे और सड़कों तथा पार्कों में गिराकर उन्हें चूर–चूर

कर रहे थे और दूसरी ओर जगह–जगह शहरों में एकत्र कूड़ें के ढेरों से डबलरोटी के टुकड़े बीनकर भूख मिटा रहे थे। भयंकर बेरोजगारी और भुखमरी ही सोवियत संघ का मुख्य तथ्य था। भीषण युद्ध तैयारी उसका दूसरा पक्ष था।

इसी प्रकार चीन में भी भीषण बेरोजगारी है। कम्युनिस्ट बने पूर्वी यूरोपीय देशों में भीषण बेरोजगारी व्यापक थी, जो किसी सीमा तक कम्युनिज्म त्यागने के बाद घट रही है। श्री राहुल गांधी भारत के लोगों से इस विकराल सच को छिपाने के लिये निरर्थक बातें करते रहते हैं। जबकि भारत में बेरोजगारी का सबसे बड़ा कारण उनकी दादी और प्रपितामह दोनों के द्वारा लादा गया समाजवादी ढांचा ही है। जो कि विश्व भर में कंगाली, भुखमरी और बेरोजगारी फैलाने वाला ढांचा प्रमाणित हुआ है। इसलिये सर्वप्रथम तो उन्हें अपने पूर्वजों के द्वारा थोपे गये समाजवादी ढांचे के लिये शर्म और ग्लानि व्यक्त करते हुये प्रायश्चित करना चाहिये, क्योंकि बेरोजगारी की जड़ें उस समाजवादी ढांचे में ही हैं। इसके साथ ही अपनी राष्ट्रभक्ति को व्यावहारिक रूप देते हुये प्रधानमंत्री श्री नरेन्द्र मोदी द्वारा लाई गई तथ्यपूर्ण और प्रभावशाली योजनाओं में उत्साह सहित साथ देना चाहिये। ताकि समाजवादी ढांचे के अभिशाप से भारत को मुक्त करने में वे प्रधानमंत्री के सच्चे सहयोगी साबित हों।

स्वस्थ विपक्ष का स्वरूप

स्वस्थ विपक्ष का काम विवेकशून्य आक्षेप और झूठा प्रोपेगंडा नहीं है। स्वस्थ शासकीय नीतियों में दिख रहे छिद्रों की ओर संसद का ध्यान दिलाना और उनके उपचार के लिये संयुक्त रूप से सोचे गये उपायों में उत्साह से योगदान करना है। एक जिम्मेदार विपक्ष से राष्ट्र ऐसी ही सकारात्मक भूमिका की अपेक्षा करता है।

युवा शक्ति का दायित्व

परंतु मुख्य भूमिका तो राष्ट्रभक्त युवकों और युवतियों को निभानी है। हमारे सबके सौभाग्य से एक दूरदर्शी, कुशल, सर्वप्रिय और व्यापक दृष्टि वाला नेतृत्व हमें मिला है। अतः हमें उनके द्वारा

बताई गई सभी योजनाओं में अपनी–अपनी रुचि, संस्कार, सामर्थ्य, प्रशिक्षण और ज्ञान के अनुसार योगदान देना है तथा नवाचार और नवोन्मेष भी करना है। इसके लिये सभी अनुशासनों में दक्ष युवा चाहिये और समर्पित भाव से अपने अनुशासन में योगदान देने की मनोभूमि चाहिये।

नई शिक्षा नीति में भारतीय ज्ञान परंपरा की साधना के लिये भी पर्याप्त स्थान रखा गया है। इसका लाभ उठाकर अधिक से अधिक संख्या में केवल भारतीय दर्शन ही नहीं, अपितु भारतीय राजनीतिशास्त्र, नीतिशास्त्र, वित्तशास्त्र, विधिशास्त्र एवं समाजशास्त्र में सक्षम और सुविज्ञ लोग चाहिये। जो अपने–अपने अनुशासन में ज्ञान को आगे बढ़ायेंगे और भारतीय गौरव की वृद्धि करेंगे।

प्रामाणिक इतिहास आवश्यक

इसके साथ ही अपने गौरवशाली इतिहास की प्रत्येक घटना को उनके समकालीन साक्ष्यों के आधार पर तथा सहायक साक्ष्यों से परीक्षित कर उनका प्रामाणिक स्वरूप जानना आवश्यक है। संसार भर में भारत के विषय में अध्ययन करने वाले लोगों ने भारतीय इतिहास के मूल तथ्यों को जानने के लिये सबसे अधिक सहारा पुराणों का लिया है। यह बात अलग है कि कई लोगों ने उन तथ्यों की व्याख्या में बिना किसी साक्ष्य के कई बार तोड़–मरोड़ करने की कोशिश की है और कई बार अपने–अपने समाजों की इतिहास दृष्टि और अपनी सीमित जानकारी तथा मजहबी या रिलिजियस संकीर्णता से मूल पौराणिक तथ्यों को बहुत ही विकृत रूप में भी प्रस्तुत करने का प्रयास किया है। परंतु सबके लिये आधारभूत सामग्री तो पुराण ही है।

इसके साथ ही आधुनिक काल के लिये अर्थात 11वीं से 20वीं शताब्दी के इतिहास के लिये भारत के सभी राज्यों में अर्थात देशी राज्यों में भरपूर प्रामाणिक अभिलेख विद्यमान हैं। क्योंकि अभिलेख रखने की और उनको सुरक्षित रखने की अत्यन्त प्राचीन परम्परा भारत में रही है। टॉड आदि ने इन्हीं राजाओं की कृपा से दुभाषियों की सहायता से राजस्थान का इतिहास लिखा है।

अतः हमें अपने इस अवधि के इतिहास को इन अभिलेखागारों से परीक्षित कर और इनका विस्तृत अध्ययन कर प्रामाणिक इतिहास को सामने लाने वाले युवा अध्येता भी बड़ी संख्या में चाहिये। जो इतिहास लेखन की अद्यतन वैज्ञानिक विधियों से परिचित हों और भारतीय दृष्टि का भी पूरा ज्ञान रखते हों। किसी भी मतवाद की नारेबाजी और मुहावरेबाजी में बंधकर इतिहासलेखन नहीं किया जा सकता। उससे तो केवल प्रोपेगंडा मटेरियल तैयार होता है। हमें इतिहास की आवश्यकता है और प्रामाणिक इतिहास लेखन की आवश्यकता है, प्रोपेगंडा की नहीं।

प्रधानमंत्री की प्रेरणा से राष्ट्रजीवन के अनेक क्षेत्रों में उत्साह के साथ लोगों ने बड़े–बड़े काम किये हैं और पहले से हो रहे कार्यों को अधिक व्यवस्थित तथा विस्तृत किया है। भारत वैसे भी पुरुषार्थी लोगों का देश है और समाजवादी दौर में समाज को निष्क्रिय तथा प्रशासनतंत्र पर निर्भर बना देने की अदभुत और विचित्र योजनाओं तथा कोशिशों के बाद भी भारत के लोग राष्ट्रजीवन के अनेक क्षेत्रों में परंपरागत हुनर, कला और कौशल को विकसित करते रहे हैं और पूर्ण अनुशासन के साथ समर्पित भाव से साधना करते रहे हैं। उन सब क्षेत्रों में प्रधानमंत्री की योजना से शासन और अधिक प्रोत्साहन दे रहा है और सहयोग भी दे रहा है। इसके कारण विराट पुरुषार्थ संभव होंगे।

प्रधानमंत्री जी के आवाहन को चरितार्थ करें

इससे भारत की अवरुद्ध ऊर्जा मुक्त होगी और आरोपित ग्लानि तिरोहित हो जायेगी, हवा में उड़ जायेगी। एक स्वस्थ, सबल, सजग और ऊर्जा सम्पन्न युवा शक्ति राष्ट्रजीवन के प्रत्येक क्षेत्र में स्वधर्म का पालन करते हुये प्रधानमंत्री के द्वारा अमृतकाल में करने योग्य कार्यों के आह्वान को स्वीकार कर उन्हें चरितार्थ करने में समर्थ होगी।

भारत की युवा शक्ति अनुपमेय है और सौभाग्यवश गौरवशाली भारतीय इतिहास और परंपरा के कारण हमारी युवा शक्ति की ऊर्जा पर पांथिक संकीर्णताओं और मतवादों का न तो कोई पहरा

है और न ही कोई दबाव। इसलिये उन्हें स्वविवेक से कार्य करने की पूरी स्वतंत्रता है और उनके समक्ष अपने पूर्वजों के प्रताप के प्रेरक दृष्टांत भरे पड़े हैं।

धर्म का बोध उन्हें सदा मर्यादित रखता है और वीरता का इतिहास उन्हें सदा उत्साहित रखता है। अनुकूल नेतृत्व ने सभी अवरोध हटा दिये हैं और अमृतकाल को अमृतमय बनाने में किसी प्रकार की बाधा उपस्थित नहीं है। केवल अपने–अपने क्षेत्र में पुरुषार्थ करने की हमारी भूमिका ही हमारे सामने प्रशस्त है। इसलिये हमें पूरा विश्वास है कि अमृतकाल का प्रधानमंत्री का आह्वान हम सब मिलकर पूरी शक्ति से सफल और सार्थक बनायेंगे और हमारे माननीय प्रधानमंत्री आगे का मार्गदर्शन भी करते रहेंगे।

हम सब भारतमाता की सन्तानें हैं। हमारा गौरवशाली इतिहास है और हम विश्व के सर्वाधिक समतामूलक, सौमनस्य और सांमजस्य से सम्पन्न इतिहास के उत्तराधिकारी हैं। अतः वर्तमान को तदनुरूप गढ़ने और भविष्य को संवारने का हमारा मार्ग पूरी तरह अबाधित है।

समापक टिप्पणियाँ

हिन्दू राष्ट्र को लेकर जो तरह–तरह की भ्रांतियाँ हैं, उन पर चर्चा करते हुये इस विषय में सैद्धांतिक और व्यावहारिक पक्षों की स्पष्टता लाने का प्रयास हमने प्रारंभिक अध्यायों में संक्षेप में किया है। हिन्दू राष्ट्र को लेकर भांति–भांति की कयासबाजियाँ चलती हैं परंतु उस विषय पर स्पष्टता की जितनी अधिक आवश्यकता है लोग उतना ही अधिक इस कार्य से बचते हैं। हमारा प्रयास रहा है कि इस विषय को संक्षेप में स्पष्ट करें, जिससे इस पर आगे और व्यापक तथा गहन विमर्श होता रहे।

ऐसे सभी लोग जो हिन्दू राष्ट्र के पक्ष में हैं, परन्तु उस विषय में किसी स्पष्टता से कतराते हैं, उनका प्रायः यह तर्क रहता है कि भारत तो हिन्दू राष्ट्र है ही, इसमें स्पष्टता क्या लाना ?

यह इतना हास्यास्पद तर्क है कि पहली ही दृष्टि में यह तर्क देने वालों की अक्षमता और बहानेबाजी दिख जाती है। हिन्दू धर्म का पालन करने वाले लोग हिन्दू हैं, यह सर्वविदित है। तो इसके कारण क्या हिन्दू समाज में धर्म क्या है और अधर्म क्या है तथा धर्म का पालन किस प्रकार करना है और अधर्म से किस प्रकार बचना है, इसकी विवेचना नहीं होगी ? स्पष्ट है कि यह विमर्श तो निरन्तर

होता ही है। इसी प्रकार अपने संस्कार और इतिहास के कारण भारत हिन्दू राष्ट्र है, यह सत्य है, परन्तु यह नितांत अपर्याप्त कथन है। भारत तो हिन्दू राष्ट्र उस समय भी था जब इसके एक हिस्से में कतिपय मुसलमान पिशाच मंदिरों को तोड़ रहे थे और जजिया लगा रहे थे तथा हिन्दू धर्म को पालन को अपनी शक्ति भर रोक रहे थे। भारत तो हिन्दू राष्ट्र उस समय भी था जब आधे भारत में अंग्रेजों का कानून लागू था। इस दृष्टि से तो भारत विगत 77 वर्षों से भी हिन्दू राष्ट्र ही है। अर्थात कांग्रेस का शासन होना भी हिन्दू राष्ट्र है और कम्युनिस्टों तथा अन्य गुटों का शासन होना भी हिन्दू राष्ट्र है। उक्त तर्क देने वालों की बात के निष्कर्ष तो यही हैं।

ये निष्कर्ष कितने हास्यास्पद हैं, यह तो स्पष्ट है ही, पर ये कर्तव्यविमुखता और विचारशून्यता के भी द्योतक हैं, यह भी स्पष्ट है। क्योंकि जब हिन्दू समाज में पाप की अधिकता हो जाये या प्रमाद की अधिकता हो जाये या अधर्म की अधिकता हो जाये या धर्म से विमुखता हो जाये या आततायियों का शासन हो जाये, तब भी हिन्दू राष्ट्र है और जब रामराज्य हो या धर्मराज्य हो, तब भी हिन्दू राष्ट्र है, यह कथन स्वयं में शून्यवाद की ओर ले जाता है। इसीलिये इस पुस्तक में हमें यह चर्चा आवश्यक लगी कि हिन्दू राष्ट्र क्या है, वह कैसे साकार होगा और उसकी आवश्यकता क्यों है। उसकी राह में रोड़े क्या हैं और उसकी सिद्धि में सहायक शक्तियाँ कौन सी हैं तथा हिन्दू राष्ट्र के वाहक और माध्यम कौन लोग बनेंगे। यह इसलिये भी आवश्यक है कि ऐतिहासिक घटनाक्रमों के कारण और राष्ट्रीय स्वयं सेवक संघ सहित अनेक धर्मनिष्ठ संगठनों के प्रयासों के कारण नई पीढ़ी में ऐसा मानस बन गया है कि उसे हिन्दू राष्ट्र साकार करने की उत्सुकता हो गई है और वह इसके लिये सबकुछ करने को तैयार है। अतः यदि इस विषय में न्यूनतम स्पष्टता भी नहीं हुई, तो हिन्दू राष्ट्र के नाम पर चित्रविचित्र प्रकार की राजनैतिक क्रियायें इस दावे के साथ होंगी कि हम हिन्दू राष्ट्र लाने के लिये काम कर रहे हैं। परिणामतः हिन्दू राष्ट्र के मार्ग में अवरोध ही पैदा होंगे।

राष्ट्र का अर्थ

भारत हिन्दू राष्ट्र है, इस कथन पर हमने अधिक विमर्श आवश्यक नहीं समझा। परंतु सार रूप में यह वैदिक वचन स्पष्ट कर दिया गया है कि 'विश' अर्थात जन ही राष्ट्र है। ऐसी स्थिति में भारत हिन्दू राष्ट्र है, इस कथन का एक ही अर्थ है कि भारत के लोग सनातन धर्म का अर्थात उसके किसी न किसी पंथ का अथवा समस्त धर्मशास्त्रों के सामान्य सार का पालन कर रहे हैं। अतः स्पष्ट है कि भारत का उतना ही क्षेत्र हिन्दू राष्ट्र है और वह क्षेत्र तभी तक हिन्दू राष्ट्र है, जिस क्षेत्र में जब तक सनातन धर्म की साधना होती है और जीवन में उसका व्यवहार होता है। अन्यथा तो पाकिस्तान, बांग्लादेश, अफगानिस्तान, अजरबैजान, तुर्कमेनिस्तान, ताजकिस्तान, कजाकिस्तान और उजबेकिस्तान – सभी को हिन्दू राष्ट्र कहा जायेगा और हास्यास्पद स्थिति उत्पन्न हो जायेगी।

विचार से डरते हुए लोग

हुआ यह है कि बचे हुये हिस्से में हिन्दू बहुल समाज होने के कारण और विदेशी प्रभाव वाली शिक्षा होने के कारण आधुनिक शिक्षित हिन्दुओं का अधिकांश इस विषय में कुछ सोचना नहीं चाहता और चाहता है कि कोई अन्य भी इस विषय में अधिक गहन विचार–विमर्श न करे। उसे डर लगता है कि ज्यादा विचार विमर्श होने पर हमारी वर्तमान स्थिति में कोई अंतर न आ जाये। यथास्थिति बनाये रखने के लिये लोग इस विषय में चर्चा से कतराते हैं और इस प्रमाद तथा आलस्य को ढकने के लिये इतना कहकर छुट्टी पा लेते हैं कि भारत तो हिन्दू राष्ट्र है ही।

यह प्रमाद की भयानक दशा है। क्योंकि इसमें राम और रावण, कृष्ण और कंस, सनातन धर्म के पालक हिन्दू और ईसाई बन चुके हिन्दू या मुसलमान बन चुके हिन्दू, सबको बस इस तर्क की आड़ लेकर हिन्दू ही कह दिया जायेगा कि वे कह दें कि हम भी हिन्दू हैं। कुछ लोगों ने बीच में यह प्रयास भी किया गया था कि भारत के मुसलमान यह कह दें कि हम "हिन्दू–मुसलमान" हैं, जिसका अर्थ केवल इतना है कि वे हिन्द क्षेत्र के मुसलमान हैं। इसी प्रकार

यह भी प्रयास हुआ है कि भारत के ईसाई यह कह दें कि हम हिन्द के ईसाई हैं। बस इतना होने से प्रसन्नता के साथ भारत का हिन्दू राष्ट्र होना सार्थक मान लिया जायेगा। स्पष्ट है कि यह घोर तमस की दशा है।

ऐंग्लों–सैक्सन लॉ और विदेशी किस्म के राजकीय ढांचे के साथ चल रहे शासन को हिन्दू राष्ट्र नहीं कहा जा सकता। ऐसे शासन से शासित समाज संस्कार से आंशिक रूप से हिन्दू निश्चय ही माने जायेंगे, परन्तु उनकी राजनीति में सनातन धर्म की अभिव्यक्ति नहीं है, यह स्पष्ट होने से राजनीति में हिन्दुत्व का अभाव ही माना जायेगा। ऐसी किसी स्थिति को हिन्दुत्व कहना अतिचार होगा, जिसमें शासक और प्रशासक तथा विधिक्षेत्र के लोग सनातन धर्म और उसके धर्मशास्त्रों से पूरी तरह अनजान या उदासीन या विमुख रहें तथा ईसाई या प्रबुद्ध यूरोप के विनम्र अनुसरणकर्ता रहें। यह तो किसी भी शब्द को अर्थहीन बना डालने का प्रयास है।

पश्चिमी यूरोप का सत्य

पुस्तक के प्रथम अध्याय में हमने इसीलिये स्पष्ट किया है कि पश्चिमी यूरोप के सभी नेशन स्टेट क्रिश्चियन स्टेट हैं। जब तक शासन–प्रशासन का यही यूरोपीय ढांचा रहेगा, तब तक भारत को हिन्दू राष्ट्र नहीं कहा जा सकता। वह हिन्दू समाज की बहुलता वाला ऐसा राष्ट्र कहा जायेगा, जहाँ हिन्दुओं के सिवाय अन्य सभी की आस्थाओं को राज्य का विशेष संरक्षण प्राप्त है तथा उनकी विद्याओं को हिन्दू बहुल करदाताओं के कर से संचित राजकोष से धन देकर पोषित किया जाता है, परन्तु हिन्दू धर्म की विद्याओं का शासन के धन से पोषण और संरक्षण बंद है। संसार की किसी भी परिभाषा से ऐसे राज्य को हिन्दू राष्ट्र का स्वाभाविक राज्य नहीं कहा जा सकता। चाहे जितनी लचीली परिभाषा की जाये।

जहाँ शिक्षा और संस्कृति, रंगमंच और फिल्मों, चित्रकला और मनोरंजन के माध्यमों में ईसाई और यूरोपीय विधाओं और परम्पराओं की भरमार हो, वैसे किसी शासन से सम्पन्न समाज को हिन्दू राष्ट्र कहना ऐसा ही है, जैसे वर्तमान स्थिति में ही संयुक्त राज्य अमेरिका

और इंग्लैंड तथा फ्रांस और जर्मनी सबको हिन्दू राष्ट्र कह दिया जाये। केवल शरीर से भारतीय मूल का होने का तर्क यदि रखें, तो फिर पाकिस्तान, अफगानिस्तान और बांग्लादेश सभी को हिन्दू राष्ट्र कहना होगा। अतः इस प्रकार के तर्क कितने खोखले हैं यह स्पष्ट है।

सार्वभौम मानवीय मूल्य

इसीलिये हमने पुस्तक के दूसरे अध्याय में स्पष्ट किया है कि हिन्दू राष्ट्र क्या है, उसमें यह भी बताया है कि जिसे हमारे मानवधर्मशास्त्र तथा अन्य धर्मशास्त्रों में सामान्य धर्म कहा है, जो वस्तुतः सार्वभौम मानवीय नैतिक मूल्य हैं, उनके पालन को यदि भारतीय नागरिकता की अनिवार्य शर्त बना दिया जाये, तो प्रथम दृष्टि में भारत को हिन्दू राष्ट्र कहा जा सकता है। इसीलिये इस अध्याय में हमने यह भी स्पष्ट किया है कि मानवधर्मशास्त्र, रामायण और महाभारत तथा विष्णु धर्मसूत्र आदि में मानवधर्म या सामान्यधर्म किसे कहा गया है और यह भी स्पष्ट किया है कि किसी एक पैगम्बर या मसीहा के किसी पुस्तक विशेष में संग्रहीत वचनों को एकमात्र पालनीय कर्तव्य कहना हिन्दू धर्म का विरोधी है। अतः हिन्दू धर्म क्या नहीं है यह भी स्पष्ट होना आवश्यक है। इसीलिये हमने सुझाव दिया है कि हमारे संविधान के मूल प्रारूप में सामान्य धर्म अर्थात सार्वभौम नैतिक मूल्यों का यह भाव अन्तर्निहित होने पर भी उस विषय में कुछ भ्रान्तियाँ फैला दी गई हैं, इसलिये माननीय संसद चाहे तो संविधान के भाग 4 अनुच्छेद 38 में जहाँ राज्य द्वारा भारत के नागरिकों को राजनैतिक, आर्थिक और सामाजिक न्याय दिलाने के प्रयास का आश्वासन दिया गया है, वहीं उसमें धार्मिक और आध्यात्मिक न्याय भी जोड़ दिया जाये। इस प्रकार भारत शासन बहुसंख्यकों के धर्म को भी कम से कम उतना संरक्षण देना अपना कर्तव्य मानेगा, जितना संरक्षण भारत में मजहब और रिलीजन को दिया जाता है।

हिन्दू राष्ट्र क्या है, यह स्पष्ट करने के बाद तीसरे अध्याय में हिन्दू राष्ट्र क्यों, इसकी विवेचना की गई है। इसमें सांस्कृतिक, धार्मिक और आध्यात्मिक न्याय की आवश्यकता पर प्रकाश डाला

गया है। इसी में संदर्भवश यूरोपीय मानवतावाद की भी विवेचना है जो लौकिक दृष्टि से सनातन धर्म के एक अंश के निकट है और एकपंथवादी मतवादों का विरोधी है।

यूरोप से सम्बन्ध

इस प्रकार स्पष्ट है कि हिन्दू राष्ट्र भारत का संबंध यूरोप के मानवतावादियों से विशेष आत्मीयतापूर्ण होगा। परंतु इसका अर्थ यह नहीं है कि ईसाई राष्ट्रों से भारत की कोई टकराहट होगी। वैसे भी भारत तो किसी ईसाई राष्ट्र को हिन्दू बनाने अभी तक कभी गया नहीं। यद्यपि इसका यह अर्थ भी नहीं है कि भारत को ऐसा नहीं करना चाहिये। अतीत में हमारे सभी चक्रवर्ती और प्रतापी सम्राट समस्त विश्व में सनातनधर्म का अर्थात सार्वभौम मानवीय नैतिक मूल्यों का प्रचार करते रहे हैं और इससे विश्व में आनंद और कल्याण का ही प्रसार होता रहा है। अतः हिन्दू राष्ट्र भारत निश्चय ही ईसाई नेशन स्टेट में भी और अधिक उदारता तथा प्रेम और करुणा के प्रसार के लिये कार्य करेगा और उसका प्रयास होगा कि यूरोपीय नेशन स्टेट औपचारिक रूप से भी धर्म की स्वतंत्रता अपने–अपने राष्ट्र में घोषित कर दें। इसका अर्थ यह होगा कि ईसाई मिशनरियों को सनातन धर्म के प्रसार में किसी भी प्रकार की बाधा डालने का अधिकार तब नहीं होगा।

वैसे भी मध्ययुगीन ईसाइयत से आधुनिक ईसाई नेशन स्टेट्स की कोई तुलना नहीं है। ये आधुनिक यूरोपीय नेशन स्टेट्स प्रबुद्ध हैं और उदार हैं तथा तर्क एवं विवेक को मानते हैं। अतः हिन्दू राष्ट्र भारत को इनसे कोई समस्या नहीं होगी। हमारी मैत्री प्रगाढ़ होगी। हिन्दू राष्ट्र भारत में भय और प्रलोभन की कोई अनुमति नहीं होने पर मध्ययुगीन ईसाइयत को अपने उस 'कन्वर्जन' अभिमान के लिये अवकाश नहीं रहेगा, जिसे गांधी जी ने मानवता के लिये हलाहल विष कहा था। उदार और सार्वभौम नैतिक मूल्यों वाले समाज में सामान्य परिवेश में ईसाइयत को कभी कोई पूछेगा ही नहीं, क्योंकि उसकी चित्र–विचित्र आस्थायें और मान्यतायें केवल कुतूहल जगाती हैं और विनोद का ही भाव पैदा करती हैं। वंचना, भय और प्रलोभन

से ही ऐसे परिवेश में कोई ईसाई बनता है।

मुस्लिम राष्ट्र और हम

प्रथम दृष्टया ऐसा लग सकता है कि इस्लामी नेशन स्टेट से हिन्दू राष्ट्र भारत का टकराव होगा। परंतु यह बिल्कुल निराधार है। इसका मुख्य कारण तो यह है कि वस्तुतः कुरान के निर्देशों के अनुसार चलने वाला कोई भी इस्लामी नेशन स्टेट विश्व में नहीं है। उसके अधिकांश अंशों की पूरी तरह उपेक्षा और अवहेलना करते हुये किसी एक अंश को आवरण बनाकर मनमानी और अत्याचार करने वाले लोग बहुत हैं। हिन्दू राष्ट्र उनकी इस विसंगति को दृढ़ता से स्पष्ट करेगा और मनमानी तथा अनाचार की अनुमति नहीं देगा।

वैसे भी उनके आर्थिक एवं भौतिक हितों का संतुलित ध्यान रखने में हिन्दू राष्ट्र भारत को मानवीय आधार पर कोई समस्या नहीं होगी और यह उनके लिये पर्याप्त होगा। क्योंकि इस्लाम के व्यापक रूप के प्रति उदासीन रहकर तथा उसे अव्यावहारिक मानकर केवल उसके किसी एक अंश को वे आवरण के रूप में प्रयुक्त करते हैं, इस तथ्य की ओर ध्यान दिलाने पर उनके व्यवहार में संतुलन अवश्यंभावी है।

कैसे साकार होगा हिन्दू राष्ट्र

चौथे अध्याय में हमने इस बात की विवेचना की है कि हिन्दू राष्ट्र कैसे साकार होगा। इसके लिये समकालीन विश्व राजनीति पर विहंगम दृष्टि आवश्यक थी। साथ ही, हमने राज्य के कर्तव्यों को परिभाषित कर उन्हें निर्धारित किये जाने का आग्रह किया है। यह हिन्दू राष्ट्र की दिशा में आवश्यक कदम है। भारत शासन का हिन्दू समाज से कैसा संबंध होना चाहिये इसकी विवेचना भी इसी संदर्भ में की गई है।

पाचंवे अध्याय में इस बात की गंभीर समीक्षा और खोज की गई है कि हिन्दू राष्ट्र लाने वाली संभावित शक्तियाँ कौन सी हैं। यहाँ हमने स्पष्ट कर दिया है कि हिन्दू राष्ट्र लाने का अर्थ न तो

जेनेटिक इंजीनियरिंग करना है और न ही सोशल इंजिनियरिंग अपितु सनातन मानवीय मूल्यों की राष्ट्र में प्रतिष्ठा करनी है। अतः इसे लाने वाली मुख्य शक्तियाँ तो वे ही होंगी, जिन्होंने अब तक सनातन धर्म की आराधना और साधना की है। इस विषय में यह भी आवश्यक है कि ऐसे सभी समाजघाती और मानवताविरोधी तत्वों तथा गतिविधियों पर शासन संविधान के द्वारा अपेक्षित दृढ़ता का पालन करे, जो स्पष्ट विधिक प्रावधान होने के बाद भी 77 वर्षों में ठीक से नहीं किया गया है।

आवश्यक परिवर्तन

इस संदर्भ में विधिक और न्यायिक संरचनाओं में कतिपय आधारभूत परिवर्तन आवश्यक होंगे, परंतु उन पर हमने इस पुस्तक में विस्तार से विचार इसलिये नहीं किया है कि वह एक स्वतंत्र विषय है और उस पर अलग से एक पुस्तक अपेक्षित है। परंतु यह तो स्पष्ट है कि न्यायिक व्यवस्था में ऐंग्लो–सैक्सन मान्यताओं के अंधानुसरण और आधी–अधूरी नकल के कारण छेद ही छेद हैं और न्याय सुनिश्चित करने के लिये इन छेदों को बंद करना होगा।

राज्य के स्तर पर प्रबुद्ध समूहों और अनुकूल राजनैतिक समूहों की हिन्दू राष्ट्र की स्थापना में मुख्य भूमिका होगी। सजग और जानकारी से भरपूर जनप्रतिनिधि प्रयोजन की सिद्धि में सहायक होंगे। इसके साथ ही श्रेष्ठ बौद्धिकों का योगदान तो निर्णायक है ही।

सशक्त प्रस्तुति आवश्यक

भारत की हिन्दुत्वनिष्ठ शक्तियों ने विश्व में हिन्दुत्व का पक्ष अन्तर्राष्ट्रीय प्रबुद्धजनों की पदावली में नहीं रखा है, जिससे विश्वमंच पर हिन्दू पक्ष का उज्ज्वल स्वरूप भलीभांति प्रस्तुत नहीं हुआ है। वह करना होगा जिससे कि अनुकूलता बनेगी।

यह तो स्पष्ट है कि पुनर्जन्म और कर्मफल में अटूट निष्ठा और विश्वास रखने के कारण ही वास्तविक नैतिक जीवन संभव होता है। अतः हिन्दू राष्ट्र का मुख्य कार्य सनातन धर्म के तत्वज्ञान का सुगम दृष्टि से विश्व में प्रसार करना है। इससे अनुकूल परिवेश

बनेगा और हिन्दू राष्ट्र को साकार करना सरल होगा। इस संदर्भ में हमने हिन्दू राष्ट्र की राह में क्या–क्या रोड़े हो सकते हैं, इस पर अगले अध्याय छह में विचार किया है और वहाँ उनके कंटकशोधन का उपाय भी विवेचित किया है।

अनुकूल वैश्विक परिवेश

अध्याय 7 में हमने हिन्दू राष्ट्र की सिद्धि में सहायक शक्तियों की विवेचना करते हुये यह स्पष्ट कर दिया है कि अन्तर्राष्ट्रीय परिवेश इस विषय में भारत के अत्यधिक अनुकूल है। हमारी सहायक शक्तियाँ अनेक हैं और अवरोधक शक्तियाँ कम हैं। एक सुदृढ़ एवं तेजस्वी धर्मनिष्ठ शासन वैश्विक परिवेश का लाभ उठाते हुये सहज ही प्रभावी हो सकता है। वस्तुतः प्रत्येक स्वस्थ और सत्यनिष्ठ हिन्दू को हिन्दू राष्ट्र चाहिये। साथ ही, भारत में वैसी ही स्वाभाविक शिक्षा चाहिये, जैसी विश्व में प्रत्येक स्वस्थ नेशन स्टेट में होती है। अभी कांग्रेस शासन में शिक्षा के नाम पर हिन्दू संस्कारों, हिन्दू विद्याओं, हिन्दू परंपराओं और हिन्दू शिल्पों तथा आहार–विहार, कृषि एवं वाणिज्य के स्वदेशी रूपों को उपेक्षित रखा गया है। अब यह स्थिति बदलनी होगी। इस प्रकार स्वस्थ और स्वाभाविक राष्ट्रीय शिक्षा हिन्दू राष्ट्र की स्थापना में सहायक होगी। इसके लिये विशेषकर इतिहास, राजनीतिशास्त्र और समाजशास्त्र के क्षेत्रों में सनातन धर्मग्रंथों की आधारभूत पढ़ाई रखनी आवश्यक है, जैसा विश्व में सर्वत्र होता है। कांग्रेस ने भारत की शिक्षा को अस्वाभाविक और विकृत बना दिया। उसे स्वाभाविक और स्वस्थ स्वरूप तो देना ही होगा।

इस विषय में शिक्षा संस्थानों और मीडिया संस्थानों की भूमिका की भी हमने विवेचना की है और दोनों को सत्यनिष्ठ तथा धर्मनिष्ठ बनाये जाने पर जोर दिया है।

मोदी जी का शासन आने के बाद से अनेक सकारात्मक परिवर्तन हुये हैं और राष्ट्रीय वातावरण अनुकूल बना है। अतः निष्ठावान एवं पुरुषार्थी लोग हिन्दू राष्ट्र के लिये सहज प्रयास कर सकते हैं, ऐसा परिवेश बना है। इसका लाभ उठाकर अधिकाधिक परिश्रम और पुरुषार्थ करने पर लक्ष्य की सिद्धि हो सकती है।

तीनों बलों का समन्वित प्रयोग हो

अध्याय 8 में हमने इसीलिये ज्ञानबल, प्रभुबल और विक्रमबल की परंपरागत कसौटियों के आधार पर मीमांसा की है और यह स्पष्ट किया है कि तीनों ही प्रकार के बलों के विवेकपूर्ण समन्वित प्रयोग से हिन्दू राष्ट्र के लक्ष्य की सिद्धि सहज ही हो सकती है। भारत विश्व का प्राचीनतम राष्ट्र है, जो अभी भी अपने मूल स्वरूप में बना हुआ है। इसके इस रूप में बने हुये होने का महत्व विश्व का प्रबुद्ध जनमत अच्छी तरह जानता है और इसीलिये वह इसमें निश्चय ही सब प्रकार से सहायक होगा। परंतु यह तभी संभव है, जब स्वयं भारत का शासन इस विषय में अनुकूल होगा। इससे आगे के अध्यायों में हमने भारत के भविष्य को गढ़ने में हम सबकी भूमिका के विविध आयामों को उद्घाटित किया है।

अभी तक तो भारत में अधिकांश समय कांग्रेसी सरकारें रही हैं, जो हिन्दू धर्म दृष्टि से सर्वथा प्रतिकूल थीं। श्री जवाहरलाल नेहरू ने लेनिन और स्तालिन से प्रेरणा ली तथा इंदिरा गांधी ने सोवियत संघ से कूटनैतिक रिश्ते अत्यधिक प्रगाढ़ बना लिये, जिसके कारण सनातन धर्म को क्रमशः अधिकाधिक कमजोर करते जाने की रणनीति चली। भारत का शिक्षा विभाग पूरी तरह इस्लाम के उपासक लोगों और कम्युनिज्म के उपासक लोगों को सौंप दिया गया। इसके कारण राज्य के संरक्षण में प्रचंड और प्रतापी हिन्दूद्रोही बौद्धिक परिवेश बनाया गया और हिन्दुत्व की सामान्य बात तक एक अनुचित और त्याज्य बात प्रचारित कर दी गई। जैसा विश्व के किसी भी सामान्य लोकतांत्रिक नेशन स्टेट में वहाँ के बहुसंख्यकों की आस्था के साथ कभी भी नहीं हुआ है, वैसा भारत में कांग्रेस सरकारों ने कम्युनिस्टों को सामने रखकर किया।

कांग्रेस का भटकाव

राजीव गांधी की मृत्यु के बाद तो श्रीमती सोनिया गांधी ने भारत से हिन्दुत्व और सनातन धर्म के विलोप का मानो संकल्प ही ले लिया और ऐसे–ऐसे आश्चर्यजनक कदम उठाये, जिनसे उनके इस दुस्साहस की प्रशंसा तो हो सकती है कि उन्होंने लोकतांत्रिक नेशन

स्टेट के बहुसंख्यकों के विरुद्ध राज्यबल के प्रयोग को ही लोकतंत्र का लक्षण प्रचारित कर दिया और उनके प्रधानमंत्री मनमोहन सिंह ने तो यह सार्वजनिक वक्तव्य ही दे दिया कि अल्पसंख्यकों का ही राष्ट्र के संसाधनों पर पहला अधिकार है।

प्रथम दृष्टि में ऐसे वक्तव्य या तो असंतुलित मस्तिष्क के वक्तव्य दिखेंगे या नेता द्वारा अल्पसंख्यकों को बहलाने का जरिया। परंतु सत्य यह है कि कांग्रेस ने भारत राष्ट्र के संसाधनों का मनमाना दुरुपयोग किया और इसके साथ ही, जिसे चाहा, उसे जितना चाहा उतना दे दिया। कोई भी न्यायपूर्ण नीति नहीं बनी। इसके साथ ही भारतवर्ष के मुख्य समाज की ज्ञान परंपरा और संस्कृति के संरक्षण का कोई भी कदम नहीं उठाया। इसके स्थान पर उसे धीरे–धीरे रूपांतरित करते हुये एक नास्तिक और भौतिकतावादी समाज में ढालने की कोशिश की, ताकि उसकी नई पीढ़ी ईसाइयत और इस्लाम के प्रति अपने धर्म से अधिक आकर्षण अनुभव करे।

इस प्रकार वस्तुतः कांग्रेस ने राष्ट्रीय अन्याय किया है। इस अन्याय का परिमार्जन यही है कि अब भारत विधिवत हिन्दू राष्ट्र घोषित हो और संसार के सभी स्वस्थ लोकतांत्रिक राष्ट्रों की तरह अपने राष्ट्र के मुख्य समाज के धर्म को विशेष संरक्षण देना भारत के शासन का कर्तव्य घोषित हो।

राज्य के कर्तव्य

वस्तुतः हमारे संविधान में बहुत सी विशेषताएँ हैं। यह अत्यन्त उदार और लोकतांत्रिक संविधान तो है ही, लचीला भी है और आवश्यक संशोधनों की पूरी व्यवस्था इसमें रखी गई है। इसलिये भारत की माननीय संसद यदि उचित समझे तो इसमें एक और प्रावधान अलग से राज्य के नीति निदेशक तत्वों वाले भाग 4 में जोड़ देना सब प्रकार से अच्छा होगा। वह यह कि राज्य के राष्ट्र के प्रति कर्तव्य क्या हैं? यद्यपि संविधान में वे कर्तव्य सन्निहित हैं, परंतु जब हर महत्वपूर्ण बात स्पष्ट रूप से कही गई है, तो अनुच्छेद 38 या 39 में एक उपबंध 39(क) जोड़कर उसमें राज्य के राष्ट्र के प्रति कर्तव्य स्पष्ट निर्धारित किये जा सकते हैं। ऐसा होने पर भविष्य में शासकों

के लिये नीति और कर्तव्य संबंधी स्पष्ट मार्गदर्शन तो रहेगा ही, संयोगवश कोई असावधान या लापरवाह समूह कुछ समय के लिये सत्ता में आ भी जाये, तो वह मनमानी नहीं कर सकेगा। क्योंकि राज्य के राष्ट्र के प्रति कर्तव्य स्पष्ट रूप से निर्धारित रहेंगे।

अभी ऐसा कोई स्पष्ट निर्धारण नहीं होने से जो अनर्थ हुये हैं, उनमें सबसे बड़ा अनर्थ यह है कि एक लोकतांत्रिक राज्य होते हुये भी कांग्रेस के नेताओं ने इसे सोवियत संघ जैसा नियंत्रित शासन और प्रशासन बनाने का प्रयास किया। इस प्रकार उन्होंने समाजनिरपेक्ष राज्य का अस्वाभाविक और असंवैधानिक स्वरूप विकसित करने का प्रयास किया। मुख्य समाज की ज्ञान परंपरा और संस्कृति को अपेक्षाकृत कम महत्व देना और अल्पसंख्यकों की शिक्षा और संस्कृति को विशेष महत्व देना इसी प्रकार का असंवैधानिक कार्य है।

पार्टियां और मतवाद

कांग्रेस पार्टी ने यह कार्य संविधान से इतर अपने मतवाद के उन्माद में किया। इसलिये भी इस पर विचार होना चाहिये कि भारत के संविधान की स्पष्ट लोकतांत्रिक विचारधारा के रहते हुये भारत के भीतर किसी समाजवाद या कम्युनिज्म या अन्य किसी लोकतंत्र विरोधी मतवाद की घोषणा करने वाले समूह को पंजीकृत राजनैतिक दल नहीं माना जाये। वस्तुतः पार्टियों को विभिन्न राष्ट्रीय मुद्दों पर अपने द्वारा किये जाने की आकांक्षा वाले कार्यक्रमों और नीतियों की ही घोषणा का अधिकार होना चाहिये। किसी अन्य मतवाद की घोषणा का अधिकार किसी पंजीकृत राजनैतिक दल को होना चाहिये या नहीं, इस पर माननीय संसद विचार करे।

पश्चिमी यूरोप में प्रत्येक नेशन स्टेट रिलिजियस है और ईसाइयत के किसी न किसी चर्च का संरक्षण वहाँ के प्रत्येक राज्य का अधिकृत कर्तव्य घोषित है। अतः उसके रहते फिर केवल वैचारिक अभिव्यक्ति के लिये अन्य पार्टियों को भी अपना मतवाद घोषित करने की छूट दे दी गई है। परन्तु भारत में हिन्दू धर्म को विशिष्ट राजकीय संरक्षण पश्चिमी यूरोपीय राज्यों की तरह घोषित

नहीं है। उसके स्थान पर यहाँ अत्यन्त उदार और लोकतांत्रिक संविधान है। ऐसी स्थिति में किसी भी संविधानेतर मतवाद को मानने वाले किसी समूह को इस संविधान के अंतर्गत पंजीकृत पार्टी का स्थान देना उचित नहीं है। विविध समूह यदि अपने संविधानेतर विचार रखते हों तो अभिव्यक्ति की स्वतंत्रता के रूप में उनको विचारों के प्रचारक समूहों के रूप में पूरी स्वाधीनता रहे, यह तो ठीक है। परन्तु किसी भी दल का पंजीकरण तभी किया जाये, जब वह संविधान के विचारों और आदर्शों में पूर्ण श्रद्धा रखे, यह अनिवार्य किया जाना चाहिये।

संविधान का सत्यनिष्ठा से पालन हो

सच तो यह है कि यदि संविधान के विचारों और आदर्शों का उसकी भावना और दर्शन के अनुरूप पालन किया जाये, तो सार्वभौम मानवीय नैतिक मूल्यों का पालन भारत के प्रत्येक नागरिक के लिये अनिवार्य होगा। अतः उस स्थिति में हिन्दू राष्ट्र बिना किसी घोषणा के भी क्रियाशील होगा। परन्तु अब तक ऐसा नहीं होने से, अधिकृत रूप से हिन्दू राष्ट्र घोषित किये जाने का महत्व समझ में आ रहा है। इसी संविधान के अंतर्गत भी यह हो सकता है और नया संविधान भी यथासमय सम्भव है।

हमने इस पुस्तक के द्वारा यही स्पष्ट किया है कि हिन्दू राष्ट्र क्या है और क्यों होना चाहिये, उसके सारभूत आदर्श क्या होंगे और कैसे वह सबके लिये कल्याणकारी होगा तथा किस प्रकार उसे चरितार्थ किया जा सकता है। लक्ष्य की सिद्धि के उपायों पर भी हमने पर्याप्त संकेत पुस्तक में किए हैं। विश्वास है कि भारत की नई पीढ़ी भारत में हिन्दू राष्ट्र की स्थापना के महत्व को समझेगी और संकल्पवान तथा पुरुषार्थी युवतियाँ तथा युवक इस महान लक्ष्य के लिये अपना जीवन समर्पित करेंगे, जिससे कि भारत माता पुनः परम वैभव को प्राप्त कर सके और योगिराज श्री अरविन्द और स्वामी विवेकानन्द के दिव्य दर्शन साकार हो सकें।

परिशिष्ट

युवा पाठकों को हिन्दू राष्ट्र और हिन्दू दृष्टि को समझने में सुगमता हो। इस के लिये हम प्रश्नोत्तर शैली में यह परिशिष्ट दे रहे हैं।

1.1 हिन्दू शब्द का वैदिक मूल

प्रश्न : हिन्दू अवधारणा के प्राचीन सन्दर्भ क्या हैं ?

उत्तर : हिन्दू अवधारणा का मूल है वेद। ऋग्वेद एवं अथर्ववेद में भारतवर्ष के लिए ''सप्त सिन्धवः'' एवं 'सिन्धवः' शब्दों का प्रयोग है।

प्रश्न : वेदों में इन शब्दों का उल्लेख किस रूप में हुआ है ?

उत्तर : अधिकांश स्थलों पर इन शब्दों का उल्लेख देशवाचक है। ऋग्वेद के अष्टम मंडल के 24वें सूक्त का 27वां मंत्र है :–

य ऋक्षादंहसो मुचद्यो वार्यात् सप्त सिन्धुषु।
वधर्दासस्य तुविनृम्ण नीनमः।।

अर्थात् हे इन्द्र! आप हमें ऋक्ष (भालू) जैसे विकट मानसिक पापों से मुक्त करते हैं। इसी कारण हम इस आर्यभूमि सप्त सिन्धु देश में सुख–सौभाग्य से सम्पन्न हैं। आप दुष्ट उपद्रवकारी, अनार्य आचरण वाले लोगों के वध के लिए वज्र प्रहार करें।

ऋग्वेद में पांच अन्य स्थलों पर भी सप्त सिंधु आया है। इसी प्रकार अथर्ववेद में चतुर्थ काण्ड के द्वितीय अनुवाक् (छठे सूक्त) का दूसरा मंत्र है :

यावती द्यावा पृथिवी वरिम्णा
यावत सप्त सिंधवो वितष्ठिरे।
वाचं विषस्य दूषणीं,
तामितो निरवादिषम्।।

अर्थात् इस सप्त सिंधु देश के सम्पूर्ण विस्तार में तथा समस्त पृथ्वी और द्यौ लोक में विषाक्त वाणी का अभाव हो। विष से रहित वाणी हो। विषाक्त वाणी को सर्वत्र दूर ही रखा जाये।

इस प्रकार इस समस्त राष्ट्र को सप्त सिंधु कहा गया है।

प्रश्न : 'सिन्धु' को हिन्दु कैसे कह सकते हैं ?

उत्तर : संस्कृत का 'स' प्राकृत में 'ह' हो जाता है। हिन्दु शब्द सिन्धु का ही प्राकृत रूप है। वेद में निरुक्त के नियमानुसार सकार हकार रूप में भी उच्चरित होता है। सरस्वती, सिन्धु आदि को क्रमशः 'हरस्वती' व 'हिन्धु' भी उच्चरित किया जाता है।

अतः 'सिन्धवः' को 'हिन्धवः' तथा 'हिन्दवः' भी उच्चारित करेंगे। यह निरुक्त का नियम है।

इस प्रकार हिन्दू शब्द वैदिक है और वह सिंधु का ही उच्चरित रूप है।

पारसीक भाषा में तो सिंधु को हिन्दु ही कहते हैं। सप्तसिंधु के लिये वहाँ हप्तहिन्दु कहा जाता है। महत्वपूर्ण बात यह है कि भविष्य पुराण में भी प्रतिसर्ग पर्व के अध्याय 5 में 'हप्तहिन्दु' शब्द का उल्लेख हुआ है।

यूनानी भाषा में भी 'स' का लोप हो जाता है और 'स' के लिये वहाँ भी 'ह' का प्रयोग होता है। इस प्रकार प्राचीन वृहद भारत के विशाल क्षेत्र में 'सकार' का 'हकार' बोलने और लिखने की प्राचीन परंपरा है। इसीलिये निरुक्त में उसका उल्लेख किया गया है। इस प्रकार 'हिन्दू' शब्द वैदिक है और परम पवित्र है। मूल शब्द में

ही सभी शब्दों का इतिहास होता है। वह एक संस्कृति लिए होता है।इसलिये हिन्दू शब्द का भारत की समस्त संस्कृति से अभिन्न सम्बन्ध है।

प्रश्न : यदि सीधे–सीधे 'हिन्दु' शब्द का प्रयोग वेदों में नहीं है तो क्या वैदिक धर्म मानने वालों को हिन्दू कहना ठीक है ?

उत्तर : पहली बात, जैसा पूर्व में बता चुके हैं, निरुक्त के नियमानुसार 'हिन्दवः' भी वैदिक शब्द ही कहा जाएगा। दूसरी बात, वेद धर्म का मूल हैं–वेदो अखिलो धर्ममूलम्। उनमें धर्म का ही मूल प्रतिपादन है। अपने देश और समाज को भारतवासी किस नाम से पुकारें, किस से नहीं, इसका कोई निदेश वेद में नहीं है।

इसकी जगह वेद प्रत्येक व्यक्ति में चिन्मय सत्ता का अश बताते हैं। अतः व्यक्ति और समाज मूल भाव के अनुरूप यथोचित शब्द के प्रयोग के अधिकारी हैं। इसलिए वेदों में जिन्हें हिन्दू शब्द सीधे नहीं समझ में आये, तो भी उन्हें यह जानना चाहिये कि ऐसी स्थिति में भी हिन्दू शब्द के प्रयोग में कोई बाधा नहीं है, क्योंकि वेदों में तो वैदिक संस्कृत भाषा का ही प्रयोग है। वर्तमान में तो भारत के निवासियों द्वारा वैदिक संस्कृत के अतिरिक्त अन्य भाषाएं व्यवहार में हैं। संस्कृत से निकली प्राकृत, अपभ्रंश तथा वर्तमान भारत की समस्त भाषाएं इन दिनों स्वाभाविक रूप से प्रयोग में आती हैं। अतः 'सप्तसिन्धवः' और 'सिन्धव' वैदिक शब्द के स्थान पर 'हिन्दू' शब्द का प्रयोग स्वाभाविक है।

मूल तथ्य यह है कि स्वयं वैदिक नियमों के अनुसार 'सिन्धवः' ही 'हिन्दवः' है, जो हिन्दू का बहुवचन है। अतः 'हिन्दू जन' वैदिक पद ही माना जाएगा। परन्तु राष्ट्रीय समाज जिस प्रकार वैदिक संस्कृत के स्थान पर उससे निकली विविध भाषाएं बोलते हैं, उसी प्रकार अपने समाज के लिए वर्तमान में प्रचलित 'हिन्दू' शब्द बोलते हैं, यह भी पर्याप्त आधार है।

1.2 वेद के पश्चात के अन्य प्राचीन सन्दर्भ

प्रश्न : यह तो समझ में आ गया कि वैदिक 'सप्तसिन्धवः' और 'सिन्धवः' ही हिन्दू शब्द का मूल है, क्योंकि निरुक्त के नियमानुसार

सिन्धवः को 'हिन्दवः' भी उच्चारित करेंगे। परन्तु उन मूल शब्दों के स्थान पर सीधे वर्तमान में प्रयुक्त 'हिन्दू' शब्द किन–किन प्राचीन ग्रंथों में आया है ?

उत्तर : 'बृहस्पति आगम' को ऋग्वेद का आगम कहा जाता है । 'आगम' का अर्थ है व्यवहार–परम्परा। जो निगम अर्थात श्रुति–परम्परा की पूरक है। बृहस्पति–आगम का परम्परा से प्रसिद्ध श्लोक है :–

हिमालयाद् समारभ्य यावदिन्दु सरोवरम्।
तं देवनिर्मितं देशं 'हिन्दुस्थानं' प्रचक्षते।।

अर्थात हिमालय से प्रारम्भ कर इन्दु सरोवर तक विस्तृत स्वाभाविक (दैवकृत) देश को हिन्दुस्थान कहा जाता है। हिमालय के प्रथम अक्षर 'हि' से आरम्भ करके इन्दु सरोवर के अंतिम शब्द 'न्दु' की समाप्ति पर्यन्त विस्तृत देवनिर्मित देश को 'हिन्दुस्थान' कहा जाता है।

इसी प्रकार 'मेरु तंत्र' नामक प्राचीन शास्त्र का कथन है – जिसमें 33वें प्रकरण में भगवान शिव जगदम्बा पार्वती से कहते हैं –

हिंदूधर्मप्रलोप्तारो जायन्ते चक्रवर्तिनः।
हीनं च दूषयत्वेव स हिन्दुः उच्यते प्रिये।।

अर्थात् हे प्रिये, भविष्य में हिन्दू धर्म का विलोप करने अर्थात उसे राजधर्म के रूप में संरक्षण नहीं देने वाले सम्राट भी होंगे। जो हीन विचारों, हीन भावों और हीन आचार को दूषित मानकर उन्हें त्याज्य मानता है, वह हिन्दू है।

'भविष्य पुराण' के प्रतिसर्ग पर्व के प्रथम खंड में कहा गया है –

'सप्त हिन्दुर्यावनी च'।

अतः हिन्दु शब्द का वहाँ भी प्रयोग है।

भविष्य पुराण में भी प्रकारान्तर से हिन्दू शब्द का प्रयोग अनेक बार है। महत्वपूर्ण बात यह है कि भविष्य पुराण में सिंधु स्थान और हिंदू शब्द दोनों का ही प्रयोग हुआ है। भविष्य पुराण के प्रतिसर्ग पर्व के खंड दो में लिखा है –

सिन्धुस्थानमिति ज्ञेयं राष्ट्रमार्यस्य चोत्तमम्।

अर्थात् सिंधु स्थान 'या हिन्दू स्थान' आर्यों का उत्तम राष्ट्र है।

भविष्य पुराण में ही अनेक भारतीय राजाओं का विस्तार से वर्णन है। इसमें प्रतिसर्ग पर्व के तृतीय खंड में हिन्दुस्थान की सीमाओं का वर्णन है – "पूर्व में कपिलस्थान अर्थात् गंगा सागर, पश्चिम में बाह्लीक, उत्तर में चीन देश और दक्षिण में सेतुबंध। इस क्षेत्र में महाराज अनंगपाल के शासन में तथा अन्य अग्निवंशीय राजाओं के शासन में म्लेच्छ लोग भी आर्यधर्म का ही पालन करते थे, जिससे कलियुग भयभीत होकर नीलाचल पर्वत पर चला गया था।"

इसी पुराण में प्रतिसर्ग पर्व के इसी खंड में कहा गया है कि "चक्रवर्ती सम्राट विक्रमादित्य का पौत्र शालिवाहन महाप्रतापी था और उसने दुष्टों को कठोर दंड दिया तथा उनका सारा कोष छीन लिया एवं सिंधु स्थान (हिन्दुस्थान) को आर्यों का उत्तम स्थान निर्धारित किया तथा म्लेच्छों को सिंधु के उस पार के प्रदेश में रहना नियत किया।"

कालिका पुराण में कहा है –

कालेन बलिना नूनमधर्मकलिते कलौ।
यवनैर्घोरमाक्रान्ता हिंदवो विन्ध्यमाविशन्।।

अर्थात् बलवान कलि के प्रभाव से जब धर्म की न्यूनता हो गई, तब गंगा–यमुना क्षेत्र से चलकर हिन्दू लोग विंध्य क्षेत्र में भी बस गए। यहाँ हिन्दू शब्द का स्पष्ट प्रयोग है।

'अद्भुत कोष' में लिखा है 'हिन्दुहिन्दूश्च प्रसिद्धौ दुष्टानां च विघर्षणे।' अर्थात् 'हिन्दू दुष्टों के मान–मर्दन के लिये प्रसिद्ध है।' इसी प्रकार 'शब्द कल्पद्रुम कोष' में आया है 'हीनं दूष्यति इति हिन्दुः'। अर्थात् 'जो हीन भावों एवं हीन आचरण से दूरी बनाकर रखता है, वह हिन्दू है।'

'हेमन्तकविकोष' की उक्ति है – 'हिंदूर्हि नारायणादिदेवताभक्तः।' अर्थात् 'हिंदू उसे कहा जाता है, जो नारायण आदि देवों का भक्त

है।' 'रामकोष' की उक्ति है –

हिंदुर्दुष्टो न भवति नानार्यो न विदूषकः।
सद्धर्मपालको विद्वान् श्रौतधर्मपरायणः।।

तात्पर्य यह कि 'हिंदू न तो दुर्जन होता है, न अनार्य होता है और न निन्दक ही होता है। जो सच्चे धर्म का पालक, विद्वान् और वेदधर्म में निरत है, वही हिंदू है।'

'माधवदिग्विजय ग्रंथ' में हिन्दू की परिभाषा यह दी हुई है –

ओंकारमूलमन्त्राढयः पुनर्जन्मदृढाशयः।
गोभक्तो भारतगुरुर्हिन्दुर्हिंसनदूषकः।।

अर्थात् ओंकार को मूलमन्त्र मानने वाला, पुनर्जन्म में दृढ़ श्रद्धा रखने वाला, गौभक्त तथा किसी भारतीय को ही गुरु मानने वाला और हिंसा को निंदनीय मानने वाला व्यक्ति हिन्दू है। उल्लेखनीय है कि इस परिभाषा में सभी सनानत धर्मावलंबी हिन्दूजन तो आते ही हैं सिक्ख, जैन, बौद्ध तथा आर्यसमाजी भी इसमें समाहित हैं। इस प्रकार यह हिन्दू का सुस्पष्ट लक्षण है।

पारसीकों का प्राचीन धर्मग्रंथ है 'अवेस्ता'। उसमें भी हिन्दू शब्द का उल्लेख है।

'हुएनसांग की भारतयात्रा' पुस्तक के दूसरे अध्याय में हुएनसांग ने आरम्भ में ही कहा है– "भारत का प्राचीन नाम 'शिन्तो' और 'हीन्दो' था, जिसका शुद्ध उच्चारण 'इन्दु' है। जापान में हिन्दू धर्म ही है। जिसे 'शिन्ती' भी कहते है। चीनी भाषा में इसका अर्थ चन्द्रमा होता है। यह प्रसिद्ध है कि सम्पूर्ण प्राणी अज्ञान रूपी रात्रि में संसार चक्र का निरन्तर चक्कर लगाते रहते हैं। उन्हें किसी अन्य नक्षत्र का सहारा नहीं है। चन्द्रमा ही उस रात्रि में प्रकाश देता है। ठीक ऐसा ही प्रकाश महात्माओं और पवित्र विद्वानों का है। वे चन्द्रमा के समान संसार के जीवों को मार्ग दिखाते हैं। अतः अपनी पवित्रता और विद्वता के कारण इन विद्वानों के देश को 'इन्दु' (शिन्तु या शिंतो) कहा जाता है। इतिहास में इसी कारण लोग सामान्यतः

भारतवर्ष को ब्राह्मणों का देश कहते हैं, जिसका अर्थ है विद्वानों और महात्माओं का देश। इसीलिये इसका मूल नाम 'इन्दु' है और हम इसे इन्दु नाम से ही वर्णन करेंगे। इसके तीन तरफ समुद्र है और उत्तर में हिमालय पर्वत है। पूर्व में घाटियाँ और मैदान है, जिनमें जल की अधिकता है। इसलिये फलफूल और अन्न आदि की बहुत अच्छी उपज होती है। दक्षिणी प्रांत वनों और जड़ी–बूटियों से भरा है, जबकि पश्चिमी भागी रेतीला, पथरीला और ऊसर सा है। यही इस देश का साधारण विवरण है।

इस प्रकार शास्त्रों, तंत्र ग्रन्थों तथा पुराणों में हिन्दू शब्द के प्राचीन प्रयोग हैं। साथ ही, यवनों और पारसीकों के शास्त्रों एवं वृतान्तों में हिन्दू शब्द का प्राचीन प्रयोग पाया जाता है।

1.3 हिन्दू शब्द देशवाचक है या गुणधर्मवाचक ?

प्रश्न : तो क्या हिन्दू शब्द देशवाचक है ?

उत्तर : वैदिक काल में हिन्दू शब्द निश्चय ही देशवाचक था। तब तक समस्त हिन्दुस्थान में सनातनधर्म को जानने और मानने वाले हिन्दू ही रहते थे, जो धर्म को सार्वभौम मतों एवं नियमों के ही रूप में जानते थे और जानते हैं। अतः किसी भी महान विभूति को उसका प्रवर्तक नहीं मानते। पोषक, रक्षक, पालक और साधक ही मानते हैं। परंतु इस्लाम, ईसाइयत आदि धर्म नहीं हैं। न्यू आक्सफोर्ड इंग्लिश डिक्शनरी में धर्म शब्द की प्रविष्टि अलग है, रिलीजन शब्द की प्रविष्टि अलग है।

तदनुरूप धर्म वह है जो हिन्दुओं एवं बौद्धों द्वारा मान्य सार्वभौम नियम एवं मूल्य हैं। किसी भी आस्था प्रवर्तक विभूति के वचनों द्वारा धर्म निर्धारित नहीं होता। धर्म सार्वभौम मानव–मूल्य हैं। इस्लाम, ईसाइयत आदि रिलीजन हैं। वे क्रमशः मुहम्मद तथा जीसस द्वारा प्रवर्तित आस्था–पंथ हैं। अतः मुसलमानों, ईसाइयों आदि को हिन्दू नहीं कहा जा सकता। क्योंकि सार्वभौम मानव मूल्यों में श्रद्धा रखते ही मजहब और रिलीजन का वर्तमान स्वरूप स्थिर नहीं रह जाता। धर्म 'मोमिन' और 'काफिर', 'बिलीवर' और 'नॉन बिलीवर'

मनुष्यों में कोई भेद नहीं कर सकता। वह तो धर्म और अधर्म का ही भेद मानता है। अर्थात असत्य, चोरी, हिंसा, अनाचार आदि अधर्म हैं तथा सत्य, अहिंसा, अस्तेय, शौच, आचार धर्म हैं। यही हिन्दू धर्म द्वारा प्रतिपादित मानव धर्म है, जो सभी मनुष्यों द्वारा अवश्य पालनीय है। इसलिए भारत में रहने वाले मुस्लिम, ईसाई आदि तब तक हिन्दू नहीं कहला सकते, जब तक वे सार्वभौम मानव–मूल्यों में श्रद्धा को सर्वमान्य नहीं मान लेंगे। अर्थात् सत्य, अहिंसा, अस्तेय, संयम और संग्रह की मर्यादा, आंतरिक और बाहरी पवित्रता, आदर्श के लिए कष्ट सहन, सर्वव्यापी भगवान में श्रद्धा, हर जीव में ईश्वर का अंश विद्यमान मानना और इस सत्य का बारम्बार स्मरण करना – इन यमों और नियमों में श्रद्धा रखने वाले मुस्लिम और ईसाई भी हिन्दू ही हैं।

यदि वे यह मान लें कि सभी मनुष्यों की पहचान और उनसे व्यवहार सार्वभौम मानव–मूल्यों का पलान करने या न करने के ही आधार पर किया जाना चाहिए, तो वे हिन्दू ही मान्य होंगे। इसी प्रकार अन्य देशों में रहने वाले वे सभी लोग भी हिन्दू कहे जाएंगे, जो वेदों तथा धर्मशास्त्रों में प्रतिपादित सार्वभौम मानव–मूल्यों में श्रद्धा रखें।

इस प्रकार समस्त धर्मनिष्ठ भारतीय ही 'हिन्दू' हैं, क्योंकि 'हिन्दू' शब्द का मूल वेदों में है। जो हिन्दू वेदों और वेद सम्मत शास्त्रों के अनुसार अपना जीवन जीते हैं, उन्हें आर्य कहा जाता है और जिस क्षेत्र में विशेषकर निष्ठापूर्वक वैदिक धर्म का पालन किया जाता रहा है, उसे मनुस्मृति में आर्यावर्त कहा गया है। समस्त भारतवर्ष में वेदों के प्रति असीम श्रद्धा रही है। इसलिये प्रायः समस्त भारत को ही आर्यावर्त कह दिया जाता है। हिन्दुओं का अपना राष्ट्र वही है जहाँ वैदिक धर्म का पालन हो। इस अर्थ में ऋग्वेद में त्रसदस्यु ने कहा है कि 'मेरा राष्ट्र दोनों ओर है।' इसका अर्थ भारतरत्न डॉ. पांडुरंग वामन काणे ने दोनों गोलार्ध में उस समय भारत राष्ट्र होना बताया है। ऋग्वेद के ही सप्तम मंडल में 'राष्ट्र' शब्द का कई बार प्रयोग हुआ है। अथर्ववेद में माता पृथ्वी से प्रार्थना है कि वह 'राष्ट्र' को बल और दीप्ति दे। इस प्रकार यह 'हिन्दू राष्ट्र' को बलशाली और तेजोमय बनाने के लिये की गई प्रार्थना है।

1.4 'हिन्दू राष्ट्र' का विस्तार कहाँ तक है

प्रश्न : हिन्दू राष्ट्र का विस्तार कहाँ तक है ?

उत्तर : भारतवर्ष ही हिन्दू राष्ट्र है। प्राचीनतमकाल से जिसे हिन्दू राष्ट्र कहा जाता रहा है, उसे ही भारतवर्ष भी कहा गया है। महाभारत में भीष्म पर्व के अन्तर्गत जम्बूखंड विनिर्माण पर्व में धृतराष्ट्र को संजय भारतवर्ष की सीमायें बताते हैं और उसमें 250 से अधिक जनपदों का उल्लेख करते हैं, जिनमें मुख्य हैं – कुरु, पांचाल, शाल्व–माद्रेय–जांगल, शूरसेन, पुलिन्द, बोध, माल, मत्स्य, कुशल्य, कौशल्य, कुन्ति, कान्ति, कोसल, चेदि, करुष, भोज, सिन्धु–पुलिन्द, उत्तमाश्व, दशार्ण, मेकल, उत्कल, पांचाल, धुरंधर, गोधा, मद्र, कलिंग, काशी, कुक्कुर, अवन्ति, गोमन्त, विदर्भ, अश्मक, गोपराष्ट्र, मल्लराष्ट्र, शक, विदेह, मगध, अंग, वंग, बाह्लीक, आभीर, अपरान्त, परान्त, केकय, अन्ध्र, अन्तर्गिरि, बहिर्गिरि, भार्गव, पुण्ड्र, भग, किरात, निषाद, निषध, आनर्त, नैर्ऋत, कुन्तल, सिन्धु सौवीर, गान्धार, बर्बर, सिद्ध, ताम्रलिप्तक, औण्ड्र, म्लेच्छ, कच्छ, वज्र, वध्र, करीषक, कुलिन्द, द्रविड़, केरल, कर्णाटक, चोल, कोंकण, कटक, कूकुर, काक, यवन, चीन, काम्बोज, दरद, हूण, पारसीक, काश्मीर, खाशी, पह्लव, आभीर, शूद्र आदि।

इसी विवरण को गुरुजी के नाम से प्रसिद्ध श्री माधव सदाशिव गोलवलकर ने सरल ढंग से इन शब्दों में कहा है – 'हिमालय की समस्त उपत्यकाओं एवं गिरि–गहवरों सहित तीनों ओर से समुद्र से घिरा हुआ यह राष्ट्र हिन्दू राष्ट्र है।'

स्पष्ट रूप से इसमें तिब्बत, अजरबैजान, कजाकिस्तान, ताजिकिस्तान, तुर्कमेनिस्तान, खोतान, मंगोलिया, उत्तर चीन तथा रूस के अनेक भागों सहित सम्पूर्ण क्षेत्र आता है। जिस समुद्र से भारत घिरा हुआ है उसे मूल रूप में इन्दु सागर कहते थे और इन्दु सागर से आवेष्टित भूमि को 'सिन्धु' राष्ट्र या 'हिन्दू राष्ट्र' कहा जाता रहा है। इन्दु सागर को अरब सागर कहना अंग्रेजों ने 20वीं शती में आरम्भ किया है। वस्तुतः सिन्धु का अर्थ भी इन्दु अर्थात चन्द्रमा होता है। स्पष्ट रूप से यह विश्व का एक प्राचीनतम नैसर्गिक राष्ट्र है।

पृथ्वी में इस राष्ट्र की स्थिति के विवरण प्राचीन काल से प्राप्त होते हैं। पुराणों और धर्मशास्त्रों में भी इसकी सीमाओं के विवरण विस्तार से दिए गए हैं।

मत्स्य महापुराण में अध्याय 121 एवं 122 में पुनः जम्बूद्वीप तथा भारतवर्ष के विषय में और अध्याय 123 में गोमेदकद्वीप एवं पुष्कर द्वीप के विषय में वर्णन दिये गये हैं। इनमें से अध्याय 121 के 82 श्लोकों में भारतवर्ष का विस्तार से वर्णन दिया गया है। प्रारंभ में हिमालय पर्वत का और उसके पृष्ठभाग में स्थित कैलास पर्वत का वर्णन है और उसके बाद कैलास की उपत्यका में मन्दोदक सरोवर का वर्णन है, जिसका जल पवित्र, निर्मल और शीतल है। वहाँ से मन्दाकिनी नदी निकलती है और उसके निकट ही अच्छोद सरोवर है।

कैलास के दक्षिण पूर्व में हेमश्रृंग नामक विशाल पर्वत है और उसके पदप्रान्त में लोहित सरोवर है जहाँ से लौहित्य (ब्रह्मपुत्र) नद निकलता है। इसके बाद इस पुराण में महाराज भगीरथ की तपस्या और गंगाजी को भूतल पर लाने का विवरण दिया हुआ है। इसके साथ ही गंगाजी की पश्चिम में बहने वाली धाराओं के रूप में सिन्धु, चक्षु, सीता आदि सात नदियों का विवरण दिया है और यह बताया है कि सिंधु के तट पर दरद, गांधार, कुहू, सैन्धव आदि कई राज्य हैं। इसके बाद मेरु पर्वत के पार्श्व भाग से चन्द्रप्रभ नामक सरोवर से पुण्यसलिला जम्बूनदी के निकलने का वर्णन है, जिसमें जाम्बूनद नाम का स्वर्ण पाया जाता है। आगे इस पुराण में कुरु राज्य का वर्णन है जिसमें अत्यन्त विस्तृत 12 सरोवर हैं, जो कमलों और मछलियों से भरे रहते हैं। ये नदियाँ बिना वर्षा के भी कुरु राज्य को उर्वर और सरस रखती हैं। दक्षिण में समुद्र तक विस्तृत दक्षिणापथ है। इस प्रकार भारतवर्ष का वर्णन इस अध्याय में किया गया है। इसी पुराण के 124वें एवं 125वें अध्याय में सूर्य और चन्द्रमा की गतियों का वर्णन है तथा उसके आगे ग्रहों के विषय में वर्णन है।

विष्णु पुराण के द्वितीय अंश के दूसरे अध्याय में भी जम्बूद्वीप एवं उसके अन्तर्गत भारतवर्ष का वर्णन किया गया है। जम्बूद्वीप के मध्य में सुमेरु पर्वत है, जिसकी ऊँचाई 84 हजार योजन है और यह पृथ्वी के भीतर 16 हजार योजन धंसा हुआ है। यह पर्वत इस

पृथ्वीरूपी कमल की कर्णिका (कोश) जैसा है। मेरु पर्वत के दक्षिण की ओर भारतवर्ष है। उत्तर की ओर उत्तर कुरु है। इस प्रकार विष्णु पुराण में भारतवर्ष की सीमायें अंकित हैं।

द्वितीय अंश के तीसरे अध्याय के पहले ही श्लोक में कहा गया है कि जो समुद्र के उत्तर तथा हिमालय के दक्षिण में स्थित है, उस देश को भारतवर्ष कहते हैं और भारतवर्ष की संततियों को भारती अर्थात् भरतवंशी कहते हैं। उसका विस्तार भी दूसरे एवं तीसरे श्लोक में दिया हुआ है तथा अगले दो श्लोकों में इसकी महिमा बताई गई है–

नवयोजनसाहस्रो विस्तारोऽस्य महामुने।
कर्मभूमिरियं स्वर्गमपवर्गं च गच्छताम्।।2
महेन्द्रो मलयः सह्यः शुक्तिमानृक्षपर्वतः।
विन्ध्यश्च पारियात्रश्च सप्तात्र कुलपर्वताः।।3
अतः सम्प्राप्यते स्वर्गो मुक्तिमस्मात्प्रयान्ति वै।
तिर्यक्त्वं नरकं चापि यान्त्यतः पुरुषा मुने।।4
इतः स्वर्गश्च मोक्षश्च मध्यं चान्तश्च गम्यते।
न खल्वन्यत्र मर्त्यानां कर्म भूमौ विधीयते।।5

अर्थात् इसका विस्तार 9 हजार योजन है। स्वर्ग और मोक्ष दोनों प्राप्त कराने वाली कर्मभूमि यही है। यहाँ पापकर्म करने वाले लोग नरक जाते हैं अथवा पशु–पक्षी आदि योनियों में जन्म लेते हैं। मध्य स्तर का अर्थात् मिश्रित सा जीवन जीने वाले यहाँ पुनः मनुष्य बनकर जन्म लेते हैं। पृथ्वी में यहाँ के सिवा और कहीं भी मनुष्य के लिये कर्मभूमि नहीं है। इसके आगे के श्लोकों में भारतवर्ष के विषय में और भी महत्वपूर्ण जानकारियाँ दी हुई हैं।

भारतस्यास्य वर्षस्य नवभेदान्निशामय।
इन्द्रद्वीपः कसेरुष्च ताम्रपर्णो गभस्तिमान्।।6
द्वीपस्तथा सौम्यो गन्धर्वस्त्वथ वारुणः।
अयं तु नवमस्तेषां द्वीपः सागरसंवृतः।।7
योजनानां सहस्रं तु द्वीपोऽयं दक्षिणोत्तरात्।

पूर्वे किराता यस्यान्ते पश्चिमे यवनाः स्थिताः।।8
ब्राह्मणाः क्षत्रिया वैश्या मध्ये शूद्राश्च भागशः।
इज्यायुधवाधिज्याद्यैर्वर्तयन्तो यवस्थिताः।।9
शतद्रूचन्द्रभागाद्या हिमवत्पादनिर्गताः।
वेदस्मृतिमुखाद्याश्च पारियात्रोद्भवा मुने।।10
नर्मदा सुरसाद्याश्च नद्यो विन्ध्याद्रिनिर्गताः।
तापीपयोष्णीनिर्विन्ध्याप्रमुखा ऋक्षसम्भवाः।।11
गोदावरी भीमरथी कृष्णवेण्यादिकास्तथा।
सह्यपादोद्भवा नद्यः स्मृताः पापभयापहाः।।12
कृतमाला ताम्रपणीप्रमुखा मलयोद्भवाः।
त्रिमासा चार्यकुल्याद्या महेन्द्रप्रभवाः स्मृताः।।13
ऋषिकुल्याकुमाराद्याः शुक्तिमत्पादसम्भवाः।
आसां नद्युपनद्यश्च सन्त्यन्याश्च सहस्रशः।।14
तास्विमे कुरुपान्चाला मध्यदेशादयो जनाः।
पूर्वदेशादिकाश्चैव कामरूपनिवासिनः।।15
पुण्ड्राः कलिंगा मगधा दक्षिणाद्याश्च सर्वशः।
तथापरान्ताः सौराष्ट्राः शूराभीरास्तथार्बुदाः।।16
कारुषा मालवाश्चैव पारियात्रनिवासिनः।
सौवीराः सैन्धवा हूणाः साल्वाः कोशलवासिनः।
माद्रारामास्तथाम्बष्ठाः पारसीकादयस्तथा।।17
आसां पिबन्ति सलिलं वसन्ति सहिताः सदा।
समीपतो महाभाग ह्रष्टपुष्टजनाकुलाः।।18
चत्वारि भारते वर्षे युगान्यत्र महामुने।
कृतं त्रेता द्वापरश्च कलिश्चान्यत्र न कंचित्।।19
तपस्तप्यन्ति मुनयो जुह्वते चात्र यज्विनः।
दानानि चात्र दीयन्ते परलोकार्थमादरात्।।20
पुरुषैर्यज्ञपुरुषो जम्बूद्वीपे सदेज्यते।
यज्ञैर्यज्ञमयो विष्णुरन्यद्वीपेषु चान्यथा।।21
अत्रापि भारतं श्रेष्ठं जम्बूद्वीपे महामुने।
यतो हि कर्मभूरेषा ह्यतोऽन्या भोगभूमयः।।22
अत्र जन्मसहस्राणां सहस्रैरपि सत्तम।

कदाचिल्लभते जन्तुर्मानुष्यं पुण्यसंच्यात्।।23

अर्थात् इस भारतवर्ष के नौ भाग हैं। यह समुद्र से घिरा हुआ द्वीप भारत (कुमारी द्वीप) है। यह द्वीप उत्तर से दक्षिण तक नौ सहस्र योजन है। इसके पूर्वीय भाग में किरात लोग और पश्चिम में यवन बसे हुए हैं तथा ब्राह्मण, क्षत्रिय, वैश्य और शूद्रगण वर्णविभागानुसार मध्य में रहते हैं। हे मुने! इसकी शतद्रू और चन्द्रभागा आदि नदियाँ हिमालय की तलैटी से पारियात्र पर्वत से निकलती हैं। वेदों और स्मृतियों की रचना इसी पवित्र भूमि में हुई है। नर्मदा और सुरसा आदि विन्ध्याचल से तथा तापी, पयोष्ण ी और निर्विन्ध्या आदि ऋक्षगिरि से निकली हैं। गोदावरी, भीमरथी और कृष्णवेणी आदि पापहारिणी नदियाँ सह्यपर्वत से उत्पन्न हुई हैं। कृतमाला और ताम्रपर्णी आदि मलयाचल से, त्रिमासा और आर्यकुल्या आदि महेन्द्रगिरि से तथा ऋषिकुल्या और कुमारी आदि नदियाँ शुक्तिमान् पर्वत से निकली हैं। इनकी और भी सहस्रों शाखा नदियाँ और उपनदियाँ हैं।

इन नदियों के तट पर कुरु, पान्चाल और मध्यदेशादि के रहने वाले, पूर्वदेश और कामरूप के निवासी, पुण्ड्र, कलिंग, मगध और दाक्षिणात्यलोग, अपरान्तदेशवासी, सौराष्ट्रगण तथा शूर, अभीर और अर्बुदगण, कारुष, मालव और पारियात्रनिवासी, सौवीर, सैन्धव, हूण, साल्व और कोशल देशवासी तथा माद्र, आराम, अम्बष्ठ और पारसीगण रहते हैं। हे महाभाग! वे लोग सदा आपस में मिलकर रहते हैं और इन्हीं का जल पान करते हैं। इनकी सन्निधि के कारण वे बड़े ह्रष्ट–पुष्ट रहते हैं।

(इन श्लोकों तथा पुराणों और शास्त्रों के अन्य बहुत से वचनों से यह स्पष्ट हो जाता है कि शक, यवन, किरात, हूण, दरद, बल्ख, बाह्लीक, पारसीक आदि सभी भारत के ही निवासी हैं और भारत की सीमा पश्चिम में यवन

देश तक, उत्तर में रूस की सीमा तक तथा पूर्व, दक्षिण और दक्षिण पश्चिम में तीनों ओर से समुद्र से वेष्ठित है। यूरोपीय लोगों ने कुछ तो अज्ञानवश और कुछ दुष्टतावश यवनों, शकों, हूणों, किरातों, पारसीक आदि को भारत से बाहर का समझा या प्रचारित किया। परंतु हमारे सभी शास्त्र इन सबको भारतीय ही बताते हैं। साथ ही, बहती हुई स्वच्छ जलवाली नदियों के जल में विशेष पोषक शक्ति है, यह भी सभी पुराणों में बारम्बार कहा है।)

आगे के श्लोकों में कहा है – हे मुने ! इस भारतवर्ष में ही समय–समय पर ये चार युग होते हैं – सतयुग, त्रेता, द्वापर और कलियुग। अन्यत्र कहीं ये चार युग नहीं होते, क्योंकि भारतवर्ष ही कर्मभूमि है। अन्यान्य देश तो भोग–भूमियाँ हैं (जिस प्रकार पशु भोग योनियां हैं, कर्मयोनि नहीं है। उसी प्रकार भारत से बाहर के देश भोग भूमि हैं, कर्मभूमि नहीं। वे स्वभाव से बंधे हुये बरतते हैं। भारतीय मनुष्य को शास्त्रों के ज्ञान और पवित्र भूमि की विशेषता के कारण सद्–असद्, धर्म–अधर्म, आदि का शास्त्र सम्मत विवेक होता है। अतः यहाँ किये गये कर्म अगली गति निर्धारित करते हैं)। इस क्षेत्र में यज्ञों द्वारा यजन किया जाता है और भगवान विष्णु का अनुग्रह प्राप्त होता है। इसलिये जम्बूद्वीप श्रेष्ठ है और उसमें भी भारतवर्ष सर्वश्रेष्ठ है। अन्य द्वीपों में और अन्य देशों में अन्य प्रकार से उपासनायें होती हैं। भारतवर्ष में अनेक जन्मों के पुण्य के उदय से ही जन्म होता है।

इसके आगे 24वाँ श्लोक भी अत्यन्त महत्वपूर्ण है –

गायन्ति देवाः किल गीतकानि
धन्यास्तु ते भारत भूमिभागे।
स्वर्गापवर्गास्पदमार्गभूते
भवन्ति भूयः पुरुषाः सुरत्वात्।।24

अर्थात् देवता भी भारतभूमि का यश गाते हैं। वे कहते हैं

कि भारतभूमि में जन्म लेने वाले लोग धन्य हैं, क्योंकि वे स्वर्ग और मोक्ष दोनों गतियाँ देने वाली भारत भूमि में जन्म लेते हैं।

इस प्रकार भारतवर्ष की सीमायें और इसकी महिमा, दोनों का पुराणों और धर्मशास्त्रों में विस्तार से वर्णन है। यही कारण है कि यहाँ के सभी पर्वतों और नदियों तथा उनके तटों पर या उनके मध्य अथवा तलैटी में स्थित तीर्थों का भी धर्मशास्त्रों में विस्तार से वर्णन किया गया है।

1.5 हिन्दू राष्ट्र और भारत

प्रश्न : इसका अर्थ है कि हिन्दू राष्ट्र या हिन्दू स्थान के ही समान भारतवर्ष भी प्राचीन नाम है ?

उत्तर : निश्चय ही, भारत नाम भी अत्यन्त प्राचीन है। वेदों में भरतवंश का वर्णन है। यद्यपि वहाँ एक देश या राष्ट्र के रूप में भारत का पृथक उल्लेख नहीं है। वेदों में समस्त विश्व के विषय में ही अधिकांश कथन हैं। वहाँ तो मनुष्य मात्र को अमृत तत्व की संतति कहा गया है।

यजुर्वेद के 11वें अध्याय का का प्रसिद्ध 5वाँ मंत्र है–

युजे वां ब्रह्म पूर्व्यं नमोभिर्वि श्लोकऽएतु पथ्येव सूरेः।
श्रृण्वन्तु विश्वेऽअमृतस्य पुत्राऽआ ये धामानि दिव्यानि तस्थुः।।

अर्थात् हे अमृत तत्व (अर्थात् परमात्मा) के पुत्र, ध्यान से सुनो। ब्रह्म से योगसंबंध रखनेवाले पूर्व में जो महान योगी हुये हैं, उन पुण्यश्लोकों का मार्ग ही वीरों और विद्व ानों का मार्ग है। उस मार्ग पर चलकर ही तुम दिव्य धामों को प्राप्त करोगे।

इस प्रकार वेद तो समस्त मनुष्यों को अपने अमृतपुत्र होने की अर्थात् जन्म से ही दिव्य और श्रेष्ठ होने की घोषणा करते हैं और उस मूल स्वरूप को प्रत्येक व्यक्ति जाने, यह उपदेश करते हैं। साथ ही, ऐतरेय ब्राह्मण में भारतवर्ष का और उसकी सीमाओं का स्पष्ट उल्लेख है। ऐतरेय ब्राह्मण ऋग्वेद का ही ब्राह्मण ग्रंथ है और

उसमें भारतवर्ष की सीमाओं का स्पष्ट वर्णन है। विशेषकर प्राच्य, प्रतीच्य, उदीच्य, दक्षिण एवं ध्रुव मध्यमा प्रतिष्ठा – भारत के इन पाँच भागों का वहाँ स्पष्ट वर्णन है। परंतु मुख्य बात यह है कि मनु महाराज ने भारत के विभिन्न भूभागों का विशेषकर मध्यदेश, ब्रह्मावर्त और आर्यावर्त का स्पष्ट वर्णन किया है तथा महाभारत में भी समस्त भारतवर्ष की सीमायें वर्णित हैं। हिन्दू देश या हिन्दू राष्ट्र ही भारतवर्ष है, यह ब्राह्मण ग्रंथों, महाभारत तथा मनुस्मृति से स्पष्ट हो जाता है।

ऐतरेय ब्राह्मण में तो यह भी कहा है कि –

'पृथिव्यै समुद्रपर्यन्ताया एकराट्।'

अर्थात् समुद्र पर्यन्त अथवा समुद्र सहित जितनी भी यह सम्पूर्ण पृथ्वी है, वह सब एक ही आर्य राजा के शासन में होना चाहिये। अतः स्पष्ट है कि वैदिक काल तक वस्तुतः हिन्दू देश या हिन्दू राष्ट्र यह समस्त पृथ्वी ही था। इसी प्रकार महाभारत काल से समस्त मध्य एशिया और उत्तरी ध्रुव से हिन्दू महासागर तक विस्तृत क्षेत्र को ही भारतवर्ष कहा गया है। इस प्रकार भारत नाम भी प्राचीन है।

मत्स्य पुराण के अनुसार स्वायम्भुव मनु के वंश में उत्पन्न महाबली वेन चक्रवर्ती सम्राट थे, परन्तु वे धर्मविमुख हो गए। तब महर्षियों ने उन्हें नष्ट कर उनके पुत्र पृथु को सम्राट बनाया। पृथु समस्त भूमंडल के राजा हुये। उनके कारण ही इस समस्त भूमि को पृथ्वी कहा जाता है। इसके बाद भारतवर्ष में सूर्यवंशी एवं चन्द्रवंशी सम्राटों ने शासन किया, जिनका विस्तार से वर्णन मत्स्य पुराण तथा अन्य पुराणों में है। पुराणों में ही जम्बूद्वीप सहित पृथ्वी के सभी महाद्वीपों का वर्णन है और उनके मुख्य पर्वतों, नदियों तथा प्रत्येक महाद्वीप की लंबाई, चौड़ाई का भी वर्णन है।

अत्यन्त प्राचीन काल से भारत नाम प्रचलित है। क्योंकि मनु से ही समस्त मानव जाति प्रवर्तित है और प्रलयकाल के उपरान्त मनु ने समस्त पृथ्वी का भरण पोषण किया था, इसलिये मनु को ही भरत कहा जाता है। उसके उपरांत ऋषभदेव एवं उनकी पत्नी

जयंती के सबसे बड़े पुत्र भरत हुये और फिर सम्राट दुष्यन्त और शकुन्तला के पुत्र भी भरत के नाम से प्रसिद्ध हुये। उसके बाद से इस हिन्दू राष्ट्र अर्थात् भारतवर्ष में सभी चक्रवर्ती सम्राटों को भारत के नाम से संबोधित किया जाने लगा। इसीलिये महाभारत में ध ृतराष्ट्र को भी भारत कहकर संबोधित किया गया है और युधिष्ठिर तथा अर्जुन को भी भारत कहा गया है। इस प्रकार भारत नाम भी अत्यंत प्राचीन है। वेदों में जिसे हिन्दू देश (सिन्धु देश) कहा गया है, वही ब्राह्मण ग्रंथों, महाभारत, पुराणों, धर्मशास्त्रों, इतिहासग्रंथों और महाकाव्यों में भारतवर्ष के नाम से वर्णित है।

1.6 हिन्दू राष्ट्र की व्याप्ति

प्रश्न : पृथ्वी में हिन्दू राष्ट्र भारत की स्थिति के प्राचीन विवरण कहाँ–कहाँ हैं ?

उत्तर : अत्यंत प्राचीन काल से भारतीय धर्मशास्त्रों एवं पुराणों में पृथ्वी की सरंचना का और उसके विभागों का तथा उन विभागों में से एक भारतवर्ष का विवरण विस्तार से मिलता है, जिनमें से कुछ का उल्लेख हम कर चुके हैं। पुनः स्मरण कर लें कि विष्णुपुराण के द्वितीय अंश के दूसरे अध्याय में पृथ्वी का वर्णन है। पृथ्वी के सात द्वीप गिनाये गये हैं और उन सातों द्वीपों को घेरे हुये समुद्रों के नाम गिनाये गये हैं। सातवें श्लोक में बताया गया है कि उन द्वीपों के मध्य में जम्बू द्वीप है और जम्बू द्वीप के मध्य में सुवर्णमय सुमेरु पर्वत है :–

जम्बूद्वीपः समस्तानामेतेषां मध्यसंस्थितः।
तस्यापि मेरूर्मैत्रेय मध्ये कनकपर्वतः।।

इस जम्बूद्वीप का विस्तार से वर्णन किया गया है। इसी में आकाश स्थित महापुरी से गंगा जी के हिमालय में अवतरित होने का वर्णन है जो चार धाराओं के रूप में विभक्त होती है। इनमें से अलकनन्दा, उत्तर से दक्षिण की ओर भारतवर्ष में आती है और पूर्व की ओर जाकर समुद्र में मिल जाती है। इसी अंश के तीसरे अध्याय में भारतखण्ड का वर्णन है। जो समुद्र के उत्तर हिमालय तक फैला हुआ है।

विष्णु पुराण के द्वितीय अंश के तीसरे अध्याय का पहला ही श्लोक है :–

उत्तरं यत्समुद्रस्य हिमाद्रेश्चैव दक्षिणम्।
वर्षं तद्भारतं नाम भारती यत्र सन्ततिः।।

अर्थात् जो राष्ट्र समुद्र के उत्तर में और हिमालय के दक्षिण में विस्तृत है उसे भारतवर्ष कहते हैं और वहाँ की संततियों को भारती कहा जाता है।

इससे आगे के श्लोकों में कहा गया है –

नवयोजनसाहस्त्रो विस्तारोऽस्य महामुने।
कर्मभूमिरियं स्वर्गमपवर्गं च गच्छताम्।।2
महेन्द्रो मलयः सह्यः शुक्तिमानृक्षपर्वतः।
विन्ध्यश्च पारियात्रश्च सप्तात्र कुलपर्वताः।।3
अतः सम्प्राप्यते स्वर्गो मुक्तिमस्मात्प्रयान्ति वै।
तिर्यक्त्वं नरकं चापि यान्त्यतः पुरुषा मुने।।4
इतः स्वर्गश्च मोक्षश्च मध्यं चान्तश्च गम्यते।
न खलवन्यत्र मर्त्यानां कर्म भूमौ विधीयते।।5

अर्थात् यह नौ हजार योजन विस्तृत है तथा यह स्वर्ग और अपवर्ग प्राप्त कराने वाली कर्मभूमि है। इसके नौ भाग हैं। इसमें महेन्द्र, मलय, सह्य, शुक्तिमान्, ऋक्ष, विन्ध्य और पारियात्र – ये सात बड़े कुलपर्वत हैं। हे मुनि! इस देश में शुभ कर्मों के द्वारा मनुष्य स्वर्ग प्राप्त करते हैं और अधिक आध्यात्मिक उन्नति होने पर मुक्ति भी प्राप्त करते हैं तथा पापकर्म करने पर वे लोग नरक में पड़ते हैं अथवा मानवेतर योनियों में जन्म लेते हैं। अपने कर्मों के अनुसार मनुष्य यहाँ से स्वर्ग या मोक्ष प्राप्त करते हैं अथवा पुनः मनुष्य रूप में अगला जन्म लेते हैं या नीचे की योनियों में जन्म लेते हैं। यह सब व्यक्ति के कर्मों के अनुसार फल होता है। इसीलिये इस भारतवर्ष को कर्मभूमि कहा जाता है।

आगे पराशर ऋषि ने भारत के नौ भागों को गिनाया है और उनका

विस्तार भी बताया है तथा यह भी बताया है कि यहाँ चार वर्णों के लोग स्वधर्म पालन करते हुये रहते हैं।

प्रश्न : और इंडिया नाम कब से पड़ा ?

उत्तर : यूरोप में अत्यन्त प्राचीनकाल से भारत के लिये इन्डी और इन्डिया नाम प्रचलित रहे हैं। जब वे लोग भारत आये, तब यहाँ के लोगों को भी इन्डू या हिन्डू संबोधित करने लगे। कुछ लोग तो उच्चारण समझ नहीं पाने के कारण गेन्टू भी कहते थे। बाद में, जब आधे से कुछ अधिक भारत में भारतीयों के सहयोग से ब्रिटिश भारतीय शासन स्थापित हुआ, तब से वे लोग अपने द्वारा शासित क्षेत्र को 'ब्रिटिश इंडिया' और शेष भारत को 'इंडिया' कहने लगे। सत्ता हस्तांतरण के बाद ब्रिटिश अधिकारियों की शर्तों के अनुसार संविधान सभा गठित हुई और भारत का संविधान बना। जिसमें इसे 'इंडिया दैट इज भारत' कहा गया है। अर्थात् भारत के लिये शासन 'इंडिया' के नाम का भी प्रयोग कर सकता है और 'भारत' नाम का भी। यही वर्तमान विधिक स्थिति है।

1.7 हिन्दू और भारतीय में भेद और अभेद

प्रश्न : तो हिन्दू भारतीय एवं अहिन्दू भारतीय में भेद कैसे करेंगे? क्या सभी भारतीयों को हिन्दू भी कहा जा सकता है ?

उत्तर : मूल भारतीय ही हिन्दू हैं। जो वस्तुतः सनातन धर्म को मानते हैं और उपासना तथा जीवनशैली की विविधता को मानते हैं। इसीलिये किसी की उपासना पद्धति के आधार पर हिन्दू कभी किसी अन्य से कलह या टकराव नहीं करते। क्योंकि सृष्टि में चारों ओर व्याप्त विविधता की ही भांति आध्यात्मिक साधना और जीवनशैली की विविधता हिन्दू लोग स्वाभाविक मानते हैं। इसीलिये सनातनधर्म के शास्त्रों में मानव धर्म के बारे में लिखते समय मनुष्य–मनुष्य में कोई भेद नहीं किया है। वे किन्हीं आस्थाओं वाले मनुष्यों को अन्य आस्थाओं वाले मनुष्यों से भिन्न होने का तथ्य तो जानते हैं। परन्तु इस आधार पर दो आस्था पद्धतियों में से एक को श्रेष्ठ और दूसरी को निकृष्ट या एक को सच्ची और दूसरी को झूठी नहीं मानते। सच और झूठ का निर्णय सबके लिये सर्वमान्य कसौटियों के

आधार पर ही होता है, आस्था के आधार पर नहीं। इस प्रकार सभी मनुष्यों के लिये सामान्य धर्म एक ही है। मनु के अनुसार वे हैं – धृति, क्षमा, दम, अस्तेय, बाहरी और भीतरी पवित्रता, इन्द्रियसंयम, धी (बुद्धि) की निरंतर साधना, विद्या (परा एवं अपरा दोनों प्रकार की विद्या), सत्य और अक्रोध।

ये सार्वभौम मानव मूल्य हैं। इन्हें मानवधर्म और मनुष्यमात्र का सामान्यधर्म, सामासिक धर्म तथा सार्ववर्णिक धर्म भी कहा जाता है अर्थात यह केवल हिन्दुओं के लिये नहीं है, अपितु समस्त मनुष्यों के द्वारा पालनीय यह सार्वभौम मूल्य है।

इसीलिये वे सभी भारतीय हिन्दू हैं, जो सनातन धर्म के प्रति निष्ठावान हैं अर्थात् जो सार्वभौम नैतिक मूल्यों के प्रति निष्ठावान हैं। इस अर्थ में भारत के संविधान में नागरिकों के जो मौलिक कर्तव्य संविधान के अनुच्छेद 51(क) में वर्णित हैं, जिनमें बंधुता और सभी भारतीयों के प्रति समान भाईचारा (कॉमन ब्रदरहुड) की भावना तथा समरसता की भावना रखना मूल कर्तव्य का अंग है, वे इस संविधान के प्रति निष्ठा रखने वाले और मूल कर्तव्य का पालन करने वाले सभी भारतीय हिन्दू कहे जा सकते हैं। परन्तु यदि कोई भारतीय व्यक्ति अन्य भारतीयों को भय या प्रलोभन या दबाव से अथवा बहला–फुसलाकर उसे किसी मजहब या रिलीजन विशेष में इस भाव के साथ लाये कि उसका अपना मूल धर्म गलत है और घटिया है तथा अब अमुक मजहब या अमुक रिलीजन को अपनाने में ही उसका कल्याण है और इस प्रकार 'कॉमन ब्रदरहुड' की भावना को स्पष्ट रूप से जो खंडित करे, जो हिन्दुओं की मुख्य धारा को अपने समान सम्मानित और सम्मान योग्य व्यक्तियों का समूह नहीं माने, ऐसे भारतीय को कदापि हिन्दू नहीं कहा जा सकता।

1.8 हिन्दू राष्ट्र, आर्यावर्त और भारतवर्ष

प्रश्न : हिन्दू राष्ट्र, आर्यावर्त और भारतवर्ष में क्या भेद है ?

उत्तर : वस्तुतः हिन्दू राष्ट्र, आर्यावर्त और भारतवर्ष पर्याय है। मनुस्मृति में आर्यावर्त का जो विशेष गौरव किया गया है, वह तत्कालीन समय में जिस क्षेत्र में वेदों और धर्मशास्त्रों के अनुसार

वर्णाश्रम धर्म के प्रतिपालन पर विशेष बल दिया जाता था, उस क्षेत्र का वर्णनमात्र है। वह कोई राष्ट्र की भौगोलिक सीमा नहीं है। भौगोलिक सीमा बताने के लिये वहाँ मध्यदेश तथा ब्रह्मावर्त शब्द आये हैं। आर्य शब्द गुणसूचक है, जातिसूचक या स्थानसूचक नहीं। अतः सनातन धर्म का पालन करने वाले समस्त राष्ट्र को ही आर्यावर्त कहा जायेगा। वही हिन्दू राष्ट्र है। इस प्रकार हिन्दू राष्ट्र आर्यावर्त और भारतवर्ष परस्पर पर्याय है।

स्वातंत्र्यवीर विनायक दामोदर सावरकर ने अपनी प्रसिद्ध पुस्तक 'हिन्दुत्व' में स्पष्ट लिखा है कि यहाँ 'आर्य' शब्द का प्रयोग इसीलिए किया गया है, ताकि सिंधु नदी के इस ओर के अपने वैभवशाली राष्ट्र के तथा जातियों के सभी अनिवार्य घटकों का उसमें समावेश हो। इसमें वैदिक या अवैदिक, ब्राह्मण अथवा शूद्र आदि भेद नहीं किया गया। केवल समान संस्कृति, रक्त–संबंध देश तथा राज्यसंस्था का उत्तराधिकार जिन्हें प्राप्त हुआ है, वे सभी 'आर्य' कहलाते हैं। इससे विपरीत हिंदुस्थान से सर्वथा भिन्न म्लेच्छ स्थान का अर्थ राष्ट्रीयता तथा जातीय एकात्मता की दृष्टि से भिन्न तथा परायों का देश ऐसा ही होता है।

1.9 हिन्दू शब्द के आधुनिक प्रयोग

प्रश्न : कृपया आधुनिक काल में हिन्दू शब्द के प्रयोगों के दृष्टान्त दीजिये

उत्तर : आधुनिक काल में अनेक श्रेष्ठ काव्यों एवं गीतों में हिन्दू शब्द का प्रयोग निरंतर होता रहा है। साथ ही आधुनिक महापुरुषों ने भी हिन्दू शब्द की बारम्बार व्याख्या की है।

12वीं शताब्दी के प्रसिद्ध काव्य पृथ्वीराज रासो में कवि चन्दवरदाई ने सम्राट पृथ्वीराज के पिता को संबोधित करते हुये लिखा है –

अटल ठाट महिपाठ, अटल तारागढ़ थानं,
अटल नगर अजमेर, अटल हिंदव अस्थानं।
अटल तेज परताप, अटल लंकागढ डंडिय
अटल आप चहुवान, अटल भूमिजस मंडिय

जब उपद्रवकर्ता शहाबुद्दीन का वध कर दिया गया, तब कवि ने उल्लासपूर्वक कहा –

आज भाग चहुआन घर। आज भाग हिंदुवान।।
इन जीवित दिल्लीश्वर। गंज न सक्के आन।।

साथ ही यह भी लिखा –

निर्लज्ज म्लेच्छ लजे नहिं। हम हिंदु लजवान।।

अर्थात् म्लेच्छ बेशर्म और ढीठ हैं। परन्तु हम हिन्दू तो शील–संकोच सम्पन्न होते हैं।

15वीं शताब्दी के 'पारिजातहरण' नामक नाटक की रचना सर्वगुणाकर ने की। इसमें एक पात्र के मुँह से पुनः 'हिन्दू' शब्द की परिभाषा स्पष्ट की गई है– 'हिनस्ति तपसा पापान् दैहिकान् दुष्टमानसान्। हेतिभिः शत्रुवर्गे च स हिन्दुरभिधीयते'। अर्थात जो मन की दुष्ट वृत्तियों का एवं पापों का हनन करता है तथा शत्रुओं का संहार करता है, वह हिन्दू कहा जाता है।

इसी प्रकार 17वीं शताब्दी में महाकवि भूषण ने 'शिवराज बावनी' और 'छत्रसाल भूषण' दोनों ही ओजस्वी काव्यों में 'हिन्दू' शब्द का प्रयोग बारम्बार किया है –

राखी हिंदुआनी, हिंदुआन के तिलक राख्यो
स्मृति और पुराण राख्यो वेद विधी सुनी मैं,
राखी रजपूती राजधानी राखी राजन की,
धरा में धरम राख्या, राख्यो गुण गुणी में।।
भूषण सुकवि जीति हद्द मरहट्टन की
देस–देस कीरति बखानी तब सुनि मैं,
शाही के सपूत शिवराज शमशेर तेरी
दिल्ली दल दाबिक दिवाल राखी दुनि में।।

अर्थात् हे शाह के सपूत छत्रपति शिवराज, आपकी तलवार ने ही दिल्ली के तुर्क दल को दबाकर भारत में सबकी लाज रखी है। हिन्दुओं का तिलक और हिन्दू स्त्रियों का शील, वेदों, पुराणों और धर्मशास्त्रों की प्रतिष्ठा, राजपूतों का

गौरव और राजाओं की राजधानी की रक्षा आपने ही की है। गुणीजनों के गुणों की रक्षा आपने की है और भारतभूमि में धर्म के रक्षक आप ही हैं। कवि भूषण कहते हैं कि मराठों की जीत अत्यधिक प्रशंसनीय है। उनकी कीर्ति देश–देश में बखानी जाती है और मैंने भी वह कीर्ति सुनी है।

हैवर हरट्ट साजि गैवर गरट्ट सम, पैदर थट्ट फौज तुरकानकी
भुषण भनत रायचंपति को छत्रसाल रोप्यो रनख्याल।

अर्थात् हे महाराज चम्पतराय के सुपुत्र महाराज छत्रसाल आपने तुर्कों की फौज को रोक दिया और उनके तोपों की गरज भी थाम ली। इस प्रकार रण में आपने अद्भुत शौर्य और पराक्रम दिखाया।

इस प्रकार तुर्कों के धर्मघाती अनाचार को थामने वाले महान योद्धाओं छत्रपति शिवाजी महाराज और महाराज छत्रसाल की कीर्ति महान हिन्दू सम्राटों के रूप में ही कवियों ने गाई है।

17वीं शताब्दी में ही महान दशमेश गुरु गोविन्द सिंह जी ने भी कहा है –

सकल जगत् में खालसा पंथ गाजे।
जगे धर्म हिन्दू, सकल भंड भाजे।।
(विचित्र नाटक, गुरुगोविंदसिंह कृत)

अर्थात् महान गुरुओं के शिष्यों का खालसा पंथ सम्पूर्ण विश्व में यशस्वी हो। हिन्दू धर्म जाग्रत हो और जो भंड अर्थात् अराजक और अनाचार से युक्त पंथ हैं, वे भारत से भाग जायें।

छत्रपति शिवाजी महाराज ने 'हिन्दवी स्वराज' की स्थापना की प्रतिज्ञा की थी और विश्व के महानतम सेनापतियों में से एक श्रीमन्त बाजीराव पेशवा ने अटक से कटक तक हिन्दू धर्म की ध्वजा लहराने का संकल्प किया था।

इस प्रकार 'हिन्दू धर्म' शब्द का प्रयोग सदा व्यापक अर्थों में

होता रहा है।

20वीं शताब्दी में लोकमान्य तिलक ने 'हिन्दू धर्म' की परिभाषा देते हुये लिखा –

'प्रामाण्यबुद्धिर्वेदेषु। साधनानामनेकता। उपास्यानामनियमः।
एतद धर्मस्य लक्षणम।'

अर्थात वेदों के प्रति प्रामाण्य बुद्धि रखना, साधना के रूपों की अनेकता पर सहज विश्वास तथा उपासना और उपास्य देवता के किसी एक ही रूप का आग्रह नहीं रखना – यह धर्म का लक्षण है। इस परिभाषा के द्वारा लोकमान्य ने 'हिन्दू धर्म' का ही लक्षण प्रतिपादित किया था।

परम पूज्य स्वामी करपात्री जी महाराज ने 20वीं शताब्दी में ही हिन्दू की यह परिभाषा दी है –

गोषु भक्तिभवेद्यस्य प्रणवे च दृढा मतिः।
पुनर्जन्मनि विश्वासः स वै हिन्दुरिति स्मृतः।।

अर्थात् जो गौभक्त हो, ओंकार में तथा पुनर्जन्म में जिसकी अटल श्रद्धा हो, वह हिन्दू है।

गांधी जी ने स्वयं को पक्का सनातनी हिन्दू कहा है। उनके अनुसार हिन्दू वह है जो निम्न मान्यताओं पर श्रद्धा रखता है –

1 वेद सृष्टि के आरम्भ से हैं और वे सर्वपूज्य हैं।
2 कर्मफल अटल है और अनिवार्य है।
3 पुनर्जन्म सत्य है।
4 ईश्वर सर्वत्र व्याप्त है।
5 प्रत्येक जीव में ईश्वर का अंश है। अतः वह सदा ही पवित्र है। परन्तु अपने चित्त के मल और कषाय के कारण उसे यह आत्मज्ञान नहीं रहता।
6 अहिंसा ही परम धर्म है। अहिंसा का अर्थ है किसी भी प्राणी के प्रति द्रोहभाव का सम्पूर्ण अभाव। किसी के भी प्रति द्रोह और द्वेष दुर्भाव रखना हिंसा है। हिंसा का अभाव अहिंसा है।
7 गौरक्षा प्रत्येक हिन्दू का कर्तव्य है।

स्वातंत्र्यवीर विनायक दामोदर सावरकर ने हिन्दू की यह परिभाषा दी है –

आसिन्धोः सिन्धुपर्यन्ता यस्य भारतभूमिका।
पितृभूः पुण्यभूश्चैव स वै हिन्दुरिति स्मृतः।।

अर्थात् सिन्धु महानद से लेकर समुद्रपर्यन्त विस्तृत भारतभूमि को जो अपनी पितृभूमि और पुण्यभूमि माने, वह हिन्दू है।

इसी प्रकार प्रभाकर श्रीधर रोड़े ने 'वृद्धस्मृति' का एक श्लोक इस विषय में उद्धृत किया है–

हिंसया दूयते यश्च सदाचरणतत्परः।
वेदगोप्रतिमासेवी स हिन्दुमुखशब्दभाक्।।

अर्थात् जो प्राणिमात्र और समस्त महाभूतों के प्रति किसी भी प्रकार का द्वेष और द्रोह नहीं रखे तथा सदाचरण में उत्साहपूर्वक रत रहे, वेदों के प्रति जिसकी श्रद्धा हो और उनका अध्ययन, मनन, श्रवण करे, गौसेवा करे तथा देवप्रतिमा के प्रति श्रद्धा रखे वही हिन्दू है।

आचार्य विनोबा भावे के अनुसार हिन्दू की परिभाषा यह है –

यो वर्णाश्रमनिष्ठावान् गोभक्तः श्रुतिमातृकः।
मूर्तिं च नावजानाति सर्वधर्मसमादरः।।
उत्प्रेक्षते पुनर्जन्म तस्मान्मोक्षणमीहते।
भूतानुकूल्यं भजते स वै हिंदुरिति स्मृतः।।
हिंसया दूयते चित्तं तेन हिंदुरितीरितः।।

अर्थात् जो वर्णाश्रम व्यवस्था में निष्ठा रखता है, गौभक्त है, श्रुतियों को अपनी माता के समान पूज्य मानता है और सभी धर्मों का समान भाव से आदर करता है जिसका अर्थ है सबके लिये एक ही कसौटी रखता है, जो देवमूर्ति की अवमानना नहीं करता, पुनर्जन्म में जिसकी श्रद्धा है और जीवन मरण के चक्र से मुक्त होने की जो अभीप्सा रखता है तथा सभी जीवों से अनुकूल बर्ताव करता है और हिंसा से जिसका चित्त दुखी होता है, वह हिन्दू है।

इस तरह आधुनिक काल में हिन्दू की परिभाषा की निरंतरता बनी रही है। प्राचीनतम वैदिक काल से लेकर निरन्तर हजारों वर्षों से हिन्दू शब्द का प्रयोग एक ही अर्थ में लगातार चल रहा है। इसकी प्राचीनता प्रमाणित है और आधुनिक समय में भी इसका प्रयोग स्पष्ट और निश्चित अर्थ में ही किया जाता है। भारतवर्ष के वे सभी लोग हिन्दू हैं जो शाश्वत सार्वभौम यमों और नियमों के पालन–रूपी मानवधर्म में अटल श्रद्धा रखते हैं।

सन्दर्भ

इस परिशिष्ट में दिये गये विषयों को विस्तार से जानने के लिये निम्न शास्त्रों को देखना होगा–

1 ऋग्वेद, यजुर्वेद, सामवेद एवं अथर्ववेद
2 निरुक्त
3 विष्णु पुराण
4 बृहस्पति आगम
5 मेरुतंत्र
6 भविष्य पुराण
7 कालिका पुराण
8 हेमन्त कविकोष
9 अद्‌भुत कोष
10 माधव दिग्विजय
11 हुएनसांग की भारतयात्रा (ठाकुर प्रसाद शर्मा कृत), शब्द महिमा प्रकाशन, दिल्ली
12 पातंजल योगसूत्र (व्यासभाष्य सहित)
13 महाभारत (विशेषतः उद्योगपर्व, भीष्मपर्व के अंतर्गत जम्बखंड निर्माण पर्व एवं शांतिपर्व)
14 आपस्तम्ब धर्मसूत्र

15 गौतम धर्मसूत्र
16 वसिष्ठ धर्मसूत्र
17 विष्णु धर्मसूत्र
18 मनुस्मृति
19 याज्ञवल्क्य स्मृति
20 दक्ष स्मृति
21 देवल स्मृति
22 वायु पुराण
23 मत्स्य महापुराण
24 ब्रह्म पुराण
25 श्रीमद्भगवद्गीता
26 भारत का संविधान
27 पृथ्वीराज रासो (चन्द्रवरदायी कृत)
28 पारिजात हरण नाटक (सर्वगुणाकर कृत)
29 शिवराज बावनी (महाकवि भूषण कृत)
30 छत्रप्रकाश (महाकवि भूषण कृत)
31 विचित्तर नाटक (गुरुगोविन्द सिंह कृत)
32 कल्याण का 'हिन्दू संस्कृति अंक', गीताप्रेस गोरखपुर से प्रकाशित
33 माधव सदाशिव गोलवलकर कृत – 'विचार नवनीत'